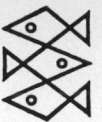

W0051492

Über dieses Buch Am 10. November 1987 wäre Arnold Zweig hundert Jahre alt geworden. Als *deutscher* Jude verwurzelt in dem, was deutsche Kultur ihm zeitlebens bedeutet hat, von den Nationalsozialisten aus allen angestammten Rechten vertrieben und zur Flucht ins Exil gezwungen, die ihn, den Zionisten, nach Palästina ins »Land der Väter« führte, war er alle Zeit ein Wanderer zwischen zwei Welten. Sein Leben und sein Werk sind auf das engste mit den politischen Ereignissen und den großen geistesgeschichtlichen Strömungen aus der ersten Hälfte unseres Jahrhunderts verknüpft.

Der vorliegende Band beleuchtet dieses schillernde, an Widersprüchen reiche, von frühem Ruhm begleitete Leben und das umfangreiche epische Werk Arnold Zweigs aus politischer, literaturwissenschaftlicher und persönlicher Sicht. Zweigs freundschaftliches und von großer Verehrung getragenes Verhältnis zu Sigmund Freud, sein zionistischer Traum, sein utopisch geprägter Sozialismus sind ebenso Gegenstand der Erörterung wie seine letzten Lebensjahre in der DDR und das Elend der Zweig-Rezeption.

Der vorliegende Materialienband möchte die Auseinandersetzung mit dem Werk eines der bedeutendsten Exilautoren deutscher Sprache anregen und fördern, und nicht zuletzt dazu auffordern, Arnold Zweig wieder einmal zu lesen.

Der Herausgeber Wilhelm von Sternburg, Jahrgang 1939, studierte Volkswirtschaft und Geschichte. Nach einem Zeitungsvolontariat war er Redakteur bei verschiedenen Tageszeitungen, danach Leiter eines Hörfunkstudios. Seit 1980 ist er Fernsehjournalist beim Hessischen Rundfunk in Frankfurt. Wilhelm von Sternburg lebt in Wiesbaden.
Er ist Autor zweier *Fernsehfilme* über Lion Feuchtwanger und Arnold Zweig.
Buchpublikationen: ›Lion Feuchtwanger. Ein deutsches Schriftstellerleben‹ (1984), ›Adenauer. Eine deutsche Legende‹ (1987).
Als Fischer Taschenbuch lieferbar: ›Die deutschen Kanzler. Von Bismarck bis Schmidt‹ 1985 (Bd. 4383).

Arnold Zweig

Materialien zu Leben und Werk

Herausgegeben von
Wilhelm von Sternburg

Fischer Taschenbuch Verlag

Lektorat: Ingrid-Maria Gelhausen

Originalausgabe
Veröffentlicht im Fischer Taschenbuch Verlag GmbH,
Frankfurt am Main, November 1987

Copyright für diese Textzusammenstellung und die einzelnen Originalbeiträge:
© 1987 by Fischer Taschenbuch Verlag GmbH, Frankfurt am Main
Alle Rechte vorbehalten
Siehe auch Quellenverzeichnis Seite 346
Umschlaggestaltung unter Verwendung eines Fotos
von Arnold Zweig: Jan Buchholz/Reni Hinsch
Satz: Fotosatz Otto Gutfreund, Darmstadt
Druck und Bindung: Clausen & Bosse, Leck
Printed in Germany
ISBN 3-596-26876-1

Inhalt

EINLEITUNG

Der Romancier, Dramatiker und Essayist Arnold Zweig zählt zu den Autoren deutscher Sprache, die in der ersten Hälfte unseres Jahrhunderts mit ihren Werken Weltruhm erlangten. Seine frühen Romane erreichten zwischen 1927, dem Erscheinungsjahr des *Grischa*, und 1933, dem Jahr seiner Flucht vor den Schergen Hitlers, hohe Auflagen, sie wurden in zahlreiche Sprachen übersetzt. Wie bei vielen seiner geistigen Weggefährten – etwa Lion Feuchtwanger, Heinrich Mann, Alfred Döblin, Oskar Maria Graf – wurde sein Nachruhm in der westdeutschen Literaturszene jedoch mehr oder weniger über Jahrzehnte hinweg verdrängt. Die ideologische Ost-West-Auseinandersetzung, in der der Sozialist Arnold Zweig schließlich klar Position bezog, ging auch an den Kulturpäpsten in beiden politischen Lagern nicht spurlos vorüber. Die deutsche Exilliteratur, zu der die bedeutendsten Geister der Weimarer Jahre zählen, blieb zudem generell in der Forschung Westdeutschlands bis in die siebziger Jahre hinein Brachland. Marcel Reich-Ranicki konnte über die Stellung Zweigs 1960 konstatieren: »Für die Germanistik in Westdeutschland existiert er nicht. Seine Bücher sind hier in Vergessenheit geraten.«

Arnold Zweig war Deutscher und Jude, besaß zu beidem ein zwiespältiges Verhältnis, bekannte sich aber selbstbewußt zum nationalen Vaterland und zur mosaischen Herkunft. Die Deutschen jagten ihn, den linken Intellektuellen, Pazifisten und »Nichtarier«, aus dem Land, die palästinensischen Juden, unter denen er 15 Jahre lang lebte, ignorierten ihn, weil er auch während ihres Kampfes um das »Land Kanaan« seine humanistische Position nicht aufzugeben bereit war, die Schatten, die über der zionistischen Ausbreitung lagen, nicht übersehen wollte. Schon im November 1935 schreibt der Schriftsteller von Haifa aus illusionslos an Freud, »daß... meine persönliche Wirkung, politisch und kulturell, gleich Null ist. Ich bin ein deutscher Schriftsteller und ein deutscher Europäer, und diese Erkenntnis verlangt Konsequenzen.«

Als Zweig sich 1948 entschloß, endgültig in der DDR zu bleiben, zog er diese Konsequenz, kehrte in den Sprach- und Kulturraum, der ihn geprägt hatte, zurück. Daß es Ost- und nicht West-Berlin war, nutzte die eine Seite kräftig aus, die andere nahm es übel. Aber der Adenauer-Staat zeigte sich spröde, sein Willkommensgeheiß für die geistige Elite des deutschen Exils blieb weitgehend aus. So hielt es viele von ihnen weiter in der Fremde, wie beispielsweise Lion Feuchtwanger; andere gingen – oft nach Jahren bitterer Armut – in den Teil Deutschlands, der ihnen materielle Sicherheit garantierte und nach dem Sieg über den Faschismus die Errichtung einer neuen, sozialistischen Gesellschaft versprach, so Bertolt Brecht, Anna Seghers, Heinrich Mann (er starb kurz vor seiner Reise nach Ost-Berlin), und eben Arnold Zweig; andere wiederum wichen der Entscheidung aus, zogen in die Schweiz, wie Thomas Mann und Carl Zuckmayer.

Als Zweig nach Berlin zurückkehrte, war er 61 Jahre alt, den Höhepunkt seiner Schaffenskraft hatte er überschritten. Er blieb dem Staat dankbar, der ihm eine neue Heimat bot, sein Werk druckte, die neuen Produktionen, wenn auch nicht ohne Einflußnahme, auflegte, ihn mit Ehren, Ämtern und Orden überhäufte. Er zahlte den Preis: überzeugt, aber wohl auch häufig gedrängt, bekannte er sich zu dem Sozialismus östlicher Spielart. Selten offenbarte er in diesen Jahren seine Zweifel, wie etwa in einem Brief an Lion Feuchtwanger vom 14. Juni 1952: »Mein ganzer Aufenthalt hier will kritisch beleuchtet werden. Daß man noch nicht einmal eines meiner Stücke gespielt hat, gibt mir zu denken, ebenso die Schwierigkeiten, die das Theater anderen Autoren macht, die nicht auf der Parteilinie wandeln.« Die Suche des Intellektuellen Arnold Zweig nach einem geistigen Vaterland, sie kam aller Staatspropaganda zum Trotz wohl nie an ihrem Ziel an.

Im anderen Deutschland wurde der »Fall« Zweig unter der Rubrik »Opportunismus« abgehakt, verdrängend, daß dieser Charakterzug in den Hitler-Jahren Millionen seiner Landsleute eigen gewesen war, und daß viele Intellektuelle auch nach 1945 in der Bundesrepublik zu Ruhm und Ehren gekommen sind, die »damals« laut Ja gerufen oder geschwiegen hatten, als Europa in einem Blutmeer versank. Eine Folge der Verdrängung war: Der über weite Strecken selbstgerechte, häufig unlautere Streit um den Schriftsteller Arnold Zweig hat sein episches Werk in den Hintergrund gedrängt.

Die wirkliche Wiederentdeckung Zweigs steht in der Bundesrepublik noch aus. Immerhin, seine Werke – jetzt auch die Dramen und Essays – sind auf dem Buchmarkt wieder zu erwerben. Der veröffentlichte Briefwechsel mit Sigmund Freud und Lion Feuchtwanger gibt wichtige Einblicke in Leben und Werk des Schriftstellers.

Auch die Forschung steht auf vielen Feldern noch am Anfang. Einige glänzende Detailstudien und Werkkommentare aus der Feder westdeutscher Germanisten und Exilforscher haben hier aber bereits wertvolle Vorarbeit geleistet. Die große Zweig-Biographie gibt es jedoch bislang weder in Ost noch in West, und eine kritische Gesamtausgabe läßt wohl noch lange auf sich warten.

Die vorliegende Aufsatz- und Materialsammlung soll einen Beitrag zur notwendigen Zweig-Rezeption liefern. Sie stellt gewissermaßen eine biographische und werkinterpretatorische Einführung dar, hofft aber auch, dem »Wissenden« wichtige Perspektiven neu bieten oder wieder in Erinnerung rufen zu können. Bei der Auswahl war der Herausgeber bemüht, einen breiten Überblick zu ermöglichen, die facettenreichen Schichten des umfangreichen Romanwerkes freizulegen, die entscheidenden Lebensstationen des Dichters auszuleuchten. Beschränkungen waren dabei unumgänglich. So konnte der Dramatiker und Essayist Arnold Zweig nicht durch eigene Studien berücksichtigt werden.

Gewählt wurden zum einen ältere, bereits veröffentlichte und verstreut publizierte Arbeiten, zum anderen neue Aufsätze, die eigens für diesen Band geschrieben wurden. Der Reiz dieser Mischung liegt auf der Hand: die sich wandelnde Stellung Zweigs, die unterschiedliche – vom Zeitgeist mitgeformte – Einordnung seines Werkes wird dem aufmerksamen Leser deutlich. Thematische und biographische Überschneidungen sind in einem solcher Art konzipierten Sammelband unvermeidbar, aber auch sie deuten notwendigerweise an, daß ein Schriftsteller von diesem Rang, ein Künstlerleben im Jahrhundert der Ideologien, vielfältiger Deutungen und Einsichten bedarf. Daß es dabei auch an kritischen Tönen nicht fehlt, ist selbstverständlich.

Gegliedert ist der Band in drei Abschnitte. Der erste Teil stellt die Verbindung von Biographie und Werk her. Teil zwei untersucht und gewichtet das Romanwerk und die frühen Schriften. Das Schlußkapitel wendet sich einigen besonderen Werkaspekten zu. Der Anhang soll über die Kurzinformation hinaus dazu anregen, die hier aufgenommene literarische Fährte weiterzuverfolgen.

Dank gilt den Autoren, ohne deren bereitwillige und engagierte Mitarbeit dieser Band nicht zustande gekommen wäre. Dank aber auch dem Fischer Taschenbuch Verlag, der dem Vorschlag des Herausgebers, zur hundertsten Wiederkehr des Geburtstages von Arnold Zweig diese Sammlung zu veröffentlichen, spontan zustimmte.

Wiesbaden, im Herbst 1987   *Wilhelm von Sternburg*

I. »ICH WILL ZIVILIST SEIN, FREI SEIN.«

Arnold Zweig und die Feuerprobe des Krieges

Als Arnold Zweig am 10. November 1887 geboren wurde, begann der europäische Imperialismus seinen letzten Höhenflug, der schließlich siebenundzwanzig Jahre später in die Katastrophe eines selbstvernichtenden Weltkrieges führte.

Vietnam und Kambodscha kamen 1887 als »Union Indochinoise« unter französische Herrschaft, das victorianische England annektierte Ostafrika (Kenia, Uganda), Italien nahm sich Somaliland und erlitt in der Schlacht von Dogata gegen die Äthiopier eine schwere Niederlage. Das Hohenzollern-Reich aber stand kurz vor einem folgenreichen Einschnitt: Mit dem Tod Wilhelms I., vier Monate nach Zweigs Geburt, näherte sich das Ende der Kanzlerschaft Bismarcks; der Thronbesteigung Wilhelms II. folgte sehr bald die verhängnisvolle Weltmachtträumerei der sich bei der Aufteilung der Kontinente zu kurz gekommen fühlenden Deutschen. Enden sollte sie erst am 8. Mai 1945, geopfert wurden ihr ganze Generationen von Russen und Polen, Franzosen, Briten und Deutschen – und das deutsche und osteuropäische Judentum.

Der europäische Imperialismus blieb für den Schriftsteller Arnold Zweig als Künstler und politischer Denker das zentrale Thema. Sein in der Lebensmitte begonnener Romanzyklus *Der große Krieg der weißen Männer* ist der literarische Versuch, die abendländische Katastrophe, das Ende der Aufklärung, den drohenden Untergang der europäischen Kultur zu deuten, sie dem Vergessen der nicht weniger gefährdeten Überlebenden und Nachgeborenen zu entreißen.

Als der Jude Arnold Zweig geboren wurde, hatte sich über die »Judenfrage« eine trügerische Ruhe gesenkt. Aber die Epoche der jüdischen Emanzipation, Folge des Aufstiegs eines fortschrittlichen Bürgertums, neigte sich auch in Westeuropa bereits ihrem Ende zu. Nur knappe hundert Jahre waren ihr gegeben. Einflußreiche Männer, wie Heinrich von Treitschke, Konstantin Frantz oder der Hofprediger Adolf Stoecker, warnten schon bald wieder vor der »Vorherrschaft« der Juden, Wilhelm II. mahnte seine jüdischen Untertanen – ganze ein Prozent der Gesamtbevölkerung im wilhelminischen Reich machten sie aus – etwas »bescheidener« zu werden. Mit der Krise des Kapitalismus, die eine Krise des politischen Liberalismus auslöste, kam also auch schon das Ende der jüdischen Hoffnungen.

Der Antisemitismus erfuhr durch die Rassenlehre Gobineaus, die in Richard Wagner und dessen britischen Schwiegersohn Houston Stewart Chamberlain ihre hemmungslosen deutschen Propagandisten fanden, eine verhängnisvolle »wissenschaftliche« Verschärfung. Die Pogrome im zaristischen Rußland und in Polen, die »Dreyfus«-Affäre in Frankreich oder die »Berufsverbote«, mit denen Juden im Deutschen Reich der Aufstieg in den höheren Staatsdienst verweigert wurde, mußte den Betroffenen deutlich machen, daß sie eine gefährdete, gedemütigte Minderheit geblieben waren, auch wenn viele von ihnen die Augen davor verschlossen. Nicht so die Zionisten und ihr geistiger und organisatorischer Führer Theodor Herzl, dessen programmatische Schrift *Der Judenstaat* erschien, als Zweig neun Jahre alt war.

Die eigene jüdische Herkunft, das aus psychologischen und kulturgeschichtlichen Tiefen emporgewachsene Phänomen des Antisemitismus, die politische Aktualisierung der alten, mythischen Beschwörung »Nächstes Jahr in Jerusalem« haben in Denken und Werk Arnold Zweigs unübersehbare Spuren hinterlassen. In vier umfangreichen Essays, in zahlreichen Novellen, in vier Dramen und im Roman *De Vriendt kehrt heim* rückt er als Schriftsteller die jüdische Frage ins Zentrum seines literarischen Schaffens. Jüdisches Denken, jüdische Menschen und die Rückbesinnung auf jüdische oder biblische Geschichte lassen sich jedoch auch in nahezu allen anderen Werken nachweisen.

Arnold Zweig entstammte einer Kleinbürgerfamilie. Zum Zeitpunkt seiner Geburt kämpfte diese Klasse schon vielfach ums materielle Überleben, vernichtete die wachsende Industrialisierung und das Aufkommen der Warenhäuser zahlreiche Existenzen dieses Standes. Die Industriearbeiterschaft nahm sprunghaft zu, blieb aber politisch machtlos. Die Sozialistische Arbeiterpartei Deutschlands war 1887 gerade 12 Jahre alt, Bismarcks Sozialistengesetz, das für die weitere, innere politische Entwicklung des Reiches verhängnisvolle Folgen haben sollte, wurde, als Zweig drei Jahre alt war, nicht mehr verlängert. Karl Marx war vier Jahre vor seiner Geburt im Londoner Exil gestorben. Seine Schriften wurden für die Arbeiterbewegung zum richtungweisenden, theoretischen Überbau ihrer gesellschaftspolitischen Visionen. In Kattowitz, wohin die Familie Zweig 1896 zog, erlebte der Heranwachsende den düsteren Alltag der Bergarbeiterfamilien, soziale Not und Abhängigkeit der »neuen« Klasse aus unmittelbarer Nähe. Eindrücke, die ihn nie mehr loslassen sollten und die seine erst Jahrzehnte später erfolgte Hinwendung zum Sozialismus zweifellos entscheidend beeinflußt haben.

Arnold Zweigs Judentum war durch seine Herkunft bestimmt, sein anti-imperialistisches Denken wurde in den schweren, psychisch bedrohenden Jahren des Soldatenlebens geformt; den keineswegs geradlinigen Weg zum Sozialismus beschritt er endgültig in den dreißiger und vierziger Jahren, als er mit dem Versagen des Bürgertums gegenüber der faschistischen Flut konfrontiert wurde. Judentum, Anti-Imperialismus und Sozialismus aber sind die Pfeiler, auf denen das umfängliche epische und essayistische Werk dieses Schriftstellers ruht, der fraglos zu den bedeutendsten deutschsprachigen Autoren unseres Jahrhunderts zählt.

Am Anfang stand scheinbar eine kleinbürgerliche Idylle. Die Garnisonsstadt Glogau wurde von dem mittelalterlichen, gotischen Dom, den Türmen der jesuitischen Barockkirche überragt, alte Festungswälle erzählten von kriegerischen Tagen, als um Niederschlesien Deutsche und Polen, Habsburger und Preußen gekämpft hatten. Breit floß die Oder an dieser Stelle, trug die mit Schlesiens Gold, der Kohle, beladenen Schlepper bis nach Stettin. »Heute setze ich die Bemerkung voran«, schreibt Zweig in den späten Lebensjahren, »daß meine Ahnen zwischen 1740 und 1756 der preußischen Monarchie einverleibt wurden und also aufhörten, der jungen Maria Theresia Untertanen zu sein, als Friedrich II. auch die Kreise Lublinitz und Rosenberg annektierte, ihren kulturellen Zusammenhang mit der mährischen Landschaft beendend. Mein Vater, Handwerker wie seine Brüder, war der erste unserer Reihe, der sich in einer Stadt niederließ, die Festung Glogau in Niederschlesien.« (*Lebensabriß*)

Es waren wohl glückliche Jahre der frühesten Jugend, denn in Glogau »empfing ich die ganze Sorgfalt einer jüdischen Familie, die linde Luft niederschlesischer Landschaft, die retardierende Kraft einer wegab liegenden Kleinstadt und die stärksten Eindrücke preußischer, militärischer Sauberkeit, Strammheit, Genauigkeit in frühester Jugend – all das zu meinem Heil.«

Der Vater Adolf Zweig hatte das Sattlerhandwerk gelernt und von der Familie seiner Frau, Bianca van Spandow, einen Getreidehandel übernommen. Er wurde Lieferant des preußischen Heeres, handelte und kaufte bei den niederschlesischen Bauern. Ein nüchterner, in den Jahren des Glückes patriotischer Mann, dem Schöngeistigen fern, von Wohlstand und Aufstieg, hierin ganz ein Kind der Gründerzeit, träumend. Die Mutter, deren Vorfahren aus Holland stammten, brachte Kapital und bildungsbürgerliches »Biedermeier« in die bald fünfköpfige Familie. Die Zweigs waren »Drei-Feiertags-Juden«, standen dem Orthodoxen fremd gegenüber, ihr Lebensrhythmus wurde nicht von mosaischen Glaubensvorschriften geregelt.

Der Abstieg wurde durch die Politik bestimmt. 1890 verabschiedete der Preußische Landtag ein Gesetz, das dem Heer vorschrieb, seine Versorgung durch den direkten Kauf beim Produzenten zu sichern. Ein Gesetz, das vor allem gegen die Juden zielte, in deren Hand ein großer Teil des Heeres-Handels lag. Adolf Zweigs Geschäft war nicht mehr zu halten. Auch ein neu gegründetes Speditionsunternehmen blieb erfolglos. Schließlich erwarb er die Lizenz zur Betreibung einer Gastwirtschaft. Eine Schlägerei zwischen Gästen am Tag des Kaisergeburtstages führte zum Lizenzentzug. Der Schleier kleinbürgerlicher Idylle, der über dem Leben der Familie Zweig lag, war endgültig und schonungslos zerrissen worden.

1896 zieht die Familie in die düstere, kohlegeschwärzte Bergarbeiterstadt Kattowitz. Juden, Deutsche und Polen leben hier fremd nebeneinander. Adolf Zweig kehrt in seinen alten Beruf, das Sattlerhandwerk, zurück, eröffnet nach neun Jahren zäher Arbeit ein Geschäft für »Lederwaren, Pferde- und Hundehaltung«, das von seiner Frau geführt und am Leben gehalten wird. Der ökonomische und gesellschaftliche Abstieg zerstört die Ehe, entfremdet den Vater der Familie, verhärtet die Mutter. Für den heranwachsenden ältesten Sohn werden es schwere, leidvolle Jahre. Die beengten Wohnverhältnisse, die sich erst in der letzten Phase seiner Zeit im Elternhaus etwas bessern, die Schatten der Pubertät, vertieft durch das allmähliche Erfassen seines Judentums, das ihn in Distanz hält zu christlichen Schulkameraden oder auch zu Juden aus orthodoxen Elternhäusern, lasten auf ihm.

Einiges von dieser Atmosphäre, den Empfindungen dieser Jahre findet sich in der Novelle *Cinéma* (1911) wieder, in der Geschichte des pubertierenden Buchhandelslehrlings Benno Bremm. In kleinbürgerlicher Bedrückung lebend, entzieht er sich der dumpfen Realität seines Alltags durch die Flucht in die Traumwelt des Kinos, in die Romanillusionen einer Welt von tapferen und galanten Kavalieren, Frauenhelden und Duellanten.

»Die Luft der Bremmerschen Wohnung und besonders die des Zimmers, in dem sie lebten und speisten, war gesättigt von verdrängter Feindseligkeit und schwer von dem süßlichen Geruche des eben gegessenen Gerichts... Man sprach nicht miteinander; einer machte dem andern durch seine bloße armselige Gegenwart den Vorwurf, daß man es ›im Leben‹ zu nichts gebracht habe, daß er ihn behindere und untenhielte, und daß man, allein, ein ganzer Kerl geworden wäre. Benno fühlte sich vernichtet und gab sich verloren.« Der Selbstmordversuch nach dem Kinobesuch auf dem Schneefeld vor der Stadt wird durch den unbezwingbaren Lebenswillen verhindert, der in Benno Bremm trotz der ganzen Erbärmlichkeit seines Seins ungebrochen weiterlebt. »So humpelt er dahin, sehnsüchtig nach der erhellten, erwärmten und etwas dicken Luft der Straßen, ein Verwundeter, der das Schlachtfeld hinter sich läßt, und halb froh, mit verminderter Tauglichkeit, aber lebend, das Regiment sucht, zu dem er nun einmal gehört.«

Zweig besucht in Kattowitz die Realschule, geht vorzeitig ab und beginnt – sich sehr unglücklich fühlend – eine Buchhändlerlehre. Mit Unterstützung der Mutter gelingt nach einem Jahr die Rückkehr auf die Oberrealschule, in der er seine Reifeprüfung ablegt. Er blieb ein durchschnittlicher Schüler, redegewandt, in Deutsch glänzend, in Mathematik völlig versagend. Erste Begegnungen mit den Werken Shakespeares, Goethes und Heinrich Heines, aber auch den aufsehenerregenden »modernen« Dramen von Gerhart Hauptmann öffnen ihm die Welt der Literatur.

Er äußert sich später wenig über diese Jahre. Der Rückblick auf die Schulzeit bleibt aber alles in allem freundlich und dankbar: »Die Städtische Realschule... war eine Rebellenschule, eine Räudelschule, in schlechtem Kredit oben und rechts, aber trotzig und glühend verteidigt von den Jungen mit den bunten Mützen. Auch in ihr wurde falsch unterrichtet. Auch in ihr blödsinniges Zeug gepaukt. Auch in ihr herrschte der Stundenplan über die Jugend, der Wissenskram verdeckte die Kenntnisse von der Erde, Geschichte war dynastisch umgebogen, Kurfürst Joachim Friedrich war da, Robert Koch nicht, Schlachten und Schlächter wurden gelernt, die großen befruchtenden Genien übersehen, wenn sie nicht als ›Klassiker‹ paradierten. Aber es war Leben in der Schule, ein wilder Geruch von Freiheit.« (*Begegnung mit einem Manne*)

Die Novelle *Benarône* (1909), in der Zweig von den Aufsatznöten eines Abiturkandidaten erzählt, spiegelt diese wenig schwermütige Haltung der Schule gegenüber noch einmal wider. Es ist eine leicht erzählte Fabel, mit freundlicher Ironie Lehrer und Schüler eines Gymnasiums zeichnend, ein kleinstädtisches Sittengemälde aus den wilhelminischen Tagen.

1919 wird Zweig in einem Werbedruck des Drei Masken Verlages festhalten: »Entscheidende Jugenderlebnisse: mein Judentum; Bach; Beethoven; Shakespeare. Viel später: Nietzsche und Goethe. (Ursprünglich bin ich vielleicht Musiker, nämlich Dirigent.)« Der Musik steht der Violin-Spieler Arnold Zweig sein Leben lang nah, sie bleibt ihm eine entscheidende Quelle der Inspiration. In seiner sechsten ›Novelle um Claudia‹, *Die Passion*, setzt er Johann Sebastian Bach ein literarisches Denkmal.

Heftig sind in diesen frühen Jahren die inneren Glaubensauseinandersetzungen. Das Judentum trifft doppelt: es stellt seine gesellschaftliche Stellung in Frage und führt zum »Ringen um Gott«. Am Ende dieses von inneren Zweifeln und Qualen beschrittenen Weges wendet sich Zweig (für die nächsten zwei Jahrzehnte) entschieden dem Zionismus zu, verweigert er die Hinwendung zum »Glauben« seiner Väter. 1909 heißt es in einem Brief an die Eltern: »Ich merke erst recht jetzt, wie aufrichtig ich nicht an Gott glaube, wie sicher ich vielmehr weiß, fühle, daß es keinen gibt: der Gedanke an ihn müßte einem Menschen in unserer Lage kommen, und doch kann ich mir nicht mal jemanden vorstellen, der das tut, ohne zu wissen: es hilft so wie so nichts. Man ist ganz allein.«

Die ersten literarischen Arbeiten entstehen zwischen 1905 und 1907, in den letzten Schuljahren. Es sind Gedichte, wie *Cecilia* oder *Stolz*, Sonette, Aufsätze über Hofmannsthal und Thomas Mann oder der unvollendet gebliebene Roman *Stationen des Johannes Grimm oder Die Vergitterten*: erste tastende Versuche als Lyriker und Epiker, kunsttheoretische Betrachtungen, aber auch schon Arbeiten, die im Ansatz auf die Wechselbeziehung von Literatur und Gesellschaft hinweisen.

1907 geht Arnold Zweig nach Breslau. Ein Stipendium ermöglicht das ersehnte Studium. Er akzeptiert den Wunsch der Eltern, den Lehrerberuf anzustreben. Zweig belegt Germanistik, Philosophie, Kunstgeschichte, Psychologie und moderne Sprachen. Er wird ein Dauerstudent, bleibt bis 1914 immatrikuliert, kehrt sogar 1919 noch einmal für ein Semester in den Hörsaal zurück. Es werden intensive geistige Lehrjahre, die den Epiker und Essayisten später befähigen, in seinem Werk ein breites Themenspektrum anzusprechen. »Sieben Jahre lang suchte ich auf deutschen Universitäten ein Fundament, von dem aus sicher zu denken war. Nach dem radikalen Einsturz aller meiner Beziehungen zu Religion und Offenbarung, zum Glauben an Gott und seine gesammelten Werke, die Bibel, nebst ihren Kommentaren, der schon um mein fünfzehntes Lebensjahr eingetreten war, quälte mich in immer stärkerem Maß die Frage, was unser Leben auf diesem Stern Erde für einen Sinn habe, woher es gekommen sei, wie wir als Menschen unserer Existenz, Tätigkeit und Vergesellschaftung gerecht werden könnten und welche Aufgaben ein ausgebildeter Intellekt sich stellen könne, der von früh an mit ruheloser Phantasie begabt war, die nach sprachlichem, rhythmischem Ausdruck suchte.« (*Lebensabriß*)

Ein Jahr später wechselt Zweig nach München, dann nach Göttingen und Rostock, schließlich 1913 an die Berliner Universität. In München hört er Vorlesungen bei dem Literaturwissenschaftler Artur Kutscher, in Göttingen fesselt ihn die Phänomenologie Edmund Husserls und seines Schülers Max Scheler. In Rostock und Berlin plant und beginnt er eine Doktorarbeit über Paul Jakob Rudnick, von dem er kulturphilosophische Notizen im Halberstadter Haus des Dichters Johann

Wilhelm Ludwig Gleim entdeckt hatte. Die Arbeit bleibt Fragment.

Zwischen 1907 und dem Beginn des Weltkrieges entwickelt sich die erste Etappe von Zweigs literarischer Laufbahn. In diesen Jahren schreibt er eine Vielzahl von Novellen, zwei Romanfragmente und die beiden Dramen *Abigail und Nabal* sowie *Ritualmord in Ungarn* (später umbenannt in: *Die Sendung Semaels*). 1915 wird er für sein zweites Drama, dessen Aufführung die Militärzensur verboten hatte, den angesehenen Kleist-Preis erhalten. Er ist am Ende dieses Lebensabschnittes nicht berühmt, aber die ersten Veröffentlichungen – neben den beiden Schauspielen die Erzählung *Aufzeichnungen über eine Familie Klopfer* (1911) und der »Roman« *Novellen um Claudia* (1912) – lassen aufhorchen, weisen ihn als Talent aus, bringen erste, wenn auch noch bescheidene, finanzielle Einnahmen.

Es sind die Jahre, in denen die junge Schriftstellergeneration den Naturalismus eines Arno Holz, Gerhart Hauptmann oder auch Emile Zola zu überwinden sucht, von Nietzsches zertrümmernden Deutungen berauscht, zeitweise geblendet. Der ins Dekadente reichende Weltschmerz wechselt mit egomanischen Triumphen der »Helden« über die bürgerliche Moral, hemmungslos dem Ich verfallen. Heinrich und Thomas Mann, Robert Musil und Rainer Maria Rilke, Hugo von Hofmannsthal und Arthur Schnitzler lösen mit ihren Erzählungen und Versen die (scheinbare) Beschaulichkeit des Jahrhunderts von Gottfried Keller und Conrad Ferdinand Meyer, Theodor Storm und Gustav Freytag ab.

Die verlogene Sexualmoral der bürgerlichen Gesellschaft, die Dramen jugendlicher Pubertät, die Sehnsucht des Mannes nach der partnerschaftlichen Frau, die Beschwörung von Nietzsches individuellem Heroismus – das sind die Themen, aus denen in diesen Jahren Novellen und Schauspiele, Verse und Lieder gemacht werden. Literarische Zeitschriften – mit den Ornamenten des Jugendstils verziert – haben Hochkonjunktur. (Zweig ist Mitherausgeber der 1909 erschienenen sechs Hefte der Zweimonatszeitschrift *Die Gäste*.) Die grellen Töne des Expressionismus künden sich immer lauter an.

Auch Zweigs Frühwerk gehört in diesen Zusammenhang. Es sind melancholische Fabeln, gelegentlich von einer heiteren

Stimmung durchzogen, das Seelendrama seiner Figuren in Ansätzen aus Erkenntnissen entwickelt, die einer staunenden und empörten Welt aus den ersten Büchern des Wiener Arztes Sigmund Freud gerade bekannt werden. Aber es sind natürlich auch Nietzsche-Gestalten, die dem Leser entgegentreten, die heroischen, nach Freiheit dürstenden Einsamen, wie Karl Magnus in *Vorfrühling* (1907), den die Begegnung mit Eva Marer erlöst, oder der liebesverzweifelte Schriftsteller in der Novelle *Tangente* (1908), dem eine geheimnisvolle Frau für eine Nacht angehört, oder Hubert von Muhr, der mit seiner Geliebten Lenore im Wannsee – nach dem Besuch der Gräber des vergötterten Heinrich von Kleist und der mit ihm die Freiheit im Tod suchenden Henriette Vogel – einen melodramatischen Selbstmord begeht in *Abreise* (1912). Die sechs *Novellen um Claudia* spielen in der Welt des Münchener Großbürgertums. Die Wirklichkeit verschwindet hinter kostbaren Vorhängen und kunstästhetischen Betrachtungen, die Sprache ist von pastellfarbiger Eleganz und Gedämpftheit. Kunst und Liebe aus der Sicht des Salons. Dieser »Roman« wird Zweigs erfolgreichste Vorkriegsveröffentlichung. Vielleicht auch, weil unter dem ästhetischen Mantel, in den die Novellen eingehüllt sind, doch gelegentlich neue Töne zu verspüren sind: das Versagen Walter Rohmes in der Hochzeitsnacht etwa, oder der Reifungsprozeß der Claudia Eggeling.

Ein Jahr vor den Claudia-Novellen erscheinen *Die Aufzeichnungen über eine Familie Klopfer*, Zweigs erstes Buch. Eine Familiengeschichte erzählt aus der Sicht eines müde gewordenen Nachgeborenen, der in Palästina auf seine Schwester, die zugleich seine Geliebte ist, wartet, um mit ihr gemeinsam, dies wird zumindest angedeutet, aus dem Leben zu scheiden. Zweig greift mit dieser Fabel – wie in seiner Erzählung *Die Flucht der van Spandows* (1909) – auf die eigene Familiengeschichte zurück. Die Ahnengalerie der Klopfers ist angefüllt mit jüdischen Händlern und Bauern, Schankwirten und Unternehmern, derbe, vom Schicksal geprüfte Menschen, deren Stammbaum in den psychisch gebrochenen Dramatiker Peter Klopfer und seinen von hochmütigem Lebensekel erfüllten Sohn Heinrich einmündet.

In einem Brief an Helene Joseph vom Dezember 1912 läßt Zweig etwas von der Stimmung anklingen, die ihn beim

Schreiben dieser Erzählung beherrscht hatte: ».... von dem furchtbaren ethischen Nihilismus der mich ganz hoffnungslos gemacht hatte – denn ich spiele nicht mit dem ethischen Sein – gibt der Schluß von Klopfers Zeugnis... Ich schrieb das ganze in einer Woche, 1909 (außer 2 Teilen, die später hineinkamen) und damals bedeutete es etwas.«

Thomas Manns *Buddenbrooks*, die 1901 erschienen, haben die Klopfer-Novelle beeinflußt, wurden von Zweig tief bewundert. Um so enttäuschter war er, daß es gerade der zu frühem Ruhm gelangte, geachtete Kollege war, der seine Erzählung *Das Kind* (1910) ablehnte, die er für ein Preisausschreiben der von Gumppenberg gegründeten Zeitschrift *Licht und Schatten* eingesandt hatte. Preisrichter Mann, immerhin Autor des *Wälsungenblut*, meinte, das Sujet – kinderlose Arztfrau nimmt uneheliches Kind ihrer Schwester an – sei zu heikel für ein bürgerliches Publikum!

Mit seinen beiden Erzählungen *Allah* (1911) und *Die Brüder* (1912/13) machte Zweig deutlich, daß er trotz Nietzsche-Taumel und Ästhetizismus das Drama seines Volkes nicht verdrängen konnte und wollte. In *Allah* bewahrt ein christlicher Studentenführer den schmächtigen Juden Benjamin Bechach auf einem Kneipabend vor der Demütigung durch seine derben Klassenkameraden. *Die Brüder* setzen mit der Schilderung eines Pogroms in einer russischen Kleinstadt ein, der der jüdische Ingenieur Saamen zum Opfer fällt. Einer seiner beiden Söhne nimmt Rache, indem er einen russischen Soldaten, der an der Mordtat nicht beteiligt war, beim Grenzgang ersticht. Der zweite Sohn, Eli Saamen, wandert nach Palästina aus, die Sehnsucht nach Europa, wo seine kulturellen Wurzeln liegen, im Herzen. Zweig greift in diesen Jahren auch auf historische Stoffe zurück – *Sterben des Cing-Mars, Die Näherin, Jerusalem gerettet* – oder schildert in *Der Gehilfe* eine erdachte Episode aus dem Leben Eckermanns, der sich gegen das Über-Ich des greisen Dichters in Weimar, gegen die im Dienst für ein Genie eintretende Verkümmerung der eigenen Schöpferkraft vergebens wehrt. Viele der Geschichten sind durchzogen von intensiven Naturschilderungen, Stifters *Nachsommer* wurde von Zweig nicht von ungefähr geliebt und geschätzt.

Ein zweites Romanvorhaben, *Esmond*, wurde nicht vollendet, blieb ein Torso. Dem großen Epos war er in dieser frühen

Schaffenszeit möglicherweise noch nicht gewachsen, glaubte merkwürdigerweise auch, es entspräche nicht dem Können mittel- und osteuropäischer Autoren. An seinen DDR-Biographen Eberhard Hilscher schrieb der greise Arnold Zweig 1966: ».. . mein Glaube an den deutschen Roman mußte sich erst erhärten, als ich an Feuchtwangers ›Jud Süß‹ ein vollgültiges Beispiel dafür in Händen hielt. Ich war nämlich der Meinung, der Roman sei eine romantische Kunstform, und die bedeutenden Vertreter dieser epischen Gestaltung wären alle mit romanischer Abstammung dazu vorbereitet gewesen: so Willibald Alexis-Häring, die Brüder Mann, Theodor Fontane.«

Zweigs frühe Erzählungen legen Zeugnis ab von seiner poetischen Phantasie und dramatischen Gestaltungskraft. Noch nicht gelöst jedoch sind sie vom Zeitgeschmack, der Mangel an Originalität ist nicht zu übersehen. Die gesellschaftliche Wirklichkeit seiner Zeit spiegeln sie höchst selten wider. Sie rückt erst in den Vordergrund – und das gilt für die Werke der meisten seiner intellektuellen Zeitgenossen – durch den furchtbaren Schock, der sich im Spätsommer 1914 ankündigte.

In den Jahren der ersten literarischen Erfolge ist Arnold Zweig ein Zerrissener. Schüchtern und doch auch von überschäumender Redseligkeit, von seinen häufig überquellenden Phantasien getrieben, wirkt er ruhelos, unzufrieden. Die Glaubensauseinandersetzungen haben Spuren hinterlassen, er empfindet den Zwiespalt, in dem er als Deutscher und Jude lebt. Ein Brief an die Eltern vom Dezember 1913 spiegelt seine innere Situation wider, der aggressive Ton deutet auf die Gebrochenheit seines dargebotenen Selbstbewußtseins hin: »Ob ich etwas erreicht und geleistet habe oder nicht, scheint sich also, trotz meiner anfänglich anderen Überzeugung, eurer Schätzung durchaus zu entziehen, da ihr mich mit all jenen Eseln identifiziert oder gleichstellt, die mit mir nur das eine gemein haben, daß sie auf derselben Schulbank saßen wie ich. Ich bin freilich schon 26 Jahre alt und hoffe auch noch älter zu werden; wenn ihr aber glaubt, daß ich eines Tages umschwenke und ein harmloser, unauffälliger und unbrauchbarer Normalbürger werde wie die Kattowitzer Assessoren oder Doktors, so will ich euren Irrtum lieber gleich als später zerstören... Ich bin in erster Linie ein Schriftsteller der seinen Namen hat, und der in der Zukunft wohl noch einen besseren sich machen wird.«

Der Kriegsausbruch im Sommer 1914 überrascht Arnold Zweig während eines Urlaubes im Bayerischen Wald. Mitgereist ist seine Cousine Beatrice Zweig, seit Jahren Gefährtin Zweigs. Im Kriegsjahr 1916 wird er sie heiraten. Die Malerin, eine sensible Frau, wird bis an sein Lebensende an seiner Seite sein, ihn ins Exil und – trotz stärkstem Widerwillen – in die DDR begleiten. Beidet verbindet eine tiefe Lebensgemeinschaft, die jedoch nicht frei von schweren Krisen geblieben ist. Zweig ist ein erotischer Mann, seine Beziehungen zu Frauen, seine Haltung zur Ehe sprengten herkömmliche bürgerliche Moralvorstellungen.

Der 27jährige Schriftsteller, wegen seiner schon damals schwachen Sehkraft zunächst nicht zum Wehrdienst einberufen, wird wie Millionen seiner Landsleute vom Kriegstaumel mitgerissen. »Wir, Menschen, die so gerne achten und das Achtbare und Echte überall suchten, sehen mit einem manchmal wahrhaft heißen Glück plötzlich, über Nacht, aus einem Volke ichsüchtiger Krämer und patriotisch-politischer Phrasendrescher das große tüchtige deutsche Volk erwachen; der fette Bürger, unser Antagonist, lernt plötzlich wieder sich einordnen, opfern, echt fühlen – er verliert seine moralische Häßlichkeit, er wird schön! Dies schon beglückt; und so genügt es zu sagen, daß die Haltung des Heeres, des Einzelnen wie der Gesamtheit, des Gemeinen wie der Leitung, der Zurückgebliebenen wie derer in der Front, ganz herrlich ist – ein jauchzendes, tollkühnes Entzücken vibriert in mir, wenn ich die Zeitungen lese... Das große Deutschland ist wieder da, die klare ungeheuer geniale Kälte der Kantischen Intuition und das Feuer Beethovenscher Allegretti und Scherzi spukt in der deutschen Kriegsführung... Der Ritter reitet. Daß Liliencron dieses Deutschland nicht mehr erlebte!« (Brief an Helene Weyl vom 27. August 1914).

Auch unter seinen Dichterkollegen stand Zweig mit solchen hymnischen Anbetungen des Krieges nicht allein da. Gerhart Hauptmann, Thomas Mann und Robert Musil jubelten nicht weniger verblendet. Wenigen unter den Intellektuellen des wilhelminischen Reiches blieb in diesen schwülen Sommer- und Herbstmonaten der großen Siege der Blick ungetrübt. Lion Feuchtwanger gehörte zu diesen Ausnahmen und – Heinrich Mann.

Zweig schreibt in kurzer Folge mehrere Erzählungen – *Die Bestie, Die Quittung, Der Schießplatz, Blick auf Deutschland* – in denen er die offizielle Kriegspropaganda der deutschen Heeresführung literarisch unterfüttert. Kostproben aus einer verhetzenden Kriegsliteratur:

»In einer ganz tiefen innerlichen Stille voller unendlicher Schwermut hörte der junge Offizier das Wort Vergeltung; aber er fühlte gleich, es gab keine Vergeltung, auch wenn er die Bestie schinden ließe, es gab überhaupt keine Vergeltung in der Welt, nur Gericht, und hier nicht einmal Gericht, nur Vertilgung.« (*Die Bestie*)

»Sie sehen noch, wie die Infanterie, die ganz allmählich ihren Weg genommen haben muß, diejenigen unserer Verwundeten, die in unserer ersten, vordersten Stellung hatten liegen bleiben müssen, mit Kolben und Bajonetten abschlachtete. Sie zeigten auf ihre Wunden und schrien um Gnade, aber die Hunde brachten sie doch um, alle.« (*Der Schießplatz*)

»Deutschland stand da, und Ehrfurcht ging von ihm aus wie von einem antiken Gott. Seine Heere hatten den Krieg, den eingedrungenen, nicht begonnen, auf die Feinde gewälzt und in Feindes Land...« (*Blick auf Deutschland*)

Am 23. April 1915 wird Arnold Zweig einberufen. Der literarische Heroismus muß im Kriegsalltag seine Feuerprobe bestehen. Er kommt zum Landsturm. »Meine Lieben«, schreibt er an die Familie, »nun gehe ich also als Schipper nach Küstrin. Die Sache kam fabelhaft rasch, gestern um 4 Befehl, heute früh 8 antreten, jetzt 3 Uhr 10 weg. Ich ärgere mich nur, daß ich schippen muß und keine Kanone kriege.«

Nach vier Monaten Ausbildung meldet er sich freiwillig zum Einsatz an der Westfront. Im Oktober wird sein Bataillon für ein halbes Jahr nach Serbien abkommandiert. Schwere, ungewohnte körperliche Arbeit zermürbt ihn. Im April 1916 kehrt Arnold Zweig in die »Hölle von Verdun« zurück. Ein Jahr später steht er vor einem Nervenzusammenbruch.

»Ich bin langsam gezwungen, in eine seelische Defensive gegen mein Dreckquartier, gegen das stete Getöse (Gehämmer, Blechgeklapper, Dröhnen geworfener Kästen, Klirren von messingnen Kartuschen, Gepfeife, Gerede, Knirschen von Metall auf Metall) bei der Arbeit, gegen die Hast der Arbeit und den völligen Mangel an Muße einzutreten, die mich zum

Schreiben unfähig macht. Was soll ein strafgefangener Fabrik-
arbeiter dir auch schreiben und sagen können!« (Brief an
Beatrice im Mai 1916)
An Agnes Hesse schreibt er im Januar 1917 von der Maasfront:
»Das Leben, das ich hier führe in Wust, Dreck und oft in Feuer
und nahe am Blut... stets schwer arbeitend, ohne irgend einen
Kameraden, der geistig auch nur halbwegs in Betracht käme –
alles brave Jungs, die Unteroffiziere oft aber, gegen mich als
Geistigen, böswillig und schikanös – dies Leben ist mir nicht
leicht, und ich trage es jetzt 21 Monate ohne Aussicht auf Erlösung.« Martin Buber aber erreicht der Aufschrei: »Ich will
Zivilist sein, frei sein.« Die Erziehung vor Verdun hat eingesetzt.
Die Versetzung in die Presseabteilung beim Oberbefehlshaber
Ost, durch Vermittlung von Freunden und Frau Beatrice möglich geworden, retten Zweig vor Zusammenbruch oder »Heldentod«. Er arbeitet in der Zensurbehörde, lebt wieder im Kreis
geistig interessierter Menschen. Die Lektüre von Henri Bar-
busse' *Le Feu* und Leonard Franks Novellen *Der Mensch ist gut*
vertiefen den seit seinem Fronteinsatz sichtbar werdenden inneren Wandel. Zweig hat alle Illusionen verloren. Das Grauen
des Krieges erstickt in ihm jeden »Hurrapatriotismus«, löst
eine schwere geistig-moralische Krise aus, die aber erst ein
Jahrzehnt später mit der Niederschrift des Romans *Der Streit
um den Sergeanten Grischa* ihren schöpferischen Ausbruch
finden wird.
Zunehmend werden in diesen Monaten auch seine Hoffnungen
zerstört, daß die Kriegsgemeinschaft, der erwiesene Patrotis-
mus der deutschen Juden ihnen Anerkennung und Gleich-
berechtigung im Reich bringen würden. Die geplante Judenzählung im Heer empfindet er als Demütigung, als einen von
antisemitistischen Strömungen gesteuerten Akt. Über eine
Skizze *Judenzählung in Verdun* schreibt er im Februar 1917 an
Martin Buber: »›Judenzählung‹ war eine Reflexbewegung un-
erhörter Trauer über Deutschlands Schande und unsere Qual;
kein Essay, sondern ein Bild... Wenn es keinen Antisemitismus im Heere gäbe: die unerträgliche ›Dienstpflicht‹ wäre fast
leicht. Aber: verächtlichen und elenden Kreaturen untergeben
zu sein! Ich bezeichne mich vor mir selbst als Zivilgefangenen
und staatenlosen Ausländer.«

Die russische Revolution im Herbst 1917 bewegt ihn, die Friedensverhandlungen in Brest-Litowsk verfolgt er aus unmittelbarer Nähe: »Ich sehe mit Grauen, daß die Westhälfte Europas trotz der prachtvollen Lenins und Trotzkis und trotz der großen italienischen Katastrophe nicht an Frieden denkt...« (17. November 1917). Die Ereignisse in Rußland stoßen bei Zweig, der dem europäischen Bürgertum Versagen und Scheitern vorwirft, auf starke Sympathien: »Die Welt ist heller geworden«, schreibt er an Agnes Hesse, »der große radikale, aus der Verzweiflung geborene Mut der russischen Proletarier hat eine starke Kerze gezündet, und wir hoffen, daß dies Licht auch bald nach Westen hinüberleuchten wird.« Zweig ist nicht Marxist, auch den ökonomischen Theorien der Bolschewisten steht er mit großer Distanz gegenüber, aber er ist überzeugt, daß die alten Schichten abdanken müssen, ihr Führungsanspruch verwirkt ist, eine andere als die wilhelminische Gesellschaft nach dem Krieg aufgebaut werden muß.

Die schriftstellerische Produktion kann er in den Kriegsjahren nur unter Qualen aufrechterhalten. Er schreibt mehrere Novellen, die zunehmend sein Mißtrauen gegenüber der offiziellen Kriegspropaganda sichtbar machen. Zweig beginnt in die Geschehnisse einzudringen, erkennt die gesellschaftlichen Hintergründe, die zur Kriegskatastrophe führten, sieht die furchtbaren Zweifel, in die viele Menschen gestürzt werden, die sich Humanitäts- und Gerechtigkeitsidealen verpflichtet gefühlt hatten. 1916 erscheint das *Geschichtenbuch*, in dem die wichtigsten seiner Vorkriegsnovellen aufgenommen worden sind.

Das Kriegsende erlebt Arnold Zweig in Kowno. Er schreibt ein schwärmerisches Gedicht – *Aufstand* –, in dem er die Novemberrevolution begrüßt. Er wird in den Soldatenrat von Wilna entsandt, stößt dort aber, wie Heinz Kamnitzer berichtet, auf Ablehnung. »Wir brauchen keine jüdischen Ratschläge«, wird dem entsetzten Schriftsteller in offener Versammlung entgegengeschleudert. Am 10. Dezember ist er wieder in Berlin.

Zweig kommt gebrochen aus dem Krieg zurück. Das Fronterlebnis, der Zusammenbruch seiner geistigen Ideale, die bald sichtbar werdenden Restaurationstendenzen in der neuen Republik bewirkten schwere psychische Schäden. Die nächsten Jahre leidet er unter Nervosität und Jähzorn, dumpfer Resignation und Schaffenshemmungen. Erst allmählich, dank psychoanalytischer Behandlung, bessert sich sein Befinden, befreit er sich von den tief sitzenden Verstörungen.

Zurückgeblieben aus dem Krieg ist auch ein schweres Augenleiden. Eine Augentuberkulose wurde nicht ausgeheilt, schwächte zunehmend seine Sehkraft. Es erscheint fast unglaublich, was für ein ungeheures Werk dieser Mann, beinahe halbblind, in den vier Jahrzehnten nach der Publikation des *Grischa*-Romans geschaffen hat, nur auf seine Einbildungskraft und sein glänzendes Gedächtnis gestützt. Manche Schwäche im Spätwerk, mancher Irrtum im politischen Urteil, mag auf dieses Leiden, die erzwungene Isolation, die es automatisch bewirkte, zurückzuführen sein.

Die Morde an Rosa Luxemburg und Karl Liebknecht bedeuten das Ende der Novemberrevolution. Zweig lehnte zwar die extremen Forderungen der Spartakisten ebenso ab wie den Versuch, die Macht im Staat mit Gewalt zu erobern, schreibt aber in der *Weltbühne* eine zornige, leidenschaftliche ›Trauerrede auf Spartakus‹: »Vergeßt den Irrweg, den sie vor ihrem Ende gingen, und gedenket ihrer als Dessen, was sie waren: Urheber der deutschen Revolution, heilige Werkzeuge des Schicksals, Hebel einer neuen Zeit.«

1919 geht Zweig nach Tübingen, hört an der Universität Vorlesungen über Nationalökonomie und Soziologie. Noch aus Berlin schrieb er an Helene Weyl: »Politisch sein ist heute unumgänglich, und die ewigen und reinen Gefilde der Relativitätstheorie werden Sie nicht retten... Ich habe voluminöse Werke im Schädel... Ich will dichten! Romane und Tragödien sollen entstehen. Alles, was ich bis jetzt gemacht habe, ist eine Vorhalle gewesen.«

Am Starnberger See mieten sich Arnold und Beatrice Zweig eine kleine Wohnung, 1920 wird der erste von zwei Söhnen geboren. Bis 1923 werden sie dort leben. Hier entsteht der erste seiner vier großen jüdischen Essays, *Das Ostjüdische Antlitz*. Es ist ein hohes Lied auf Mut und Lebenswillen der Menschen, denen er in den Kriegsjahren an der Ostfront begegnet war; es ist sein Traum von einem idealen Siedlungssozialismus, wie ihn Gustav Landauer verkündet hatte; es ist Zweigs Bekenntnis zum Zionismus. 1925 folgt mit *Das Neue Kanaan* die zweite »zionistische« Schrift, 1927 die Untersuchung über den Antisemitismus, *Caliban oder Politik und Leidenschaft*. Die letzte große Arbeit über das Judentum – *Bilanz der Deutschen Judenheit* – diktiert er bereits als Verjagter im Pariser Exil, kurz vor der Abreise nach Palästina.

Novellen werden in der Idylle der bayerischen Seelandschaft umgeschrieben und neu erdacht – sie erscheinen ab 1925 in mehreren Erzählungsbänden; Theaterstücke werden entworfen, *Die Umkehr des Abtrünnigen* (1925) vollendet. Mit zahlreichen Aufsätzen, die in der *Weltbühne*, dem *Tage-Buch*, der *Jüdischen Rundschau* oder dem *Berliner Tageblatt* ihren Abdruck finden, bezieht er Stellung zu aktuellen Fragen aus Kultur und Politik. Die literarische Verarbeitung des Krieges aber nimmt in seiner Planung immer konkretere Formen an. Freundschaften wachsen in diesen Jahren, vor allem die Begegnungen mit Heinrich Mann und Lion Feuchtwanger, den politischen »Seelenverwandten«, bereichern sein Leben.

Der Hitler-Putsch am 9. November 1923 in München bestätigt Zweig in seinem Pessimismus über die politische Entwicklung Bayerns, das er schon lange durch die wachsende rechtsradikale Agitation bedroht sieht. Das in dumpfen Ängsten gefangene Kleinbürgertum und durch den Krieg verrohte Söldner füllen die Reihen der Reaktionäre. Verstärkt wird seine Sorge durch anonyme Schmähschriften, die er in seinem Briefkasten findet. Er zieht nach Berlin, in die schillernde, laute, »amerikanisierte« Hauptstadt der Republik und wird für ein Jahr Redakteur der *Jüdischen Rundschau*.

In Berlin holt den bislang nur als talentiert geltenden Schriftsteller der Ruhm ein. 1927 veröffentlicht Arnold Zweig seinen Roman *Der Streit um den Sergeanten Grischa*. Es ist das erste der sechs Bücher über den *Großen Krieg der weißen Männer*, einen Zyklus, dessen letzter Band, *Die Zeit ist reif*, 1957 veröffentlicht wird: Zweigs Lebenswerk. Der *Grischa* stellt ihn praktisch über Nacht in die erste Reihe der Autoren der Weimarer Republik. Verdammt von der rechten und völkischen Presse, feiern das linke und das liberale Lager Zweigs Buch als wichtigstes Werk der Anti-Kriegsliteratur.

Dem Ruhm folgt die materielle Sicherheit. Zum ersten Mal ist Zweig wohlhabend, baut sich im Zikadenweg hinter dem Siedlungshaus im Kühler Weg 9 in Berlin-Eichkamp ein Atelier, seine Dichterklause. Er genießt den Erfolg, nicht uneitel, aber in der Schaffenskraft unbeeinflußt. In den Weimarer Jahren folgen noch zwei Romane: *Junge Frau von 1914* und *De Vriendt kehrt heim*, sein Palästina-Buch. Das Manuskript von *Erziehung vor Verdun* ist schon weit fortgeschritten, als Hitler an die Macht kommt.

Am 21. März 1927 schrieb Arnold Zweig seinen ersten Brief an den Wiener Psychoanalytiker Sigmund Freud: »Verehrter Herr Professor Freud, erlauben Sie mir, Ihnen eine Bitte vorzutragen. Ich bitte um die Erlaubnis, Ihnen mein Buch *Caliban oder Politik und Leidenschaft, Versuch über die menschlichen Gruppenaffekte, dargestellt am Antisemitismus* widmen zu dürfen. Dazu bewegt mich vielfältige Dankbarkeit. Erstens wäre ohne Ihr Denken, ohne Ihre prinzipiellen Einsichten und neuen Maximen (Wiedereinsetzung der Seele in die Psychologie), ohne Ihre schöpferische Methode des Philosophierens mein bescheidener Beitrag zur theoretischen Erkenntnis nie möglich gewesen. Zweitens schuldet Ihnen der Antisemitismus, den Sie in allen Spielarten erlebt haben müssen, eine Reverenz. Und drittens verdanke ich Ihrer neuen Seelenheilkunst persönlich die Wiederherstellung meiner gesamten Person, die Entdeckung, daß ich an einer Neurose litt, sowie schließlich die Heilung dieser Neurose durch Ihre Methode und auf Ihren Wegen.«

Nur zwei Tage später antwortet Freud zustimmend: »Hochgeehrter Herr. Ich nehme das Anerbieten des Dichters der *Novellen um Claudia*, mir eines seiner neuen Werke zu widmen, mit Dank und voller Schätzung der mir erwiesenen Ehre an.«

Es ist der Beginn eines umfangreichen Briefwechsels zwischen »Vater Freud« und »Meister Arnold«, der erst mit dem Tod Freuds 1939 endete. Es kam in Wien und London zu mehreren persönlichen Begegnungen. Zweig war in dieser Beziehung der glühende Verehrer, Freud der väterliche Ratgeber. In den vierziger Jahren begann der Schriftsteller einen biographischen Essay *Freundschaft mit Freud*, der unvollendet blieb. Das Manuskript ruht bis heute in den Archiven.

Die Lehren des Wiener Arztes, die Zweig ansatzweise schon vor dem Weltkrieg kennengelernt hatte, beeinflußten sein persönliches Weltbild und sein literarisches Schaffen in den zwanziger Jahren in einem Maße, das kaum zu überschätzen ist. Freuds ›Traumdeutungen‹, seine Trieblehre, seine psychoanalytischen Bewertungen der Verdrängungsmechanismen haben nicht nur im Widmungsbuch *Caliban* Eingang gefunden, sondern ihre Spur läßt sich in nahezu allen Werken nachweisen, die seit Mitte der zwanziger Jahre von Zweig veröffentlicht wurden.

Die Psychoanalyse erklärte ihm den Lauf der Weltgeschichte aus der Wirkung von Trieben und Affekten. »Ein Affektpaar erhebt er zum historischen Grundgesetz des menschlichen Zusammenlebens: den Zentralitätsaffekt, der die Gruppen zusammenhalte, und, davon abgeleitet, den Differenzaffekt, der sie von anderen Gruppen abgrenze.« (Heinz Kamnitzer). Wie immer man Zweigs Anwendung der Freudschen Lehre auf die Gruppenprozesse innerhalb der Gesellschaft bewerten mag, sein episches Werk wurde durch die bahnbrechenden Erkenntnisse Freuds zweifellos bereichert, ihm neue, vertiefende Dimensionen eröffnend.

Zweig gehörte in seinen letzten Berliner Jahren zum links-intellektuellen Lager der umkämpften Republik. In zahlreichen Vorträgen und Artikeln setzte er sich für eine liberale, den Menschenrechten, der unabhängigen Justiz, dem sozialen Wirtschaftssystem verpflichtete Republik ein. Er kämpfte gegen den Vormarsch der Rechten, sah sich im Bündnis mit dem Kreis um Carl von Ossietzky, Kurt Tucholsky, Heinrich Mann, Lion Feuchtwanger und Alfred Döblin.

Zweig war ein Sozialist, der nicht ohne Skepsis, aber auch nicht ohne Zustimmung vieles beurteilte, was aus der Sowjetunion herüberdrang. So trat er 1926 zwar der »Gesellschaft der Freunde des neuen Rußland« bei, kritisierte aber gleichzeitig in verschiedenen *Weltbühne*-Aufsätzen die mangelnde demokratische Entwicklung, die den Aufbau des kommunistischen Staates begleitete. Stalin mißachtete er, Lenin und Trotzki waren für ihn die Heroen der Revolution von 1917. Als Freud ihm lapidar die Unterschrift unter eine pro-sowjetische Kundgebung mit dem Satz verweigert, ». . . das käme einer Parteinahme für das kommunistische Ideal gleich, und von dieser bin ich weit entfernt«, ist Zweig keineswegs gekränkt, sondern verweist auf eigene kritische öffentliche Äußerungen über die Sowjetunion. Er wird erst alle Bedenken gegen das sowjetische System fallenlassen, wenn die faschistische Flut Europa zu überschwemmen droht und er in Moskau die entscheidende Kraft vermutet, die die notwendigen Dämme errichtet.

1929 wird Zweig Vorsitzender des Schutzverbandes Deutscher Schriftsteller. Er setzt sich mit Entschiedenheit für die materielle Sicherung seiner Kollegen ein, sieht in dieser Organisation aber auch eine geistig-politische Waffe. An Tucholsky schreibt er im Juli 1928, daß er wünsche, »den Verband soweit nach links zu drängen, als mir nur irgend möglich ist«.

1932 gehört er zu denen, die vor den Gefängnistoren in Berlin-Tegel Carl von Ossietzky verabschieden, der wegen »Geheimnisverrates« zu einer Haftstrafe verurteilt worden ist. Die *Weltbühne* hatte über Rüstungspläne der Reichswehr berichtet. Die Republik sank in den Staub.

Im Herbst 1932 reist Beatrice Zweig nach Paris. Die Ehe steckt in einer tiefen Krise, eine Scheidung scheint nicht mehr ausgeschlossen. Die Schriftstellergattin war nicht mehr bereit, eine Ehe zu dritt zu führen. Das Verhältnis des Dichters zu seiner Sekretärin Lily Offenstadt, der er den Roman *De Vriendt kehrt heim* gewidmet hatte, droht den Bruch der Familie herbeizuführen. In diese private Krisensituation platzt der politische Zusammenbruch der Republik. Am 21. Januar besucht Arnold Zweig seine Frau in Paris. Am 31. Januar notiert er in seinem Kalender: »Sehr deprim(iert). Wegen Politik. Wieder weg vom Heim, wie schon Starnberg 23?«

Über Wien, wo er noch einmal Freud besucht, und Prag trifft er am 21. Februar wieder in Berlin ein. Am 27. Februar notiert er: »Plötzlich Telefon: der Reichstag brennt ... Ich werde sehr gewarnt, soll abreisen!« Am 1. März: »Ich will nicht abreisen.« Er ist deprimiert und niedergeschlagen, begegnet ein letztes Mal Erich Mühsam, den die Nazis bald totschlagen werden, und reist schließlich am 14. März über Wien nach Prag. Am 10. Mai notiert er: »Deutschland verbrennt meine Bücher.«

Von der Erbärmlichkeit des Exils

Ein Schriftsteller von europäischem Rang, in der Bundesrepublik aber hartnäckig noch immer verkannt. Ein Spitzenwerk der deutschen Literatur unseres Jahrhunderts, auf gleichem Niveau mit den Henri-Quatre-Romanen von Heinrich Mann, mit Brechts großen Stücken, mit Anna Seghers' *Transit* – doch welcher Literaturhistoriker hierzulande würde *Das Beil von Wandsbek* mit diesen Werken in einem Atem nennen, welcher Kritiker es Thomas Manns *Doktor Faustus* an die Seite stellen?

Arnold Zweig hat das freilich getan, und wenn es vorerst auch unerfindlich bleibt, weshalb er seinen Metzger- und Henkerroman gerade an Thomas Manns Musiker- und Denkerroman vergleichend maß[1], so hat er uns damit doch die Lizenz gegeben, den Vergleich auf anderem Felde weiterzuführen, dem der Entstehungsgeschichte beider Bücher. Sie sind während des Zweiten Weltkriegs im Exil konzipiert und geschrieben worden, aber anders definiert sich der Terminus Exil für Thomas Mann, anders, gründlich anders für Arnold Zweig. Bei Thomas Mann in seinem kalifornischen Tusculum umschreibt er das Leben eines Repräsentanten, als den Mann sich geboren fühlte, eines Grandseigneurs, der mit freiem Volk auf eignem Grunde stand, und es ist ein fast imperial zu nennender Lebensstil, den die Tagebücher und Briefe und erst recht *Die Entstehung des Doktor Faustus* dokumentieren. Vom »Herzasthma des Exils« ist in diesem »Roman eines Romans« zwar oft die Rede, vom Leiden an Deutschland, das seine Ursache war, nicht minder – von der Misere des Exils indessen, den so banalen wie zermürbenden Sorgen ums tägliche Brot: von diesem Charakteristikum des Exilschicksals weiß die Lebens- und Arbeitschronik des Repräsentanten dieses Exils allenfalls aus zweiter und dritter Hand.

Sehr begreiflich waren denn auch die gemischten Gefühle, welche *Die Entstehung des Doktor Faustus* bei denen auslöste, die die Erbärmlichkeit des Exils über Jahre zu spüren bekommen hatten. Moritz Goldstein, im Berlin der Weimarer Republik ein hochangesehener Kritiker, in New York aber ein Nobody, der mühsam sein Leben fristete – Moritz Goldstein hat diesen Gefühlen verhaltenen Ausdruck gegeben, als er den Entstehungsbericht in der New Yorker Immigrantenzeitschrift *Aufbau* besprach. Ein »merkwürdiges Buch« nannte er ihn, ein »gewagt freimütiges Bekenntnis« nicht nur zur Genesis des Romans, sondern auch im Bezug auf »die unvergleichliche Gunst der Umstände, unter denen der Mensch Thomas Mann schaffen darf. Zwar bricht schwere Krankheit und lebensgefährliche Operation in die Arbeit, und das Festhalten am Plan, die schnelle Genesung um des Werkes willen, stellt nichts Geringeres dar, als eine heroische Leistung. Jedoch da sind die ersten Ärzte des Landes zur Stelle, der beste Fachmann im besten Hospital wird aufgeboten, es fehlt nicht an drei Krankenschwestern, die sich in der Wacht ablösen, und die Teilnahme der Welt fließt mit Blumenspenden und anderen Liebeszeichen in das Krankenzimmer. Abgesehen von dieser Unterbrechung: wir werden zu Zeugen des täglichen Daseins eines weltberühmten Mannes gemacht. [...] Welch eine Fülle der geselligen Verbindungen, die sich wie von selbst immer wieder der produktiven Aufgabe fügen. Jedes Hilfsmittel, jede Information läßt sich ohne Mühe beschaffen. Für musikalische Belehrung und Erfahrung stehen die ersten Namen der Welt zur Verfügung. Wir erleben eine von Anforderung und Vollbringung erfüllte, dem Musikgenuß und der Lektüre mit Muße hingegebene, von erlesenen Weggenossen umrahmte, höchst königliche Existenz. Niemand wird behaupten, es sei keine Kunst, unter so günstigen Bedingungen Thomas Mann'sche Werke hervorzubringen. Aber vielleicht darf man ohne Neid bemerken, unter wie unvergleichlich ungünstigeren Umständen andere um ihre Leistung ringen müssen.«[2]

Zum Beispiel Arnold Zweig. Von einer »Fülle geselliger Verbindungen«, gar von »erlesenen Weggenossen« konnte in seinem Haifaer Exil die Rede nicht sein, und auch die pompös klingende Adresse »Mount Carmel, Haifa, Palestine« weckte falsche Vorstellungen. Das damalige britische Mandatsgebiet Palästina war noch nicht viel mehr als ein Entwicklungsland mit einem, an mitteleuropäischen oder gar amerikanischen Standards gemessen, recht niedrigen Lebensniveau; daß Arnold Zweig sich Ende 1933 dennoch dort niedergelassen hatte, war das Ergebnis seiner zionistischen Überzeugungen gewesen – die von seinen engeren Freunden freilich keiner teilte. Er hat sehr bald adäquate Gesprächspartner, ja, er hat das gesamte geistige Klima seiner bisherigen Existenz vermißt. Wie vereinsamt er sich gefühlt haben muß, ersieht man daraus, daß er in den Vorkriegsjahren trotz beträchtlicher finanzieller Schwierigkeiten so oft wie nur möglich nach Europa reiste. Die hergebrachte und ihm gemäße kulturelle Lebensatmosphäre wog offenbar viel mehr als das mit diesen Reisen verbundene ökonomische Risiko.

Ein isolierter Mann in einem Land, über das er sich Illusionen gemacht hatte. Eine Sache war es, in Berlin Zionist zu sein, eine ganz andere aber, das euphorisch-utopische Idealbild mit der puritanischen Enge und Strenge der zionistischen Pionier- und Aufbaumentalität zu vertauschen. Schon bald nach seiner Ankunft hat sich Zweig über das »nur knirschende« Funktionieren des Zivilisationsapparates in Palästina beklagt und viele »stille Reibungen« des Alltags konstatiert.[3] Auch saß er in Haifa zu weit weg von den kulturellen Zentren des Exils, wo ein Zusatzverdienst sich leichter ergab. Ein Wechsel des Asyllandes wäre zwar möglich gewesen. Der von Hitlerdeutschland am 29. Februar 1936 Ausgebürgerte erhielt im gleichen Jahr einen palästinensischen Paß und war in seiner Bewegungsfreiheit seitdem nicht in gleichem Maße behindert wie andere Exilierte. Als er sich 1938 ernsthaft mit einer Niederlassung in den USA beschäftigte, stellte sich aber heraus, daß ihn der Umzug ruiniert haben würde. Die Frachtkosten für den aus Deutschland geretteten Hausrat wären unerschwinglich gewesen. Zweig hätte seine Habe in Palästina zurücklassen und in den USA ›bei Null‹ wieder anfangen müssen. »Das ist so symbolisch und symptomatisch, daß mir die Arme dabei sinken«, heißt es in einem Brief an Sigmund Freud.[4]

Nun muß man allerdings zwischen dieser subjektiven Einschätzung und Zweigs tatsächlichen materiellen Verhältnissen unterscheiden. In der Weimarer Republik war er zuletzt ein gutverdienender Schriftsteller von hohem Ansehen gewesen, und sein Lebensstandard läßt sich wohl an der Tatsache ablesen, daß der Roman, der ihm zu Weltruhm verhalf, *Der Streit um den Sergeanten Grischa*, eine Auflage von 300 000 Exemplaren erreicht hatte und in die wichtigsten Kultursprachen übersetzt worden war. Es versteht sich von selbst, daß die daraus resultierenden Lebensgewohnheiten und Erwartungen nicht durch einen Willensakt von heute auf morgen außer Kraft zu setzen waren. Manche Klage ist also zu relativieren, und es ist auch zu bedenken, daß Zweig der mit dem Exil einhergehenden schrittweisen sozialen Deklassierung zähen Widerstand zu leisten suchte – nicht grundlos ist der prinzipiellen Kritik an Albert Teetjens Abstiegsängsten im *Beil von Wandsbek* auch ein gewisses Maß von Verständnis beigemischt.

Immerhin hat Zweig diesen schmerzlichen Umstellungsprozeß seelisch sehr viel besser zu verarbeiten gewußt als manche seiner ähnlich prominenten Berufskollegen, von den ungezählten Mittelständlern ganz zu schweigen, all den Anwälten, Ärzten und Kaufleuten, die von des Lebens Höhe herabgestürzt und dabei psychisch zerbrochen waren, Menschen ohne Lebenssinn und -perspektive, Menschen, die den Blick zwanghaft nur noch aufs verlorene Gestern zu richten vermochten.

Diese subjektiv so verständlichen Reaktionen zu überwinden; selbst noch die destruktiven Affekte produktiv zu machen und den »unvergleichlich ungünstigeren Umständen«, von denen Moritz Goldstein gesprochen hat, die eigene Leistung abzuzwingen: für einen an der Schwelle des sechsten Lebensjahrzehnts Stehenden ist das wahrlich nichts Geringes. Auf dieser Folie muß denn wohl auch gesehen werden, was mancher puritanische Zionist mit hochgezogenen Brauen als Insistieren auf Luxus interpretiert und noch nach Jahrzehnten nicht ohne Gehässigkeit erinnernd beschrieben hat: den angeblich gravitätischen, von Selbstironie nur wenig gelockerten Gestus des »Dichterfürsten im Exil«, der »den Schein der Dichterwerkstatt« (was immer das sei) gewahrt, der sogar »Hof« gehalten habe; das hartnäckige Festhalten an einer »schönen, gutbürgerlich eingerichteten Wohnung«; an der »reichhaltigen Bibliothek«; an kultivierten Lebensformen, am Zeremoniell der tea time etwa, samt Teewagen, zierlichem Geschirr und silbernem Gebäck-Körbchen (welch letzteres ein besonderes Verbrechen gewesen zu sein scheint).[5] Keine Frage, daß solche Rudimente aus versunkenen Tagen Waffen in dem seelischen Selbsterhaltungskampf waren, den Arnold Zweig inmitten und mit einer wenig freundlichen Umwelt auszufechten hatte,

Waffen, die den ungünstigen Umständen seines Lebens ebenfalls immer erst neu abgerungen werden mußten. Und ein Sieg war allein schon, daß er diese Waffen noch immer führen konnte.

Die eben referierte Erinnerung datiert bereits aus den Kriegsjahren. Die Chronistin, die sie mit solch ambivalenten Gefühlen überliefert hat, ist immerhin ehrlich genug gewesen, hinzuzufügen, »daß auch die Opulenz der Bewirtung durch Benefizabende, Geldsammlungen unter Freunden oder freigebige Spenden eines Haifaer Texilfabrikanten mitfinanziert«[5] worden und daß Zweigs wirtschaftliche Lage, »gelinde gesagt, unerfreulich« gewesen sei. Gelinde gesagt, in der Tat. Schon vor Kriegsbeginn, im August 1939, bemerkte Zweig, seit Oktober 1938 seien seine Einkünfte »gleich Null« gewesen.[6] Als die deutsche Wehrmacht im Mai 1940 die Niederlande überfiel, verlor Zweig den deutschsprachigen Verlag, in dem bis dahin seine gesamte Exilproduktion erschienen war. Der Verleger Fritz Landshoff, der sich während des Überfalls zufällig geschäftlich in Großbritannien befand, verlegte zwar den Sitz des Unternehmens juristisch ins Ausland, eine selbständige Produktion konnte er unter den Bedingungen des Krieges aber nicht mehr aufnehmen. In der Folgezeit blieben auch Einkünfte aus Übersetzungen in den angelsächsischen Ländern und der Sowjetunion aus, und Zweig war genötigt, den kleinen Rücklagefonds anzugreifen, den er vor 1933 weitblickend im Ausland angelegt hatte. Der Korrespondenz mit dem (gleichfalls in Palästina lebenden) deutschsprachigen tschechoslowakischen Lyriker Louis Fürnberg[7] entnimmt man, wie wichtig nunmehr selbst kleinste Zeitschriften- und Vortragshonorare für die Balance des Budgets wurden, dem Briefwechsel mit Lion Feuchtwanger darüber hinaus, wie sehr Arnold Zweig auf die wohltätige Fürsorge von Freunden angewiesen gewesen ist.

Allzuweit nämlich kann es mit den von Alice Schwarz-Gardos registrierten »freigebigen Spenden« eines Haifaer Textilfabrikanten nicht her gewesen sein, überdies werden sie in keiner anderen Quelle erwähnt, am allerwenigsten von Zweig selbst, der sich Feuchtwanger gegenüber rückhaltlos über seine Lebensverhältnisse ausgesprochen hat. Dieser lebenslang engste Freund darf für sich in Anspruch nehmen, Zweig und seine Familie in den Kriegsjahren vor dem Schlimmsten bewahrt zu haben. Fraglich, ob ohne seine großzügige Unterstützung *Das Beil von Wandsbek* hätte entstehen können, unzweifelhaft, daß der Roman ohne seine selbstlose Hilfe erst Jahre später an einen Verlag gelangt und gedruckt worden wäre.

Es ist eine kaum je abreißende Kette von Nöten und Mißlichkeiten, von Bitten und Wünschen, mit denen Zweig den Freund im fernen Kalifornien behelligen mußte. Kein halbes Jahr, daß Feuchtwanger nach Internierung und Auslieferungsgefahr aus dem besiegten Frankreich hatte fliehen und in die USA entkommen können, da mußte ihn Zweig schon mit seinen Problemen konfrontieren. »Obwohl ich von uns allen der einzige bin, der noch in seinen Möbeln und Büchern wohnt, und obwohl ich das richtig einschätze, bin ich doch in einer sehr schwierigen Lage [. . .]. Wir leben augenblicklich vom Borgen, auf der Basis von 1500 Shares, die in New York liegen und deren Verkauf, schwierig durch Entfernung, uns nach einer Überbrückungszeit bis zum Winter [1941/42] über Wasser halten wird. Bis dann wird das neue Romanmanuskript vorliegen. Aber nächsten Monat muß ich mich entscheiden, ob ich wohnen bleiben kann oder auflösen muß und auf dem Lande Unterschlupf suchen, und das macht die Situation so schwierig. Theater und Verlag hier ignorieren mich, und meine Freunde sind schon sehr in Anspruch genommen. Die Jewish Agency sollte von unserm Freunde Nahum Goldmann ermahnt werden, daß es nötig ist, sich um uns ein bißchen zu kümmern. Als ich vorigen Juli 70 £p für Miete brauchte, bewilligte sie nur 40 £p Darlehen. Sprechen Sie doch mal mit ihm, wenn Sie in New York bleiben.«[8]

Die fraglichen Aktien, auf deren beabsichtigten Verkauf hin Zweig offenkundig einen Kredit aufgenommen hatte, waren eben die Auslandsrücklagen, die er vor der Machtübergabe an Hitler gebildet hatte, die eiserne Reserve, und daß sie schon im Februar 1941, nach anderthalb Kriegsjahren angebrochen werden mußte, beleuchtet Zweigs prekäre Verhältnisse ebenso wie die Tatsache, daß er eine vergleichsweise niedrige Jahresmiete aus eigenem nicht mehr aufbringen konnte: 70 Palästina-Pfund entsprachen etwa 840 Mark damaliger Kaufkraft. Unbekannt, ob Feuchtwanger den im Jewish World Congress schon damals führend tätigen Nahum Goldmann für Zweig hat in Bewegung setzen können – die drei kannten sich seit dem Anfang der zwanziger Jahre. Als Faktum muß dagegen gelten, daß Feuchtwanger zu dieser Zeit noch nicht selbst helfen konnte, da – Aporien bürokratischer Engstirnigkeit – seine Konten in USA gesperrt waren. Wegen seiner deutschen Abstammung galt der von der NS-Diktatur Ausgebürgerte den US-Behörden als potentieller Feind, und sein Besitz wurde, wie der aller Exilierten, als Feindvermögen ›eingefroren‹.[9]

Am 8. August 1941 berichtete Zweig, die kulturhistorisch-politische Abhandlung *Die Alpen oder Europa* sei für die deutschsprachige Veröffentlichung druckreif, und knüpfte an diese Mitteilung die Frage nach einem Verlag: »Wo erscheinen Sie jetzt deutsch? Ich würde Landshoff ungern untreu werden, aber ich brauche Honorar dringlicher, als Sie sich denken können. Und falls Landshoff-Querido ohne Mittel sind, muß ich nach anderen Verlagsverbindungen suchen.«[10] Zweig hatte die Finanzlage des Querido-Verlages richtig eingeschätzt, nur daß es anderswo auch nicht besser aussah; an eine Publikation des »Alpenbuchs« in deutscher Sprache war nicht zu denken.

Da Feuchtwanger das wußte, konnte er auch einschätzen, was es bedeutete, wenn Zweig im gleichen Brief schrieb, er habe begonnen, Wertgegenstände zu verkaufen. Sie mußten freilich auf einem übersättigten kleinen Markt angeboten werden, unter Preis also. Denn wer im Pionier- und Entwicklungsland Palästina war in der Lage, für einen Flügel und zwei Geigen ein adäquates Entgelt zu zahlen? Wer war daran überhaupt interessiert? Die einzige breitere Käuferschicht von entsprechendem Bildungsniveau waren die neuzugewanderten deutschen und österreichischen Juden – die sich indessen ebenfalls durch den Verkauf von Wertsachen so gut über Wasser zu halten versuchten, wie das eben ging. Am ehesten dürfte noch der Kleinwagen verkäuflich gewesen sein, der angesichts der schlechten Verkehrsmittel (selbst in der weitläufig sich dehnenden Stadt Haifa) für Zweig auch eine Notwendigkeit war. Was Wunder, daß man sich von ihm erst zuletzt trennen wollte.

Man zehrte also von der Substanz, ohne Aussicht auf Besserung. In Palästina nehme er »bestenfalls 5–7 Pfund im Monat« ein (zwischen 60 und 85 Mark), schrieb Zweig am 11. September 1941, um fortzufahren: »Wir haben noch knapp für dieses Halbjahr Mittel zum Zusetzen.«[11] Anfang 1942, er steckte schon tief in der Arbeit am *Beil von Wandsbek*, folgte die Mitteilung: »Durch den Verkauf von Flügel, Auto und vielen fast ungelesenen Büchern haben wir die fehlenden Einnahmen teilweise ersetzt; nur von Ihren Büchern habe ich keines hergegeben, obleich zum Beispiel *Exil* sehr gefragt ist.[12] Die Schlußbemerkung läßt ahnen, wie weit in Wirklichkeit die Verkäufe gegangen sein dürften. Bis an die äußerste Grenze. Half aber alles nicht weit. Keine sieben Monate, und Zweig hatte erneut nur noch Geld für vier Monate[13], befand sich also in der gleichen, ja, in einer noch schlechteren Situation als zuvor, da sein Besitz um die wertvollsten Stücke schon reduziert war. Man solle davon doch nicht so viel Aufhebens machen? Zweig habe immerhin eine Viermonatsreserve gehabt, während andere nicht gewußt hätten, wovon sie am nächsten Tag leben sollten? Das ist sicher richtig. Nur vergißt, wer so argumentiert, gerne, daß hier von einem Schriftsteller mit Weltruhm die Rede ist. Ihm stand kein »European Film Fund« zur Seite, wie den in Kalifornien von Not bedrohten Exilautoren, keine »Selfhelp for European Emigrés«, wie eine ähnliche Hilfsorganisation an der amerikanischen Ostküste hieß; es gab kein Netz, das ihn aufgefangen hätte, und wäre es auch noch so grobmaschig gewesen. Die Frage, wie schwierige produktive Arbeit unter solchen Umständen vonstatten gehen soll, will ich nur stellen, nicht ausführlich erörtern.

Unterdessen hatte die palästinensische Inflationsrate »bei wichtigen täglichen Bedürfnissen« die Höhe von 600 % erreicht, wovon der offizielle Index gerade die Hälfte zugab – Zweig am 31. Januar 1943: »Noch eins, lieber Feuchtwanger [...], ich bitte Sie, mir Ihre Tantiemen aus den Übersetzungsverträgen [in Palästina – HAW) zu leihen, bis wir wieder miteinander nachbarlich wohnen und verkehren. Sie wissen ja, daß ich noch immer Schulden zurückgezahlt habe, wenn ich einmal in Frankreich auf Reisen knapp wurde, und daß es auch diesmal nur auf einen Pump, und zwar einen notgedrungenen, herauskommt. So positiv ich meine Situation im ganzen ansehe, so schwer wird es mir, im Augenblick unser Budget aufzubringen. Dabei schuldet mir mein Bruder immer noch £ 1000, aber er sitzt in Buenos Aires. [...] Ich habe schon im vorigen September versucht, aber bisher ohne Erfolg, auf zukünftige Einkünfte und meine Forderungen an die Nazis Pfunde geliehen zu bekommen, von den Geldern, die in der ganzen

Welt ›for the settlement of German Jews in Palestine‹ gesammelt wurden, aber wir hatten bisher kein Glück damit.«[14] Eine abenteuerliche Idee, diese Vorwegnahme von ›Wiedergutmachung‹ auf Kreditbasis, mitten im Zweiten Weltkrieg. Ein Luftschloß, und nicht das einzige in diesem Brief. Auch die eingangs erwähnten Übersetzungstantiemen erwiesen sich als Schimäre, denn die geplante palästinensische Feuchtwanger-Ausgabe kam gar nicht zustande.

Die Rettung brachte aber dann doch Feuchtwanger, dem es schließlich gelungen war, die kriegsbedingten Schwierigkeiten des Kapitaltransfers zu überwinden: »Liebster Feuchtwanger, Sie wissen hoffentlich, was Ihre Hilfe uns bedeutet – so prompt und so reichlich. Ich dachte, der Talmud hat schon recht, als Barclays [Bank] mir Ihre Depesche zeigte. In Not, sagt er, geh nicht ins Haus deines Bruders, sondern in das deines Freundes.«[15]

Ich breche hier ab, obwohl die Misere noch lange nicht beendet war und Feuchtwanger noch mehrfach einspringen mußte, fast bis zum Ende von Zweigs palästinensischem Exil im Jahr 1948 – ich breche ab, um mich dem eigentlichen Grund von Zweigs materiellen Schwierigkeiten zuzuwenden, seinem inzwischen sehr kritischen Verhältnis zum Zionismus. Die ökonomischen Probleme waren Ausdruck politischer Isolation und eine Folge von Differenzen zwischen Zweig und den Institutionen, die die überwiegende Mehrheit der in Palästina lebenden Juden repräsentierten. Das ist einigermaßen überraschend, wenn man bedenkt, daß Arnold Zweig schon im Ersten Weltkrieg Zionist geworden und 1933 aus politischer Solidarität nach Palästina gegangen war, im festen Glauben, eine politische und menschliche Wahlheimat zu finden, ohne seine deutsche Sprach- und Kulturheimat verleugnen oder aufgeben zu müssen. Dies sollte sich jedoch als Irrtum herausstellen.

Im Jischuw, dem jüdischen Gemeinwesen Palästinas, sollte nach dem Willen der jüdischen Selbstverwaltungsgremien wie auch großer Teile der jüdischen Bevölkerung das Iwrith, das Neuhebräische, einzige Umgangssprache sein, ungeachtet der Tatsache, daß viele palästinensische Juden sich auf jiddisch verständigten, eine kleinere, infolge des deutschen Antisemitismus aber ständig wachsende Gruppe auf deutsch. Den zionistischen Politikern schwebte aber das Gegenteil von Sprachenvielfalt vor. Das Neuhebräische sollte die aus den verschiedensten Ländern stammenden, von den unterschiedlichsten Kulturen geprägten jüdischen Einwanderer zu einer Nation zusammenschweißen.

Zweigs Widerspruch galt nicht dieser Konzeption, sondern dem Rigorismus, mit dem sie durchgesetzt wurde. Zu welchen Absurditäten er führte (aber auch zu welchen Schlußfolgerungen bei Arnold Zweig), mögen zwei Briefe an Sigmund Freud aus der Mitte der dreißiger Jahre verdeutlichen – der Absender lebte da noch nicht einmal zwei Jahre in Haifa. Unter dem Datum des 1. September 1935 liest man: »Zum ersten stelle ich ohne Affekt fest, daß ich hierher nicht gehöre. Das ist nach zwanzig Jahren Zionismus natürlich schwer zu glauben. Nicht etwa persönlich enttäuscht bin ich, denn es geht uns hier recht gut. Aber alles war irrig, was uns hierher brachte. Und das wurde mir deutlichst, als vor 14 Tagen ich hier mit linken Arbeitern eine große Antikriegsdemonstration machte und diese die nationalistische Fiktion aufrechtzuerhalten suchten, als habe man mich Deutschsprechenden nicht verstanden, und meine Rede ins Iwrith übersetzten – als hätten nicht alle 2500 Leute zu Hause jiddisch geredet. Und das bei linken Poale Zion, die von den anderen, ›rechteren‹ Sozialdemokraten als internationalistisch angefeindet werden.«[16] Am 22. November des gleichen Jahres folgte dem politischen der persönliche Grund: »Ich bin jetzt fast zwei Jahre hier und konstatiere, daß ich für Dita, die Kinder und die Arbeit gut gewählt habe, daß aber meine persönliche Wirkung, politisch und kulturell, gleich Null ist. Die Leute verlangen ihr Hebräisch, und ich kann es ihnen nicht liefern. Ich bin ein deutscher Schriftsteller und ein deutscher Europäer, und diese Erkenntnis verlangt Konsequenzen. Aber wo leben, wenn nicht hier? [...] Es ist ja fast gleich, wo man sitzt, wenn man nicht daheim sitzt...«[17]

»Daheim«, das macht die fast in ein Selbstgespräch mündende Briefstelle unwiderleglich klar, »daheim« war nur Deutschland. Mindestens aber die deutsche Sprache und Kultur als dichteste Heimat und Wirklichkeit. Und hat die Geschichte des deutschen Exils nicht gezeigt, daß der Schriftsteller, der diesen Namen wirklich verdient, seine Muttersprache gar nicht aufgeben kann? Von ihm diesen Verzicht verlangen, hieß ihn zum Berufswechsel auffordern. (Genau das in der Tat klingt als unterschwellige Rüge bei Alice Schwarz-Gardos an, die – noch 1983! – ›mutig‹ genug war zu schreiben: »Von seiner deutschen Leserschaft abgeschnitten, hatte Zweig dennoch keinen Brot- und Notberuf ergriffen, wie so viele andere Emigranten. Er hielt den Schein der Dichterwerkstatt aufrecht.«[5] Eine mutige Äußerung, wie gesagt. Und wie so viele Zeugnisse des Mutes, auch eines von großer Torheit.)

Nur am Rande merke ich an, daß die Sprachverweigerung auch einen ganz elementaren Grund hatte. Als Folge einer Augenerkrankung, die er sich im Ersten Weltkrieg zugezogen hatte, war Zweig stark sehbehindert. Schon in den zwanziger Jahren mußte er seine Bücher diktieren, statt sie niederzuschreiben – was freilich dem unvergleichlichen Duktus ihrer Sprache zugute gekommen ist –, er mußte sich fast alles vorlesen lassen, zuweilen sogar die Zeitung, und in der Korrespondenz vollends blieb die Handschrift die rare Ausnahme. Kurzum: es waren wohl kaum die richtigen physischen Voraussetzungen zum Erlernen von neuer Sprache und Schrift.

Das Sprachproblem hätte sich am Ende aber lösen lassen sollen – einige Toleranz vorausgesetzt und ein wenig Verständnis für einen Schriftsteller, der ja auch dem Jischuw (und nicht bloß »seiner deutschen Leserschaft«) etwas zu geben gehabt hätte. Daß es daran fehlte, ist aber symptomatisch für das Ausmaß der politischen Differenzen. Hinter den nationalen Forderungen des Zionismus sah Zweig eine Entwicklung heranreifen, die ihn nach seinen europäischen Erfahrungen mit Nationalismus und Imperialismus zutiefst erschreckte. In dem *Caliban oder Politik und Leidenschaft* betitelten großen Essay ›über die menschlichen Gruppenleidenschaften, dargetan am Antisemitismus‹, hatte er schon 1927 (und eben auf Grund der europäischen Ereignisse) den Nationalismus als Hauptgefahr für Zivilisation und Gesittung definiert; als ein massenpsychologisches Phänomen, dem historische, politische und ökonomische Argumente nur als Rationalisierungen, als Ummäntelungen seines wahren Wesens und Wollens dienten. In Wirklichkeit sei der Nationalismus die (wahrscheinlich wichtigste) Ausdrucksform von tief in der Einzel- wie in der Gruppenseele verwurzelten atavistischen Affekten. Des »Differenzaffektes« zum einen, womit Zweig »die triebhafte Erregung und Abstoßung« bezeichnete, »mit welcher Menschengruppen auf das Verschiedensein anderer Menschengruppen entwertend reagieren«, des »Zentralitätsaffektes« zum anderen, der die an diese Abwertung alles Fremden und Fremdartigen »gebundene Überbetonung der Wichtigkeit und Vollkommenheit der eigenen Gruppe für das Weltall« zum Inhalt habe.[18]

Caliban oder Politik und Leidenschaft ist »Sigmund Freud respektvoll« gewidmet und sucht seine individualpsychologischen Befunde auf sozial- und massenpsychologischem Felde anzuwenden. Ich brauche nicht zu sagen, weshalb der Jude Arnold Zweig sich für die Darstellung der Gruppenaffekte gerade des Antisemitismus als Beispiel bedient hat, und ich muß auch kaum ausführlich dartun, weshalb schon sein methodischer Ansatz weit über diesen Einzelfall hinaus ins Grundsätzliche ging. Verallgemeinerungsniveau und analytische Durchdringung des Phänomens Nationalismus lassen nun eigentlich keine Ausnahmen zu. Recht unlogisch also, wenn Zweig sich gleichwohl mühte, einen – sagen wir: rechtmäßigen Nationalismus zu kreieren und zu etablieren; einen Nationalismus, der »nicht beschuldigt werden« könne, »fremdes Sein zu vergewaltigen«, der lediglich darauf aus sei, »eigenes Sein sicherzustellen«. Einigen historischen Beispielen solch legitimer Nationalismen (deren Stichhaltigkeit man freilich nicht allzu genau prüfend auf den Leib rücken darf), folgte sodann die Begründung für die Erschaffung eines ›guten‹ »Zentralitätsaffektes«: »Dies ist die Rechtfertigung des jüdischen Nationalismus.«[19]

Hier sprach nicht der unbestechliche Psychologe, als der sich Zweig in seinem literarischen Werk erwiesen hatte und weiter erweisen sollte, hier sprach der zionistische Propagandist, für den nicht wahr sein konnte, was nicht wahr sein durfte, und der denn auch an anderer Stelle des Buches dekretierte: »Die Schwierigkeit des Zusammenlebens von Juden und Arabern in Palästina wird auf tendenziöse Weise aufgebauscht, vor allem von Juden, denen aus Angst um ihre eigene Sicherheit sinnloserweise eine Störung dieses Zusammenlebens am Herzen liegt.«[20] Der Nebensatz nährt den Eindruck, dem Verfasser sei beim Hauptsatze so ganz wohl doch nicht gewesen. Später schwächt er ihn bezeichnenderweise noch weiter ab. Nach einer langen Eloge auf den vermeintlich »kritischen« Nationalismus der Juden heißt es: »Aber dennoch bleibt die Konstatierung den Juden nicht erspart, daß auch ihr Nationalismus heute noch eine ungeheuer affektive Komponente hat und Differenz- und Zentralitätsaffekt im schönsten Blühen zeigt: in der Haltung der bürgerlichen Jugend und eines Teiles der Arbeiterjugend den Arabern gegenüber. Die sogenannte Araberfrage scheint den Juden geradezu zu ihrer Fortgestaltung geschenkt worden zu sein. Um schnellstens zu überwinden, was der Differenzaffekt der anderen in ihnen an Lust zur Tyrannei gezüchtet haben könnte, um in einem Tempo, welches allein ihrer würdig ist, die Reife der Freiheit wirklich zu erlangen, bedürfen sie eines Anlasses zur schärfsten Selbstzügelung in nationaler Beziehung. Mit der Existenz einer breiten arabischen Majorität in Palästina und durch den kulturellen Zustand dieser Majorität selbst ist er ihnen gegeben.«[21]

Ein kategorischer Imperativ für den Zionismus, aufgestellt von einem wohlmeinenden, nur leider ein wenig realitätsfremden, leider in Illusionen befangenen Zionisten. Mit nicht weniger Recht ließe sich aber auch sagen, der Verfasser sei unwillentlich dem von ihm gegeißelten »Zentralitätsaffekt« zum Opfer gefallen, der ja die »Überbetonung der Wichtigkeit und Vollkommenheit der eigenen Gruppe für das Weltall« darstellt. Denn was ist es anderes, wenn Zweig der eigenen Volksgruppe eine Reife abverlangt (und erwartungsvoll auch als vorhanden unterstellt), die allen anderen Völkern doch ganz offenkundig mangelt?

Wunschdenken. Und wiewohl es den Irrenden ehrt, hat sein Ausmaß beim Zusammenprall mit der Realität auch die Intensität der Enttäuschung bestimmt. Die Araberfrage wurde für Zweig zum humanen und politischen Prüfstein des auf staatliche Existenz sich vorbereitenden jüdischen Gemeinwesens. Nur in einem bi-nationalen Staat schien ihm die jüdische Zukunft in Palästina möglich und gesichert zu sein, in einem Staat, der Juden und Araber friedlich und gleichberechtigt unter seinem Dach vereinte. Der Mann, der Ende 1933 seine Zelte in Haifa aufschlug, war darüber schon nicht mehr so optimistisch wie der von 1927. Ein dreimonatiger Palästina-Aufenthalt im Jahr 1932 hat, wie der unmittelbar danach entstandene, die Probleme selbst noch des heutigen Israel in den Grundzügen treffend umreißende Roman *De Vriendt kehrt heim* zeigt, einen Realitätsschub bewirkt. Dementsprechend klingt viel zurückhaltender, was Zweig 1933 zum Thema zu sagen hatte. Ein paar Sätze nur, und sie stehen en passant in der die Leistung der deutschen Juden gegen die Nazis aufs Schild hebenden Streitschrift *Bilanz der deutschen Judenheit*: »Die Menschheit braucht Juden! Sie braucht uns, um ihre üblen Affekte an uns abzureagieren. Sie braucht uns, um zu offenbaren, wie reif oder unreif sie wirklich sei – jenseits aller Phrasen. Der Deutsche zum Beispiel ist so, wie er sich dem Juden gegenüber benimmt – Warnung für jedermann. Im Kampf mit der Versuchung, sich gegen uns loszulassen, kann jedes Volk seinen Tag von Damaskus oder die Stunde der Bewährung erleben: unsere Schwäche ist der Maßstab für jedermanns wirkliche Reife und Stärke. Und wir selbst: angesichts der Araber können wir in Palästina feststellen, ob wir selbst gegen die Seuche immun sind, die die anderen befällt.«[22]

Der Umgang mit den Arabern als Gradmesser für Kultur- und Zivilisationsstand, für sittlichen Reifegrad der Juden: dies ist schon 1933 nicht mehr nur eine Mahnung, es ist eine aus der böseren Realität abgeleitete Forderung. Ich habe hier nicht zu erörtern, wie es um ihre Realisierbarkeit bestellt gewesen ist. Es genügt der Hinweis auf die normative Kraft des Faktischen, um die tiefe Kluft zu erklären, die sich angesichts dieser so gegensätzlichen Zielperspektiven zwischen Arnold Zweig und den wenigen ihm politisch Gleichgesinnten auf der einen, dem Jischuw in seiner übergroßen Mehrheit auf der anderen Seite auftat. Sie vor allem erklärt Zweigs Isolation im Lande, erklärt, warum bis 1943 keines seiner neuen Bücher in Iwrith erschienen ist, nicht ein einziges.

Unmittelbar vor und erst recht im Zweiten Weltkrieg vertiefte sich das Zerwürfnis noch. Nachdem der deutsche Antisemitismus mit den Pogromen vom November 1938 einen ersten Höhepunkt erreicht hatte, war die deutsche Sprache nicht mehr nur aus quasi ›innenpolitischen‹ Gründen, sie war als Sprache des Feindes schlechthin verfemt; analog zur pauschalen Verfemung alles und aller Deutschen, zur Gleichsetzung von Deutsch und Nazi. Ungeachtet seines Verständnisses für solche Emotionen, hat Arnold Zweig von den Juden auch jetzt eine rational differenzierende Betrachtung der politischen Verhältnisse in Deutschland verlangt. Er hat – selbstverständlich – zwischen Deutschen und Nazis unterschieden, hat den zu bekämpfenden Menschheitsfeind im Faschismus gesehen und nicht im deutschen Volk. Genauso weit war er freilich davon entfernt, das deutsche Volk für schuldlos zu halten – der Leser hat Zweigs differenzierten Blick im *Beil von Wandsbek* kennengelernt.

Es ist aber nicht dieser Roman gewesen, der den latenten Konflikt mit dem Jischuw zur offenen Kontroverse entfachte, es war Zweigs Auftreten auf der politischen Bühne. Die Metapher bezeichnet, bescheiden genug, nur die Gründung der Wochenzeitschrift *Orient* im Frühjahr 1942, für welche Zweig das geistige Patronat übernommen hatte.[23] Das Auftreten dieses radikaldemokratischen, von dem früher zur Sozialistischen Arbeiterpartei Deutschlands (SAPD) gehörenden Physiker Wolfgang Yourgrau redigierten, politisch an Ossietzkys und Tucholskys *Weltbühne* orientierten Organs führte im Jischuw zu einer Polarisierung.[24] Der *Orient* setzte sich für Versöhnung mit den Arabern, für einen bi-nationalen Staat ein, er verwarf entschieden die Gleichsetzung des deutschen Volkes mit dem Faschismus, und er rührte an ein zionistisches Tabu, als er zur materiellen Unterstützung der Sowjetunion aufrief. Das geschah nicht grundlos. Schließlich war keineswegs sicher, ob die Sowjetunion den Hitlerarmeen würde standhalten können. Ihr Zusammenbruch hätte aber nicht nur die Niederlage Hitlerdeutschlands für lange Zeit unwahrscheinlich gemacht, auch Palästina wäre in Gefahr geraten. Vom deutschen Vormarsch in Nordafrika war es ohnehin bedroht. Ein Angriff über den Kaukasus würde die Zange geschlossen haben, und der Jischuw wäre dem Völkermord ausgeliefert gewesen, von dem die ersten Nachrichten schon in die Weltöffentlichkeit gedrungen waren. Dieses wohlverstandene Eigeninteresse an der Unterstützung der UdSSR war nun eine Sache, die traditionsbelastete Gegnerschaft zwischen dem nationalistischen Zionismus und dem internationalistischen Kommunismus dagegen eine gründlich andere. Das ideologische Vorurteil siegte über die politischen Notwendigkeiten, und der *Orient* hat die Folgen tragen müssen. Alice Schwarz-Gardos vermittelt einen zu schwachen, einen verharmlosenden Eindruck von der Intensität der gegen die Zeitschrift und ihre Mitarbeiter gerichteten Angriffe, wenn sie schreibt: »Man sah im Auftreten dieses Kreises ›einen Verrat am Zionismus‹.«[5]

Vordergründig war es wieder ›nur‹ die deutsche Sprache, gegen deren öffentlichen Gebrauch sich der Volkszorn kehrte; deren sich Zweig und der *Orient* aber bedienen mußten, da sie ja die ehemals deutschen Juden ansprechen wollten. In Wirklichkeit waren es aber die konträren politischen Positionen in gleich drei essentiellen Fragen, die die Eskalation des Konflikts bis zum Terror bewirkten. Man schrieb Juni 1942, und der *Orient* existierte noch nicht einmal ein Vierteljahr, als Arnold Zweig im Tel Aviver »Cinema Esther« einen Vortrag zugunsten der »Liga Victory für Rußlandhilfe« hielt. Eine rechtszionistische Organisation, eine der vielen Vorläuferinnen der heutigen Heruth-Partei Begins, sprengte mit einer Schlägertruppe die Veranstaltung. Mehrere Verletzte mußten ins Krankenhaus geschafft werden, Zweig wurde angegriffen und vom Podium gestoßen. Den *Orient* boykottierte man während seines knapp einjährigen Erscheinens auf vielfältige Weise. Mit einem polizeilich nie aufgeklärten Bombenattentat auf die Druckerei erzwang man schließlich seine Einstellung, nachdem man zuvor schon Mitarbeiter mit Morddrohungen unter Druck zu setzen versucht hatte.

Nach alledem war Palästina für Zweig nur noch ein unwirtliches Asylland. Mit seinen eigenen Worten, dargelegt nach der Saalschlacht im »Cinema Esther« (auf die der Eingangssatz sich bezieht): »Unter den Narreteien, die ich anläßlich neuerlicher Streitigkeiten mit der hebräischen Presse zu hören bekam, fand sich eine, die, man wird es sehen, als Bumerang auf die Verfasser zurückfällt. Sie besagte, daß ich mich offenbar noch immer als Emigrant fühle, noch immer im Lande nicht verwurzelt sei – woraus sich mein sonderbares Verhalten herleite, zu deutschen Juden deutsch zu sprechen. Lassen wir uns auch solche Angriffe zum Besten dienen, unterhalten wir uns einmal über Verwurzelung. Man sieht leicht, wie dieser Begriff sich aus der Beobachtung der pflanzlichen Natur herleitet. Ein Samenkorn wird vom Zufall in ein Erdreich versenkt; Tau, Regen und Wärme bringen seine Keimsubstanz zum Quellen, sie sprengt die starre Hülle, sendet nach oben den Keimfaden, nach unten das erste Würzlein aus, klammert sich so an den Boden, trinkt, nährt sich, reckt sich, wächst und bringt nach der gesetzten Zeit dem Boden, in dem es sich verwurzeln durfte, Schatten und Früchte. Fällt der Samen aber auf einen starren Stein, so wird er von den befruchtenden Faktoren des Klimas abgesperrt, so bleibt er trocken und dürr liegen und wird vom Winde weiter geweht oder vom Huf des nächsten Esels, vom Schuh des nächsten Wanderers zermalmt.

Mein Fall deckte sich weder mit dem einen noch mit dem anderen Vorgang. Ich hatte die Fähigkeit, lange Luftwurzeln auszusenden, die mir aus Amerika und Rußland, Britannien und Italien, Dänemark und der ČSR Hilfsmittel zuführten, sodaß ich existieren konnte. Der Boden von Erez Israel jedoch verschloß sich mir. Bildlos gesprochen: im Laufe der 8 Jahre, die ich mich hier aufhalte, haben nur die Honorare der *Palestine Post* dazu beigetragen, die Existenz meiner Familie und meiner Arbeit zu sichern. Verwurzelung kann schwerlich die Folge solchen Verhaltens sein. Oder muß ich noch deutlicher werden? Darlegen, daß jeder geistigen Verwurzelung die ökonomische vorhergehen muß? Nur dort fühlt sich das Kind zuhause, wo es ernährt wird; nur wenn man einem Erwachsenen Gelegenheit gibt, von seiner Arbeit zu leben, kann man erwarten, daß geistige und gefühlsmäßige Bindungen zwischen ihm und der neuen Heimat entstehen. Das mag Idealisten betrüben – aber so lehrt es die Soziologie.

Nun liegt der Fall bei mir noch belastender, wenn auch nicht für mich. Auf dem PEN-Club-Kongreß in New York 1939 formulierte ihn der [italienische] Antifaschist G. A. Borgese öffentlich so, daß ich ›aus Ritterlichkeit, um mich in die Reihe der Verfolgtesten zu stellen, mein Heim in Palästina aufgeschlagen‹ hätte. Und etwas später, als wir uns in der Provence trafen, meinte Friedrich Wolf [...], ›in Palästina müsse man mich doch auf Händen tragen‹. Als ich herzlich lachte, wunderte er sich sehr – aber eine kurze Unterhaltung belehrte ihn, daß keines meiner Stücke den Weg zu einer hebräischen Bühne, in den letzten zehn Jahren keines meiner Bücher auf dem hebräischen Büchermarkt Zugang, keine der hebräischen Zeitungen eine Brücke gefunden hatte, sich meine regelmäßige Mitarbeit zu sichern.«[25]

So also nahm sich in Arnold Zweigs subjektiver Sicht aus, was die Gegenseite als »Verrat am Zionismus« qualifizierte, und was die politische Perspektive anging, so hat Zweig die Gegner von der zionistischen Rechten indirekt der Sympathien mit dem Faschismus beschuldigt.[26] Nachdem sich die ansonsten politisch gemäßigten Interessenvertreter der deutsch-jüdischen Einwanderung ebenfalls vom *Orient* distanziert hatten, hieß es bei ihm dann expressis verbis: »Wir gingen nicht hierher, um einem Faschismus zu entkommen und dem anderen zu verfallen [...].«[27] Überakzentuierungen in der Hitze des Gefechtes? Soviel bleibt richtig, daß das Scheitern des *Orient* an den totalitär intoleranten Strömungen im Jischuw Zweigs politische Isolation besiegelt, seine Abkehr vom Zionismus vollendet und jene Lage geschaffen hat, die Walter Zadek, einer der Exponenten des *Orient*-Kreises, rückblickend in einen bündigen Satz faßte: »In Palästina war Zweig ein *outcast* gewesen.«[28]

Sein Umgang war auf eine sehr kleine Gruppe von ›linken‹, zumeist mitteleuropäischen Juden geschrumpft, in der mangels adäquaterer Gesprächspartner jene guten Leute dominierten, die sich als gar schlechte Musikanten präsentierten. Kein Brecht, kein Feuchtwanger, kein Heinrich Mann in Reichweite – da mußte man eben mit literarisch viertrangigen Kollegen vorliebnehmen, sofern sie nur – wie Louis Fürnberg – menschlich lauter und politisch akzeptabel waren; ja, helf er sich!, mit Dilettanten sogar, an deren Schreibversuche man ratend und bessernd und einbegleitend seine Zeit ver(sch)wendete, um von ihnen hinterher verglichen zu werden mit – Max Brod...

Doch selbst die Ungunst der politischen Umstände abgerechnet – wer wäre denn im Lande gewesen, außer Else Lasker-Schüler, die ihrer Exzentrizität halber, außer Leo Perutz, der seiner ganz andersartigen literarischen Interessen wegen als kollegialer Umgang kaum in Frage kam? Und wenn Perutz 1942 in Briefen konstatierte, er könne »mit keinem« in Palästina »über Arbeitsprobleme und Ideen ein Wort sprechen«; wenn er drei Jahre danach mit fast denselben Worten noch immer den Mangel an Anregungen, ja selbst an bibliothekarischem Quellenmaterial für sein literarisches Werk beklagte[29], dann ist das ein um so überzeugenderer Beweis für die geistige Dürre des Landes, als Perutz sich politisch dort nie betätigt und nie irgendwelchen ›Anstoß‹ erregt hatte, vielmehr ganz unauffällig seinem bürgerlichen Beruf als Versicherungsmathematiker nachgegangen war.

Was Wunder, daß solche Klagen in Zweigs Briefen an Feuchtwanger wiederkehren. Am 8. August 1941: »Schade, daß wir nicht, wie früher, eine Telefonstrippe haben, die zwischen Kühler Weg und Mahlerstraße funktionierte!«[30] Am 11. September 1941: »Falls mein voriger Brief, was ja möglich ist, verlorengegangen sein sollte, möchte ich die Frage wiederholen, die ich darin als Hauptsache stellte: wo gedenken Sie nach dem Ende des Krieges Ihr Zelt aufzuschlagen? Wir wollen es doch so einrichten, daß wir nicht weiter voneinander entfernt sind als vor dem Zwischenfall mit dem böhmischen Gefreiten.«[31] Am 1. Mai 1942: »Ihr drüben, Ihr habt wenigstens Zugang zur Weltpresse und vermögt die Nachrichten auszutauschen, die Ihr bekommen habt, als das noch ging. Ich lebe hier wie eine Lokomotive auf einem Abstellgleis, die den Dampf in ihren Kesseln durch Pfeifen und Rangieren unterbringen muß.«[32] Endlich am 20. Februar 1943: »Ich bin hierhergegangen, weil ich nicht heimlich Wein trinken wollte, nachdem ich öffentlich 25 Jahre Wasser gepredigt hatte. Gut und schön, aber ich hätte schneller lernen können, daß ich nicht zu den Leuten gleicher Abstammung passe, sondern zu denen gleichen Geistes.« Und über die Arbeit am *Beil von Wandsbek*: »Inzwischen bin ich schon beim 5. Buch, gestern angefangen; und das Sensationelle, das Sie befürchten, ist, glaube ich, völlig gebannt, dadurch daß – jetzt hätte ich Ihnen beinahe was geschrieben, das ohne die Kenntnis der ersten beiden Bücher unverständlich gewesen wäre. Nun, sobald ich fertig bin, kriegen Sie ein Rohmanuskript, *ich brauche Ihre Stimme*.«[33]

Feuchtwanger, der die Nöte des Freundes gekannt, wenn auch wahrscheinlich kaum geteilt hat (er hatte ja fachkundig geselligen Umgang die Fülle in Pacific Palisades) – Feuchtwanger hat aus der Ferne mitunter fast aufopfernd an Zweigs Arbeit Anteil genommen. Vor allem hat er wieder und wieder versucht, den von Plänen und Ideen und Entwürfen nur so Sprühenden auf das Projekt hinzulenken, das ihm gleich bei der ersten Erwähnung als das bedeutsamste und wichtigste erschienen sein muß: »Der Romanstoff, der in dem Zeitungsausschnitt steckt, den Sie mir übersandt haben, ist wirklich herrlich. Freilich scheint es mir noch eher der Stoff einer großen Erzählung. Ich finde, er liegt Ihnen besser als jedem anderen. Aber darüber [...] mündlich.«[34]

So am 5. April 1939, nachdem Zweig ihm jene Pressenotiz

übersandt hatte, die zur Keimzelle des *Beils von Wandsbek* wurde. Am 11. Mai 1939 sodann drängte Feuchtwanger, Zweig möge »den Nazihenker« in Angriff nehmen. Bald darauf sah man sich in Sanary, und man darf unterstellen, daß Feuchtwanger die Ankündigung wahr gemacht und mit Zweig über den Romanplan gesprochen hat. Die nächste briefliche Erwähnung trägt das Datum des 28. Dezember 1939. Feuchtwanger hatte in der Zwischenzeit mit einem französischen Internierungslager Bekanntschaft machen müssen und war nach der Entlassung unter anderem zeitraubend mühevoll um ein nordamerikanisches Visum bemüht. Gleichwohl hielt er den Blick auf das gerichtet, was nach seiner Ansicht bei Arnold Zweig dringlich war: »Ich höre gern, daß Ihnen die Arbeit am *Bonaparte* Freude macht, aber was ist mit dem Henkerroman?«[35] Ein Vierteljahr darauf noch etwas ungeduldiger: »Den *Bonaparte* erwarte ich also nach wie vor, und ich hoffe, daß Sie mir bald berichten, Sie seien jetzt endgültig und mit Elan in den Henkerroman hineingegangen.«[36] Dies ist einen Monat vor dem deutschen Angriff auf Frankreich geschrieben, der für Feuchtwanger neuerliche Internierung, eine abenteuerliche Entführung aus dem Camp, Wochen der Illegalität und endlich eine strapaziöse Flucht in die USA im Gefolge hatte, vom vorübergehenden Zusammenbruch der materiellen Existenz zu schweigen. Dabei hat Feuchtwanger anscheinend auch viele Briefe von Zweig eingebüßt, die wohl als endgültig verloren gelten müssen. Unbekannt also, wie der Adressat auf die ständigen Ermahnungen reagiert hat – sofern er überhaupt reagierte. In den erhaltengebliebenen Schreiben nämlich war viel von anderen Plänen die Rede, kaum je aber von dem, der Feuchtwanger am Herzen lag. Gerade, daß Zweig mitteilt, er werde das Buch noch nicht in Angriff nehmen – mit dem Resultat, daß Feuchtwanger – nunmehr von Los Angeles aus – erneut drängte: »Ich wünschte herzlich, von Ihnen in absehbarer Zeit zu hören, daß das Manuskript des Henkerbuches fertig ist.«[37]
Ebenso bewundernswert ist die Ausdauer wie die List, mit der er da den Arbeitsbeginn einfach unterstellte. Solchermaßen am Portepee gefaßt, hat Zweig sich zu einer etwas ausführlicheren Erklärung herbeigelassen und den erneuten Aufschub mit seinem Gesundheitszustand, aber auch mit äußeren Schwierigkeiten begründet. Kurz zuvor hatte das »Afrikakorps« unter

Rommel die britischen Truppen an die libysch-ägyptische Grenze zurückgeworfen und drohte, noch weiter in Richtung Suezkanal vorzustoßen – das war offenbar gemeint, als Zweig am 13. Mai 1941 schrieb: »[...] ich erwarte mit Ungeduld den Tag, an dem ich Ihnen schreiben kann, ich sei tief in meinem neuen Roman. Welcher das sein wird? Für den Henkerroman erscheint es mir zu früh; ich möchte nicht mit einem angefangenen Romanmanuskript hier in Kriegsnöte kommen. Aber das wird sich in diesen Wochen entscheiden, und lange werde ich jedenfalls nicht mehr müßig gehen.«[38]

Ob es wirklich die »Kriegsnöte« waren? Ob nicht Gründe, die mit dem Buche selber zu tun hatten? Und gingen auf solch substantielle Gründe nicht auch die früheren dilatorischen Reaktionen zurück? Ein Bericht von Zweigs zeitweiliger Sekretärin Ruth Klinger läßt diese Vermutung jedenfalls zu. Über die gemeinsame Arbeit am Beil von Wandsbek schreibt sie: »Er diktierte mit einer nüchternen, fast monotonen Stimme, fließend und ohne Pausen. Er mußte nie nach einem passenden Ausdruck suchen, wußte stets zu Beginn jedes Satzes genau, wie er enden werde, selbst wenn er sich über mehrere Nebensätze erstreckte. [...] Sein Diktat war so, als löse sich etwas Auswendiggelerntes von seiner Zunge ab. Sein Studienmaterial bestand lediglich aus einigen auf einem kleinen Zettel hingekritzelten Stichworten.«[39] Hat es nach diesem nicht den Anschein, das »zu früh« beziehe sich auf die wesentliche, ja, auf die in Wirklichkeit eigentliche Arbeit, auf den poetischen Prozeß selbst, der dem Diktat notwendig vorangehen mußte (während er bei dem ›normal‹ Schreibenden auch mit der Niederschrift ineinsgehen mag)?[40]

Dieser Annahme steht jedenfalls nicht entgegen, daß Rommels Truppen Ägypten noch immer bedrohten, als Arnold Zweig am 18. November 1941 Feuchtwanger mitteilte: »Liebster Feuchtwanger, Sie haben inzwischen zwei Briefe von mir bekommen und hätten eigentlich Anrecht darauf, von mir in Ruhe gelassen zu werden. Es wird Ihnen aber Spaß machen, festzustellen, daß sich Ihre Ratschläge bei mir durchsetzen, auch wenn ich es nicht will. So habe ich Ihnen denn mitzuteilen, daß nicht der Roman Traum ist teuer zuvörderst in die Produktionsröhre geschossen ist, sondern der Henkerroman Das Beil von Wandsbek. Ich habe das erste Buch abdiktiert – das erste von fünfen –

mindestens zwanzigtausend Worte, und stocke gerade vor dem zweiten Buch [. . .].«[41]

Anhand von Zweigs Aufzeichnungen gibt der DDR-Literaturwissenschaftler Georg Wenzel den 24. Oktober 1941 als ersten Tag der Niederschrift – genauer: des Diktats – an. Den Manuskript-Abschluß legt er ins »Frühjahr 1943«[42] – überaus vage und im übrigen unzutreffend, denn einem Brief Zweigs an Lotte Fürnberg vom 2. August 1943 entnimmt man indirekt, daß der Roman erst Ende Juli 1943 beendet worden ist[43]; genau das hat Feuchtwanger am 6. Februar 1944 auch expressis verbis erfahren: »Meine ganze Arbeitskraft gehörte, wie Sie sich denken, dem *Beil von Wandsbek*, aber es war der Mühe wert. Ich beendete es Ende des vorigen Juli [. . .].«[44] Nach den Mühen der Berge begannen freilich auch hier die Mühen der Ebenen. Keineswegs gingen die Dinge ihren Gang, vielmehr sollte es nicht weniger als viereinhalb Jahre dauern, bis *Das Beil von Wandsbek* auch in der Sprache im Druck vorlag, auf die es Arnold Zweig primär ankam, in der deutschen. Erst im Dezember 1947 hielt der Autor das erste deutschsprachige Exemplar in den Händen, vom Neuen Verlag, Stockholm, in dauerhaftes Leinen gebunden.[45]

Die Danksagung an Lion Feuchtwanger, Bertolt Brecht und Robert Neumann, die dem Roman vorangestellt ist, gibt von den für die Verzögerung verantwortlichen Gründen nur einen sehr abstrakten Eindruck. Wie reich das deutsche Exil auch an ungewöhnlichen Bücherschicksalen gewesen ist, für die abenteuerliche Publikationsgeschichte des *Beil(s) von Wandsbek* dürfte sich selbst in dieser Umgebung so leicht keine Parallele finden. Ich gebe ein paar Stichworte, nicht mehr, und nenne zuerst die gleichsam objektiven Erschwernisse der Kriegszeit. Ein Verlagswesen, wie es vor dem Krieg für die Exilliteratur bestanden hatte, existierte längst schon nicht mehr, und was Übersetzungsmöglichkeiten betraf, so gab es selbst in den vom Krieg kaum betroffenen USA Papierknappheit und -rationierung. Für Zweig begannen die Schwierigkeiten aber schon mit dem Postverkehr. Selbst da, wo er von kriegerischen Ereignissen nicht beeinträchtigt wurde, war er so unzuverlässig geworden, wie sonst fast nur aus vorindustriellen Zeiten bekannt. Das für eine Moskauer Übersetzerin bestimmte Romanmanuskript beispielsweise ist dreimal auf den Weg gebracht worden und dreimal verlorengegangen, obwohl der Postweg über Persien weitab vom Kriegsgeschehen lag. Man kann sich ausmalen, wie es da mit den Verbindungen etwa nach Großbritannien stand. Nicht einmal die von Zoll und Zensur unbehelligte tschechoslowakische Diplomatenpost, der Louis Fürnberg ein nach London bestimmtes Manuskript einschmuggelte, war zuverlässig; wochenlang dauerte in London die Suche nach dem fraglichen Paket.

Zu diesen objektiven Hemmnissen gesellten sich andere Schwierigkeiten, etwa der Ärger mit den von einer inkompetent-sorglosen Abschreiberin angefertigten Manuskriptkopien, die als Druckvorlagen dienen sollten. Feuchtwanger brauchte mehrere Monate, um für die amerikanische Übersetzung respektive zum Vorzeigen bei amerikanischen Verlegern einen lesbaren Text zu rekonstruieren. »Ich habe«, schrieb er am 8. März 1945, »nachdem ich über die Meinung vieler Sätze lange gegrübelt hatte, Brecht herangezogen; auch er konnte mir nicht weiterhelfen. Nächst der Apokalypse kenne ich kein Werk, das den Leser vor so viele Rätsel stellt.«[46] Erneuter Ärger sodann mit allerlei freundwilligen Helfern vor Ort, die die verunstalteten Kopien hatten korrigieren wollen, die sich aber, wie Zweig verärgert berichtete, »offenbar nur die Lektüre des Romans beigebogen, sich moralisch [über die Abschreiberin] entrüstet, den Roman bewundert, den Verfasser bedauert und alles beim alten gelassen« hatten.[47]

Erneut wurde die Entfernung von den kulturellen Zentren zum Handicap. Feuchtwanger war es, der die amerikanische Übersetzung ›unterbrachte‹ und der, von Zweig ermächtigt, in Kalifornien den Verlagsvertrag für die deutsche Ausgabe abschloß. Der Autor in Palästina lebend; der Verlag in Stockholm ansässig; der Vertrag mit Freundeshilfe in Los Angeles geschlossen – mit einem Verlagsagenten übrigens, den der Autor aus alten Berliner Tagen kannte: Exil, seine Größe inmitten der Erbärmlichkeit.

Aus damaliger Sicht freilich nur ein Lichtblick. Denn unversehens wurde das Buch in London zum Gegenstand eines langwierigen Rechtsstreits zwischen zwei Verlegern. Monate vergingen, bis die Ansprüche geklärt, der Fall entschieden war und dem Erscheinen des Romans wenigstens juristisch nichts mehr im Wege stand. Wohl aber faktisch. Denn der auf der Grundlage eines der verunstalteten Typoskripte tätig gewordene Übersetzer brauchte sachkundigen Rat, brachte aber, wie es scheint, nicht die Gelassenheit auf, die korrigierenden Hinweise Robert Neumanns zu ertragen. So daß Neumann, der den Freundschaftsdienst wie Feuchtwanger unentgeltlich leistete (ohne allerdings über Feuchtwangers Einkünfte zu verfügen) sich notgedrungen und wohl auch verärgert auf seine eigene Arbeit zurückzog. Das Ausmaß dieser Londoner Mißlichkeiten kann man gegenwärtig nur ahnen.

Zum schlechten Schluß das Satyrspiel – Feuchtwanger hatte unter anderem deswegen für den Stockholmer Verlag als Druckort der deutschen Ausgabe plädiert, weil im Holzland Schweden mit Papierknappheit nicht zu rechnen sei. Es war aber just das, was das Erscheinen des Buches nach Kriegsende wieder und wieder verzögerte. Zweig am 21. Juni 1946: »Der Ljus Förlag teilte mir jüngst mit, die schwedische Regierung habe ihnen auferlegt, so viel Papier [in die im Krieg zerstörten Länder – HAW] zu exportieren, daß sie das *Beil* fürs erste zurückstellen müßten. Ich lachte ein bißchen, weil Ihr Argument, lieber Feuchtwanger, für die Bevorzugung von Ljus ja in der Papierregion lag.«[48]

Was im Juni 1946 galt, im Sommer 1947 traf es noch immer zu, und verzögernd mag auch gewirkt haben, daß sich die deutsche Produktion dem schwedischen Unternehmen schlecht lohnte. Wie andere ausländische Verlage, hatte es die deutsche Abteilung in der Erwartung gegründet, gleich nach Kriegsende ins zerstörte Deutschland liefern zu können. Da jedoch die Besatzungsmächte für Druckerzeugnisse keine Devisen freigaben, hatte diese Hoffnung getrogen. Ob in Schweden, der Schweiz oder den Niederlanden, überall lagen deutsche Bücher – notabene die von Exilierten, von Antinazis – auf Halde, derweilen in Deutschland vonstatten ging, was die hochgesinnten und -gestimmten Sieger »demokratische Umerziehung« zu nennen nicht müde wurden. Keine Chance für antifaschistische deutsche Literatur bei diesem Vorhaben, kein Wunder somit auch, daß der schwedische Verlag an die Einstellung seiner deutschen Produktion dachte. Arnold Zweig konnte von Glück sagen, daß sein Buch noch dort erschien – soweit ich sehe, war es das letzte, das der Neue Verlag auf den Markt brachte. Gedruckt wurde es statt im Papierland Schweden übrigens in der Schweiz, und man schrieb Heiligabend 1947, als das erste Exemplar in Haifa ankam. Odyssee eines Buches.

Das Beil von Wandsbek und *Doktor Faustus* – zwei Arten des Exils, zwei grundverschiedene, spiegeln sich in ihrer Entstehungsgeschichte, und es ist keine Frage, welcher von beiden Autoren Anlaß und Grund gehabt hätte, jene Verse über das Exil auf sich zu beziehen, die Brecht[49] in den vierziger Jahren zu Papier gebracht hatte:

>»Den Haien entrann ich
>Die Tiger erlegte ich
>Aufgefressen wurde ich
>Von den Wanzen.«

Anmerkungen

1 Georg Wenzel (Hrsg.): *Arnold Zweig 1887–1968. Werk und Leben in Dokumenten und Bildern. Mit unveröffentlichten Manuskripten und Briefen aus dem Nachlaß.* Aufbau-Verlag, Berlin und Weimar 1978, S. 312f.

2 Inquit (d. i. Moritz Goldstein): Thomas Mann privat. In: *Aufbau*, New York, 15. Jg., Nr. 37 v. 16. 9. 1949, S. 13.

3 Sigmund Freud/Arnold Zweig: *Briefwechsel*. Herausgegeben von Ernst L. Freud. S. Fischer Verlag, Frankfurt am Main 1968, S. 67.

4 A. a. O., S. 179.

5 Alice Schwarz-Gardos: Arnold Zweig und Max Brod. In: Alice Schwarz-Gardos (Hrsg.): *Heimat ist anderswo. Deutsche Schriftsteller in Israel. Erzählungen und Gedichte.* Verlag Herder, Freiburg im Breisgau 1983, S. 132ff. – Brisanz erhalten diese an sich belanglosen Fakten erst durch die provokante Gegenüberstellung mit der Herzlichkeit und »spartanischen Bescheidenheit« Max Brods. Der unvergleichlich schwächere Poet Brod ist freilich der ›linientreuere‹ Zionist gewesen und hat dem Staat Israel auch nicht – wie Zweig – den Rücken gekehrt. Dies berücksichtigt, sieht man, auf welch subtile Weise die Autorin mit Arnold Zweig ein Hühnchen zu rupfen gedenkt, ohne die politischen Dimensionen des Konflikts ernsthaft anrühren zu müssen.

6 Sigmund Freud/Arnold Zweig: *Briefwechsel*, a. a. O., S. 190.

7 Louis Fürnberg/Arnold Zweig: *Briefwechsel. Dokumente einer Freundschaft*. Herausgegeben von Rosemarie Poschmann und Gerhard Wolf. Aufbau-Verlag, Berlin und Weimar 1978.

8 Lion Feuchtwanger/Arnold Zweig: *Briefwechsel 1933–1958*. Band I, 1933–1948. Herausgegeben von Harold von Hofe. Aufbau-Verlag, Berlin und Weimar 1984, S. 223f.

9 A. a. O., S. 232.

10 A. a. O., S. 236.

11 A. a. O., S. 241.

12 A. a. O., S. 253.

13 A. a. O., S. 263.

14 A. a. O., S. 267, S. 269f.

15 A. a. O., S. 276.

16 Sigmund Freud/Arnold Zweig: *Briefwechsel*, a. a. O., S. 119.

17 A. a. O., S. 123f.

18 Arnold Zweig: *Caliban oder Politik und Leidenschaft*. Verlag Gustav Kiepenheuer, Potsdam 1927, S. 13; zur Ausformung der Gruppenaffekte als Nationalismus siehe S. 273–349.

19 A. a. O., S. 288f.

20 A.a.O., S. 303.

21 A.a.O., S. 322.

22 Arnold Zweig: *Bilanz der deutschen Judenheit 1933. Ein Versuch.* Querido Verlag, Amsterdam 1934, S. 309f.

23 Die Zeitschrift, die, in kleinster Auflage erschienen, zu den seltensten des deutschen Exils gehört, ist seit einiger Zeit als Reprint allgemein zugänglich: *Orient. Unabhängige Wochenschrift.* Herausgegeben von Wolfgang Yourgrau und Arnold Zweig. Neudruck der Ausgabe Haifa und Jerusalem 1942/43. 2 Bände. Gerstenberg Verlag, Hildesheim 1981.

24 Die katalysatorische Wirkung des *Orient* kann ich hier nur aufs einfachste verkürzt wiedergeben. Ich verweise deshalb auf meine Analyse des Blattes in: Hans-Albert Walter: *Deutsche Exilliteratur 1933–1950.* Band 4, Exilpresse. J. B. Metzlersche Verlagsbuchhandlung, Stuttgart 1978, S. 679–733.

25 *Orient*, Haifa, 3. Jg., Nr. 14 v. 3. Juli 1942, S. 5f. – *Palestine Post:* die Zeitung war das inoffizielle Sprachrohr der britischen Mandatsverwaltung, erschien in englischer Sprache und konnte in der Tat nicht als jüdische Zeitung gelten, obwohl sie auch jüdische Redakteure beschäftigte. – Friedrich Wolf: der 1888 in Neuwied geborene Dramatiker und Erzähler, war 1933 als parteipolitisch aktiver Kommunist unter Lebensgefahr aus Deutschland geflohen und über Zwischenländer Anfang 1934 in die Sowjetunion emigriert. 1938 hatte er sie vorübergehend wieder verlassen und lebte in Frankreich, hauptsächlich in Sanary-sur-Mer. Dort traf ihn Arnold Zweig.

26 *Orient*, Haifa, 3. Jg., Nr. 13 v. 26. 6. 1942, S. 1f.

27 *Orient*, Haifa, 3. Jg., Nr. 23/24 v. 11. 9. 1942, S. 12f.

28 Walter Zadek (Hrsg.): *Sie flohen vor dem Hakenkreuz. Selbstzeugnisse der Emigranten. Ein Lesebuch für Deutsche.* Rowohlt Taschenbuch Verlag, Reinbek 1981, S. 139.

29 Hans-Harald Müller: Leo Perutz. Ein biographischer Essay. In: Leo Perutz: *Herr, erbarme dich meiner.* Zsolnay Verlag, Wien 1985, S. 261f.

30 Lion Feuchtwanger/Arnold Zweig: *Briefwechsel*, Band I, a.a.O., S . 237. – In Berlin hatte Zweig im Kühlen Weg, Feuchtwanger in der Mahlerstraße gewohnt.

31 A.a.O., S. 242. – Böhmischer Gefreiter: dem Reichspräsidenten Hindenburg zugeschriebene Bezeichnung Hitlers.

32 A.a.O., S. 257.

33 A.a.O., S. 277. – Hervorhebung von mir.

34 A.a.O., S. 208. – Es steht zu vermuten, daß Zweig von dem Sujet des »Henkerromans« auch Freud in Kenntnis gesetzt hat. In seinem letzten Brief an Zweig (5. März 1939) äußerte er sich kritisch über Zweigs Entwurf zu einem Salomo-Roman und fügte hinzu, »die Analyse einer Naziseele müßte Ihnen besser gelingen«. (Sigmund Freud/Arnold Zweig: *Briefwechsel*, a.a.O., S. 187.) Die zeitliche Nähe zur Übersen-

dung des Zeitungsausschnitts an Feuchtwanger ist jedenfalls auffällig, und als »Analyse einer Naziseele« kann man den Roman wahrlich bezeichnen.

35 Lion Feuchtwanger/Arnold Zweig: *Briefwechsel*, a.a.O., Band I, S. 212. – Bonaparte: Zweigs Schauspiel *Bonaparte in Jaffa*.
36 A.a.O., S. 217.
37 A.a.O., S. 226.
38 A.a.O., S. 228.
39 Ruth Klinger: Arbeiten mit Arnold Zweig in der Emigration. In: Walter Zadek (Hrsg.): *Sie flohen vor dem Hakenkreuz*, a.a.O., S. 136f.
40 Kaum zu ermessen, welche Konzentration es erforderte, einen sprachlich minutiös durchgearbeiteten, dichten Prosatext solchen Umfangs auf so unsäglich mühevolle Weise entstehen zu lassen. Kurt Tucholsky, dem man ein Urteil wohl zutrauen wird, hat die von Zweigs Sehbehinderung erzwungene Arbeitspraxis mit dem ehrfürchtigen Staunen quittiert, das sie wahrlich verdient. Kurz der Zusammenhang. In seiner Rezension des Romans *Der Streit um den Sergeanten Grischa* (1927) hatte Tucholsky beiläufig von Arnold Zweigs »Bienenfleiß« gesprochen, worauf Zweig in einem Brief ebenfalls beiläufig bemerkte, er habe das Buch an 63 Vormittagen diktiert. Das zweite Stichwort – »Bößler« – hat Zweig geliefert, der nicht mit den »Boßlern und Droxern« verwechselt werden wollte, »die in der älteren Generation so stolz auf ihr Gebossel und Gedroxe waren«. (Vgl. Georg Wenzel [Hrsg.]: *Arnold Zweig 1887–1968*, a.a.O., S. 562.) Dazu nun Tucholsky am 16. Dezember 1927: »Eine Sache allerdings ist mir völlig, aber auch völlig unverständlich, und da stehe ich nun allerdings mit offenem Maul davor. Das ist die Technik Ihrer Arbeit. Wie man so etwas *diktieren* kann; wie man das in noch nicht zwei Monaten rein äußerlich bewältigt, das ist mir auch dann ein Rätsel, wenn ich nicht wüßte, wie sorgfältig Sie wahrscheinlich die Fahnen beackert haben. Davor stehe ich wie vor einem Mirakel. Es kommt also nun heraus, daß *ich* der Bößler bin; den Grischa-Artikel habe ich mit Gott dreimal umgeschrieben, und was ich mit meinen kleinen Spaßgedichten mache, das schäme ich mich, Ihnen zu schreiben. Die sauberste Lückenlosigkeit, die Akkuratesse des Handwerks, die nietenlosen Stahlfugen – wie ich das gelesen habe, daß so ein Werk in 63 Vormittagen diktiert ist, da habe ich einen mächtigen Schock bekommen. Dann steht also bei unsereinem Bemühung und Resultat in keinem richtigen Verhältnis (na, ohne Komplimente, ich weiß schon, was los ist) – es ist eine geradezu bewundernswerte Leistung.« (Kurt Tucholsky: *Ausgewählte Briefe 1913–1935*. Herausgegeben von Mary Gerold-Tucholsky und Fritz J. Raddatz. Rowohlt Verlag, Reinbek 1962, S. 331 f.) Hervorhebungen im Original.
41 Lion Feuchtwanger/Arnold Zweig: *Briefwechsel*, Band I, a.a.O., S. 245. – Die Arbeit an *Traum ist teuer* nahm Zweig gegen Kriegsende auf. Der Roman blieb lange unvollendet und erschien erst 1963.

42 Georg Wenzel: *Arnold Zweig 1887–1968*, a.a.O., S. 308. Vgl. auch
    Georg Wenzel: Blick auf Deutschland aus dem Exil. In: *Erfahrung Exil.*
    Antifaschistische Romane 1933–1945. Analysen. Herausgegeben von
    Sigrid Bock und Manfred Hahn. Aufbau-Verlag, Berlin und Weimar,
    2. Aufl. 1981, S. 351.
43 Louis Fürnberg/Arnold Zweig: *Briefwechsel*, a.a.O., S. 65. Dort heißt
    es: »Liebe Frau Fürnberg, vielen Dank für Ihren ausführlichen Brief.
    Ich war auf zwei Tage in Jerusalem und konnte doch nicht zu Ihnen
    kommen, obwohl ich's weiß Gott wünschte [...]. Der Anlaß meiner
    Reise, die mit der Beendigung meines Romans zusammenfiel, war ...«
    usw. Dieser Brief war längst publiziert, als Wenzel seine sonderbare
    Datierung vornahm.
44 Lion Feuchtwanger/Arnold Zweig: *Briefwechsel*, a.a.O., Band I,
    S. 284.
45 Unsere Neuausgabe (gemeint ist die 1985 bei der Büchergilde Guten-
    berg, Frankfurt erschienene Ausgabe des *Beil von Wandsbek*) folgt die-
    ser deutschsprachigen Erstausgabe wortgetreu. Wir haben lediglich of-
    fenkundige Druckfehler stillschweigend beseitigt und die in der Vorla-
    ge voneinander abweichenden Schreibweisen (z. B.: Telephon, Telefon,
    ß anstelle von ss etc.) vereinheitlicht. Zitate aus dem Roman werden
    im folgenden nicht gesondert angemerkt, sondern mit »B« und Seiten-
    zahl unserer Ausgabe fortlaufend im Text nachgewiesen. Um mögli-
    chen Mißverständnissen vorzubeugen, noch ein Wort über die lange
    vor der deutschen Ausgabe erschienene hebräische Übersetzung. Wie-
    wohl sie schon im Dezember 1943 beim Haifaer Verlag Sifriat Poalim
    (unter dem Titel *Ha Kardom shel Wandsbek*) herauskam, kann sie al-
    lenfalls im puristisch chronologischen, nicht aber im sachlich qualitati-
    ven Wortsinn als Erstausgabe angesprochen werden. Ihr Text wurde von
    Zweig weder durchgesehen noch stilistisch überarbeitet. Damit der
    vorgesehene Erscheinungstermin eingehalten werden konnte, gingen
    die gerade »abdiktierten« Kapitel peu à peu an den Übersetzer, der also
    eine Rohfassung ins Hebräische übertrug.
46 Lion Feuchtwanger/Arnold Zweig: *Briefwechsel*, Band I, a.a.O.,
    S. 316.
47 A.a.O., S. 300. Zu den von Zweig so drastisch Kritisierten haben of-
    fenbar auch Louis Fürnberg und seine Freunde gehört. Vgl. dazu den
    Briefwechsel mit ihm, a.a.O., S. 72–91.
48 A.a.O., S. 379. Der Ljus Förlag war wie der deutschsprachige Neue
    Verlag eine Tochterfirma des Esselte-Konzerns, und es hat den An-
    schein, als sei der Neue Verlag nur in Lektorat und Programm selbstän-
    dig, in praktisch-technischen Dingen aber von Ljus abhängig gewesen.
49 Bertolt Brecht: *Gesammelte Werke*. Band 10. Suhrkamp Verlag,
    Frankfurt am Main 1967, S. 942.

Die Zeitschrift *Orient*. Ein gescheiterter Diskurs

Sie waren unterwegs ins Exil. Im südfranzösischen Sanary-sur-Mer konnten sie eine Weile bleiben. Sie waren Schriftsteller, deren Bücher die Nazis gerade in Deutschland verbrannten. Unter ihnen Arnold Zweig, im Sommer 1933. Seine letzte europäische Station, bevor er noch im Dezember des gleichen Jahres nach Palästina emigrierte.

Ab Januar 1934 lebte er auf dem Karmel oberhalb der Hafenstadt Haifa. Von hier aus beteiligte er sich am literarischen Kampf gegen den Faschismus. Seine Artikel erschienen jetzt, aber auch später, in deutschen Exilzeitschriften, u. a. in der *Neuen Weltbühne*, der antifaschistischen *Pariser Tageszeitung*, in *Das Wort*.

Im Sommer 1936 befand sich Arnold Zweig wieder für einige Monate in Europa. Er nahm in Paris an jenem vorbereitenden Ausschuß teil, der, unter dem Vorsitz von Heinrich Mann, über die Bildung einer deutschen Volksfront beriet, und dem u. a. auch die Emigranten Lion Feuchtwanger, Johannes R. Becher, Ernst Toller, Wilhelm Pieck und Walter Ulbricht angehörten.

Schon im Jahr zuvor hatte, vom 21. bis 25. Juni 1935 in Paris, der *Internationale Schriftsteller-Kongreß zur Verteidigung der Kultur* stattgefunden, auf dem von deutscher Seite Ernst Bloch, J. R. Becher, Egon Erwin Kisch, Robert Musil, Willi Bredel, Ernst Toller, Alfred Kerr, Anna Seghers, Heinrich Mann, Lion Feuchtwanger, Bodo Uhse, Klaus Mann und Erich Weinert sprachen. Die Teilnehmer beschlossen die Gründung einer Zeitschrift, die die Ziele des Kongresses – alle antifaschistischen Intellektuellen im Kampf gegen Nazi-Deutschland zu vereinigen, die Kultur gegen den Faschismus zu verteidigen – verfolgen sollte. Aus diesem Zusammenhang ging 1936 die in Moskau erscheinende deutsche Kulturzeitschrift *Das Wort* hervor. Sie wurde zum Sprachrohr der antifaschistischen literarischen Volksfront.

Einige Jahre später, doch vergleichbar in der Zielsetzung, erschien in Haifa, Palästina, am 10. April 1942, erstmals die deutschsprachige Zeitschrift *Orient – Unabhängige Wochenschrift – Zeitfragen – Kultur – Wirtschaft*. Ihre Geschichte war nur von kurzer Dauer. Unfreiwillig und gewaltsam das Ende. Während des knapp einjährigen Bestehens erschienen 38 Hefte, darunter einige Doppelnummern und mehrere Exemplare in hektographierter Form. Die Zeitschrift erreichte keine hohe Auflage. Pro Ausgabe brachte sie es auf nie mehr als 800 bis 1000 Exemplare. Gemessen an der Zahl deutsch-jüdischer Einwanderer nach Palästina vor und während des Krieges war diese Ziffer verschwindend gering.

Die Ereignisse um den *Orient* machen neugierig. Vor allem möchte man mehr erfahren über jenes soziale und politische jüdische Gebilde in Palästina, das sich bis zur Staatsgründung Israels im Jahre 1948 Jischuw, »Siedlung«, nannte, und auf eine junge Geschichte verwies: Auf den Zionismus jugendlicher Pioniere voll Aufbruchsideologie, auf kolonisatorischen Eifer und eine soziale Utopie, aber auch auf einen militanten, nationalistischen Zionismus, der nichts von den Rechten palästinensischer Araber auf eine politisch gleichberechtigte Existenz wissen wollte. Dazu gehörte aber auch ein pragmatischer Realismus, der, um ein bedrohtes Volk zu retten, alles unternahm. Er stand im Gegensatz zu jenem orthodoxen Judaismus, dem es, wie es schien, eher darum gegangen war, ein Land zu retten, nicht ein Volk. Noch 1967 nach dem Sechs-Tage-Krieg betrachteten Vertreter dieser Richtung, ultraorthodoxe Zeloten, das besetzte Westufer als »befreites« Gebiet.

Eine weitere chauvinistische Ausprägung des Zionismus verdient Erwähnung, nicht, weil sie besonders human gewesen wäre, sondern weil sie eine Sehnsucht mit nationalistischen Mitteln ausbeutete. Schon vor Beginn der zwanziger Jahre hatte sich eine sogenannte Sprachbewegung mit der Forderung durchgesetzt, hebräisch als die einzig legitime Sprache eines künftigen jüdischen Staates offiziell zu institutionalisieren. In den dreißiger und vierziger Jahren war die deutsche Sprache für diese Gruppierung als die Sprache der Faschisten, der Nazis denunziert worden. Es läßt sich ahnen, wie schwierig dadurch die soziale Integration der deutsch-jüdischen, nicht hebräisch sprechenden Einwanderer gewesen sein mußte. Nicht umsonst begegnet dem Leser in der Zeitschrift *Orient* die oft scharfe Kritik, die ›Alija Chadascha‹, die politische Vertretung der deutschen und österreichischen Juden, sei in den Selbstverwaltungsorganen des Jischuw unterrepräsentiert gewesen.

Selbst das Jiddische, die Sprache des osteuropäischen Judentums, verfiel Anfang der vierziger Jahre der Ächtung. Gewaltakte und öffentliche Anprangerung von Einzelpersonen waren keine Seltenheit.

»Eine neue Gefahr wurde entdeckt: die jiddische Sprache«, schreibt Alexander Zak, einer der Mitarbeiter des *Orient* in Heft Nr. 2 vom 8. Januar 1943. »Während die Nazis die jüdischen Massen in den Ländern Osteuropas hinschlachteten, fallen hier unsere hebräischen Sprachfanatiker über die Muttersprache dieser Massen her.« Die *Naiwelt*, die auf jiddisch erscheinende Wochenzeitschrift der linken Poala Zion, berichtet in ihrer Nummer vom 31. Dezember 1942, daß eine Reihe von Geschäften in Tel Aviv Warnungen von der ›Jugend-Organisation für die hebräische Sprache‹ erhalten haben, in denen die betreffenden Geschäfte aufgefordert werden, mit dem Inserieren in der *Naiwelt* aufzuhören, andernfalls werde man zu ›entsprechenden Mitteln‹ greifen. Die Drohungen wurden ausgeführt, in der Nachlath Benjaminstraße die Fensterscheiben eines ›gewarnten‹ Geschäfts zertrümmert. Die *Naiwelt* gibt dazu folgenden Kommentar, der nachdenklich macht: »Kann es denn ein ausdrücklicheres Zeugnis für die Schändung jüdischen Lebens und jüdischer Ehre geben als diese zerbrochene Scheibe in Tel Aviv?«

Es war der arabisch-jüdische Konflikt, der den Juden Palästinas am meisten Kopfzerbrechen bereitete. Die britische Palästinapolitik von der Balfour-Deklaration 1917 bis zur Staatsgründung Israels im Jahre 1948 trug entscheidend dazu bei. Zwischenzeitlich, im Jahre 1939, erschien das berüchtigte McDonald-Weißbuch. Nach den arabischen Überfällen auf jüdische Siedlungen der Jahre 1921 und 1929, Zeiten des Terrors, Blutvergießens, der Massaker und der Entstehung der jüdischen Selbstverteidigung, erschütterten dann zwischen 1936 und 1939 die arabischen Aufstände gegen die Mandatsregierung das Land. Erneut schlimme Zeiten für den Jischuw. London gab dem Druck arabischer Nationalisten nach, verbot durch eine der Verfügungen des britischen Kolonialministers

McDonald den palästinensischen Juden, Land zu kaufen, und setzte die Zahl der Juden, die nach Palästina einwandern durften, auf jährlich 75 000 fest. Diese Entscheidung kam praktisch einem Einwanderungsverbot gleich, in einer Zeit, als Hunderttausende von den Nazis verfolgter Juden sich in Sicherheit zu bringen suchten. Der Jischuw war empört, denn zur Bedrohung im eigenen Land kam die äußere Bedrohung: Die deutschen Truppen der Armee Rommels näherten sich Palästina, wo sich die Juden vor Verfolgung sicher glaubten.

Tel Aviv wurde bombardiert, Palästina Umschlagplatz der Alliierten. Im Jischuw herrschten Armut, Arbeitslosigkeit, Wohnungsnot neben Kriegsgewinnlertum und Mietwucher, Mängel im Erziehungssystem kamen hinzu. Der Jischuw war keine sozialistische Gesellschaft nach dem sozialutopischen Traum der Kibbuzideologen geworden, hatte es auch schwerlich werden können. Und doch ging hier ein Stück jüdischer Identität verloren, einst religiös begründet im kollektiven Mythos des Auserwählten Volkes.

»Die Alija Chadascha hat die Pflicht«, schreibt Wolfgang Yourgrau in der Ausgabe des *Orient* vom 25. Dezember 1942 unter der Überschrift »... Alleinseligmachend?«, »auf Grund ihrer Vergangenheit und ihrer nach Hitlers Machtübernahme gemachten Erfahrungen, alle geistigen Kräfte zu mobilisieren, um für die verfolgte Judenheit eine o d e r mehrere Heimatstätten vorzubereiten. Es geht nicht darum, mit einer Idee recht zu behalten, sondern n u r darum, Menschen eine glücklichere, sorgenfreiere Zukunft zu sichern.«

Da war sie wieder, die unangenehme palästinensische Frage. Sie ließ sich nicht verleugnen. Und wie war das? Wer sprach da von einer o d e r gar mehreren Heimstätten, unter Umständen gar ganz woanders? Wieder alles aufgeben?

Bedrohliches weckt irrationale Ängste, wird gern verleugnet. Abwehrmechanismen bilden sich, und die Suche nach dem Schuldigen beginnt. Von innen und außen bedroht war der Jischuw, die Gemeinschaft der Juden Palästinas, auf dem Weg, die Prinzipien einer offenen, liberalen Gesellschaft aus den Augen zu verlieren. Niemand hatte gelernt, Verhaltensweisen zu entwickeln, die in einer Situation der Bedrohung ein Abgleiten ins Inhumane verhindert hätten.

In diese Situation fiel das Erscheinen des *Orient*. Herausgeber und Redakteur war der schon erwähnte Wolfgang Yourgrau, der, von den Nazis verfolgt, im Frühjahr 1933 aus Deutschland geflohen und nach Palästina emigriert war. Er hatte zuvor Aufsätze für die *Neue Weltbühne* und die jüdische Presse Palästinas geschrieben und im jüdischen Bildungswesen gearbeitet. Wie die Zeitschrift entstand, schildert Yourgrau später in einem Brief an W. A. Berendsohn so: »Im April 1942 wurde mir die Lizenz für eine Wochenzeitschrift in deutscher Sprache in Haifa angeboten. Ein Ehepaar besaß die Lizenz und versuchte, damit Geld zu machen. Da die Regierung während des Krieges kaum neue Lizenzen erteilte, erschien mir das Angebot verlockend, obwohl ich nie zuvor daran gedacht hatte, ein Blatt herauszugeben... Ich setzte mich sofort mit Arnold [Zweig] in Verbindung, einem alten Freund von mir ..., und fragte ihn um Rat. Arnold war nicht sehr erpicht darauf, sich in irgendwelche Abenteuer einzulassen. Als ihm aber klargemacht wurde, daß er nur jede Woche einen Artikel zu liefern hatte und für das Blatt weder materiell noch redaktionell verantwortlich sein würde, meinte er, ich solle es versuchen... Und so kaufte ich eine Lizenz und wurde der alleinige Herausgeber und Redakteur des Blattes. Ich hatte kein Geld und mußte bei Freunden und Bekannten Kredite aufnehmen. ... Ich hatte... die Regierung von allem verständigt und erhielt vom damaligen Informations-Officer (Leiter des Presseamtes) den offiziellen Segen. ... Den Titel *Orient* mußte ich beibehalten, obwohl ich keine Zeitschrift für Orientalisten herauszugeben beabsichtigte. Aber die Lizenz war mit dem Namen verknüpft. Das Blatt hatte wenig mit dem Orient zu tun, erhielt gleich von Beginn an einen ausgeprägt antifaschistischen Charakter. Ich war mit keiner Partei, keiner Regierung und keiner wie immer gearteten Bewegung verbunden. Ich wollte eine unabhängige Wochenschrift aufbauen«.

Mit dabei also Arnold Zweig. Er war der deutsch-jüdische Schriftsteller geblieben, fühlte sich isoliert. Schon seine Ankunft neun Jahre vor dem Erscheinen des *Orient* war kaum beachtet worden. Seine Werke wurden, bis auf wenige Ausnahmen, nicht übersetzt, seine Stücke nicht aufgeführt, seine hebräisch sprechende Umwelt übersah ihn. Er hatte Kenntnisse des klassischen Hebräisch, das jetzt gesprochene, zur Umgangssprache gewordene Neuhebräisch jedoch konnte er schon wegen eines sich verschlimmernden Augenleidens nicht mehr lernen. Außerdem war Deutsch *seine* Sprache, in der er dachte, die er nicht preisgeben wollte. Er redete dann auch manchmal, wenn er um seiner Sprache willen angefeindet wurde, etwas wegwerfend von den »Hebräern«.

Mit im *Orient* dabei war auch durch gelegentliche Gedichtveröffentlichungen Else Lasker-Schüler, die im Jahre 1938, schon über sechzigjährig, nach Jerusalem gekommen war. Sie schrieb schöne und traurige Gedichte – die Sammlung ›Mein blaues Klavier‹ stammt aus dieser Zeit – hatte einen literarischen Kreis um sich versammelt, in dem sie ihre Lyrik vortrug, und führte dennoch ein unglückliches Emigrantenleben zwischen Heimat und Exil.

Louis Fürnberg, der wie Arnold Zweig später in die DDR ging, Moritz Goldstein, Max Brod und Walter Zadek gehörten zu den weiteren Mitarbeitern des *Orient*.

Zu erwähnen wären noch die Interviews des Pierre van Paassen, vor allem das mit Clemenceau, und Lion Feuchtwangers Erläuterungen zu seinem Roman *Exil*.

Wolfgang Yourgrau eröffnete für gewöhnlich mit dem »Leitartikel«, Arnold Zweig, der sich selbst einmal als »Patron, der hinter der Zeitung stand«, bezeichnet hatte, schrieb Beiträge wie »Sinai-Rätsel«, eine Untersuchung zu den zehn Geboten, oder den »Bibelkommentar zum 1. Mai«, die Nachrufe auf Joseph Roth und Ernst Toller, die beide elendiglich im Exil gestorben waren. Umgebracht hatte sich 1942 in Lateinamerika auch Stefan Zweig, den Arnold Zweig noch in der zuletzt erschienenen Ausgabe des *Orient*, der Dreifachnummer vom 7. April 1943, zu würdigen nicht vergaß. »Die bürgerliche Gesellschaft Österreichs besaß keinen echteren Repräsentanten, keinen besseren Darsteller ihrer Fähigkeiten und Schwächen, ihres Charmes und ihrer Hoffnungslosigkeit als diesen Dichter seines eigenen Lebens, den Künstler St. Zweig.«

Im November und Dezember 1942 veröffentlichte Arnold Zweig eine längere Artikelserie unter der Überschrift »Antigermanismus«. Hier warnte er davor, alle Untaten der NS-Faschisten dem deutschen Volk anzulasten. Ein Jahr danach, im Herbst 1943, sollte sein Roman *Das Beil von Wandsbek* in den hebräischen Buchhandlungen ausliegen. Eines seiner wenigen

Werke, die während seines Aufenthaltes in Palästina ins Hebräische übersetzt wurden.

Im Roman wie auch in der Artikelserie unterscheidet Arnold Zweig zwischen der Mehrheit der Deutschen und den Nazi-Führern. Viele aus Deutschland vertriebene Juden konnten diese Trennung zwischen NS-Staat und deutschem Volk nicht nachvollziehen.

In der als Doppelnummer erscheinenden ersten Ausgabe des *Orient* vom 10. April 1942 legte Wolfgang Yourgrau das Programm der Zeitschrift dar. Obwohl der Name *Orient* Yourgraus Briefäußerung zufolge rein zufällig war, verstand er es geschickt, ihm eine programmatische Bedeutung zu geben. Im »Auftakt« heißt es:

»*Orient* heißt diese Zeitschrift. Mit diesem Namen verbinden wir ein Programm: er ist nicht nur ein geographischer Begriff, sondern auch ein geistiger Wegweiser... Wir leben im Orient. Arabische Völker sind unsere Nachbarn, Religionen mit uns fremden ethischen und moralischen Inhalten wirken auf uns ein, ... Groß ist die Gefahr, die richtige Optik zu verlieren. ... Eine Heimat... kann man nicht dekretieren, man kann sie nur mit Liebe und Vernunft gestalten. Dazu gehört der Mut zur Verantwortung, manchmal zur Unpopularität und Entschlossenheit, um jeden Preis für dieses Ziel zu kämpfen...«

Sich einmischend, Stellung beziehend zur palästinensischen Frage, dem arabisch-jüdischen Konflikt, dies war die Haltung, die der *Orient* in der Folge vertreten sollte; eine unpopuläre antinationalistische Einstellung zu den Problemen des Landes.

Wie die *Weltbühne* Siegfried Jacobsohns, Kurt Tucholskys und Carl von Ossietzkys wollte auch der *Orient* sein: radikaldemokratisch, links, progressiv.

»Diese Zeitschrift wird eine unabhängige sein. Der tiefere Grund dafür, daß wir keine öffentliche Meinung haben, ist darin zu suchen, daß infolge der kleinen Proportionen aller Faktoren die Interessen-Verfilzung jeglichen Ansatz von geistiger Unabhängigkeit erstickt. Die materielle Abhängigkeit hat die politische zur Folge. Parteien, Organisationen, wirtschaftliche Institutionen streben in eifersüchtiger Konkurrenz danach, das gesamte öffentliche Leben fast totalitär zu beherrschen. Unterhaltungen mit Jugendlichen zeigen am deutlichsten, in wel-

chem Ausmaß der Prozeß geistiger Normalisierung fortgeschritten ist. Für die Charakterbildung junger Menschen – und
nicht nur für diese – erstehen hierdurch erschreckende Perspektiven. Unter solchen Voraussetzungen können niemals die
Forderungen eines Kulturideals erfüllt werden. Diese Zeitschrift wird die Tribüne für alle diejenigen darstellen, die bereit
sind, zu den Problemen des Landes und zu den Fragen des Zeit-
geschehens sachliche Beiträge zu liefern.«

Auf den Adressatenkreis hinweisend, heißt es weiter: »Unsere
Zeitschrift erscheint in deutscher Sprache... Dieses Blatt soll
den Leser erreichen, dem die Beherrschung der hebräischen
Sprache ein für die Zeitdauer dieses Krieges unerreichbares
Ziel bleiben wird. Wir wenden uns nur an diesen Kreis... Jeder
faschistischen Regung, jedem Versuch, das Recht der freien
Meinungsbildung einzuschränken, das zu den ewigen Gütern
der Menschheit gehört, – schärfsten Kampf sagen wir ihnen
an!«

Der ausgesprochene Verdacht, die vorweggenommene Be-
fürchtung waren nicht unbegründet. Ein halbes Jahr danach,
im »Kleinen Jubiläum«, der Ausgabe Nr. 26 vom 25. September 1942 referiert Yourgrau Reaktionen des Jischuw: »Man
wirft uns immer wieder vor, unsere Kritik wäre zu scharf, mit-
leidslos, sie ermangele der Güte, sie sei bissig, ironisch. Halt,
das wichtigste Adjektiv hätte ich beinahe vergessen: unsere
Kritik sei z e r s e t z e n d.«

Einiges mehr kam hinzu. Die Mitarbeiter des *Orient* schrieben nicht nur, sie sprachen auch auf Veranstaltungen. Thema war die politische Linie der Zeitschrift. Es sollten »Aus-
sprache-Abende« sein unter der Fragestellung »Was will der
Orient?« Arnold Zweig redete, auch Wolfgang Yourgrau.
Von einem dieser Abende im fast nur von deutsch-jüdischen
Einwanderern bewohnten Küstenort Naharya, nach einem
vom Bürgermeister des Ortes ausgesprochenen Auftrittsver-
bot, berichtet Yourgrau unter der Überschrift »Die Woche«
(Nr. 10 vom 5. Juni 42): »Als ich am Abend in Naharya ankam, wurde mir mitgeteilt, daß man, falls ich entgegen dem
Verbot dennoch in der Schule sprechen würde, mit Polizei-
gewalt gegen mich vorgehen werde... Ich stand also mit meinen zahlreich erschienenen Hörern vor der Schule und
sprach dann schließlich in den Dünen vor meinen Freunden,

die im Sand Platz nahmen. ... Das ist der Tatbestand. Warum hatte der Bürgermeister mir den Raum, in dem ich seit Jahren meine Vorträge abhielt, diesmal verweigert? Warum droht er mit der Herbeirufung der Polizei, ja sogar der britischen oder arabischen?« Die Antwort findet sich einige Zeilen weiter: »Die Woche war für den *Orient* voll von interessanten und manchmal auch pikanten Ereignissen. Wohlmeinende Freunde raten uns, unseren intransigenten Standpunkt, der in Fragen des öffentlichen Lebens unserer Gemeinschaft immer ein kompromißloser sein wird, zu revidieren, den Kurs zu ändern, mehr literarische, ästhetische, wissenschaftliche Themen zu behandeln...«

In der Nr. 25 vom 18. September 1942 schreibt Arnold Zweig unter der Überschrift »Die Liga V«: »Als vor neun Monaten jüngere Freunde mich aufforderten, eine Liga zur Hilfeleistung für die Rote Armee zu schaffen, griff ich dankbar zu...«

Am 30. Mai 1942 sprach Arnold Zweig auf einer der Veranstaltungen der Liga V im Kino Esther am Dizengoffplatz, im Zentrum Tel Avivs. Die Veranstaltung wurde gestört. Schläger drangen ein, zerrissen Plakate und Spruchbänder, es gab Verletzte. War es, weil Zweig deutsch sprach oder weil er seine Sympathie für die Sowjetunion bekundete?

In »Cinema Esther Pantomime«, in der Nr. 13 vom 26. Juni 1942 nahm er Stellung zu dem Vorfall: »Winzige Kreise der hebräischen Sprachfanatiker versuchten..., ein Werk zu stören... Wir sprachen im Esther-Kino deutsch, weil wir unsere Menschen in seelischen Zentren anzurühren hatten, weder weil es die Sprache Goethes noch gar, weil es das Gurgeln und Brüllen des Hitler ist.«

Schärfer kommentierte Walter Zadek in der Nr. 10 des *Orient* vom 5. Juni das Ereignis: Unter »Dizengoffplatz – 30. Mai 1942« heißt es: »Räumt auf mit dem Wahn einer jüdischen Brüderlichkeit in Palästina!... Heute scheint Terror auch die Sprache der Juden... Vor drei Wochen hat der Revisionist Cohen im Stadtrat Tel Aviv anläßlich des ersten Vortrages Arnold Zweigs sinngemäß bemerkt, ob nicht illegale Mittel ein sehr empfehlenswertes politisches Argument gegen solche Veranstaltungen wären. Cohen wurde nicht einmal vor ein Disziplinargericht gestellt... Wer von uns jetzt noch gleichgültig bleibt oder schweigt, macht sich mitschuldig an sämtlichen kommenden Vorfällen. Wer lau ist und tatenlos abwartet, wird einmal von den jüdischen Faschisten genau so verprügelt, beraubt und aus dem Lande vertrieben werden wie vorher von den nicht-jüdischen... Sollte die Weltpresse über diesen ersten jüdischen Pogrom in Palästina berichten, so melde sie gleichzeitig die Schaffung einer *antifaschistischen Abwehrfront aller bürgerlichen Kreise der Juden.*«

Es gab einige, die hatten anders entschieden. Sie hielten das Blatt für unerwünscht, hatten genug von seiner »zersetzenden« Kritik.

Am 7. April 1943, nachdem der *Orient* mehr als drei Monate nicht erschienen war, gab Wolfgang Yourgrau in der letzten Nummer bekannt: »Am Dienstag, den 2. Februar, abends 8½ Uhr, entstand in der Druckerei, in der diese Zeitschrift bis dahin gedruckt wurde, ein ungeheurer Brand in Verbindung mit einer heftigen Explosion... alle jüdischen Druckereien erhielten Drohbriefe, in denen sie gewarnt wurden, diese Zeitschrift zu drucken, andernfalls es ihnen ebenso ergehen würde wie...«

Die Zeitschrift *Orient*, ein Lehrstück darüber, wie eine geschlossene Gesellschaft mit Kritik verfährt. Es gibt immer wieder solche Zeitungsschicksale, auch wenn ihr Ende nicht durch physische Gewalt provoziert wird. So verbot im Deutschland der nachfaschistischen Ära die US-amerikanische Militärregierung die von Hans Werner Richter und Alfred Andersch herausgegebene Zeitung *Der Ruf* wegen ihrer »nihilistischen Haltung«. Gruppe-47-Mitglied Richter meinte zu den Zielen dieser Zeitung später: »Keiner von uns konnte sich eine andere Lösung der damals gesellschaftlichen Probleme für die Zukunft vorstellen. Sie mußte sozialistisch und gleichzeitig demokratisch sein.«

Auch für Arnold Zweig konnte damals ein zukünftiges Palästina der Juden und Araber nicht anders aussehen. Diese Einsicht hatte er aus der Erfahrung des Kampfes gegen den jegliche Zivilisation negierenden Faschismus gewonnen. Er war auch in Palästina der deutsch-jüdische, von westlicher Aufklärungskultur geprägte Schriftsteller geblieben. Aus solcher Identität ergriff der politisch engagierte Zweig in der Zeitschrift *Orient*, deren Ruf nicht zuletzt mit seinem Namen zusammenhing, das Wort.

Er mag gehofft haben, mit einem interessierten, deutsch-jüdischen Leserpublikum einen politischen Diskurs beginnen zu können, aus dem eine neue kollektive Identität als Voraussetzung für ein friedliches Palästina hervorgegangen wäre.

Am Ende mußte Zweig einsehen, daß er sich geirrt hatte. Der *Orient* wurde nur von wenigen, zumeist Intellektuellen, gelesen. Die große Mehrheit der aus Deutschland nach Palästina gekommenen Emigranten setzte sich aus ehemals sozial relativ gutgestellten, gesellschaftlich integrierten Juden zusammen. Sie waren in Deutschland loyale und gehorsame Staatsbürger gewesen. Ihr gemeinsames Merkmal war die politische Apathie. Unter ihnen fand Arnold Zweig keine Resonanz. Im Gegenteil, für viele war er nur der heimat- und beziehungslose Intellektuelle. So blieb es ein gescheiterter Diskurs, der sich mit dem Namen Arnold Zweig und der Zeitschrift *Orient* verbindet.

Arnold Zweig und der *Kreis für fortschrittliche Kultur*
Erinnerungen an die Jahre 1942–1945

Unter den knapp 80 000 deutschsprachigen Juden, die nach der Machtübernahme der Nazis im britischen Mandatsgebiet Palästina Zuflucht suchten, befanden sich einige hundert Intellektuelle, denen die zionistische Ideologie wenig oder nichts bedeutete. Infolge der tiefen Wirtschaftskrise, die während der arabischen Unruhen (1936–39) und in den ersten Kriegsjahren in Palästina herrschte, standen viele deutsche Juden vor dem sozialen Abstieg, mußten Brotberufe ergreifen, die ihrer Ausbildung keineswegs entsprachen. Zur materiellen Misere gesellte sich ein psychologischer Faktor: Wer sich die humanistische Ethik des deutschen Idealismus zu eigen gemacht hatte und sich von der anerzogenen Kultur nicht lösen konnte oder wollte, empfand es besonders schmerzlich, sich der Muttersprache schämen zu müssen, weil sie – zu Recht oder Unrecht – als Sprache der Verbrecher und Mörder verfemt war.

Ende 1941, als die Nazis auf dem Gipfel ihrer Triumphe standen, konstituierte sich in Tel Aviv auf Initiative des aus Berlin stammenden Journalisten Ernst Kuttner, der einer der Redakteure des deutschsprachigen Blättchens *Blumenthals Neueste Nachrichten* war, ein Literaturzirkel, der zunächst aus sechs oder acht jungen Leuten bestand. Einige Wochen später schloß ich mich – aufgrund eines Inserats, das Kuttner in seiner Zeitung veröffentlichte – diesem Zirkel an, dessen Teilnehmerzahl bald auf etwa 30 Personen anwuchs.

In dem Zirkel lernten sich junge, vertriebene Menschen, die aus ihrem geistigen Wurzelboden herausgerissen waren, kennen und tauschten ihre Gedanken aus. Die Teilnehmer wollten dem tristen Alltag entrinnen und literarische Gesprächspartner, vielleicht auch spätere Ehepartner kennenlernen. Ohne daß es allen bewußt war, bedeutete der Besuch dieses deutschen Literaturzirkels einen gewissen Protest gegen das tonangebende hebräische und zionistische Establishment.

Man muß die politisch-militärischen Umstände kennen, die während der zweiten Kriegshälfte herrschten, als dieser Tel Aviver Kulturzirkel seine Blütezeit erlebte. Der Überfall Nazideutschlands auf die Sowjetunion im Sommer 1941 hatte eine gewaltige Sympathie für das Heldentum der Russen ausgelöst, die als einzige Kontinentalmacht dem Ansturm der faschistischen Mörderbanden standhielten. Der japanische Überfall auf Pearl Harbour und Hitlers Kriegserklärung zogen zwar die Vereinigten Staaten Ende 1941 in den Krieg; es dauerte aber über ein Jahr, bis die amerikanische Kriegsmaschinerie auf Hochtouren lief. Inzwischen feierte Hitlers zeitweiliger Lieblingsgeneral Rommel mit seinen Wüstenfüchsen Triumphe an der libyschen und ägyptischen Küste und kam Palästina bis auf 500 km Luftlinie nahe. Von Norden stürmten die Naziheere zum Kaukasus vor, dessen Ölfelder sie im Sommer 1942 besetzten; der eiserne Zangengriff, mit dem die Faschisten den Mittleren Osten zu umklammern suchten, schien sich zu schließen. Gleichzeitig gelangten die ersten Schreckensmeldungen über den beginnenden Massenmord in den Vernichtungslagern Auschwitz und Majdanek nach Palästina. Und in dieser verzweifelt anmutenden Situation suchten junge, dem Naziterror entronnene Juden in der zionistischen Heimat Zuflucht bei Goethe und anderen deutschen Klassikern.

Der ästhetische Eskapismus, der Kuttners Literaturabende prägte, war angesichts der welterschütternden Ereignisse, die uns in ihren Bann zogen, nicht aufrechtzuerhalten. Als die Teilnehmer der Debatten immer lautstärker politische Kost verlangten, war Kuttner genötigt, mit mir und dem aus Stuttgart gebürtigen Leo Teuchsler eine Art Triumvirat in der Leitung des Zirkels zu bilden.

Es sprach sich schnell herum, daß sich der Literaturzirkel stärker politisch orientierte. Infolge der steigenden Teilnehmerzahl verlegten wir die wöchentlichen Zusammenkünfte in das zentral gelegene Kaffeehaus Rafael, dessen Inhaber bereit war, uns das geräumige Hinterzimmer zur Verfügung zu stellen, wenn jeder Anwesende etwas konsumierte. Dorthin kamen zu den Vorträgen etwa fünfzig oder sechzig Besucher, die meisten zählten keine dreißig Lenze.

Im Mai 1942, nach dem Ausscheiden Kuttners, nahm der Literaturzirkel (der es niemals zu einem »eingetragenen Verein«

mit Statuten und Mitgliedsbeiträgen brachte), den Namen *Kreis für fortschrittliche Kultur* an. Wir verstärkten die linke politische Tendenz, indem die meisten von uns in die »Liga V (Victory)« eintraten, die ehrenamtliche und freiwillige Spendenaktionen zugunsten der Roten Armee durchführte; die gesammelten Gelder dienten zum Ankauf von Medikamenten und einer fahrbaren Ambulanz, die via Iran nach der Sowjetunion transportiert wurde. Die Liga V veranstaltete auch Demonstrationen und öffentliche Versammlungen, die zur Errichtung der Zweiten Front aufriefen.

Bei einer dieser Versammlungen, die im Esther-Kino in Tel Aviv am 30. Mai 1942 stattfand, lernte ich Arnold Zweig kennen. Er war einer der Redner und sollte, da er das Hebräische nur sehr mangelhaft beherrschte, in deutscher Sprache zur Hilfe für die Sowjetunion aufrufen. Kaum hatte Zweig zu sprechen begonnen, als einige Dutzend mit Steinen und Brechstangen bewaffnete Rowdies in den Kinosaal stürmten. Sie begannen die Einrichtung zu zertrümmern und riefen – natürlich auf Hebräisch –, daß sie es nicht zuließen, daß eine Versammlung in Hitlers Sprache in Tel Aviv abgehalten würde. Einer der chauvinistischen Fanatiker stieß Zweig vom Rednerpult; die Brille fiel dem fast blinden Schriftsteller von der Nase, und er flüchtete blaß und zitternd in eine Ecke, offenbar in der Furcht, zusammengeschlagen zu werden. Die Kundgebung wurde gesprengt, und als endlich die Polizei eingriff und der Schlägerei ein Ende setzte, mußten einige Verletzte in Krankenhäuser geschafft werden.

In der zweiten Jahreshälfte 1942, als die Schlacht um Stalingrad begann, verstärkte sich die politische Aktivität unseres Kulturkreises noch mehr. Als Grundlagen der Referate und Debatten dienten uns nun die in Moskau erscheinenden monatlichen *Deutschen Blätter* der *Internationalen Literatur*, die wir heißhungrig verschlangen und in denen die neuen Gedichte Bert Brechts, die literarischen Analysen von Georg Lukács erschienen und Theodor Plievier seinen unvergeßlichen Roman *Stalingrad* publizierte. Eine andere Zeitschrift, die monatlich eintraf, war *Freies Deutschland*, an der nach Mexiko geflüchtete Antifaschisten wie Anna Seghers, Egon Erwin Kisch und Ludwig Renn mitarbeiteten. Einen Abend veranstalteten wir zu Maxim Gorkis 75. Geburtstag im April 1943, ein anderer war der Erörterung des Reichstagsbrandprozesses gegen Dimitroff gewidmet, über den damals eine Dokumentensammlung aus Moskau zu uns gelangte. Diese Literatur erhielten wir über die neugegründete Zeitungsagentur *Lepac*, die *Levant Publishing Company*, die teilweise von Dr. Arnold Czempin finanziert wurde. Czempin, den ich Ende 1942 kennenlernte, war ein enger Freund Arnold Zweigs und eine Zentralfigur des literarischen deutschen Emigrantenlebens in Tel Aviv. Er war promovierter Kunsthistoriker und hatte sich in Berlin etwa 1930 der kommunistischen Schauspieltruppe Gustav von Wangenheims angeschlossen. In Tel Aviv war er Mitinhaber des großen Lampengeschäfts ›Goldschmidt und Schwabe‹; seine wirtschaftliche Lage war bedeutend besser als bei uns anderen, und er unterstützte, soweit mir bekannt ist, Zweig auch materiell. Czempin trat gelegentlich als Rezitator auf, und ich entsinne mich an einen Abend, bei dem er die damals brandaktuellen neuen Gedichte Bertolt Brechts einem geschlossenen Kreis politischer Freunde vortrug. Einer von Czempins Freunden war Wolfgang Yourgrau, der in den letzten Jahren der Weimarer Republik der SAP angehört hatte und Mitarbeiter der *Weltbühne* gewesen war. Seit dem Herbst 1942 begann unser *Kreis für fortschrittliche Kultur* das deutschsprachige Journal *Orient* zu vertreiben, das gemeinsam von Yourgrau und Arnold Zweig herausgegeben wurde. Diese *unabhängige Wochenschrift* nahm sich die Berliner *Weltbühne* zum Vorbild und erschien in einer Auflage von weniger als tausend Exemplaren. Yourgrau, der die Leitartikel verfaßte, verstand es, eine Anzahl antifaschistischer jüdisch-deutscher Journalisten zu mobilisieren und dem Journal ein einigermaßen einheitliches Gesicht zu geben. Die radikal-demokratische Kompromißlosigkeit des *Orient*, die den Kampf gegen die Nazis als wichtigste Aufgabe propagierte, den »Schollenpatriotismus« und »Provinzialismus« der nationaljüdischen Bewegung ablehnte und die Verdrängung der arabischen Palästinenser kritisierte, machte die Zeitschrift zur Zielscheibe all jener politischen Kräfte, denen sowohl die deutsche Sprache als auch die linke Tendenz des Blattes verhaßt war. Zweig veröffentlichte regelmäßig im *Orient*, bis zum gewaltsamen Ende dieser Publikation durch einen Sprengstoffanschlag auf die Druckerei im Februar 1943.

Unser Kulturkreis reagierte auf diesen Anschlag hebräischer Nationalisten – auch Zeitungskioske waren angezündet worden – mit einem »Öffentlichen Prozeß«. Leo Teuchsler fungierte bei diesem Tribunal gegen die Bombenleger und Brandstifter als Angeklagter, ein anderes Mitglied unseres Kreises, der heute in Ostberlin lebende Schriftsteller und Reporter Rudolf Hirsch, als Staatsanwalt. Andere Teilnehmer spielten die Rollen von Richtern, Zeugen und Verteidigern; das übrige Publikum bildete die Gechworenen und sprach das Urteil.

Nach diesem »Prozeß« wandte sich Arnold Czempin an mich mit der Anfrage, ob wir bereit seien, Arnold Zweig bei uns sprechen zu lassen. Da wir über keine Geldmittel verfügten und keine Mitgliedsbeiträge erhoben, hatten wir bis dahin keine Referenten von außen zu uns gebeten, sondern alle Vorträge selbst gehalten. Im Falle des berühmten Schriftstellers, dem es, wie wir wußten, materiell schlecht ging – er hatte kurz zuvor sein Auto, sein Klavier, Teile seiner Bibliothek verkaufen müssen, um die Alltagsausgaben zu decken – sagten wir zu.

Der erste Vortrag Zweigs fand in den Räumen eines Tanzcafés auf dem im Zentrum Tel Avivs gelegenen Dizengoffplatz statt. Wir nahmen Eintrittsgebühr, um Zweig die vereinbarte Summe von fünf Pfund (was dem heutigen Wert von etwa 700 Mark entspricht) bezahlen zu können. Es kamen über hundert Hörer. Zweig sprach über die politische Funktion der Literatur und gebrauchte dabei den Ausdruck »Kollege Shakespeare«, was wir nicht als Scherz oder Ironie, sondern als maßlose Überheblichkeit empfanden. An seine Gedankengänge entsinne ich mich nicht mehr, vielmehr daran, daß er total unvorbereitet, ohne Notizen (die er vielleicht wegen seines Augenleidens nicht hätte lesen können) den Vortrag hielt; Redewendungen wie »die Geschlechter müssen sich abschleifen« und »die Frau ist von ihrem Piedestal herabgestiegen« sind mir noch in Erinnerung. Beim zweiten Mal, als Zweig von seinem Wohnort Haifa zu uns nach Tel Aviv kam, lasen Czempin und Zweigs Gattin Beatrice mit verteilten Rollen aus dem soeben fertiggestellten Roman *Das Beil von Wandsbek* einige Abschnitte vor. Mir ist das Zwiegespräch zwischen den beiden Hauptfiguren des Romans, dem Metzgermeister Albert Teetjen, der seiner Frau Stine davon berichtet, die vier verurteilten Kommunisten mit dem Beil enthauptet und »ins Jenseits befördert« zu haben, noch in starker Erinnerung. Diese Lesung, für die Zweig ebenfalls fünf Pfund erhielt, fand im Kino Shderoth auf dem Rothschild-Boulevard statt.

Die beiden Veranstaltungen mit Arnold Zweig hatten unserem *Kreis für fortschrittliche Kultur* so starke Impulse gegeben, daß wir im Herbst 1944 beschlossen, einen etwa hundert Personen fassenden Saal, das *Beth Israel* auf der Dizengoffstraße zu mieten. Dieser Saal konnte durch das Hinwegräumen einer Schiebewand auf das Doppelte vergrößert werden. Um die Mietkosten zu zahlen, die Einladungen drucken zu lassen und die Vortragenden honorieren zu können, mußten wir Eintrittsgebühren nehmen und hatten einige Male Defizite, die wir aus eigener Tasche deckten. Vom September 1944 bis zum Mai 1945 veranstaltete der Kreis im *Beth Israel* zwanzig Vortragsabende. Unter den Referenten und Rezitatoren befanden sich die ehemaligen Schauspieler Friedrich Lobe und Hermann Vallentin, der Dichter Louis Fürnberg, der Kunsthistoriker Kurt Freyer und der Literaturkritiker Paul Landau.

Das Kriegsende und den Sieg über den Nazifaschismus – die größte Gefahr, die jemals die Menschheit bedrohte – feierten wir mit ungeheurem Jubel. Zwei Monate später, am 15. Juli 1945, fand der letzte große Abend des *Kreises für fortschrittliche Kultur* statt: die öffentliche Lesung mit verteilten Rollen von Zweigs Schauspiel *Bonaparte in Jaffa*. Wir veranstalteten diese »Erstaufführung« auf dem Dachgarten des Hauses Bialikstraße 23 in Tel Aviv, wo die Schauspielerin Stella Kadmon – eine Verehrerin Arnold Zweigs – wohnte. Stella Kadmon und Arnold Czempin bereiteten die Lesung des Stücks mit großer Sorgfalt vor und veranstalteten einige Proben. Das Stück spielt im Frühjahr 1799, als General Bonaparte bei seiner Expedition von Ägypten gen Palästina nach der Eroberung der Hafenstadt Jaffa dreitausend türkische Soldaten gefangennimmt. Da Bonaparte jedoch beim schleunigen Weitermarsch seiner Armee nach der Festung Akko keinen Mann zur Bewachung dieser Gefangenen entbehren kann, und außerdem die Lebensmittelvorräte zur Neige gehen, beschließt er kurzerhand, die Kriegsgefangenen erschießen zu lassen. Die Exekution findet auf den »Sandhügeln nördlich Jaffas« (wie es in den Quellen heißt) statt. Der Schauplatz des Stückes lag also auf dem Gebiet der heutigen Stadt Tel Aviv, was der Aufführung einen merkwürdigen und etwas makabren Aspekt verlieh.

Arnold Zweig hatte das Stück schon im Jahre 1934 konzipiert, aufgrund der Massenmorde der Nazis jedoch umgearbeitet, so daß die aktuellen Bezüge der »Vernichtung lebensunwerten Lebens« unübersehbar waren. Der Schauspieler Kurt Guttmann stellte den General Bonaparte dar; Arnold Czempin übernahm die Rolle des Armeearztes Desgenettes, der die Gefangenen retten will und als Gegenspieler Bonapartes fungiert. Die einzige Frauenrolle des Stücks las die Gastgeberin Stella Kadmon (die später nach Österreich zurückging und die Kleinkunstbühne im Café Prückl am Wiener Schubertring schuf). Ich selbst las die Rolle von Bonapartes Generalstabschef Berthier und hatte außerdem die Aufgabe, die Regieanweisungen anzusagen. Arnold Zweig und seine Frau hatten Ehrenplätze in der ersten Reihe, und es war zu erkennen, wie glücklich der Dichter war, daß sein Stück (das er zuvor vergebens hebräischen Bühnen zur Übersetzung und Aufführung angeboten hatte) in der Originalsprache vor einem großen Publikum vorgetragen wurde. Es war das letzte Mal, daß ich den Dichter sah; er erschien mir damals als alter und verbrauchter, ja vergreister Mann. Dies lag vielleicht an seinen unsicheren Bewegungen, die von seinem Augenleiden und der ungewohnten Umgebung herrührten.

Arnold Zweig kehrte im Juni 1948, kurz nach Errichtung des Staates Israel, nach Deutschland zurück. Ein Jahr später wanderte Arnold Czempin nach den USA aus, wo er 1977 starb. Auch Wolfgang Yourgrau, der nach dem Krieg seine akademische Laufbahn wieder aufnahm, wanderte nach Amerika aus, er starb 1979 als Physikprofessor an der Universität Denver. Unser Kulturkreis schmolz zusammen; bis Mitte 1946 trafen wir uns noch in Privatwohnungen wöchentlich zu Referaten und Debatten, später seltener, bis die Aktivität zu Beginn der fünfziger Jahre einschlief.

Der *Kreis für fortschrittliche Kultur* hatte seine Aufgabe erfüllt, indem er in der Zeit des Krieges und der wirtschaftlichen Not einen geistigen und literarischen Kristallisationspunkt für zahlreiche junge, kulturell und politisch interessierte Menschen bildete, die den Anschluß an die deutsche Geisteswelt nicht verlieren wollten. Dabei spielte Arnold Zweig eine nicht unerhebliche Rolle.

Arnold Zweig in der DDR
Versuch einer politischen Standortbestimmung

>»So wie ein Dichter politisch
wirken will, muß er sich einer
Partei hingeben, und so wie er
dieses tut, ist er als Poet
verloren.«

Goethe zu Eckermann, März 1832

1. Die Rückkehr nach Deutschland

Als Arnold Zweig am 15. Juli 1948 auf dem Flughafen von Tel
Aviv zusammen mit seiner Frau ein tschechisches Flugzeug bestieg, um nach Prag zu fliegen, hatten wenige Wochen zuvor
die Zionisten, an die sich der Schriftsteller selbst lange Jahre
gebunden fühlte, ihr Ziel erreicht: Die Gründung des Staates
Israel durch den damaligen Chef der Jewish Agency Ben Gu-
rion.
Der Flug Zweigs gen Europa zu diesem historischen Zeitpunkt
war eher zufällig, weil lange vorher geplant und zuvor bereits
mehrfach verschoben. Schon gar nicht sollte es ein Abschied
auf immer sein vom Berg Karmel, dem Domizil des Dichters, in
dem er zwar lange gelebt, sich jedoch nicht wohlfühlen konnte,
als Schriftsteller deutscher Sprache, der er bleiben wollte. Angefeindet und zunehmend isoliert litt Zweig unter den finanziell beengten Verhältnissen. Seine Entscheidung für Europa
war zeitlich auf vier Monate begrenzt, gedacht als ein Atem-
holen, kein politisch bewußt vollzogener Akt also, in die erste
Etappe einer Reise, die einmal in Ost-Berlin enden sollte.
»... ich [werde] mein Hauptquartier in Europa aufschlagen...

und erst Ende November zurückkommen... Daß mich der jüdische Staat... besser stellen wird, als er es bisher getan hat..., gehört zwar zu den Wünschbarkeiten, aber inwieweit es wirklich wird, warten wir besser ab.«[1]

Europa, das waren für Zweig Wien, Prag und Stockholm, wo er mehrere Vorträge halten wollte. Aber auch England, das sich für ihn nach einer anfänglichen Phase kaiserlich preußischen Kriegspatriotismus' vom »perfiden Albion« zur bewunderten Heimstatt großer Dichter und Staatsmänner vom Range eines Shakespeare oder Churchill gewandelt hatte. Kamnitzer beschreibt in seinem Erinnerungsbuch *Der Tod des Dichters* diese Anglophonie, vergißt aber, daß diese sich erst aus einem durch den 1. Weltkrieg geprägten Feindbild entwickelt hatte: »Für Britannia hatte er immer viel übrig, auch wenn die alte Dame nicht mehr die Meere beherrschte und der Glanz sich verflüchtigt hatte. ... Er vergaß nie, daß dieser Tory [Churchill] leibhaftiges Sinnbild der britischen Bulldogge nichts von Hitler und seinen Horden wissen wollte und mit der Sowjetunion die braune Bestie bis in ihre Höhle verfolgte.«

Dieses Britannia wollte Zweig zu seinem europäischen Hauptquartier machen, von dem sich aus nicht allzu großer Ferne beobachten ließ, wie sich das entwickelte, was von Deutschland nach dem Krieg übriggeblieben war.

Wie bizarr sich Zweigs Verhältnis zu Großbritannien einerseits und staatlicher Autorität andererseits schon vor seiner Übersiedlung nach Ost-Berlin verformt hatte, dokumentiert ein Brief des Dichters aus der Korrespondenz mit Sigmund Freud von 1938. Daraus ist abzulesen, daß der halbblinde Pazifist und Schöngeist dem War Office in London allen Ernstes detaillierte Pläne zur »Verbesserung der Gestalten der Granaten, um höhere Flugbahnen, und also bessere Schußleistungen zu erzielen« entwickelt und geschickt hatte. Begründung: »... ich bin Subject of Palestine und muß wohl.«

Da traf es den eilfertigen Untertanen doppelt hart, als London ihm 1948 aus Sicherheitsgründen Visum und Einreise verwehrte. Eine Abfuhr, über die sich Zweig noch Jahre später im *Neuen Deutschland* tief gekränkt beklagte.

So landete der Reisende also in Prag, wie alle anderen Wunschziele Zweigs in Europa auch, damals noch nicht von den Kommunisten beherrscht, sondern demokratisch regiert. Prag bekam ganz einfach deshalb den Zuschlag, weil die tschechische Regierung Zweigs Vorstellung am ehesten nahekam, daß »man« für einen Dichter von Weltrang einfach zu sorgen habe. Dieser Anspruch wurde eingelöst durch Freiflugtickets und kostenloses Wohnen in einem Schloß bei Prag, das zum Zentrum für aus dem Exil zurückkehrende Intellektuelle und Schriftsteller umgebaut worden war. Bei seiner Ankunft dort ließ Zweig ein wenig mehr von seinen Zukunftsplänen durchblicken: »Ich werde vielleicht einige Zeit hierbleiben...« Aber »ich liebe das alte Deutschland; ich selbst bin ja ein alter Deutscher, obwohl ich sehnsüchtig nach einem neuen Deutschland Ausschau halte. Ja, ich habe Palästina verlassen, um mich zu vergewissern, ob meine Lebenslinie sich hier fortschicken läßt.«

Die heraufziehende naßkalte Jahreszeit beschleunigte diese Entscheidungsfindung des frierenden Schloßbewohners. Als auch die von Freund Feuchtwanger aus dem sonnigen Kalifornien erbetenen dicken Socken und der Wintermantel kein wärmendes Wohlbefinden mehr herzustellen vermochten, da kam die Einladung aus der Sowjetzone gerade recht. Am 18. Oktober bestieg Zweig den Zug nach Ost-Berlin; mit dabei war die Literaturkritikerin Johanna Rudolph. Die Frau, die später mit roter Feder so manches Zweigsche Werk auf die ideologische Linie des real-existierenden Sozialismus bringen sollte.

Also auch hier in der zweiten und schon letzten Etappe seiner »Europareise« kein bewußt vollzogener Schritt hinein in ein gesellschaftliches System, das aufgrund marxistisch-leninistischer Theoriebildung von Zweig als das einzig Zukunftsfähige identifiziert worden wäre. Entscheidenden Einfluß hatten erneut die von Zweig über die Jahre in immer wieder epischer Breite geschilderten, ihn so arg beschwerenden »Unbequemlichkeiten des Alltags«. Anrührende wie larmoyante Aufzählungen, die sich durch den jahrzehntelangen Briefwechsel mit Feuchtwanger und Freud in immer neu gesponnenen Varianten ziehen und von denen sich der bewunderte Analytiker schon mal zu ungeduldig spöttischen Kommentaren animieren ließ: Zweigs Brief, so heißt es da, leite »von der Zentralheizung zu den Zentralproblemen der Beheimatung über«.

In Berlin angekommen, holte ihn Johannes R. Becher vom Bahnhof ab, um Zweig sofort im Club der Kulturschaffenden auf einem Empfang der dort versammelten sowjetzonalen Intelligenz zu präsentieren. Die gesamte Presse der damaligen russischen Besatzungszone feierte das Ereignis. Im Westen wurde die Heimkehr des Dichters gar nicht oder, wenn überhaupt, nur am Rande vermerkt. Zunächst ließ Zweig mitteilen, er gedenke nur zehn Tage in Berlin zu bleiben. Doch schon wenig später verkündete der Schriftsteller, daß er sich nun doch in der alten Hauptstadt niederlassen wolle, er habe Arbeitspläne, die ihn mindestens 20 Jahre beschäftigen würden. Eine Zeitspanne, die ihm – Ironie des Schicksals – in der Tat noch fast bis auf den Tag genau vergönnt war. Zweig schrieb optimistisch über seine Berliner Zukunftspläne: »Ein große und lohnende Aufgabe, sehr gute Kameraden, eine höchst verständige Unterstützung durch die russische Verwaltung in der Ostzone – das ist schon wahr.« Und während er noch in der vormaligen Luxusherberge Adlon logierte, gewann Zweigs beginnende Parteinahme für den Osten in einem Brief an Feuchtwanger langsam Kontur: ».. . die Russen haben mir unmittelbar neben dem Schlößchen Niederschönhausen (Pankow) eine Wohnung angeboten, acht Zimmer, Garten, eine Pforte in den Park, ganz ruhige Straße. – Auch bekam ich von den Russen einen kleinen Wagen, der aber noch ein Reserverad braucht, bevor er auf mich umgeschrieben werden kann. So sind die Russen gegen uns Geistige, während die Engländer gerade mein Atelierhaus. . . der Naziwitwe Kaupisch zum Einzug freigegeben haben. Gleichwohl sehen wir der Besserung der Berliner Lage voll Behagen entgegen, weil wir ja nie daran gezweifelt haben, daß die solide Politik der Ostzone sich gegenüber dem Westen durchsetzen muß.«[2]

Hartnäckig hält sich die Legende, Arnold Zweigs Entscheidung für die damalige Sowjetzone sei nur die praktisch vollzogene letzte Konsequenz seiner lange vorher gewonnenen marxistisch-leninistischen Überzeugung. Zweig, der sich später gern als marxistischen Sozialisten bezeichnen sollte, hatte selbst immer wieder rechtfertigend betont, ihm und seiner Generation seien ein halbes Jahrhundert lang Marx und Engels »vorenthalten« worden.

Dies änderte sich erst, als der in Palästina nahezu isoliert festsitzende Emigrant 1940 die ersten in deutscher Sprache abgefaßten Aufsätze zur Theorie des Marxismus-Leninismus aus Moskau erhielt. Ob er sie damals schon gelesen hat? Aufschluß gibt vielleicht eine selbstkritische Bemerkung Zweigs in einem Brief an Feuchtwanger vom August 1951: »Ich lasse mir jetzt bei reifem Verstand Schriften vorlesen, die ich als Student hätte kennenlernen sollen, statt des Zionistenkrams, nämlich Marx' und Engels' kleinere Arbeiten über Bonaparte, Klassenkampf in Frankreich, Wohnungsfrage, Bauernkrieg und so fort – prachtvoll und fördernd und ein Genuß!«[3]

Doch aus Moskau kam zu jener für den Schriftsteller Zweig wenig beneidenswerten Zeit nicht nur ideologisches Rüstzeug: Waren es doch einzig sowjetische Verlage, die Zweig jetzt auch weiterhin druckten und ihn finanziell unterstützten. Geld, ohne das der Schriftsteller, nachdem fast alle anderen Einnahmequellen versiegt waren, kaum hätte existieren können. Ein Tatbestand, der Zweigs spätere Einstellung zur Sowjetunion sicherlich mit beeinflußt hat.

Diese Großzügigkeit Moskaus gegenüber dem fernen, von fast aller Welt ignorierten Literaten scheint um so erstaunlicher, als Zweig sich in den zurückliegenden Jahren dem noch jungen Sowjet-System durchaus nicht als Ja-Sager, sondern im Gegenteil als eher kritisch-distanzierter Begleiter offenbart hatte.

Obwohl Mitglied und sogar Gründer prosowjetischer Organisationen, der – wie im Fall der Liga V – das kommunistische Experiment öffentlich verteidigte, ging Zweig jedoch genauso unmißverständlich auf Distanz, wenn ihm dies aus seiner damals noch stark pazifistisch geprägten Weltsicht geboten schien. So unterschrieb Zweig 1930 zusammen mit Schriftstellern, Künstlern und Wissenschaftlern einen offiziellen Protest gegen die Hinrichtung von 48 sowjetischen Intellektuellen, die angeblich Sabotage verübt und für den Klassenfeind spioniert haben sollten. Der Exilschriftsteller geißelte die Verfälschung der sozialistischen Idee durch Moskau, da man dort glaube, im Namen der Ideologie Menschen scharenweise opfern zu dürfen. Auch gegenüber Freud beklagte er, daß im stalinistischen Rußland der kommunistische Gewaltakt so fürchterliche Folgen zeitige. Die Diktatur des Proletariats war ihm schon vorher »verhaßt wie jede Diktatur«. Schwankend zwischen Lob und Tadel wählte Zweig für seine Beurteilung der Sowjetunion aber auch den dritten Weg: Er schwieg.

Kein Wort, als sich nach dem Hitler-Stalin-Pakt Moskau »seinen Teil« von Polen einverleibte, danach das kleine Finnland überfiel und dann auch noch die Beziehungen zu den Exilregierungen der von Nazi-Deutschland besetzten europäischen Staaten abbrach. Schweigen als Ausweg also für einen humanistischen Denker, der einerseits die Moral als politische Kategorie nicht aufzugeben bereit war, andererseits sich aber auch nicht bedingungslos einem vordergründigen Opportunitätsprinzip eines durchaus von ihm bewunderten Machtsystems ausliefern wollte.

Si tacuisses..., diese uralte Erkenntnis des römischen Ministers Boethius hat George Steiner in seinem Essay *Der Dichter und das Schweigen* für den Poeten im Bannkreis totalitärer Systeme modifiziert. »Dem Dichter steht es besser an, sich die Zunge abzubeißen, als das Unmenschliche zu ehren... Schweigen ist eine Alternative.«[4]

Eine Alternative, die Zweig *auch*, aber längst nicht konsequent zu nutzen gewillt war: Der Dichter überantwortete sich so zwangsläufig einem Dilemma permanenter Widersprüche, aus dem ihn das öffentliche Engagement für das gesellschaftliche System der DDR bis zum Schluß nicht mehr entließ.

So steht denn schließlich – jenseits offizieller DDR-Schreibweise – für die grundsätzliche Entscheidung, die den nach langen bitteren Jahren der Emigration ins verheerte Nachkriegs-Deutschland zurückgekehrten Arnold Zweig in eine zwar sanft, aber sich immer schneller vollziehende Identifikation mit dem anderen, dem neuen Deutschland, das sich nur in Ost-Berlin repräsentiert wähnte, drängte, ein überaus komplexes Bündel an Erklärungsmustern zur Verfügung.

Da war einerseits, wie Marcel Reich-Ranicki wohl richtig vermutet, ein kranker, fast blinder über 60 Jahre alter Mann, allzu lange gefangengehalten im engen Käfig des unbequemen Außenseiters, der nun endlich glaubte, hoffen zu dürfen, eine Heimat gefunden zu haben. Eine Heimat zudem gegründet auf die festen Fundamente eines vermeintlich gerechten Staatswesens, von dem er seit seinen Jugendtagen träumte. Deutsche Kommunisten und Sowjet-Kommandantur taten alles, um diesen Traum nur recht und billig erscheinen zu lassen. Schlagartig befreit von allen drückenden Existenzängsten sorgten die Sowjets nicht nur für Haus, Wagen, Sekretärin und persönliche Adjutanten, sie gaben und bezeugten ihm das, was der Emigrant so lange schmerzlich entbehrt hatte, Anerkennung als ein Dichter von Weltrang. Gleichzeitig bot man Zweig Verträge an: frühe und neuere Werke sollten neu aufgelegt, dem deutschen Leser zugänglich gemacht, und sogar teilweise verfilmt werden. Verlockende Angebote, die im scharfen Kontrast standen zur offiziellen Politik der Administration in den Westzonen, die es nicht nur versäumte, linken, aus dem Exil zurückgekehrten Schriftstellern eine Alternative zu bieten, sondern sie meist sogar ignorierte.

Die Verlockung der Eitelkeit war vor diesem Hintergrund zu groß, als daß Zweig die warnenden, ja ablehnenden Stimmen aus seiner eigenen Familie, von Frau und Söhnen und auch die seiner letzten Sekretärin in Tel Aviv hätte hören wollen. Gegenüber Alfred Döblin, der nach Flucht und jahrelanger Odyssee nach Deutschland (West) zurückgekehrt war, hatte Zweig später einmal seine Entscheidung für Deutschland (Ost) zu begründen versucht. Döblins Antwort: »Was Sie schreiben, ist sehr fragmentarisch, und ich kann es nicht gut durchschauen ... Es ist hier nicht meine Sache, mich in Politik zu mischen, lieber Zweig, aber daß Sie nach mehreren Jahren doch noch hierher zurückkehrten, erstaunte mich, ich hätte Ihnen gewünscht, Sie hätten es gelassen. Sie werden hier nichts ausrichten können. Ich sage es Ihnen mit aller Sicherheit voraus. Lassen Sie sich nicht täuschen ... Sie hätten besser drüben bleiben sollen, dort genau die Sache, die Sie jetzt vertreten, dort vertreten sollen. Dortdrüben wären Sie ein lebendiges und aktives Element, in Deutschland macht man Sie zu Schutt und Asche.«[5]

2. Der Ja-Sager

Nachdem er sich entschieden hatte, stieg Zweig gleich voll in den politischen Kulturbetrieb der Sowjetzone ein, demonstrierte nach außen eine ungebrochene Identifikation mit dem sich etablierenden System. Der Schriftsteller, nun in die erste Reihe der Prominenz des neuen Oststaates gestellt, genoß dankbar und in vollen Zügen die dargebotene Anerkennung auf die Wirkung seiner Worte. Deutlich spürbarer Stolz schwingt mit, wenn er in diesen ersten Gründungsjahren der DDR seinem Freund Feuchtwanger von der Fülle seiner politischen Aktivitäten, seinen neuen Ämtern berichtet, die ihm, wie etwa das Abgeordnetenmandat, ohne das vorherige Einverständnis abzufragen, wie selbstverständlich verordnet werden. Dies alles irritierte den Schriftsteller nicht, der sich mit ganzer Kraft auf die neuen politischen Aufgaben konzentrierte. Und er fühlte sich geschmeichelt. »Meine triumphalen Erfolge... Ich bin weit davon entfernt, sie zu leugnen. Sie machen mir auch Spaß. Wo immer man öffentlich reden soll, mit warmem Applaus begrüßt zu werden, bevor man den Mund aufgetan hat, das ist schön. Und den guten Willen und die Hilfsbereitschaft aller Menschen in unserem Sektor für sich zu haben, auch.«[6]

Der Freund, wie andere Schriftsteller auch, waren da kritischer, zeigten sich erstaunt über das plötzliche Liebeswerben der Kommunisten um Person und Werk. Feuchtwanger schreibt: »Ich bekomme viele Sendungen aus Moskau und Ost-Berlin, meine Bücher erscheinen... meine Unterschrift wird verlangt, sooft es um Friedenskundgebungen und ähnliches geht. Ich habe also nicht die leiseste Ahnung, was jenen plötzlichen Ausbruch verursacht hat.«[7]

Zweig-Kenner Davis vermutet, daß auch Zweig selbst nicht die »leiseste Ahnung« über die Hintergründe dieser vom Osten gestarteten kulturpolitischen Werbekampagne für linke Schriftsteller hatte. Dies mag stimmen, gilt aber nur für die zeitlich sehr kurze Spanne des frühen Zweigschen Engagements. Denn schon sehr bald lassen die politischen Positionen des Dichters in ihrer Eindeutigkeit keinen Zweifel mehr zu, sind durch naive Euphorie als mögliche Begleiterscheinung der Aufbruchsphase im anderen Deutschland nicht länger erklärbar. In die Pflicht genommen für Staat und System, sagt und schreibt Zweig, was ideologisch vorgegeben, bewegt sich, von außen nicht anders erkennbar, zunächst traumwandlerisch sicher auf Parteilinie.

Vornehmste Aufgabe des nun zum Staatsdichter avancierten Arnold Zweig war, in seinen vielfältigen Funktionen als Präsident der Deutschen Akademie der Künste, Mitglied der Volkskammer, Vorsitzender des nationalen Friedenskomitees, Kulturbundfunktionär und später nach dem Tod Brechts als dessen

Nachfolger im PEN der DDR, das hohe Lied Moskaus und Ost-Berlins zu singen. Stellvertretend sei hier nur sein vielzitierter Auftritt auf einer Pressekonferenz 1960 genannt, einem internationalen Forum, einzig zu dem Zweck einberufen, Zweig Loyalitätsadressen für seinen Staat aufsagen zu lassen: »So sehen Sie, daß ich hierher zurückgekommen bin und hier bleiben werde und nirgendwo anders leben könnte als eben in dieser DDR... Sie müssen sich ganz klar darüber sein, wenn über die DDR gesprochen wird: Hier ist Deutschland!... Hier ist die Basis dafür gegeben, daß sich der Rückrutsch in die Barbarei, den wir für Deutschland niemals für möglich gehalten hätten, nicht wiederholen kann, auch kein Dritter Weltkrieg, weil jetzt unsere Front die stärkere Partei ist... Es ist für mich... eine Pflicht dafür zu zeugen..., daß unsere Deutsche Demokratische Republik derjenige Staat ist, der für den freien deutschen Schriftsteller die einzige Heimat ist...«[8]

Hans Kamnitzer, Freund und DDR-Biograph Zweigs, berichtet von einer ähnlich ideologisch werbewirksamen Reise nach London im gleichen Jahr und zieht gleichzeitig zufrieden Bilanz: »Er [Zweig] vergaß keinen Augenblick, warum er hier war. Man hatte ihn gebeten, seinen Staat zu vertreten, und er tat es mit Stolz und Würde..., die verriet[en], wie sehr er sich als Botschafter seines Landes verstand... Seine Mission hatte er erfüllt.«[9]

Wie gefangen Zweig in seiner offiziellen Rolle als Apologet östlicher Staatsraison in jenen Jahren gewesen ist, wie überpointiert er selbst auf persönliche Ansprache nur noch hilflos mit politischen Leerformeln zu reagieren vermochte, unterstreicht eine kleine, aber doch exemplarische Begebenheit auf dem PEN-Kongreß 1954 in Amsterdam, über die die Hamburger *Zeit* berichtete. Hermann Kesten entdeckte inmitten der ostdeutschen PEN-Delegation den greisen Dichter, mit dem er vor über 25 Jahren zusammen im Hause des gemeinsamen Verlegers Kiepenheuer manche fröhliche Stunde verbracht hatte. Kesten geht auf den älteren, von ihm verehrten Kollegen zu und spricht ihn mit allem Überschwang der Wiedersehensfreude herzlich an: »Guten Tag, Herr Zweig, wie geht's?« Antwort: »Mir geht's gut. Ich lebe in Ost-Berlin und bin mit meiner Regierung in allen Punkten einverstanden...« Auf tragisch-ängstliche Weise spielt hier ein Mann die einstudierte Rolle auch dann auf imaginärer Bühne, wenn das Zeichen zum Auftritt gar nicht gegeben ist. Ein Realitätsverlust, der sich in den folgenden Jahren vor allem an Zweigs politischen Äußerungen festmachen läßt.

Auch für die Sowjetunion erfüllte Zweig das vermeintliche Soll, wurde er seiner propagandistischen »Mission« gerecht. Nichts blieb übrig von seinen kritischen Ansätzen aus den 30er Jahren dem stalinistischen Rußland gegenüber, ja er verkehrte sie ins glatte Gegenteil: Stalins Gulag, durch des Dichters Weltsicht zum hehren Hort des Friedens und der Menschenrechte geadelt. So schrieb er anläßlich des letzten Geburtstags des Diktators: »Welches Eigenschaftswort sollen wir also dem Namen eines Mannes beifügen, der keinerlei Angriffskriege geführt hat? Und wie gar soll man den Mann nennen, dessen Reichweite mit den Segnungen von Gegenwart und Zukunft die halbe Erde überschattet oder besser: überglänzt? Wir geben ihm kein Adjektiv. Wir sagen einfach: Der Genosse J. W. Stalin.« Und nach einer Reise durch Rußland heißt es im sowjetischen Tagebuch 1952: »Und wenn Lenin in seinem Mausoleum lächeln könnte, jetzt würden wir ihn lächeln sehen.« Die Parteinahme des Dichters verkommt zu platter Propaganda. In seinem übersteigerten Bemühen, Moskaus und damit Stalins Friedenswillen als historisch-zwangsläufige Gesetzmäßigkeit darzustellen, schönt beziehungsweise verdrängt Zweig so ganz nebenbei wesentliche Teile seiner persönlichen geistesgeschichtlichen Entwicklung, so als ob für einen Mann seiner Überzeugung das Recht auf frühen Irrtum außer Kraft gesetzt sei. »Niemand verbürgt sich für die Wahrheit... besser, als ein Schriftsteller wie ich, der zwei Weltkriege miterlebt hat und aus dem ersten den Impuls und die Kraft zur Gestaltung der Kriegsgrundlagen und Kriegsmenschen empfing, ohne auch nur die leiseste Spur von Kriegsbegeisterung, der Rechtfertigung des Angreifers in die Niederschrift eines einzigen Satzes einmünden zu lassen.«[10]

Dies ist nur die halbe Wahrheit, die nach 1917. Ende 1915 las sich Zweig in den Süddeutschen Monatsheften noch ganz anders: »Wir brauchen diesen Krieg nicht auch noch um die Frage zu führen, was Recht und Unrecht unter dem Gesichtspunkt jeder möglichen juristischen und ethischen Weltanschauung ist... Um Tatsachen-Fragen handelt es sich und um nichts weiter. Um unseren wohlverstandenen Vorteil ... Fremde Interessen haben uns jetzt nichts zu kümmern. Denn wenn die Waffen sprechen, hat Gott die Entscheidung zwischen den Völkern übernommen: Wem er die Macht gibt, der muß sie gebrauchen.«[11]

Dieser »andere« Zweig war in der DDR durchaus nicht im verborgenen geblieben. Kamnitzer nannte das »grausame Entdeckkungen«, kommentierte aber gleichwohl milde, daß Zweig sich diese Sünde so verübelt haben müsse, daß er sie aus seinem Gedächtnis nicht nur verdrängt, sondern getilgt habe, weil sonst sein Selbstverständnis zerstört worden wäre.

Zweig muß demnach ein Virtuose des Verdrängens gewesen sein, schloß er sich doch umgehend jedem Kurswechsel, kaum daß Moskau und Ost-Berlin ihn zur neuen Doktrin erhoben hatten, an. Waren es gestern die Lobeshymnen auf »Stalins Größe«, so feierte er jetzt die »großen Gedanken und Reden« Nikita Chruschtschows, der die Politik seines Vorgängers vor aller Welt als Gewaltherrschaft entlarvt und mit der Entstalinisierungskampagne eine neue historische Epoche für das gesamte sozialistische Lager eingeleitet hatte.

Den sensationellen, als persönliches Geburtstagsgeschenk begrüßten Start des Sputnik etwa benutzte Zweig, um auf die dadurch bewiesene Existenz einer sowjetischen Intercontinental-Rakete hinzuweisen. Er nahm damit die Drohung des neuen Kreml-Herrn gegenüber dem Westen auf, daß »es heute keinen Punkt gibt, den unsere Vergeltungsgeschosse nicht erreichen könnten ... Dies ist die Sprache, welche in der Nachkriegswelt verstanden wird.«[12]

Aber die Sprache des Dichters verstummte immer häufiger auch dann, wenn die Kluft zwischen dem eigenen idealistischen Anspruch und der tatsächlichen Praxis des real-existierenden Sozialismus unüberbrückbar erschien.

Zweig schwieg, als die großen politischen Krisen Deutschland, Europa und die Welt an den Rand eines neuen Krieges brachten: Die Blockade Berlins, die blutigen Volksaufstände in Ost-Berlin 1953, in Polen und Ungarn 1956. Sich selbst beruhigend schreibt er lediglich als Randnotiz: »... glauben wir beide wohl, liebster Feuchtwanger, daß sich die Aufregung wieder besänftigen wird, um Ungarn und Ägypten, wie es sie um Polen tat ...«[13]

Kein Wort auch zu Chruschtschows Berlin-Ultimatum 1958 und dem Alt-Stalinisten Ulbricht, der erst Millionen Flüchtlinge gen Westen trieb, dann mit Mauer und Todesstreifen die Teilung Deutschlands zementierte. Und zum Schluß, dies allerdings nur wenige Monate vor dem Tod des Dichters, das Niederwalzen des Prager Frühlings, an dem sich auch DDR-Truppen beteiligen und deutsche Soldaten erstmals seit 1945 wieder ein Nachbarland besetzen.

Westliche Kritiker, Juden und Israelis nahmen Zweig jedoch besonders übel, warfen ihm sogar Verrat vor, daß er auch zu den in den 50er Jahren im Ostblock beginnenden antijüdischen Kampagnen stumm blieb. Unter dem Motto »Kampf gegen Kosmopolitismus und Zionismus« lebte der staatlich gelenkte Antisemitismus auch in der DDR wieder auf. Die Kampagne gipfelte im sogenannten Prager Slansky-Prozeß und der Erschießung von 26 jüdischen Schriftstellern in der Sowjetunion. Das Schweigen des Dichters bleibt um so unerklärlicher, weil gerade Zweig in seinen Werken die ganze Absurdität des Antisemitismus auf eindrucksvolle Weise einem großen Publikum vor Augen geführt hat.

In diesem Zusammenhang hält ihm denn auch die Literaturkritikerin der FAZ, Sabine Brand, vor: »Im Gegensatz zur braunen läßt die rote Diktatur unserem Dichter die Wahl, sich zu den Verfolgten oder zu den Verfolgern zu bekennen.« Zweig tat weder das eine noch das andere: er blieb stumm.

Geschwiegen hat er ebenso, als der DDR-Kulturapparat sich daranmachte, über »Lektoren« und staatliche Zensoren den fälligen ideologischen Tribut auch für das literarische Werk des Dichters einzufordern. Zweig, dessen immerhin 20jährige Erfahrungen in und mit der DDR in kein einziges Buch mündeten, half gleichwohl der Rückzug ins Historische kaum. Er bewahrte ihn und sein Werk nicht vor teilweise grotesken Eingriffen und Verdrehungen ursprünglich beabsichtigter Inhalte und Aussagen. Zweig ließ nicht nur zu, daß die Kulturfunktionäre seine im Exil geschriebenen Manuskripte zurechtbogen und auf die herrschende Ideologie zuschnitten, er arbeitete selbst tatkräftig daran mit, mühte sich ab, dem Parteiauftrag, ein »neues Bewußtsein« beim DDR-Leser zu schaffen, gerecht zu werden.

Zweig hat den Rotstift der staatlich gelenkten Zensoren letztlich zwar nie ganz akzeptiert und Freunden gegenüber sogar häufig beklagt, ihn gleichzeitig aber – und darauf kommt es an – öffentlich verteidigt. »... wie ihr wißt, ist der erhobene Zeigefinger [der Zensur] leider nötig. Wir wissen, daß er im Augenblick der Kunst schadet. Aber Kunst ist in diesem Zeitabschnitt nicht das wichtigste. Wichtig ist, daß durch Schulung in die Gehirne unserer Massen eingeschliffen wird, was notwendig ist, zu tun, um nicht einem neuen Sonnenadolf und Blindenführer zu verfallen.«[14]

Eine Methode, die Zweig nicht nur für sich selbst beherzigte, sondern als Ratschlag im gegebenen Fall an andere Schriftstellerkollegen weiterreichte. Alfred Kantorowicz empfahl er, die von der SED verlangten Textänderungen in seinem Stück *Die Verbündeten* vorzunehmen, damit das Werk überhaupt noch auf der Bühne gespielt werden könne. Eingriffe, die Kantorowicz, anders als Zweig, auf Dauer jedoch nicht mit seinem Literaturbegriff vereinbaren konnte; er ging später in den Westen.

Wie grundsätzlich und tiefgreifend die Literaturzensoren mit Zweig zu Werke gingen, weist Davis anhand der Entstehungsgeschichte der Romane *Die Feuerpause, Traum ist teuer* und *Das Eis bricht* exemplarisch und bis ins Detail genau nach. Die Manuskripte der ersten beiden Titel wurden allein viermal revidiert und umgeschrieben, bis der Verlag sie endlich zum Druck freigab. Davis schreibt: »Die Wahrheit ist kaum zu erkennen, wenn Beiträge dauernd umgeschrieben werden, wenn Reden unterdrückt werden, wenn Meinungen unausgesprochen bleiben, wenn Bücher wiederholt zur Revidierung zurückgeschickt werden... Man kann nur schwerlich raten, was vorbehalten wurde.«[15]

Viele westliche Literaturkritiker reagierten wesentlich heftiger, warfen dem Schriftsteller vor, sich zum »Befehlsempfänger von Moskau« degradiert zu haben. So auch Fritz Raddatz: »Arnold Zweig hat sich, seine künstlerische Existenz aufgegeben – er hat geduldet, daß man eine politische Galionsfigur aus ihm machte, obwohl er ein stiller beharrlicher Narrateur war.«[16] Die Replik des Dichters auf westliche Polemiken blieb widersprüchlich: »Wir sind freie Schriftsteller!... Wir empfangen Befehle – aber von uns selbst! Wir empfangen Befehle im Auftrage des fortschrittlichen Teils der Menschheit.«[17]

Daß Zweig die Befehle des fortschrittlichen Teils der Menschheit durchaus nicht immer zu verstehen in der Lage war und ihnen hilflos gegenüberstand, zeigt unter anderem das Verbot des nach seinem Roman *Das Beil von Wandsbek* gedrehten Defa-Films. Als Zeitzeugin beschreibt Sabine Brand den Auftritt des Autors vor der Parteiinquisition: »Ich war dabei, als der Film in geschlossener Veranstaltung dem Gericht der Kulturfunktionäre vorgeführt wurde, in Gegenwart Johannes R. Bechers und Bertolt Brechts. Ich hörte, wie diese beiden, Alexander Abusch und andere dem Autor vorwarfen, er habe den Helden, Amateurhenker vierer verurteilter Kommunisten, zu positiv gezeichnet, ihn zu tragisch untergehen lassen und dadurch Mitleid mit einem Faschisten provoziert. – In Wirklichkeit störten die Parallelen zwischen der dargestellten braunen und der neuen roten Diktatur. Zweig sprach hinterher von einem Mißverständnis und bat mich, in einem Grundsatzartikel der Partei seine guten Absichten zu erklären. Er wollte nicht wahrhaben, daß ein solcher Artikel nicht gedruckt werden würde, weil das Filmverbot nicht aus einem Mißverständnis, sondern aus politischer Gesetzmäßigkeit heraus verhängt worden war. Die Auflage der Romanausgabe wurde, nebenbei gesagt, gedrosselt.«

Nach erheblichen Veränderungen, der Schluß wurde völlig neu gedreht, wurde der Film erst 1962 wieder in den Kinos gezeigt. Der Regisseur Falk Harnack ging in den Westen. Zweig blieb und schwieg offiziell.

Lion Feuchtwanger hatte den Freund über die Jahre in vielen Briefen immer wieder gemahnt, seine Funktionen als Politagitator aufzugeben und sich wieder auf das Beste zu besinnen, was er geben könne: Das Bücherschreiben. Hier ist Zweig an einer offensichtlich empfindlichen Stelle getroffen, er verspricht, sich aus der Politik zurückzuziehen, seine Tätigkeit als »Reisekaiser« in Sachen Frieden aufzugeben und wieder zu diktieren wie in alten Zeiten. Denn bisweilen hatte Feuchtwanger ihm auch deutlicher zu verstehen gegeben, daß er selbst – etwa mit seinem Buch *Waffen für Amerika* – mehr für den Frieden getan habe als manche Friedenskonferenz.

Zweig spürte jedoch sehr wohl, daß er in der DDR nicht nur wegen seiner schriftstellerischen Qualitäten geschätzt und geehrt wurde, sondern daß es eben doch auch seine politische

Funktion als Vorzeigedichter war, die ihm die Privilegien der ostdeutschen Nomenklaturen sicherte.

Zweig hatte schon in den fünfziger Jahren Zweifel an seiner Hoffnung auf Veränderung, Zweifel, daß doktrinär-politische Begehrlichkeiten in der Literatur zuzulassen, sich für Dichter und Werk auszahlen würden. Melancholie klingt an, wenn er das Bild »vom getrockneten Lorbeer bemüht, der auch Lorbeer ist und gut riecht«, und das Urteil erahnend, den Freund bittet: »Schreiben Sie mir mal, lieber Feuchtwanger... wie Ihnen die Tatsache vorkommt, daß sich in unserer DDR so wenig verändert hat und ich immer weiter ihr Schildhalter bin und bleibe.«[19]

3. Der getrübte Blick ins andere Deutschland

Die zugänglichen Artikel und öffentlichen Äußerungen Arnold Zweigs, in denen er sich mit der Politik der damaligen Westzone, ihrer Besatzungsmächte, später dann mit der Bundesrepublik und den USA befaßt, kranken alle daran, daß sie über das intellektuelle Niveau vordergründig billiger Propaganda und Schmähungen nicht hinaus reichen. Selbst wenn man die scharfe Polarisierung der beiden weltanschaulichen Lager zu den damaligen Zeiten des Kalten Krieges über Gebühr berücksichtigen würde, entzieht sich das von Zweig eindimensional und undifferenziert entworfene Weltbild vom Westen, unabhängig vom jeweiligen politischen Ansatz, fast jeder fundierten Analyse.

Zum einen ist Zweigs Standort bestimmt durch die jeweils von Moskau und Ost-Berlin vorgegebene Doktrin, die er nicht nur erwartungsgemäß exekutiert, sondern häufig auf schon groteske Weise überzeichnet. Zum anderen entwickelt der Dichter sein westliches Feindbild aus der eigenen Erkenntnis, daß die Restauration des alten Wirtschaftssystems zwangsläufig zum Angriff auf das sozialistische Friedenslager führen müsse, der Kapitalismus sich nur über immer neue Kriege reproduzieren könne.

Wiederbewaffnungsdebatte, Europäische Verteidigungsgemeinschaft, Adenauers Ziel, über die Remilitarisierung und den Aufbau einer eigenen Armee die volle Souveränität für den westlichen Teilstaat zu gewinnen, der Deutschlandvertrag und schließlich der Eintritt in die NATO 1955, boten die augenfällige Bestätigung für die Sichtweise Zweigs und gaben genug Stoff her für seine Polemiken.

War Zweigs Haltung gegenüber der Sozialdemokratie lediglich durch Mißtrauen geprägt, weil sie sich unfähig gezeigt hatte, den historischen Zusammenschluß von Ost-SPD und KPD zur Sozialistischen Einheitspartei Deutschlands nachzuvollziehen und damit der vollständigen Einigung der gesamten deutschen Arbeiterklasse weiterhin im Wege stand – gab er gegenüber dem von Adenauers CDU geführten »Bonner Puppenstaat« jede Zurückhaltung auf, diffamierte dessen Repräsentanten und ihre Politik in offen aggressiver Feindschaft. Diese faschistoide »Waschzetteldemokratie« sah Zweig in direkter Tradition des Dritten Reiches, beherrscht von Massenmördern, Psychopathen, Mehrwertraffern, klerikal-chauvinistischen Kräften und kriegslüsternen Hitlergeneralen, alles Abschaum deutscher Geschichte, der in der Bundesrepublik wieder oben auf sei: »Verschwörer und Flüsterer, welche die Folgen der Niederlage, der wohlverdienten, des Zweiten Weltkriegs durch einen dritten wegwischen möchten – Atombewaffner, Ostbefreier, Rückeroberer.«[20]

Wie ein roter Faden zieht sich durch Zweigs politische Essays die Grundüberzeugung, daß Bonn den Revanchekrieg vorbereite, die »hitlersche Erpressungsschraube zum Erfolg führen wolle, um das Verlorene wieder einzusacken«. Bundesdeutsche Politiker, das sind in der Terminologie des Dichters Hetzer, Massenmörder (Oberländer) oder Kriegsminister wie Strauß: »Hätte man Herrn Hitler in eine geschlossene, psychiatrische Anstalt überführt..., fast 50 Millionen Menschen wären vor dem Tod bewahrt worden. Heute handelt es sich darum, einem Nachfahren dieses Adolf Hitler das Hand- und Geisteswerk zu legen, bevor er ein noch viel unheimlicheres Unheil über die Welt heraufbeschwören kann. Es ist die Aufgabe gesunder Politiker... diesen Bundesminister unschädlich zu machen in einer psychiatrischen Klinik.«[21]

Für Zweig deshalb nur folgerichtig, daß Herr Adenauer einer Regierung vorsteht, die »sich christlich-demokratisch nennt, und tausend Richter des Dritten Reiches warten... um Massenmorde als Bagatellen zu behandeln...«[22]

Als Zweig einmal laut verkündete, spätestens als Globke Staatssekretär und Regierungsmitglied wurde, hätte die Rote Armee in der Bundesrepublik einmarschieren müssen, ging dies auch Ost-Berlin zu weit. Kamnitzer berichtet: »Manche waren entgeistert, wenn es aus seinem Munde kam... Er ließ sich zwar überzeugen, daß selbst ein Schreibtischmörder nicht ein Casus Belli sein darf, aber wie so oft verwünschte er die Zwangslage, die eine Radikalkur ausschloß.«[23]

Kamnitzer, der Eckermann Zweigs, wie er einmal genannt wurde, schloß sich jedenfalls nicht denjenigen an, die sich bemühten, die Ausfälle des Dichters als kindliche Regression oder Senilität abzutun, denn er wußte, wie »gesund der Geist des Dichters bis zum Schluß war«.

Bei seinen wenigen Auftritten in der Bundesrepublik, etwa in Hamburg 1960, wo die Veranstaltung mit ihm zunächst verboten wurde, weil die Polizei in Zweig nicht in erster Linie den Schriftsteller sah, sondern überängstlich den vermeintlich gefährlichen Propagandisten Pankows fürchtete, sah sich der Schriftsteller durch das Agieren der bundesdeutschen, staatlichen Autorität ihm gegenüber nur bestätigt. Als er dann doch noch in der Universität der Hansestadt seine Rede halten durfte, enthielt er sich aller Verbalradikalismen, ließ aber keine Interpretationen über seinen politischen Standort zu. Hier sprach wieder der Jasager, der ohne Abstriche verdammte, was sich in Deutschland-West wiederholte, das mit dem 8. Mai 1945 endgültig unter den Trümmern begraben schien. Zweig sprach denn auch unmißverständlich – oder wie Kamnitzer lobte, staatsmännisch – von zwei Wegen und Staaten wie von Segen und Fluch.

Gleichwohl litt Zweig unter dem mangelnden Interesse der Bundesdeutschen an seinem Werk, grämte sich fast, daß dort niemand seine Bücher lesen wollte, für ihn ein Zeichen, wie tief die »Spaltung Deutschlands durch Nazis und Amis« gediehen war. Ein Dichter seiner Couleur hatte im Westen keine Chance mehr, zumal die Figuren und Fabeln seiner Romane in Kriegs- und Vorkriegszeiten spielen, und Zweig – wie man ihm deshalb vorwarf – immer wieder dasselbe Buch schreibe. Sein Werk *Freundschaft mit Freud* im übrigen, das Aufschluß hätte geben können über die von Zweig versuchte Synthese zwischen Marxismus und Psychoanalyse, liegt nach wie vor unveröffentlicht im Ost-Berliner Zweig-Archiv.

Trotz aller literarischer (PEN) und friedenspolitischer Alleinvertretungsansprüche gegenüber den Spaltern, die für Zweig einzig in Bonn und Washington saßen, gab der Dichter die Idee eines besseren, geeinten Deutschland nicht auf. In der Auseinandersetzung mit dem Problem Wiedervereinigung blieb er sachlich, versuchte so etwas wie den substantiellen Aufbau einer politischen Argumentationskette. Ausgangspunkt waren für Zweig die Stalin-Noten von 1952, in denen Moskau eine Wiedervereinigung Deutschlands mit freien geheimen Wahlen unter der Bedingung in Aussicht stellt, daß dieses neue und neutrale Deutschland auf alle Militärbündnisse verzichten müsse. Der Westen ging auf dieses risikoreiche Angebot nicht ein, und Adenauer machte den für die Deutschlandpolitik der folgenden Jahrzehnte so verhängnisvollen historischen Fehler, Stalin zumindest nicht beim Wort genommen zu haben. Zweig ist darum kaum widerlegbar, wenn er mit Blick auf das »Dominion« Bundesrepublik den Sowjetführern attestierte, sie allein seien es, die von den Vertretern des deutschen Volkes beiderseits der Elbe gesamtdeutsche Wahlen vorbereiten lassen wollten. »Deshalb drangen sie auf die Festsetzung eines Termins für diesen Friedensschluß und den Abzug der Besatzungstruppen ein Jahr danach. Und darum erstreben sie die Einberufung einer deutschen Nationalversammlung und die Einsetzung einer deutschen Regierung durch eben jene freien, direkten und geheimen und allgemeinen deutschen Wahlen, vor denen die Gegenseite so heillos zurückschreckt.«[24]

Zweig verfolgte diese Vision einer Wiedervereinigung auch dann noch, als die offizielle DDR, spätestens nach dem Mauerbau, längst aufgehört hatte, von »Deutschland« zu reden. Noch 1966 schrieb er: »An der Entwicklung unserer deutschen Geschichte läßt sich ablesen, daß Spaltung immer Unheil bedeutete und Vereinigung immer den Weg in die Höhe«, den als letzter »vorwärts gewandter politischer Vorkämpfer«, Bismarck gegangen war. Mit der Rückbesinnung auf den Reichskanzler war Zweig der offiziellen DDR-Geschichtsschreibung um Jahre voraus, die ja erst in der jüngsten Vergangenheit begonnen hat, das bis dahin verschmähte politische Erbe Preußens nicht nur zu entdecken, sondern darüber hinaus auch für die Tradition des eigenen Staates zu reklamieren.

In seinem letzten veröffentlichten Aufsatz *Welch ein Deutschland wünsch ich mir?* breitet er seinen deutschen Traum noch einmal aus, klingt es wie ein politisches Vermächtnis: »Ein Deutschland der geeinten Arbeiterschaft stellt die Voraussetzung dafür dar, daß aus dem Volk der Richter und Henker, wieder das der Dichter und Denker werden könnte. Dies in der letzten Sparte eines langen Arbeitslebens auszusprechen, scheint einem Schriftsteller die Pflicht, der nur noch mit dem Wort ins tätige Leben eingreifen kann.«[25]

Ein Deutschland, daß er Zeit seines Lebens auch in der DDR nicht finden konnte.

4. Vom Staat, den man nicht geschenkt bekommt

»In den zehn Jahren, welche ich bisher in der DDR verbrachte, habe ich durchaus gelernt, mich Realitäten nicht zu widersetzen, aber auch nicht nachzugeben, dort wo ich Recht zu haben glaube...«[26] Zweig hat sich widersetzt, auch in den zehn Jahren, die ihm noch blieben; er tat dies meist hinter verschlossenen Türen aus Angst vor dem Beifall der falschen Seite.

Ansatzpunkte für Kritik und Widerstand boten die ständigen Eingriffe der staatlichen Zensoren in den Kunst- und Literaturbetrieben. Obwohl er der Politik des »erhobenen Zeigefingers« eindeutigen Vorrang vor den Bedürfnissen der Kunst eingeräumt hatte und Zweig sich damit nicht Rosa Luxemburgs, sondern Lenins Freiheitsbegriff »von der Einsicht in die Notwendigkeit« zu eigen machte, führt der Dichter darüber nicht nur bei Feuchtwanger ständig Beschwerde: »Der sogenannte sozialistische Realismus, über den ich nur mit Ihnen und Ehrenburg frei sprechen kann... dieser soziale Realismus hält die Kunst für ein Panoptikum und möchte am liebsten alle Gesetze der Form und Prinzipien der Kunst als Formalismus denunzieren und abschaffen. Es haben nämlich bei uns zur Zeit drei bis fünf ehemalige wegen Mangel an Begabung steckengebliebene Kunstschüler, verkleidet als Journalisten, das große Wort.«[27]

»Kunstkaffern«, »Unteroffiziere« nannte er sie auch, die sich ins literarische Leben einmischten, verhinderten, daß seine Stücke auf die Bühne kamen; intellektuell-inhaltliche Diskussionen könnten deshalb nicht im Beisein der »Piefkes geführt werden, die allen Autoren Schwierigkeiten machten, die nicht auf Parteilinie wandelten«. Sein wachsendes Unbehagen mit der Zensur als Ausdruck offizieller Kunstpolitik läßt ihn an höchster Stelle bei Grotewohl Protest einlegen. Er selbst und die anderen Mitglieder der Akademie der Künste wollen nicht zur Befriedigung von »Machtbedürfnissen, fehlgegangener Journalisten und Kunstschüler, die nicht einmal Zeugnisse haben«, zur Verfügung stehen. Sie drohen mit Rücktritt: »Wir sind geschlossen bereit, unsere Ämter niederzulegen... viel zu jung, um uns als Fassadenputz verwenden zu lassen.«[28]

Auch der Ehrendoktor, mit dem er so gern eitel-kokett spielte, sollte diesmal nicht als das berühmte »Pflästerchen« herhalten, um die »Wunde zu verkleben«. Den Titel nahm Zweig selbstverständlich an, das Amt in der Akademie gab er ab.

Doch die innerparteilichen Querelen hindern ihn nicht, die Huldigungen der Staatsbürokratie dankbar in Empfang zu nehmen. Seitenlange enthusiastische Schilderungen über die Feierlichkeiten, die die SED zu seinem 65. Geburtstag ausrichtet, beweisen dies eindrucksvoll. Feuchtwanger bekommt eine gesonderte detaillierte Liste aller Geschenke von A wie Auto bis Z wie Zyklame, weil der Jubilar »unmöglich etwas vergessen möchte«. Sabine Brandt fällt das Bild von der Maus ein, der die Falle nicht behagt, der aber der Speck darin sehr wohl schmeckt.

Noch einmal wagt sich Zweig sehr weit vor, als er in seiner vielzitierten Kulturbundrede 1954 öffentlich die Verhältnisse in der DDR kritisiert und dazu aufruft »unsere Menschen vor den Beschädigungen des gesellschaftlichen Apparats zu schützen. Es muß also, glaube ich, eine Warnung ausgesprochen werden, vor der zu großen Inanspruchnahme des einzelnen und vor dem Ausradieren der Freiheit, der Muße im Zusammenleben unserer Landsleute... Humanismus und stramme Organisation haben sich immer widersprochen.«[29] Zweig wirbelte mit dieser Rede Staub auf. Noch bevor Ost-Berlin ein landesweites Verbot durchsetzen kann, druckt das *Sächsische Tageblatt* die Zweig-Philippika ab. Der verantwortliche Redakteur kann sich dem Zugriff der politischen Polizei nur durch Flucht in den Westen entziehen. Der Dichter auf den Vorfall angesprochen, gibt vor, von alledem nichts gehört zu haben.

Trotz vieler Kompromisse, die er einging, um der Parteiraison Genüge zu tun, war Zweig nie in der Lage, seine humanistische Grundeinstellung zu vergessen. Kamnitzer registrierte bei ihm ein intensives Mitgefühl für Menschen hinter Gittern, »daß er sich nicht scheute, Staatsmänner zu bitten, noch einmal zu überprüfen, ob man nicht milder sein konnte. Politische Straftäter waren von seiner Fürsorge keineswegs ausgeschlossen, obwohl sich in diesen Fällen zwei Seelen in seiner Brust stritten.«[30]

So bat er 1957 bei Ulbricht persönlich flehentlich um Gnade für den zu zehn Jahren Zuchthaus verurteilten Professor Wolfgang Harich, weil dieser »junge, tapfere Bursche lediglich auf Mißstände bei uns hingedeutet hatte«. Auch für den wenig später wegen angeblicher konterrevolutionärer Gruppenbildung ebenfalls verhafteten Leiter des Aufbau-Verlages, Walter Janka, setzte Zweig sich ein und fragte bei Feuchtwanger an, ob er sich nicht gleichfalls bei der DDR-Regierung für Janka verwenden wollte. Ministerpräsident Grotewohl antwortete Feuchtwanger lapidar, daß er nicht in ein schwebendes Verfahren eingreifen könne. Janka wurde erst 1960 freigelassen. Ebenso hilfreiche Unterstützung fand Alfred Kantorowicz. Seine Flucht in die Bundesrepublik bezeichnet Zweig als ein »Unglück, an dem unsere Leute reichlich mitschuldig sind«. Kantorowicz hat diese Hilfe nie vergessen, Jahre später schreibt er in einem Nachruf auf Arnold Zweig: »Nun darf, was aus Sorge um ihn verschwiegen wurde, aus dem Schatten treten, damit die Gewichte gerecht verteilt werden, wenn man seiner gedenkt. Einmal noch, nach dem Bau der Mauer, hat er mehr gewagt als die meisten von denen, die es ihm verübeln, daß er Aufrufe gegen atomare Bewaffnung und gegen die Justizwillkür im Westen unterschrieb. In einer Sitzung der [Ost-]Berliner Akademie der Künste im Herbst 1961, auf der vorbestimmte Jasager der einzelnen Sektionen den Mauerbau als sozialistische Großtat zu preisen hatten, sagte er unvermutet und unaufgefordert, ehe jemand ihn daran hindern konnte: Er verstünde die Notwendigkeit dieser Aktion nicht, denn: wenn in der DDR alles so wäre, wie es sein sollte, und man immer vorgebe, daß es sei, dann mußten doch eigentlich die anderen da drüben die Mauer bauen. Nach diesen Worten setzte er sich unter eisigem, verlegenem Schweigen aller Anwesenden. Da man ihn nicht mehr ganz ernst nahm, geschah ihm nichts Übles.« Arnold Zweig blieb von nun an hinter dem »Goldenen Vorhang«, wie er den sozialistischen Schutzwall zu nennen pflegte. Auch seine schärfste Kritik war und blieb immer systemimmanent.

Den letzten großen Konflikt mit seiner Staatsführung trug Zweig 1967 ein Jahr vor seinem Tode aus. Anlaß war der »Sechstagekrieg«, den Israel gegen seine arabischen Nachbarstaaten führte. DDR-Regierung und Presse nahmen vehement Partei für die arabische Seite und verurteilten die »israelische Aggression«. Das *Neue Deutschland* veröffentlichte dazu unter anderem auch eine »Erklärung jüdischer Bürger in der DDR«. Darin war zu lesen: »Nach allen schrecklichen Lehren der Vergangenheit genügte es den Machthabern Israels nicht, ein verhängnisvolles und widernatürliches Bündnis mit dem Imperialismus einzugehen, sondern darüber hinaus arbeiten sie noch offen mit den Nazi-Mördern des jüdischen Volkes, mit den westdeutschen Imperialisten in Bonn, auf das allerengste zusammen...« Diese Solidaritätsadresse hatte aus Ost-Berliner Sicht allerdings einen gravierenden Schönheitsfehler: Unter der Erklärung fehlte der Name des bekanntesten jüdischen Bürgers der DDR: Arnold Zweig.

Dies war ein Politikum, das im Westen schnell Schlagzeilen machte. Besonders die Springer-Presse nahm sich des Falles an und druckte einen Brief Zweigs, den dieser angeblich an den israelischen Schriftstellerverband geschrieben haben sollte. Darin sagt sich der Dichter von seinem Staat endgültig los, wörtlich hieß es da: »Das Leben in der DDR ist die Hölle. Sie ist nicht deutsch, noch demokratisch, noch Republik, sondern ein russischer Satrap, der nach Moskaus Pfeife tanzt...«

Springer erreichte damit nur eines, der Brief entpuppte sich umgehend als plumpe Fälschung und trieb Zweig in die Solidarität mit Ost-Berlin, die ihn schon am nächsten Tag ein kategorisches Dementi im *Neuen Deutschland* veröffentlichen ließ: »Noch niemals, selbst nicht im braunen Reich des Herrn Goebbels, sind derartig faustdicke Lügen über mich verbreitet worden. Jedes Wort, selbst die Interpunktionszeichen, sind erfunden. Seit Jahren habe ich erklärt, daß ich mich nirgendwo so heimisch fühle, wie in unserer Deutschen Demokratischen Republik. Die Schwindler bestätigen mir wieder einmal die Richtigkeit meiner Entscheidung.«

In der Sache selbst blieb Zweig hart, das Anti-Israel Pamphlet seiner jüdischen Mitbürger unterschrieb er genausowenig, wie er sich nicht dazu verleiten ließ, in anderer Form öffentlich Front gegen den Judenstaat im Zusammenhang mit dem Sechstage-Krieg zu machen.

Doch das Thema Krieg und Krisen in Nah-Ost blieb noch in den Wochen danach virulent. Wiznitzer berichtet von einer kleinen Kaffeefeier zum 81. Geburtstag des Dichters, auf der ein Linientreuer polternd aggressiv den Gästen gegenüber mit der Anti-Israel-Politik der SED agitierte. Man versuchte rasch vom Thema abzulenken, um den alten Mann nicht zu beschweren. Der Jubilar jedoch meldete deutlich »brennenden Widerspruch« an und beanspruchte lächelnd für sich »das Recht des Altersstarrsinn«. Gefragt, wie sich dieser Starrsinn äußere, antwortete der Greis: »Indem ich absolut nicht das will, was man will, das ich wollen soll.«[31]

Warum Arnold Zweig dennoch bis zuletzt an der DDR festhielt, sich geradezu an sie klammerte, auch gegen den Widerstand seiner Familie, die ihm einmal vorhielt, er habe sich über die wahren Verhältnisse im SED-Staat hinters Licht führen lassen, warum er sich in den Dienst eines Systems stellte, von dem auch er Freiheit und Gerechtigkeit bedroht sah – auf diese Fragen gibt es keine endgültige Antwort, nur Annäherungen.

Vielleicht war der altgewordene Schriftsteller auch nur müde, müde nach den Jahrzehnten des Exils vom Wandern zwischen den Welten. Müde, wie er es in seinem letzten Roman *Traum ist teuer* umschreibt: »Nichts ist so unbehaglich und so schwer, wie Tag für Tag mit diesem Ganzen in Widerspruch stehen zu müssen, sich mit ihm auseinanderzusetzen, sich gegen den Strom zu behaupten. Auch ein langsamer Strom macht den Schwimmer schließlich müde.«

Vielleicht gibt Arnold Zweig sogar selbst die Antwort, mit seiner tief-empfundenen, nie vergessenen Dankbarkeit gegenüber einem Staat, einem System, das ihn in den bitteren und dunklen Jahren auf dem Karmel nie im Stich gelassen hatte: »Ich habe mit meinem Werk zurückgegeben, vielleicht mit Zinsen, was ich von Moskau empfangen habe.«[32]

Anmerkungen

1 Brief an Walter Berendson vom 19. 2. 1948, zitiert nach Manuel Wiznitzer: *Arnold Zweig, Das Leben eines deutsch-jüdischen Schriftstellers*, Königstein 1983, Seite 148.

2 Lion Feuchtwanger/Arnold Zweig, *Briefwechsel 1933–58*, Band II, 1949–58, Frankfurt 1986, Seite 16/17.

3 Ebenda, Seite 143.

4 George Steiner: *Sprache und Schweigen, Essays über Sprache, Literatur und das Unmenschliche*, Frankfurt 1969, Seite 96.

5 Alfred Döblin, Briefe, zitiert nach Geoffrey V. Davis: *Arnold Zweig in der DDR, Entstehung und Bearbeitung der Romane ›Die Feuerpause‹, ›Das Eis bricht‹ und ›Traum ist teuer‹*, Bonn 1977, Seite 255.

6 Lion Feuchtwanger/Arnold Zweig, a.a.O., Seite 53.

7 Feuchtwanger, zitiert nach Geoffrey V. Davis, Seite 52.

8 Arnold Zweig: *Aufsätze zu Krieg und Frieden*, Band II, Berlin, Weimar 1967, Seite 438/39.

9 Heinz Kamnitzer: *Der Tod des Dichters*, Berlin 1981, Seite 33.

10 Arnold Zweig, a.a.O., Seite 304.

11 Zitiert nach Fritz Raddatz: *Tradition und Tendenzen – Materialien zur Literatur der DDR*, Frankfurt 1972, Seite 286/87.

12 Arnold Zweig, a.a.O., Seite 356.

13 Lion Feuchtwanger/Arnold Zweig, a.a.O., Seite 339.

14 Zitiert nach Geoffrey V. Davis, a.a.O., Seite 58.

15 Ebenda, Seite 5/6.

16 Fritz Raddatz, a.a.O., Seite 299.

17 Zitiert nach Geoffrey V. Davis, a.a.O., Seite 56.

18 Bertolt Brecht, zitiert nach Fritz Raddatz, a.a.O., Seite 285.

19 Lion Feuchtwanger/Arnold Zweig, a.a.O., Seite 335.

20 Arnold Zweig, a.a.O., Seite 330ff.

21 Ebenda, Seite 427/28.

22 Ebenda, Seite 415.

23 Heinz Kamnitzer, a.a.O., Seite 120.

24 Arnold Zweig, a.a.O., Seite 305.

25 Ebenda, Seite 485.

26 Lion Feuchtwanger/Arnold Zweig, a.a.O., Seite 385.

27 Ebenda, Seite 106.

28 Ebenda, Seite 142.

29 Zitiert nach Fritz Raddatz, a.a.O., Seite 299.

30 Heinz Kamnitzer, a.a.O., Seite 97/98.

31 Manuel Wiznitzer, a.a.O., Seite 179.

32 Arnold Zweig, a.a.O., Seite 464.

Der Tod des Dichters

Ich hatte nicht durchdacht, was es heißt, ein Herz krampfe sich zusammen. Jetzt lernte ich es wissen. War er bislang träge, oft lustlos, so reichte es immer noch zu einigen Schritten im Zimmer, im Garten, zur Eiche in der Heide und zu gutem Gespräch.

Zwar ärgerte er sich über nichts mehr, aber er mokierte sich noch dann und wann. Neue Gedichte, die so hohl klangen wie sie waren, glossierte er, und einen bayerischen Politiker nannte er wieder und wieder Franz Joseph Leberkäs, auch wenn ich ihm sagte, daß man damit diesen Kerl eher verharmlose.

Eine Zeitlang erkundigte er sich täglich zuerst nach dem weißen Wal, der damals den Rhein aufwärts schwamm. Mancher mochte meinen, darin äußere sich die zweite Kindheit eines Greises. Ich wußte es besser. Für ihn war ein Fabelwesen in die kalte Welt eingedrungen, um mit seiner majestätischen Gleichgültigkeit den Menschen zu beschämen. Und wäre es nicht auch denkbar, daß ein Säugetier dieser Art einst vom Meer an Land geschwemmt wurde, sich dort einrichtete und vielleicht das Muttertier unserer Gattung ist? Hatte er nicht vor Jahren ein Kinderspiel von Jonas und dem Walfisch geschrieben? Er mochte meinen, es habe schon etwas zu bedeuten, wenn ihm dieses Wesen, das an den Ursprung der Erde erinnert, am Ende seiner Tage auftaucht und ihn im Kummer seiner Krankheit so gefangen nimmt.

Bald konnte er selbst nicht mehr leugnen, daß es mit ihm abwärts ging. Wer ihn kannte, weiß, welche angenehme Rolle der Tabak spielt, in seinen Romanen wie in seinem Leben. Eine Zigarre genüßlich vorbereitet und genießerisch eingesogen, oder die Pfeife zu einem Gespräch, beides Zeugnisse guter Kameradschaft und gediegener Arbeit förderlich, gehörten zu ihm wie er zu ihnen. Damit war es nun nichts mehr. Die Pfeife mußte zuerst dran glauben, dann durfte er sich keine Zigarre mehr anzünden. Statt dessen ermunterte er mich, ja nur zu rauchen, um wenigstens das Aroma atmen zu können.

Ich habe mich meist an Zigaretten gehalten. Er selbst hatte dafür wenig übrig. Aber in der linken Schublade seines Schreibtisches, an dem er nun kaum noch saß, lagen angebrochene Schachteln neben Tabaksbeuteln und Pfeifen aller Art. »Bedien' dich nur, ich darf ja nicht mehr«, sagte er jedesmal. Eines Tages forderte er mich auf, ich solle mir eine Pfeife aussuchen, und schlug das Exemplar vor, das er selbst geerbt hatte von Max Eitingon, einem deutschen Psychoanalytiker, der in Jerusalem starb, und den er nie aufhörte zu betrauern. Das war das Zeichen, daß er sich nichts mehr vormachte und begonnen hatte, seinen Nachlaß zu verteilen. Mir war jämmerlich zumute. Ich lehnte dankend ab, da ich wüßte, wie sehr er an diesem schönen Stück hänge. Wir schwiegen beide – länger als sonst.

Wenn ihm bisher ein Mißgeschick widerfuhr, hatten sich Körper und Geist immer wieder belebt. Diesmal wollte es ihm nicht mehr gelingen. Er konnte zwar noch manchmal aufstehen, aber die körperlichen Kräfte schwanden, vor allem der Impuls zu arbeiten. »Traurig, so zur Tatenlosigkeit verurteilt zu sein«, sagte er. »Ich bin ein Greis, der nicht mehr schaffen kann.« Damit verließ ihn die Lust zu leben.

Wenn es nach ihm gegangen wäre, wäre er bald nicht mehr aufgestanden. Aber man mußte ihn ermuntern, ja zwingen, sich zu bewegen. Langsam und mühsam, mehr stolpernd als gehend, tastete er sich, selten genug, durch den Garten. »Warum bin ich in dieser Dummheit?« Ich versuchte ihn abzulenken und bewunderte die Rosen. Er korrigierte: »Sie verblühen.« Dann meinte er, die Erde biete immer wieder etwas. Ich: »Die Natur gehört zu ihren besten Produkten.« Er: »Das beste ist, daß sie einen begräbt und bedeckt.« Wir gehen zum Haus zurück. Er sagt: »Frühling. Jetzt möchte ich sterben.« Ich frage ihn, ob er nicht gern gelebt hat. Er antwortet: »Ich *wollte* gern leben.«

Ich fragte mich dann und wann, ob die Ärzte ihn nicht in Ruhe lassen sollten, damit er hinüberschlafen kann. Jedenfalls wäre es eine Gnade gewesen, wenn er hätte verdämmern dürfen. Bis zuletzt dachte und empfand er klar, wußte vielleicht besser über sich Bescheid als wir. Manchmal konnte man glauben, er sei vor Verzweiflung fast närrisch, weil er sinnloses Zeug vor sich hin redete. Doch wer mit ihm vertraut war, wußte es besser, vermochte vieles zu entziffern. Es war nicht die Umnachtung seiner Sinne, sondern er suchte noch einmal das Glück des Vergessens. So fand ich ihn eines Morgens im Bett in seinem Schlafzimmer, wo mich der altväterliche Kleiderständer kahl und kalt anstarrte, mit der Fotografie seiner Frau in der Hand. Dabei spricht er vor sich hin: »Komm, mein Schutzengel, und nimm mich zu dir. Eheliche mich.«

Bald kann er sich nicht mehr auf den Beinen halten. Als er es einmal versucht, vom Sofa aufzustehen, um Licht einzuschalten, rutscht ihm der Fuß weg, er will sich am Vorhang festhalten, es mißlingt, und er fällt. Er kann nicht wieder aufstehen, will auch nicht. Die Frauen kommen und bemühen sich um ihn. Aber er ist zu schwer. Man überlegt schon, ob man die Polizei um Hilfe holen soll. Beatrice mahnt: »Du willst doch nicht ins Pflegeheim.« Dann nimmt er noch einmal alle Kraft zusammen, und es gelingt, ihn wieder aufzubetten. Seine Frau meint, er lasse sich gehen und verlangt wieder nach einem Psychotherapeuten. Als er erscheint, kann er nur feststellen, daß seine Kunst jedenfalls nichts auszurichten vermag. Der Kranke selbst weiß genau, wie es um ihn bestellt ist. »Ich bin schlimmer als ein Wrack, ein lebendiger Leichnam.«

Während sein wacher Geist Bescheid wußte, glauben andere ihn bereits in Umnachtung. Man redete über ihn hinweg, während er reglos daliegt. Aber nichts, schier gar nichts entging ihm – leider. Als ich einmal bei ihm bin, wird im Nebenzimmer laut und heftig gesprochen. Es war nicht zu überhören, daß es um Recht und Ansprüche innerhalb der Familie ging, sobald er nicht mehr da sein würde. Leise sagt er: »Was ist das für eine schlimme Sache. Da setzt man Kinder in die Welt und sie wieder setzen Kinder in die Welt. Wozu?«

[...]

Er hatte gelernt, auf die harte Weise, und ist fast daran zerbrochen. Aber er hat sich gestellt, seine Erfahrungen gedeutet, geistige Systeme gewogen und gesellschaftliche Ordnungen geprüft, bis er gefunden, was er suchte. Aber es ist immer die Kunst gewesen, in der er gelebt, von der er gezehrt hat und in der er seine Selbstverwirklichung erreichte. Sie ist es auch gewesen, die ihm die letzte Gnade erwies, als sein irdisches Dasein nur noch aus Schmerz und Verzweiflung bestand.

Was er sich zuletzt vorlesen ließ, führte an seine Anfänge zurück. Er wollte noch einmal Goethe anhören, bewegt von einer Biographie im englischen Stil, in dem so anschaulich selbst schwieriger Stoff erzählt wird. Ein deutscher Schriftsteller im Exil, Richard Friedenthal, hatte das Lebensbild entworfen und das Buch übersandt. Seine Frau und andere mußten ihm immer wieder daraus vortragen, woran sich lebhafte Gespräche anschlossen.

Die geistige Luft von damals belebte ihn, und er genoß das Menschlich-Allzumenschliche im Dichterleben eines Mannes, in dessen Tradition er sich stets empfunden hatte. Jedenfalls war es gut, wieder an Heiterkeit und Weisheit erinnert zu werden, nicht zuletzt an ehrwürdiges Alter, das man durchaus noch auskosten konnte. Noch einmal wurde der *West-östliche Diwan* aufgeschlagen, noch einmal konnte er, verklärt durch das große Vorbild, poetisch in Liebeslust und Liebesleid schwelgen.

Für seinen zweiten Genuß bin ich vielleicht verantwortlich gewesen. Wieder einmal hatte ich mich an Fontane begeistert und ihn dabei wissen lassen, daß es sich wohl um einen seiner Ahnherren handeln müsse. Ich weiß nicht, ob er dieses literarische Lob nur freudig vermerkte. Ihm ist es immer lieber gewesen zu glauben, der deutsche Roman habe mit ihm begonnen. Selbstverständlich war Thomas Mann nicht zu übersehen, geschweige denn zu übergehen. Aber man konnte immerhin geltend machen, daß da doch sehr viel an wissenschaftliche Abhandlung erinnert, während man selbst ein klassischer Erzähler, wie es die französischen und russischen Romanciers gewesen. Jedenfalls einheimische Vorfahren, gar Leitbilder, das schmeckte nach Abhängigkeit, schlimmer noch nach Nachahmung.

Wie auch immer, *Mathilde Möhring*, *Stine* und vor allem der *Stechlin* wurden verlangt, und er konnte nicht genug von dem Alterswerk kriegen, in dem der sechzigjährige Dubslav etwas wehmütig, doch durchaus einverstanden, Abschied nimmt von der Welt von gestern und zuletzt vom eigenen Leben.

Kein Zweifel, Goethe und Fontane haben ihm noch einmal wohlgetan. Doch eine literarische Erinnerung ist ihm in seiner Endzeit nicht gut bekommen. Er saß vor dem Bildschirm – um zu hören, und soweit es ihm möglich zu sehen –, was ich aus seinem Roman *Der Streit um den Sergeanten Grischa* gemacht hatte. Schon nach kurzer Zeit atmete er schwer und schwankte auf seinem Stuhl hin und her. Man mußte ihn stützen, damit er nicht herunterfiel. Dann begann er zu stöhnen und wie im Schüttelfrost unaufhörlich zu zittern. Man mußte Angst haben und bat ihn, sich hinzulegen. Aber er hielt durch bis zu Ende.

[...]

Vollends wurde er sich überdrüssig, als ein Organ nach dem anderen den Dienst verweigerte. Er mußte angekleidet, gewaschen, gebadet, getragen, gefüttert werden. Wie ein Sack hing er an jedem, der ihn von einem Fleck zum anderen bewegte. Selbst bei bestem Willen konnten es Haushälterin und Sekretärin nicht mehr bewältigen. Ich hatte schon vorher empfohlen, einen Pfleger einzustellen. Aber seine Frau wehrte ab. Sie wollte niemand mehr im Hause haben. Als es nicht mehr zu übersehen war, was man ihm antat, wurde ich böse. Entnervt sagte sie, wenn ich mir so viel Sorgen mache, solle ich mich doch darum kümmern. Ich tat es, und sie war dankbar. Zwei Studenten der Medizin erschienen und wechselten einander ab. Nun wurde er sachgemäß gebettet, gefüttert und erhielt mit der nötigen Regelmäßigkeit die vielen Medikamente, ohne die er nicht mehr auskommen konnte. Wenn ich kam, drückte er mir die Hand, und ich saß still in seiner Nähe.

Oft dachte ich, wieviel besser es wäre, wenn er nichts mehr spüren würde, denn sein Geist war hellwach und registrierte seinen erbarmungswürdigen Zustand. Am Frühstückstisch saß er still dabei, blicklos oder die Lider geschlossen, und konnte kaum den Mund bewegen, um mit Hilfe etwas zu sich zu nehmen. Einmal erwähnte jemand eine Kurzgeschichte, und wir kamen nicht darauf, was es war oder wer sie geschrieben. Unsere fruchtlosen Überlegungen dauerten eine ganze Weile. Plötzlich sagte er leise, doch deutlich: »*Die Perle* von Stevenson.« Es war, als habe er uns zappeln lassen, sich an unserem Unwissen ergötzt. Dann kam ein Abend beim Schein einer abgedunkelten Stehlampe, da fragte er leise in die Stille hinein: »Hat es sich gelohnt?« Ich sagte es ihm.

Es dauerte nicht mehr lange, und er lag nur noch auf seinem Sofa am Fenster. Seine Brust hob sich kaum, oft schien er nicht zu atmen. Der Kopf wurde kleiner, die Haut durchsichtiger, die

Flecke auf Gesicht und Händen mehr. Selbst seine geliebte Musik schien ihm überflüssig, so als ob sie ihn daran hindern mochte, einzuschlafen. Als er aufhörte zu arbeiten, ahnte man, daß er nicht nur die Kraft, sondern auch die Lust zu leben verloren hatte. Als ihm die Musik gleichgültig wurde, wußte man, daß es zu Ende ging.

Er war noch unter uns. Aber wahrscheinlich lag anderen mehr als ihm an seinem Leben. Einmal fragte seine Frau, ihre Hand auf seiner Hand: »Hast du Schmerzen?« Kopfschütteln. »Sag schon, wie ist dir denn?« »Anders.« An seinem letzten Geburtstag saß er sorgfältig angekleidet zwischen den Gästen, und wir taten, als ob alles in Ordnung sei. Wenn man ihm zutrank, lächelte er schweigsam, antwortete auch leise, wenn man ihn ansprach. Als alles vorbei, fragte ihn seine Frau: »War es schön?« Er nickte. »Hast du dich gefreut?« Er nickte. »War es anstrengend?« Er schüttelte den Kopf. So mochte es gewesen sein – einmal noch. Aber erträglich, wenn überhaupt, war es nur, wenn ihm, wie er gesagt hatte, »anders« zumute war. Wahrscheinlich ist das die Zeit gewesen, wo er sich in einem schlafähnlichen Zustand ohne Qualen und ohne Wünsche befand. Es war das schiere Dasein, die letzte Existenz an sich, von der man nichts mehr will und die von ihm nichts mehr wollte.

Solange es so war, falls es so war, muß es ein Segen gewesen sein. Denn es gab grauenhafte Stunden, wo er zu wach wurde und empfand, wie hilflos er dalag, wie er nichts mehr in seiner Gewalt hatte, sich fühlen mußte als eine ausgelieferte und ungehemmte Kreatur, sich selbst widerwärtig, anderen zur Last. Dann wünschte er sich die letzte Freiheit des Menschen. Aber auch sie ist ihm versagt gewesen. Er hatte nicht mehr die körperliche Kraft, sich wie Cato von Utica selbst den Tod zu geben, und niemand durfte ihm diese Gnade erweisen.

Es war mehr als ein Gedanke in ohnmächtiger Verzweiflung, den er nur noch flüsternd äußern konnte, als er ein Gewehr haben wollte, um sich zu erschießen. Der Wunsch, durch eine Kugel sich zu erlösen, schien darauf hinzudeuten, daß sein Gedächtnis wie sein Leben immer noch vor allem in der Zeit ablief, die ihn so radikal umgeprägt hatte, die Spanne von 1914 bis 1918, der *Große Krieg der weißen Männer*.

Ärzte kamen und gingen. Pfleger kamen und gingen. Am Ende

stand das Krankenhaus. Ich besuchte ihn noch einmal. Er lag mit offenen Augen, die starr nach oben blickten. In seiner Nähe stand ein Sauerstoffgerät. Er war noch nicht tot. Am 26. November rief man an. Es sei sehr ernst. Frau Zweig möchte sofort kommen. Als sie eintraf, war es zu spät. Er sei sanft entschlafen, sagte man, und liege bereits im Keller.

Gegen Abend bittet sie mich zu sich. Auf dem Flügel, zwischen leuchtenden Kerzen, eine Grafik, die sie von ihm gemacht hat. Im Nebenraum brennt nur die Leselampe, noch immer von einem grünen Tuch überhangen, auf seinem Schreibtisch. Alle Gegenstände wirken verstorben. Und wir? Er ist zu lange, zu allmählich verendet. Außerdem ist es zu früh, um freizugeben, was sich aufgestaut. So reicht man sich die Hände und meint dabei: Wir wissen, wer nicht mehr ist.

Sie sei noch einmal bei ihm gewesen, nachmittags, sagt sie, er könne nicht gelitten haben, sein Antlitz sei ganz entspannt und verklärt gewesen. Ich bestärke sie darin und sage, falls sie mich brauche, was es auch immer sei, ich bin tags und nachts vorhanden. Aber ich weiß, daß auch meine Zeit im Hause Zweig vorbei ist. Einige Tage später gehe ich noch einmal herüber, sozusagen offiziell. Völlig widersinnig erwarte ich etwas, das den Tod anzeigt. Aber die Fenster sind nicht verhangen, durch die Scheiben blinkt kein Kerzenlicht, keine Fahne weht halbmast vom Balkon. Statt dessen warten Wagen vor der Tür. Man geht hinein und hinaus. Im Arbeitszimmer nimmt die Familie Beileid entgegen. Mir ist es schwindlig und unwirklich zumute. Schemen flüstern und trinken Kognak. Eher ist es so, als ob er vorhanden sei, sich durchaus einverstanden erklärt mit Festakt und Staatsbegräbnis, nichts gegen die Trauerredner, die empfohlen werden, einzuwenden habe und behaglich voraussähe, wie viele sich mit ihm wieder sehen lassen wollen.

Das Deutsche Theater als Stätte der Lobsprüche war gut gewählt. Er hätte zugestimmt, wenn auch etwas schmerzlich, denn hier hatte man immer noch nicht seine Dramen wiederaufgeführt, aber was nicht ist, mochte vielleicht jetzt werden. Und wer was über ihn orakelte, wäre ihm, wie meistens, sehr gleichgültig gewesen. Er war die Hauptperson, das zählte.

Vor allem hätte er den Leichenzug gutgeheißen. Vor dem Haus, in dem Brahm und Reinhardt einst regierten, wurde er, gut verschlossen, auf Lafetten gehoben, von Soldaten flankiert, Familie und Freunde davor und dahinter, an der Volkskammer vorbei zum Dorotheenstädtischen Friedhof geleitet, wo Brecht und Becher, Heinrich Mann und Bodo Uhse in der Nähe sein würden.

Alles hatte seine Richtigkeit. Aber erregend, bewegend waren die Unbekannten, die dem Sarg folgten, am Straßenrand warteten und in Abstand vom Grabe dastanden. Es waren nicht zufällige Passanten, neugierige Gaffer oder alte Weiblein, die immer dabei sind, wenn jemand eher als sie in die Grube gefahren wird. Wer hier den Hut zog oder das Taschentuch hervorholte, ist der Leser, den man so selten kennt. Es waren die Leute, die ihm nahe gewesen wie er ihnen; Menschen aus dem Volke, wie die alte Frau mit Kopftuch, einen Jungen mit Schulranzen an der einen Hand, in der anderen ein Sträußchen, die in dem Augenblick, als der Trauerzug von der Invaliden- zur Chausseestraße einbiegt, zum Friedhof hineilt, rennt, als ob es das Leben koste. [...]

Arnold Zweig
Zum fünfundsechzigsten Geburtstag

1952

Wenn mein Freund Arnold Zweig jetzt auf sein Leben zurück-
blickt, dann wird er wohl finden, daß er Glück gehabt hat, mehr
als die meisten Zeitgenossen. Es ist ihm ähnlich wie mir ergan-
gen: vieles, was unheilvoll schien, als es kam, hat sich am Ende
als segensreich erwiesen.

Arnold Zweig wurde erzogen nach jenen wohldurchdachten
alexandrinischen Prinzipien, die man vor dem ersten Weltkrieg
»humanistisch« nannte. Man trichterte uns in großer Fülle
systematisch geordnetes Wissen ein, manches nützlich, das mei-
ste unnützlich und dazu angetan, den Blick aufs wirkliche Leben zu verstellen. Man erklärte uns auf lateinisch, daß wir
nicht für die Schule, sondern fürs Leben lernten; in der Tat
lernten wir für die Schule und nicht fürs Leben. Auch brachte
man uns geflissentlich jenen Hochmut bei, der altes Erbe des
Humanismus ist. Man schaute aus hoher Höhe herab auf die
Ungebildeten und begriff recht gut jenen Schulmeister, der
sich als erster unter den Deutschen kritisch mit Shakespeare
befaßt und ihn getadelt hatte: »Verstund wenig Latein und gar
kein Griechisch.«

In Dingen der Grammatik, der deutschen, lateinischen, griechischen, französischen, verstanden unsere Lehrer keinen
Spaß, die Regeln mußten wir beherrschen vom Alpha bis zum
Omega. Auch wurde uns unvergeßlich beigebracht, sprachliche Kunstwerke zu zergliedern, den Gedankengang zum Beispiel eines Goetheschen Gedichtes, einer Schillerschen Szene
darzulegen, mit leiser Mißbilligung der Verstöße, die der Dichter gemacht hatte. Eingebleut wurde uns ferner, gemäß den
Grundsätzen des *Laokoon* nachzuweisen, warum ein Gesang
der Odyssee schön sei, des weiteren, die Disposition eines zu
schreibenden Aufsatzes anzulegen nach Regeln, die auf die

Tradition der Antike zurückgehen. Wir lernten vieles Falsche und Unnützliche, aber wir lernten eines, was dem Schriftsteller zustatten kommt: Gründlichkeit und Methode.

Dann aber, und das war unser Glück, nahm uns, Arnold Zweig und mich, die wir so vorbereitet ins Leben gingen, dieses Leben viel schärfer in die Lehre, als die Schule es getan hatte. Eine strenge Wirklichkeit beutelte und schüttelte uns, bis uns der humanistische Hochmut verging, sie trieb uns die Flausen aus, die man uns in den Kopf gesetzt hatte, sie riß uns die Augen auf. *Was heißt und zu welchem Ende studiert man Universalgeschichte?*, das hatten wir theoretisch gelernt. Das Leben hat uns, die wir heute in unserem siebenten Jahrzehnt stehen, in der Geschichte einen Anschauungsunterricht erteilt, wie ihn nicht viele Generationen gehabt haben. Wir haben gelernt, die Kunstgriffe, die man uns gelehrt hatte, auf Nützliches anzuwenden.

Es war Arnold Zweig von frühester Jugend an klar, daß er zum Schriftsteller geboren ist. Eine bessere Lehrzeit aber, eine reichere, als die Umschwünge, welche ein Deutscher unserer Generation, der noch obendrein Jude ist, hat durchmachen müssen, kann ein Schriftsteller nicht haben. Arnold Zweig hatte in dem Scheinfrieden und der Scheinordnung vor dem Ersten Weltkrieg Disziplinen erlernt, die jedem Autor zugute kommen und die heute kaum mehr gelehrt werden, und dann haben erster Krieg und zweiter Krieg und Revolution und Gegenrevolution und praktischer Faschismus und Imperialismus und praktischer Sozialismus ihn gezwungen, alles überflüssige Wissen abzuschütteln und das nützliche sinnvoll zu gebrauchen.

Arnold Zweigs Werk zeigt exemplarisch, wie gut einem begabten Schriftsteller die große Zeitwende bekommt.

Seine Elementarschule war das wilhelminische Deutschland mit seinen Gymnasien und Universitäten. Er lernte dort gepflegt schreiben, und er übte Hand und Gelenk und machte viele artige kleine Dinge. Novellen und Aufsätze, hübsches, nachdenkliches Kleinzeug, das ihm verdienten Erfolg brachte, denn es gehörte zum Besten, was damals geschrieben wurde.

Seine wahre Universität aber war der Weltkrieg. Der riß ihm die Augen auf und machte ihn den Sergeanten Grischa sehen und erleben, diesen Sergeanten Grischa, der in den Mechanismus des deutschen Kriegsrechts und der deutschen Kriegspolitik gerät. Der Krieg gab dem Dichter Arnold Zweig das Erlebnis und die Kraft, das Schicksal des Sergeanten Grischa zu einem jener Symbole zu machen, die Geltung über die Zeit hinaus haben. Zunächst ist dieser Grischa nichts als ein Individuum, sehr lebendig freilich, ein russischer Sergeant, ein kräftiger Bursche mit hellen, kleinen grauen Augen, gutmütig, wild, von Leidenschaften, Urtrieben jäh überflutet, geborener Soldat übrigens, den Frauen wohlgefällig. Darüber hinaus aber ist er der Typus des Menschen im Kriege, einer jener vierzig Millionen Uniformierter, die leiden, sich aufbäumen, sich ducken, Spielzeug der Macht. Und wieder darüber hinaus wird er, unkommentiert, nur durch Wesen und Schicksal zum Gleichnis des Armen überhaupt, des Unterdrückten, der gutmütig ist, unwissend und doch voll von instinkthafter Weisheit. Denn es ist in den Worten dieses Romans jene Kraft, welche die Volkslieder geschaffen hat und die Volksepen, und sie ist gemehrt durch den Kunstverstand eines Meisters und die sachliche, erkennerische Wut eines ergriffenen Menschen.

Als dieses erste große deutsche Epos des Krieges erschien, lief es der Zeit voraus, verkündete Erkenntnisse, die damals noch nicht viele hatten, gestaltete den Krieg, wie ihn damals in Deutschland nur wenige sahen. Heute liest sich der *Grischa* wie ein Buch, das von längst vergangenen Zeiten berichtet, als ein historischer Roman. Aber als ein historischer Roman im besten Sinne. Denn der Roman vom Soldaten Grischa ist in Wahrheit ein Spiegel, er zeigt in dem frühen Jahrzehnt das unsere, und wer das Buch heute liest, sagt sich: Ja, so war es, und weil es so war, mußte es kommen, wie es heute ist. Und wenn, was damals äußerste Barbarei schien, heute, gemessen an der Barbarei unserer Tage, mild erscheint, so ist doch das Gesamtbild richtig, und der Dichter, der jene Vergangenheit erlebte, hat unsere Gegenwart richtig miterlebt und mitgestaltet.

Geborener Epiker, der er ist, ging Arnold Zweig, nachdem ihm der große Wurf dieser Dichtung gelungen war, folgerichtig weiter und machte sich an das kühne Unternehmen, die menschliche Komödie des ganzen ersten Krieges zu schreiben, eine Art dichterische Enzyklopädie des Ersten Weltkrieges. Der größere Teil dieser Enzyklopädie ist geschrieben, zur rechten

Zeit geschrieben, gerade im rechten Abstand, da der Autor alles noch frisch und doch schon aus der Distanz zu sehen vermochte.

Wir dürfen heute sagen: das große, kühne Werk ist geglückt.

Hätte Zweig nichts geschaffen als diesen großen Zyklus, es genügte, sein Werk reich erscheinen zu lassen. Aber da sind noch andere große Romane, da ist das Prosa-Epos *Das Beil von Wandsbek*, welches wiederum von einem kleinen merkwürdigen Ereignis nach allen Richtungen ausstrahlend, die ganze Struktur des Hitler-Regimes gestaltet. Da sind die zahllosen Novellen, Stücke, Kurzgeschichten, die großen und kleinen Essays, die vielen kritischen Betrachtungen zu politischen und literarischen Ereignissen, da ist die Fülle der Gelegenheitsreden.

Vielleicht ist von diesen »Nebenwerken« das eine oder andere nicht ganz zu Ende geführt. Aber das liegt nicht an der Armut des Autors, vielmehr ist es drängende Fülle, welche dies oder jenes in seinem Werk erstickt hat.

Ich kann das aus genauester Kenntnis bezeugen. Ich darf mich mit Freude und Stolz einen nahen Freund Arnold Zweigs nennen, und als solcher habe ich oft und abermals erlebt, aus welchem Überfluß heraus er arbeitet. Es ist beglückend, ihn erzählen zu hören von seinen Plänen, zuzuhören, wie er etwa die Fabel eines künftigen Romans entwickelt. Man sieht da dichterische Phantasie am Werk, man sieht Lebendiges entstehen und wachsen. Dieser glückliche Dichter braucht nicht lange zu entwerfen und zu konstruieren, er braucht nicht schweratmend zu pumpen, alles strömt ihm zu. Seine Fabel wächst wie von selber, verschlingt sich, schießt üppig empor, verschlingt sich von neuem – und ist doch gebändigt von Klugheit, von ordnender Vernunft, von Erkenntnis.

Arnold Zweigs zahllose Erlebnisse haben ihm die Vielfalt der Menschen gezeigt, so daß er Typisches und Absonderliches mit der gleichen Sicherheit gestaltet, und immer geht die Handlung von lebendigen Menschen aus, und immer fügen sich die Menschen der spannenden, bedeutungsvollen Handlung.

Und schöpferische Sprachkraft und eine weite, tiefe Bildung wirken zusammen und geben dem Dichter im rechten Augenblick das rechte Wort.

Arnold Zweig hat den letzten großen Umschwung, den Zusammenbruch Hitler-Deutschlands, als gereifter Mann miterlebt. Er erlebt an der Schwelle des Alters das letzte große historische Ereignis unserer Zeit: die neue Bedrohung des Friedens und die heroischen Anstrengungen, den Frieden zu erhalten.

Es wird Arnold Zweig vergönnt sein, im Besitz reifer Weisheit und Kraft auch diese neuen Ereignisse und ihren Sinn zu gestalten. Das ist mehr als ein Wunsch zum Geburtstag, es ist ein Glaube, der gegründet ist auf dem Miterleben seines bisherigen Werkes.

Meister Arnold, Vater Freud

Ein angesehener Schriftsteller, Arnold Zweig, fast vierzigjährig, der gerade das Manuskript seines Romans *Der Streit um
den Sergeanten Grischa* beendet hat und damit ·im Begriff
steht, ein weltberühmter Autor zu werden, schreibt am 18.
März 1927, von Berlin-Eichkamp aus, an Sigmund Freud in
Wien.
Es ist ein Brief »vielfältiger Dankbarkeit«. Der Mensch und
Mann und Autor erweist dem Begründer der Tiefenpsychologie eine Reverenz. Er verdanke dieser »neuen Seelenheilkunst
persönlich die Wiederherstellung« seiner »gesamten Person«.
Soeben nun habe er das erlittene und verstandene seelische Geschehen in Erkenntnis verwandelt. Ein Buch sei entstanden mit
dem Titel *Caliban oder Politik und Leidenschaft*: als Versuch
über *die menschlichen Gruppenaffekte, dargestellt am Antisemitismus*. Ob Freud die Widmung dieses Buches annehmen
wolle?
Freud steht damals im 71. Lebensjahr, ist also 31 Jahre älter als
Zweig. So debütiert ein Briefwechsel, der nahezu ohne Unterbrechung, trotz schwerer körperlicher Gebrechen der beiden
Partner, bis zu Freuds Tode 1939 im Londoner Exil andauern
sollte.
Freud hatte damals den Brief seines Verehrers sogleich und mit
großer Herzlichkeit beantwortet. Die Dedikation nahm er an
und bezeichnete »das Anerbieten des Dichters, der *Novellen
um Claudia*« als Ehre, die er zu schätzen wisse.

Der Roman *Novellen um Claudia* (1912) hatte den 25jährigen
Arnold Zweig sogleich bekannt gemacht. Auch Freud schätzt,
als ein literarisch versierter Vielleser, dem man noch etwas altmodische Verehrung vor Schriftstellern und Künstlern anmerkt, besonders dies Jugendwerk seines Verehrers: eine Arbeit, zu welcher Zweig schon damals viel Distanz bekundete.
Immerhin hatte Zweig den Weltkrieg im Schützengraben vor
Verdun und an der Ostfront mitgemacht. Was er nun als Vier-

zigjähriger schrieb, entfernte sich zusehends vom subtilen Psychologisieren des allzu berühmten Vorkriegsromans. Der Romancier war jetzt darauf aus, die gesellschaftlichen Triebkräfte episch sichtbar zu machen, die zugelassen hatten, was er von nun an in einem Romanzyklus mit dem Titel *Der große Krieg der weißen Männer* nachzuerzählen und zu deuten unternahm.

Die Korrespondenz dieser zwölf Jahre behandelt daher vor allem die literarischen Projekte und Kreationen Arnold Zweigs. Hier ist der Briefwechsel für den Literaturhistoriker wichtig, denn zwei der wichtigsten Romane des heute in Ost-Berlin lebenden und hierzulande keineswegs nach Gebühr geschätzten Verfassers gehören diesem Zeitraum an: der in Palästina zwischen Juden und Juden, Juden und Arabern spielende Roman *De Vriendt kehrt heim* (1932) und Zweigs vielleicht bedeutendstes Buch *Erziehung vor Verdun* (1935).

Sigmund Freud erlebt man bei der Arbeit an den späten, luziden, immer wieder den kaum auszuhaltenden Körperschmerzen abgetrotzten Aufsätzen zur psychoanalytischen Theorie und Praxis. Geistiges Hauptgeschäft aber für Freud ist in dieser Zeit die Arbeit an seinen Studien zur Religionspsychologie, insbesondere zur Entstehung des Monotheismus.

Da Arnold Zweig nach der Flucht aus Deutschland 1933, im damaligen Palästina und am »Mount Carmel« lebt, drängt es Freud unwillkürlich, beim Briefwechsel mit einem Verehrer, dem die Rolle eines geistigen Sohnes zugebilligt wird, immer wieder auf den »Mann Moses« zurückzukommen, der nach Freuds Hypothese ein Ägypter gewesen sei, gar kein Jude, und den er für den eigentlichen Begründer einer monotheistischen Religion hält. Schon 1913 hatte Freud eine Studie über den *Moses des Michelangelo* geschrieben und (nicht ohne Zögern) im Jahr darauf in seiner Zeitschrift *Imago* publiziert: anonym übrigens, um nicht auch noch den – unnötigen – Zorn der Kunstwissenschaftler zu provozieren.

Zwanzig Jahre später kreisen die letzten wissenschaftlichen Meditationen eines schwerkranken, verbitterten, schließlich exilierten Mannes um diese Figur des Religionsstifters. Man spürte schon an Freuds frühem Aufsatz über Michelangelos berühmte Skulptur, daß mehr im Spiele war als ästhetische Interpretation. Freud sah damals im beruhigtem Zorn der gewaltigen Figur das »leibliche Ausdrucksmittel für die höchste psychische Leistung, die einem Menschen möglich ist, für das Niederringen der eigenen Leidenschaft zugunsten und im Auftrage einer Bestimmung, der man sich geweiht hat«. Das klingt nach Selbstinterpretation, und Selbstaussage ist wohl auch vieles, was der späte Freud am Schicksal des unjüdischen Religionsstifters der Juden zu demonstrieren sucht.

Der Briefwechsel zwischen Freud und Zweig ist also auf weite Stellen hin ein erregendes Werkstatt-Gespräch zwischen einem Schriftsteller, den die Sozialpsychologie fasziniert, und einem Forscher, der – wie diese Briefe abermals bestätigen – große deutsche Prosa schreibt.

Aber da ist mehr. Freud wirkt vereinsamt, bei allem Weltruhm. Als Zweig im Herbst 1933 im Begriff steht, nach Paris zu emigrieren, und Freud um nützliche Adressen bittet, erhält er die nüchterne und harte Antwort: »Ich habe keine Freunde in Paris, nur Schüler.« Die zärtliche Dankbarkeit und Schülerschaft Zweigs läßt er sich gern gefallen, duldet sogar, daß Zweig ihn, nach der versuchsweisen Anrede »Lieber Herr und Vater Freud«, schließlich als »Lieber Vater Freud« tituliert. Es vollzieht sich also eine »Vateridentifizierung«, wie sie Freud in seinem Aufsatz über »Dostojewski und die Vatertötung« erläutert hat.

Der geistige Adoptiv-Vater wehrt nicht ab, stellt aber, mit einem großartigen und herzenshöflichen Trick, die Gleichheit zum Briefpartner wieder her. Ein Brief vom 8. Mai 1932 eröffnet mit der Anrede: »Lieber Meister Arnold«. Ein nächster Brief wiederholt die Formel und setzt hinzu: »Ich glaube, der Name soll Ihnen bleiben.« Meister Arnold und Vater Freud: die Anerkennung des Alten durch den Jüngeren als affektive Bindung; die Anerkennung des »Meisters« in einem hochgeachteten, aber – vom Naturwissenschaftler Freud her gesehen – doch fremden Bereich durch den Arzt und Forscher. Zwei Anreden, die gleichzeitig Annäherung und Distanzierung bedeuten.

Der »Meister Arnold« wird durchaus nicht geschont. Freud läßt ihm nichts durchgehen: keine wissenschaftliche Schlamperei mit falschen Autorennamen, keine Amateur-Psychologie. Auch will er nicht verstehen, wenn Zweig, der sich immer wieder einem Analytiker anvertraut, am liebsten vom Meister selbst behandelt werden möchte. Da Freud sich selbst andererseits keine einzige »Fehlleistung« durchgehen läßt, ergeben sich oft komische Episoden.

Zu Anfang des Briefwechsels tituliert er Arnold Zweig einmal als »Lieber Herr Doktor«. Der wehrt sich ziemlich heftig gegen die illegale Promotion: »Denn ich habe mich nie für fähig gehalten, einen akademischen Grad zu erwerben, sehr zu Unrecht, wie ich jetzt weiß, und muß nun den Rest meines Lebens nackt und bloß als schlichter Mann meines Namens hinbringen...«

Freud repliziert sogleich; er habe es insgeheim gewußt und die Fehlleistung nachträglich zu deuten versucht: »Sie zeigte als Störung den anderen (Stefan) Zweig auf, von dem ich weiß, daß er gegenwärtig in Hamburg mich zu einem Essay verarbeitet, der mich in Gesellschaft von Mesmer und Mary Eddy Baker vor die Öffentlichkeit bringen soll. Er hat mir im letzten Halbjahr einen starken Grund zur Unzufriedenheit gegeben, meine ursprüngliche starke Rachsucht ist jetzt ganz ins Unbewußte verbannt, und da ist es ganz gut möglich, daß ich einen Vergleich anstelle und eine Ersetzung durchführen wollte.«

Über den Dr. Stefan Zweig hatte Freud früher anders geurteilt. Im Dostojewski-Aufsatz, der eine Interpretation von Stefan Zweigs Erzählung *Vierundzwanzig Stunden aus dem Leben einer Frau* enthält, wird vom Autor als dem »mir befreundeten Dichter« gesprochen. Was nun wieder Arnold Zweig ärgert, der diesen Aufsatz Freuds liest und brieflich dem Verfasser einige Vorwürfe macht ob dieses Lobes.

Überhaupt erweist sich Freud in seinem Verhältnis zu Menschen als stark an die jeweilige Konstellation gebunden. Ein Brief von 1935 erwähnt in einem Nebensatz und verachtungsvoll *Hochstapler wie O. Rank*. Freud hatte schon anders über seinen abtrünnigen Anhänger geschrieben. Abermals weiß er selbst, wie hart und ungerecht er ist. Als Arnold Zweig nun seinerseits eine Freud-Biographie schreiben möchte, redet ihm deren virtueller Held das voller Entsetzen aus. Als Zweig nach den Renegaten der Psychoanalyse fragt, antwortet Freud: »Zufriedener bin ich damit, daß Sie nicht mehr meine Biographie schreiben wollen. Sie sollen aber auch mich nicht anregen, daß ich selbst ein neues Stück meiner Lebensgeschichte schreibe.

Eine Revision der Abfallsbewegungen geriete leicht allzu indiskret und ordinär.«

Ein großer Hasser bleibt Freud auch noch mit achtzig Jahren: »Daß unser Hauptfeind P. Schmidt eben das österreichische Ehrenzeichen für Kunst und Wissenschaft erhalten hat für seine frommen Lügen in der Ethnologie, rechne ich mir zum Verdienst dar. Er sollte offenbar dafür getröstet werden, daß die Vorsehung mich 80 Jahre alt werden ließ.«

Dies aber schreibt ein Mann, der immer weiter arbeitet trotz der Krebswucherungen in Hals und Mund und der natürlich weiß, was vor sich geht. So muß man einen Satz verstehen, der sechs Jahre vor dem Tode geschrieben wurde: »Ich meine, diesmal habe ich mir ein Anrecht auf einen plötzlichen Herztod erworben, keine üble Chance.« Aber die Vorsehung gewährt sie nicht, die Chance. Freuds letzter Brief an Zweig vom 5. März 1939 gibt die Diagnose: »Es ist kein Zweifel mehr, daß es sich um einen neuen Vorstoß meines lieben alten Carcinoms handelt, mit dem ich seit jetzt 16 Jahren die Existenz teile. Wer damals der Stärkere sein würde, konnte man natürlich nicht vorher sagen.«

Die Selbstanalyse des 78jährigen bleibt schonungs- und illusionslos: »Es steckt noch soviel Genußfähigkeit in mir, also Unzufriedenheit mit der notgedrungenen Resignation. Es ist grimmiger Winter in Wien, ich bin seit Monaten nicht ausgegangen. Ich finde mich auch schwer in die Rolle des für die Menschheit leidenden Heros, die Ihre Freundschaft mir offeriert. Meine Stimmung ist schlecht, mir gefällt sehr wenig, meine Selbstkritik hat sich sehr verschärft. Senile Depression würde ich an einem anderen diagnostizieren.«

Auf Zweigs seelische Komplikationen geht Freud fast niemals ein: Ihn scheint der Schriftsteller zu interessieren, nicht der seelisch leidende Mensch. Außerdem verargt er es dem Autor des *Grischa*-Romans, daß dieser jemals an eine Symbiose glaubte zwischen Deutschen und Juden. Dagegen erwärmt sich das Klima der Briefe sogleich, wenn er auf Berichte Zweigs über sein chronisches, stets mit Erblindung drohendes Augenleiden zu antworten hat. Als Zweig in Palästina einen schweren Autounfall erleidet, ist Freuds Schreiben sogar erfüllt von mürrischer Zärtlichkeit.

Sich selbst bezeichnet der große »Verstörer« der neueren

Menschheit als »Liberalen vom alten Schlage«. Die von Zweig erbetene Unterschrift unter ein Memorandum vom November 1930 verweigert er, weil im Text vom »kapitalistischen Wirtschaftswirrwarr« die Rede ist. Freud erläutert: »Denn das käme einer Parteinahme für das kommunistische Ideal gleich, und von dieser bin ich weit entfernt. Bei aller Unzufriedenheit mit den gegenwärtigen Wirtschaftsordnungen fehlt mir doch jede Hoffnung, daß der von den Sowjets eingeschlagene Weg zur Besserung führen wird. Ja, was ich von solcher Hoffnung nähren könnte, ist in diesem Jahrzehnt der Sowjetherrschaft untergegangen.«

Gar so weit ist Arnold Zweig einige Jahre später, nach den Moskauer Prozessen, von dieser Position auch nicht entfernt. Politisches Unbehagen hier und dort. Bei Freud in Wien die Konstatierung: »Spannungsvoll und lustlos laufen die Zeiten zwischen Kommunismus und Faschismus in unserem armseligen Österreich weiter« (14. 3. 1935). Bei Zweig sechs Monate später im »Lande der Väter« die Bilanz: Inzwischen durchlaufe ich mannigfache Krisen. Zum ersten stelle ich ohne Affekt fest, daß ich hierher nicht gehöre. Das ist nach zwanzig Jahren Zionismus natürlich schwer zu glauben. Nicht etwa persönlich enttäuscht bin ich, denn es geht uns hier recht gut. Aber alles war irrig, was uns hierher brachte.«

Nicht verwunderlich also, wenn Zweig in solcher Verwirrung besonders auf Freuds Buch über *Das Unbehagen in der Kultur* (1930) schwören möchte. Allein sonderbarerweise manifestiert sich bei Freud selbst immer stärker ein Unbehagen über die eigene frühere Diagnose eines Unbehagens in der modernen Kultur. Der letzte Brief Freuds, der die Konstatierung des Sterbensprozesses enthält, antwortet daher fast höhnisch: »Was Sie für ›trostreiche Aufklärungen‹ in meinem ›Unbehagen‹ entdeckt haben wollen, kann ich nicht leicht erraten. Dieses Buch ist mir heute sehr fremd geworden.«

Die literarische Meisterschaft der Briefe Freuds ist überwältigend. In keinem Augenblick hat man den Eindruck, Freud nehme sich beim Schreiben an den befreundeten Autor zusammen. Er beherrscht seine Formulierungen in diesen Briefen ebenso mühelos wie in seinen Schriften. Zweig hat recht, wenn er meint: »Sie werden wohl wissen, daß Sie es sind, der der Wiener Literatur das Lebenslicht ausgeblasen hat.« Es ist zunächst eine Anspielung darauf, daß seit Freud die literarische Seelenzergliederung eines Schnitzler oder auch Hofmannsthal (oder auch des frühen Arnold Zweig) fragwürdig wurde. Dann aber ist Freud, wie sein Wunschsohn später bemerkt, selbst ein wichtiges Moment dieser österreichischen Literatur deutscher Sprache.

Man höre einen Briefbeginn Freuds vom 15. Juli 1934: »Also ein neues Stück haben Sie in der Eile fertig gemacht, eine Episode aus dem Leben dieses großartigen Lumpen Napoleon, der an seine Pubertätsphantasien fixiert, von unerhörtem Glück begünstigt, durch keinerlei Bindungen außer an seine Familie gehemmt, wie ein Nachtwandler durch die Welt geflattert ist, um endlich im Größenwahn zu zerschellen. Es war kaum je ein Genie, dem alle Spur des Vornehmen so fremd war, ein so klassischer Anti-Gentleman, aber er hatte großartiges Format.«

Welch ein Schriftsteller!

Aber auch Zweig vermag – in Reflexion wie Sprachkraft – diesem Briefpartner standzuhalten. Man freut sich beim Lesen außerdem der Wiederbegegnung mit dem »eigentlichen« Arnold Zweig, nachdem die letzten beiden Jahrzehnte – seit der Freund und Verehrer Freuds sich in Ost-Berlin niederließ, wo man offiziell die Psychoanalyse bloß als ideologischen Überbau spätbürgerlichen Verfalls registriert – allzuoft einen Autor dieses Namens präsentierten, der entschlossen schien, als Apologet seiner neuen Umwelt aufzutreten. Wer Zweigs freiwillig-unfreiwillige Wanderungen zwischen 1933 und 1939 an diesem Briefwechsel miterlebt, vermag zu ahnen, wie und warum er sich so und nicht anders entschied.

Ein aufregender Briefwechsel, den Ernst Freud, der jüngste Sohn, hier vorlegt. Ein bewegender überdies. Immer wieder formuliert man beim Lesen den Eindruck mit Hilfe von Vokabeln, die eigentlich nur noch ironisch zu verwenden sind. Aber sie meinen etwas – das beweist diese Korrespondenz zwischen leidenden, illusionslosen und denkenden Männern. Wie anders als mit dem Wort »sittliche Größe« wäre zu benennen, was sich in diesem Briefwechsel als Leid und Leidensdeutung offenbart. Wenn es so etwas gibt wie »Männlichkeit«, dann hier, im Leben, nicht in Hemingways Romanen. Sigmund Freud und Arnold Zweig: der Forscher und der Schriftsteller, der Lehrer und der Schüler, der Arzt und der Patient. Zwei Leute aus der Heerschar des Mannes Moses.

Zweimal rebelliert Arnold Zweig in diesen Briefen gegen den von Freud illegal verliehenen Doktortitel. Gutmütig meint er schließlich: »Sie haben mich auf dem Kuvert wieder promoviert, von Ihnen nehm' ich den Doktor gern an!« Der Rezensent mußte lachen, als er das las. Er selbst nämlich durfte, im November 1952, Arnold Zweig am 65. Geburtstag zum philosophischen Ehrendoktor der Leipziger Universität promovieren. Zweig freute sich der Ehrung und antwortete in seiner Dankesrede: »Ich finde, dieser Titel paßt zu mir.«

II. »DER MENSCH IST ERZIEHBAR...«

Arnold Zweig. Frühe Schriften

Aufzeichnungen über eine Familie Klopfer, heißt das erste Buch, mit dem Arnold Zweig aus Glogau, 1887 geboren, als Vierundzwanzigjähriger vor die Öffentlichkeit getreten ist: ein hochbegabtes, überraschend gekonntes, aufschlußreiches Buch; mehr als aufschlußreich, ein Buch, das seinen Verfasser enthüllt und verrät wie die scharfsichtigste und boshafteste Kritik. Ein junger Mann – dies ist der Inhalt – schreibt, aus medizinischem Interesse, wie er sagt, über seine Familie, die er ein paar Generationen zurückverfolgen kann, über seinen Vater, der ein Schriftsteller von ausgebreitetem Ruf ist, schließlich über sich selbst und seine Schwester. Er schreibt als ein letztes, morbides, unfruchtbares Glied der Familie Klopfer wie der kleine Hanno Buddenbrook, und es ist wohl auch das Vorbild dieses erfolgreichen Romans, das die Form der Familiengeschichte hergegeben hat, nur ganz allgemein und schematisch; bis ins einzelne hinein aber dankt er demselben Thomas Mann die Sprache, und die Bildsamkeit des Schülers, der übrigens auch Bücher des Bruders Heinrich auf sich hat wirken lassen, ist teils bewundernswert, teils komisch: so überraschend erneuert sich Tonfall, Stimmhöhe und Sprechfarbe des gereiften Älteren in dem heranwachsenden Jüngeren; unerlaubte Nachahmung übrigens gestattet er sich nicht, und an Buntheit und Gestaltungskraft bleibt er weit zurück. Der Kunst der Gebrüder Mann nähert sich Arnold Zweig von außen mit talentvoller Gelehrigkeit.

Die Klopfers sind eine russische Judenfamilie, nach Posen eingewandert, kleine Leute mit kleinem Schicksal; ein schlesischer Zweig bringt den berühmten Peter Klopfer hervor, den Vater des Schreibers, kultiviert, begabt, verwöhnt und eitel, der mit 52 Jahren Selbstmord begeht; und von ihm und seiner Frau, der »gewesenen Contessa Gritti«, der »großen Tragödin«, der »schönsten Frau, die ich je sah«, stammt der Aufzeichner selbst ab mit seiner Schwester Mirjam, beide das letzte an verfeinerter Menschenblüte, sensibel, lebensmüde, amoralisch, miteinander in skrupelloser Inzestliebe verbunden – das Ganze eine Erfindung mit ihrer gespielten Überreife von einer halb reizenden, halb belustigenden Unreife.

Die Unreife enthüllt sich aber noch lustiger und reizender. Nämlich die Jugend der Geschwister und das Ende Peter Klopfers spielen sich im heiligen Lande ab, wo der Dichter in Verwirklichung zionistischer Ideale sich niedergelassen hat. Die Jugend der Eltern, über die der schreibende Sohn berichtet, ist das erste Jahrzehnt unseres Jahrhunderts. Die auf- und absteigenden Lebensläufe der älteren Klopfers mit ihren vielen unsensationellen Einzelheiten sind nicht erfunden, sondern erfahren. Von wem sonst, als von Arnold Zweig? Peter Klopfer, dessen Anfänge mit den Anfängen des lebendigen Arnold Zweig zeitlich zusammenfallen, ist Schriftsteller und Zionist wie dieser; ist er also Arnold Zweig? Dann hätte er in diesem ersten Buche seine Ursprünge abgeschildert bis zu seiner Gegenwart, und sich dann weiter gedichtet bis zu seinem Erfolge, seiner Ehe, seinem Ende und seinen Kindern. Und man könnte hier erfahren, was er von sich denkt und was er von sich erwartet.

Es ist nie ohne Gefahr, Gestalten in einem Werke, das sich als Dichtung gibt, mit Menschen der Wirklichkeit gleichzusetzen. Goethe »ist« nicht Werther oder Tasso oder Faust. Dennoch hat man die Beziehung zwischen Schöpfer und Geschöpf hergestellt und mit Recht; denn man hat dabei für das Verständnis von beiden gewonnen. Also mit jedem Vorbehalt: der große Peter Klopfer »ist« Arnold Zweig. Unser Zeitgenosse hat sich den Jünglingsscherz geleistet, über sich zu schreiben, wie er, am Anfang seiner Laufbahn, träumte, daß über ihn einmal geschrieben werden müßte; leider ohne jeden Humor, das ist das Komische daran.

Er enthüllt sich dabei mit Absicht, mit ehrlichem Willen zur Objektivität (und manchmal erschreckendem Können dazu); aber auch, und wohl tiefer, ohne Absicht. Denn natürlich paßt auf ihn, was er von Peter Klopfer sagt: »Er sprach und schrieb fortwährend von sich, und das war schamlos, aber er verhüllte und fälschte seine Berichte aus Schamhaftigkeit.« Zweig enthüllt schon hier seine Zwiefältigkeit: den Juden mit dem Streben zum Jüdischen, und den Europäer mit dem Streben zum Europäischen. Beides unverbunden, nebeneinander, ja gegeneinander, wie denn dieser Peter Klopfer aus dieser Familie Klopfer nicht abzuleiten ist und zu dieser repräsentativ nationalen Existenz bei Jerusalem nicht hinfinden wird. Er enthüllt schon hier seine Überwachheit und Überbewußtheit, welche zum Beispiel dahin führt, daß er die Geschlechtssphäre mit dem Verstande bewältigt und in ihrer Darstellung keine Hemmungen kennt und keine Untergründe hat: die erdichtete Mutter des Schreibers Heinrich Klopfer entspricht der erträumten Geliebten Arnold Zweigs; die »wundervolle« Contessa Gritti, die schönste Frau und große Tragödin – weniger erwarten wir alle nicht mit 24 Jahren – ist aber für den Schreibenden immerhin die Mutter, und so sollte er an sie nicht als an ein begehrenswertes Weib denken dürfen; und was sich ferner an inzestuösen Schwingungen zwischen Vater und Tochter abspielt, läßt sich vor Peinlichkeit schlechtweg nicht ertragen. Als unnaiv, sentimentalisch, in Schillers Wortgebrauch, enthüllt sich schließlich Zweigs Stellung sowohl zum Jüdischen wie zum Europäischen. Sehnsucht, Wille treibt ihn, in das Jüdische einzutauchen und darum die nationale Verwirklichung zunächst mit jugendlicher Fiktion ungeduldig vorweg zu nehmen, wie auch den erzogenen und gebildeten Weltmann zu machen und sich daher an Feinheit und Überfeinerung gar nicht genug tun zu können. Köstlich die Renommage, wenn er von den vielen Männern spricht, die seine Schwester lieben, »die ihr und mir zur Unterhaltung dienten und die sich bestenfalls erschossen«. Bestenfalls erschossen – so ist das Sitte bei uns Kultivierten; daraus machen wir gar kein Aufhebens.

Die *Aufzeichnungen über eine Familie Klopfer* mit ihrer Jugendlichkeit und ihrer Frühreife hätten nicht verdient, so ausführlich besprochen zu werden, wenn nicht dieser Erstling Vorläufer einer guten Ernte gewesen wäre. Aus ihr entfalten sich die beiden Zweige, deren Gabelung wir schon bemerkt haben, der jüdische und der europäische.

Die Novellen um Claudia heißt die süße Frucht am europäischen Aste. Novellen denkst du, nach dem Namen; aber auf dem Titelblatt steht die Gattungsbezeichnung *Ein Roman*. Ich will annehmen, daß der Verleger an dieser Verwirrung schuld ist, der durchaus die Zusammengehörigkeit der sieben Erzählungen aussprechen wollte. Aber warum *die* Novellen? Welch ein Snobismus, welch eine Modenarrheit, nach Hofmannsthals kokettem Vorbild! Immer schmerzt es mich, daß es nicht klingend, schlicht und apart heißt: *Novellen um Claudia*. Von Arnold Zweig. Aber das ist eine Äußerlichkeit, wenn auch eine verräterische.

Nicht also von Claudia, sondern, viel musikalischer, um Claudia handeln die sieben »Abschnitte«, die weder zur einheitlichen Handlung eines Romans zusammenschießen noch eigentlich Novellen darstellen. Sichfinden, Verlobung, Hochzeit, Reise und Heimkehr bilden zusammen den unauffälligen Faden, an dem die Ereignisse aufgereiht werden. Kaum sind es Ereignisse, sondern Stimmungen, Schwebungen, Gespräche, Beichten; aber an ihnen entfalten sich Menschen und unter ihnen vor allem zwei: Claudia Eggeling, der wohlhabenden und distinguierten Frau Eggeling einzige Tochter, die sich in den Privatdozenten Doktor Rohme verliebt und ihn heiratet, und Dr. Rohme, der junge Gelehrte von unschönem Äußeren und linkischem Wesen, der sich emporarbeitet und die schöne, reiche Claudia Eggeling bekommt.

Nicht umsonst gehört das Buch in die europäische Reihe. Von außen: es destilliert seine Sprache, nicht wie die beiden – wie sieben Brüder Mann. Von innen: wie ist man fein, wie weiß man sich zu benehmen, wie hat man Kultur! Es kann denn auch nicht fehlen, daß das Thema übespitzt wird. Es findet sich das Kapitel »Die keusche Nacht«: zwei nicht nur wohlerzogene und kultivierte, sondern auch innerliche Menschen wie Claudia und Dr. Rohme sollen am festen Tage und beinahe zur festgesetzten Stunde ihre eheliche Verbindung vollziehen. Gewiß eine Situation, die ihre Peinlichkeit oder Komik haben kann. Wie also werden die beiden das machen? Man traut seinen Augen nicht; Arnold Zweig stellt sich und beantwortet die Frage nach dem Mechanismus des Vorgangs, eine Frage, in der kein Problem mehr steckt, da sie ja zu einander wollen und zu einander dürfen; eben ganz trivial: wie werden sie das machen? Er gibt seine Antwort immerhin mit Haltung; Probe eines nicht geringen Könnens: Aber die Formulierung fordert zum Spott heraus, hat ihn gefunden und bleibt falsch. Denn Menschen von Fleisch und Blut stürzen, wenn sie sich schon vom Standesamt abhängig machen, lodernd ineinander; oder sie schalten frei mit sich und feiern die Vereinigung vor oder nach dem offiziellen Termin, wie gerade die Gelegenheit sie führt;

oder endlich, wenn sie über den Akt meditieren, so fürchten oder entdecken sie ganz andere Gefahren und Abgründe, als die Neuvermählten hier ahnen. So jedenfalls soll man seine Hochzeitsnacht nicht feiern, aber so hat sie auch niemand gefeiert.

Gleich vorher indessen steht der Abschnitt »Das Album«: Claudias Mutter, der die Tochter aus dem Hause gegangen ist, und die sich nun in ihrer Wohnung wiederfindet, alleingelassen, überflüssig und altgeworden: Dokument der Einfühlung in das weibliche Herz, des erbarmenden Verstehens und stürmischen Mitleidens, wie es kaum noch menschlich und jedenfalls nicht männlich ist. Um dieser Szene willen verdient Arnold Zweig uneingeschränkt Dichter zu heißen, einer, den Frauen sich zum Liebling erkiesen. Und fast auf gleicher Höhe steht die Schilderung der ersten Fremdheit zwischen den Eheleuten, hervorgerufen durch das monatliche Unwohlsein der Frau, und die wilde Schlußszene, da sie auf die befleckte Vergangenheit des Gatten prallt und sich überwindet, auch diese veränderte Wirklichkeit in ihre Liebe einzuschließen.

Claudia, die feine, kluge, wissende, allzubewußte, wird nicht jedes Mannes Ideal sein. Der Typ immerhin ist hingestellt und mit Bedeutung. Er ist gemeint als der Typ der europäischen Dame; aber im Grunde, unbewußt, wird es wohl ein jüdischer Frauentyp sein (nicht d e r jüdische Frauentyp). Und so sehen wir uns von selbst zu dem anderen Stoffgebiet Arnold Zweigs hinübergeführt.

Merkwürdigerweise hat er das Jüdische nicht episch, sondern dramatisch zu gestalten unternommen. Der erste Versuch dieser Art freilich, die Tragödie *Abigail und Nabal* ist scheinjüdisch. Die jüdische Geschichte der heroischen Zeit, der Kampf Sauls gegen den jungen Prätendenten David, wird aufgeboten, um nichts anderes auszusprechen als die Not eines jungen Weibes, das von dem starken, erfolgreichen, robust konstruierten Gatten wegstrebt zu dem ringenden, schwärmenden, geniebeschwingten Jüngling. Das Jüdisch-Allgemeine ist Maskerade für etwas Menschlich-Subjektives. Den Vorgängen fehlt die letzte Logik, es wird unerträglich viel und unerträglich bewußt geredet, und das Werk als Ganzes gehört zu einer Gattung, die dem Drama unbedingt verboten ist, zum genre ennuyiant.

Aber es folgt eine zweite jüdische Tragödie *Ritualmord in Un-*

garn, der alarmierende Titel jetzt seltsamer Weise abgeschwächt zu einer *Sendung Semaels*. Das Aufsehen, das sie bei ihrem Erscheinen erregte, war nicht unberechtigt; allein das schnelle Abklingen der Zustimmung, und daß wohl heute niemand die Empfindung hat, wir besäßen da eine zulängliche Dramatisierung jüdischen Schicksals, fordert zu ernster Kritik heraus.

Judenschicksal, seit Untergang des Staates, ist Passivität; das Drama fordert Aktivität. Geht man die Geschichte durch, so findet man Unglück, Untergang, Leiden die Fülle; Dramatik des Helden, der handelt und scheitert, fehlt. Shakespeare, der mit dem *Kaufmann von Venedig* kein Judendrama hat geben wollen, aber in der Gestalt Shylocks dank seiner einfühlenden dramatischen Genialität tatsächlich gegeben hat, setzt seinen Juden mit einer gewaltsamen und ganz unjüdischen Spekulation auf einen möglichen Fall der Rache in aktive Bewegung. Alle neueren Versuche scheitern daran, daß entweder der Vorgang nicht tragisch oder nicht dramatisch ist, oder daß die Tragik nicht aus dem Judentum fließt, sondern zufällig an einem Juden haftet.

Wie hat sich nun Arnold Zweig mit dieser Schwierigkeit abgefunden? Er wählt als Stoff einen historischen Vorgang aus dem Anfang der achtziger Jahre, die sensationelle Ritualmordbeschuldigung von Tisza Eszlar. Also ein Leiden, das aber gegenüber ähnlichen Ereignissen den außerordentlichen Vorzug hat, daß die Anklage schlagend widerlegt wird und die mißhandelten Juden zum Schluß gerechtfertigt dastehen. Sein erstes Verdienst ist also ein ungewöhnlich glücklicher Griff.

Was ist nun damit gewonnen? Juden, die beschuldigt, eingesperrt, vor den Richter gestellt werden; ein ungarischer Gutsherr, der den Mord begangen hat und mit allen schurkischen Mitteln den Verdacht von sich ab- und auf die Juden hinlenkt; Christen, die ihm aus Dummheit oder Eigennutz zu Willen sind; andere Christen, denen die Wahrheit am Herzen liegt; endlich der 13jährige Judenjunge Moritz Scharf, der durch Hunger und Schläge dazu getrieben wird, gegen seine Volksgenossen und gegen den eigenen Vater auszusagen, der von der Lüge verführt Halt sucht, indem er auch innerlich zu den Anklägern hinüberwechselt, der endlich sich überführt sieht und durch Selbstmord büßt. Daraus läßt sich eine Reihe packender

Szenen schneiden. Arnold Zweig gibt sie mit kunstloser Schlichtheit, von der ungewollten Ermordung der jungen Esther Solymosi angefangen, vieles offenbar buchstäblich nach dem Prozeßbericht, Bild nach Bild, mit der naiven Technik oder Untechnik der Revue oder des Films. Er erreicht, daß der Leser und Zuschauer sich bei dem gehäuften Unrecht entsetzt und empört, mit den Leidenden leidet, auf den Ausgang zitternd wartet und über die Enthüllung jubelt. Allein für sich genommen, als Fabel eines Theaterstückes, haben wir da nichts als die verfolgte und triumphierende Unschuld, mit den Schwarzen hüben und den Weißen drüben, die Vorgänge ganz von außen in Bewegung gesetzt, die glückliche Lösung an einem Zufall hangend. Man würde den Vorfall als Kitsch empfinden – wüßte man nicht, daß er wirklich ist.

Daß den Ereignissen die Symbolkraft fehlt, hat Zweig ganz gut gefühlt und darum die Symbolik von außen hinzugetan. Er läßt die irdische Handlung mit einer überirdischen abwechseln, darin der Herr dem Satan gestattet, die Blutbeschuldigung über die Juden zu bringen, um die Lauen aufzurütteln und ihnen Gelegenheit zur Bewährung zu geben. Mit dieser mystischen Szenenreihe weiß ich gar nichts anzufangen. Jüdische Sage, Märchen und Mystik, lange Zeit in Westeuropa unbekannt, sind inzwischen von treuen Händen hervorgezogen und auch in deutscher Sprache ausgebreitet worden. Zweig hat den Apparat seines hohen Parallelspiels eben daher; das Vorspiel im Himmel zum *Faust* hat noch überdies das Schema geliefert. Es kommt nichts Dichterisches dabei heraus, sondern Allegorie.

Aber wenn auch der künstlerische Wert dieses Werkes nicht so hoch ist, wie mancher Beurteiler, von der Neuheit des Stoffes und der Fremdartigkeit der Allegorik verführt, in der ersten Überraschung geglaubt hat: gering ist seine Bedeutung auch nicht. Es ist gut, daß die Ritualmordaffäre von Tisza Eszlar nicht von der Zeit fortgeschwemmt wird, sondern, durch einen Diener am Worte getreu nach den Akten wiedererzählt, sich noch einmal begibt und für jeden Leser und Hörer immer neu sich begeben kann: ein Anwalt der Leidenden, ein Anwalt der Juden, ein Anwalt der Juden als Leidender führt hier ihre Sache, seine Sache. Erschütternder kann gegen Bosheit, Dummheit, Roheit einer mächtigen Umwelt, für Recht, Menschenwürde und Adel einer unterdrückten Minderzahl nicht gepredigt werden, als es dieses Stück Wirklichkeit tat und in Arnold Zweigs Ritualmorddrama immer wieder tun wird.

Als Anwalt auch hat er seine beste Arbeit unternommen, die Studie *Das Ostjüdische Antlitz*, ein fortlaufender umfangreicher Text zu 50 Steinzeichnungen von Hermann Struck. Aus lebendigem Zusammenhausen während des Krieges entstanden, in der Form wieder etwas zu kostbar und preziös, ohne Blindheit auch für die Schattenseiten der ostjüdischen Existenz, aber glühend für die Verkannten, Gescholtenen, Mißhandelten verweilt das Buch mit Absicht voll Liebe bei allem, was stark, gesund, lauter, zukunftskräftig ist an den zusammengepferchten Judenmassen des Ostens: vor dem Einsturz Europas und bevor noch das letzte Elend unserer wahnsinnigen Tage hereingebrochen war. Empörtere, schwungvollere, männlichere, echtere Worte als die gegen preußische und polnische Machtwillkür hat Zweig nie gefunden, auch nicht tiefere als die an die jüdische Jugend. Was der Verfasser der Claudianovellen von jüdischer Erotik, jüdischer Ehe, jüdischen Frauen und Mädchen zu sagen weiß, hat noch niemand vorher darüber gesagt. Und wie hier jüdische Alltäglichkeit erkannt und gerechtfertigt, jüdische Existenz als Orient gesehen ist, so wird das Ostjudentum gegen Hochmut und Ignoranz immer geschützt werden können. Der jüdische Anwalt hat nicht umsonst seinen Ruf, wo es sich um die Bagatellen privater Gerichtsaffären dreht. Hier ist ein Anwalt aufgestanden in einer Sache von weltpolitischem Rang. Er allein wird den Prozeß nicht gewinnen. Aber wenn er je gewonnen werden sollte, wird er sein Teil daran haben.

Über die Träumereien und Prophezeiungen seines Erstlingswerkes lächelt Arnold Zweig heute vermutlich. Von dem, was er damals niedergeschrieben hat, ist ein nicht unbeträchtliches Stück inzwischen in Erfüllung gegangen. Zwar findet man sein Bild noch nicht »in vielen Revuen der neueren deutschen und der jungen hebräischen Literatur«; aber er hat einen Namen sowohl unter den deutschen wie unter den jüdischen Schriftstellern. Ob er seine Contessa Gritti gefunden hat, ob er »durch eine gewagte Spekulation und mit Hilfe seines Bruders zu Vermögen« gekommen ist, weiß ich nicht und geht mich nichts an; Kürschners Literaturkalender nennt als seinen Wohnsitz immerhin Starnberg in Oberbayern. Daß er einmal nach Palästina übersiedelt, liegt nicht mehr außerhalb des Möglichen. Ob er dort wird über dem Volke wohnen können, muß die Zeit lehren. Keinesfalls wird es sich in der Weise verwirklichen lassen, daß er nach Art eines englischen Lord westeuropäisch komfortabel residiert, wie er es für seinen Peter Klopfer erträumt und für sich selbst gewiß nicht mehr fordert. Wer aus der nationaljüdischen Literatur in die nationaljüdische Wirklichkeit gehen will, wird manches von seinen Ansprüchen und Ehrgeizen aufgeben müssen. Und auch als Schaffender wird Arnold Zweig um so höheres leisten und um so weiter wirken, je mehr er den Kulturliteraten vergißt oder überwindet. Wenn die Zeichen nicht trügen, ist er auf dem Wege.

Arnold Zweigs Romanzyklus über den imperialistischen Krieg 1914 bis 1918

Mit den bis jetzt veröffentlichten vier Romanen ist der ursprüngliche Plan von Arnold Zweigs Romanzyklus verwirklicht. Freilich entnehmen wir dem Nachwort des letzten Romans, daß Zweigs Plan sich inzwischen erweitert hat, daß noch ein abschließender Teil (*In eine bessere Zeit*) nachfolgen soll und daß Zweig auch die Absicht hat, den Kriegsanfang in zwei Romanen (*Aufmarsch der Jugend* und *Wahrheit und Lüge*) zu behandeln; jetzt fängt der Zyklus im Jahre 1915 an und nimmt im Spätsommer 1918 sein Ende. Trotzdem erscheint es uns möglich, Absicht und Ergebnisse des Werks schon jetzt zu überblicken, und bei der großen Bedeutung dieses Zyklus für die Literatur der Volksfront erscheint es uns angezeigt, seine bisher vorliegenden Teile in ihrem gesellschaftlichen und literarischen Zusammenhang kritisch zu betrachten.

I

Fangen wir mit der künstlerischen Frage an. Zweig bekennt sich, theoretisch wie praktisch, zur Erzählungskunst »alten Stils«. Er steht den modernen Experimenten der Montage von Dokumenten, dem surrealistischen Durcheinander fern, wenn er auch seine Ablehnung solcher Experimente mehr in seiner Praxis, in seinen positiven Bekenntnissen, als in einer offenen Distanzierung oder Polemik ausdrückt. Aber der Gegensatz äußert sich auch auf diese Weise deutlich genug.

Zweig schreibt stets wirkliche Erzählungen, erstrebt und erreicht spannende Fabeln im »herkömmlichen Sinne«. Es sind eigenartige Individualitäten, die ihn interessieren. Nie gruppiert er gleichgültig-durchschnittliche Begebenheiten um ein »Problem«, ein »Milieu«; auch hier nicht, wo der Weltkrieg, das militärische Milieu, die Fragen des Militarismus und der verschiedenen Formen des Kampfs gegen den Krieg »von selbst« in diese Richtung zu weisen scheinen.

Jeder der vier Romane, in denen Zweig bis jetzt die wesentlichen Momente des vergangenen Weltkriegs dargestellt hat, ist energisch um eine solche Fabel aufgebaut. Im ersten Roman des Zyklus handelt es sich um die inneren Konflikte und äußeren Hindernisse der Ehe zwischen dem Schriftsteller Werner Bertin und der Bankierstochter Lenore Wahl. Im zweiten und dritten geht der Kampf um einen »Rechtsfall« – dort um das Gutmachen einer geschehenen verbrecherischen Ungerechtigkeit, hier um das Verhindern eines beabsichtigten Justizmordes. Der letzte endlich ist ein »Erziehungsroman«, die Geschichte des gesellschaftlich-menschlichen Umschwungs in dem Hauptmann Winfried, der aus seiner ursprünglichen Kriegsbegeisterung über ein durch Stabsroutine irregeführtes Offizierstum zu seiner fortschrittlichen Bürgerlichkeit zurückfindet. Und diese »Erziehung« vollziehen an ihm – ebenso wie vor Verdun an Bertin – die Ereignisse, die in einer spannenden Fabel, im Spiel und Gegenspiel der Menschen zum Ausdruck kommen.

Man könnte alle diese Romane als Geschichten von »Erziehung« betrachten. (Zweig deutet diese seine Absicht im Titel des Verdunromans selbst an.) Das Anderswerden einzelner Menschen, einer ganzen Generation, einer ganzen Gesellschaftsschicht, des besten Teils der deutschen Intelligenz durch Erfahrungen am eigenen Leibe und an der eigenen Seele im Krieg, durch den Krieg ist ja – abstrakt gesprochen – das Thema aller dieser Romane, das geistig-künstlerische Band des Zyklus.

Aber eine solche Verallgemeinerung entsteht nur als Ergebnis des Gesamtprozesses aller Handlungen, die in diesen Romanen gestaltet sind, keineswegs als abstrakter Ausgangspunkt, als abstrakte Grundlage der einzelnen Teile. Die »Erziehung« als zentrales ideologisches Thema bedeutet vor allem die künstlerische Einheit des Inneren und des Äußeren. Das heißt die Maschinerie des Krieges, deren umfassende, möglichst allseitige Darstellung ein Hauptziel Zweigs ist, erscheint nie als totes Milieu; die ihre Unmenschlichkeit enthüllenden Tatsachen werden uns nie als bloße Dokumente vorgelegt. Sie sind im Gegenteil durchweg organische Teile von Begebenheiten, welche die Einzelschicksale bestimmter Menschen positiv oder negativ bestimmen.

Nicht der Krieg an sich wird so dargestellt, dessen Wesen die in ihm verwickelten Menschen veranschaulichen sollen, wie in den meisten Kriegsromanen der »Neuen Sachlichkeit« oder sogar in Zolas *Zusammenbruch*, sondern Menschen im Krieg. Das primäre Interesse richtet sich auf die Entwicklung bestimmter Menschen, möge sie nun aufwärts oder abwärts gehen, auf ihre Annäherung oder Entfernung von ihrem menschlichen Wesen selbst, von dem Kern der Humanität, der in ihnen, in allen Menschen steckt, dessen Ausreifen die Wechselwirkung mit anderen Menschen, das Leben in der Gesellschaft fördert oder hemmt.

Da es aber in den Jahren 1914 bis 1918 keine einzige Frage der individuellen Existenz gab, die nicht – direkt oder indirekt, erkannt oder unbewußt – mit dem Ablauf des Krieges verknüpft wäre, kommt seine gesellschaftlich universelle Bedeutung gerade durch diese Darstellungsweise am überzeugendsten zum Ausdruck. Folgerichtig gestaltet Zweig den Krieg durch die Vermittlung von Einzelschicksalen, durch kompliziertes Zusammenschlingen der Fäden, die die individuellen und die sich darin äußernden Klasseninteressen einzelner mit den Kriegsinteressen verbinden, mittels deren ihre edelsten wie niedrigsten persönlichen Leidenschaften in das Kriegsschicksal des deutschen Volkes eingehen. Die universelle Bedeutung dieses Krieges für das deutsche Volk äußert sich gerade darin, daß wir dieses Einmünden jeder persönlichen Leidenschaft, jedes egoistischen oder erhabenen Interessses in die soziale Totalität des Krieges miterleben; daß Zweig nicht vom abstrakten Begriff des Krieges zu den Menschen hinabsteigt, sie ihm als Beispiele unterordnet, sondern aus der bewegten Ganzheit der Einzelleben – von unten herauf – das Gesamtbild des Krieges allmählich in uns entstehen läßt.

Der wesentliche neue Zug der Kriegsdarstellung Zweigs, auf den ich in einer früheren Besprechung des Romanes *Erziehung vor Verdun* bereits hingewiesen habe (*Internationale Literatur*, 1937, Nr. 3), daß er nämlich die alte Wahrheit von Clausewitz, Krieg sei die Fortsetzung der Politik mit anderen Mitteln, auf das individuelle und soziale Schicksal der einzelnen Kriegsteilnehmer originell und erfolgreich anwendet, hängt aufs innigste mit der Darstellung zusammen. Und gerade dadurch erscheint hier der Krieg nicht – wie so oft in modernen Schriftwerken – als ein isoliertes Ereignis, als eine Art gesellschaftlicher »Naturkatastrophe«. Er wächst vielmehr aus dem Friedensleben der Menschen organisch heraus, und je weiter Zweig im Erzählen vorwärtsdringt, desto sicherer wird die Perspektive des Übergangs in den Frieden, die Auflehnung des deutschen Volks gegen seine imperialistischen Tyrannen. Wir lernen also hier dank Zweigs Darstellung den Krieg in dessen richtigem Zusammenhang mit der historischen Kontinuität des Volkslebens kennen: den Krieg vor seinem Ausbruch und nach seinem Abschluß.

Die »Erziehung«, die Zweig gestaltet, ist die menschliche Entwicklung von Kriegsteilnehmern: Alle Ereignisse, die ihren Lebenslauf bestimmen, alle Begebenheiten, in die sie verwickelt werden, alle Abenteuer, in die sie sich begeben, alle Menschen, die – mit Absicht oder unwillkürlich – ihre Wege kreuzen und ihre Entwicklung beeinflussen, wirken in der Richtung dieser »Erziehung«, deren entscheidender Inhalt letztlich stets die Klärung des Verhaltens zum Krieg ist. Und Zweig zeigt stets mit künstlerischem Takt, wie der Kriegsinhalt und die Stellung der Menschen zu ihm mit den Klasseninhalten zusammenhängen.

Da nun diese Beziehungen der Menschen zueinander immer Teile einer individuellen Handlung bilden, da ihre Anschauungen und Gefühle immer im Zusammenhang ihrer Entschlüsse und Taten dargestellt werden, enthüllen sie nicht nur ihr Innerstes und offenbaren – im Guten wie im Bösen – Eigenschaften, die sogar ihnen selbst unbekannt waren, bevor sie zum Handeln gezwungen wurden, sondern es gerät auch ihr innerster menschlicher Kern in Bewegung. Sie kommen aus den Begebenheiten anders heraus, als sie in sie eingetreten sind. Sie bewegen sich vorwärts oder rückwärts. Sie werden »erzogen«, durch das Leben, durch den Krieg – zutiefst: gegen den Krieg.

Diese Beziehung des Kriegs zu den individuellen Fabeln, zu den individuellen Leidenschaften, die in ihnen exponiert werden, ermöglicht einerseits streng abgeschlossene Handlungen in den einzelnen Romanen und fügt sie andererseits ohne Zwang und ohne Künstelei zu einem einheitlichen Zyklus zusammen, dessen Haupthed das unter dem Krieg leidende deutsche Volk und dessen Gegenspieler Imperialismus und Militarismus der in Deutschland herrschenden Klasse sind. Die Gliederung des Ganzen muß notwendig den wichtigsten historischen Etappen des Weltkriegs folgen; sonst könnte der Zyklus keine Totalität, Einheit und Wahrheit haben. Dadurch jedoch, daß diese einzelnen Etappen von einem individuellen Schicksal und dem davon abhängigen Personenkreis handlungsmäßig erfüllt werden und die Eigenheit der jeweiligen Etappe sich erst in der menschlichen Wechselwirkung dieser Aktionen und Gegenaktionen enthüllt, verliert die historische Folge alles Steife und Mechanische: in der seelischen Entwicklung konkreter Menschen zeigt sich dichterisch der Gang der Geschichte.

Aber die sachlich-inhaltliche Komposition des Zyklus als Gesamtdarstellung des imperialistischen Krieges wirft nicht nur diese Frage der zeitlichen Gliederung auf, sondern auch die des Nebeneinanders, des Ineinandergreifens der verschiedenen Momente von Kriegsführung und Kriegsorganisation. Zweig gibt uns auch in dieser Hinsicht eine wirkliche Totalität vom Hinterland bis zu den Schützengräben, von den Stäben des Oberkommandos bis zur Mannschaft und zur Zivilbevölkerung. Jedoch auch diese Totalität wird uns nicht pedantisch-systematisch, nicht dokumentarisch-enzyklopädisch vorgelegt. Jedes Moment erscheint dort, wo es aus den persönlichen Schicksalen der handelnden Menschen organisch notwendig erwächst.

Arnold Zweig hat die Geduld des echten und guten Erzählers. Er kann mit der Vollständigkeit warten, bis die Zeit für die einzelnen Momente »von selbst« kommt, das heißt von der Notwendigkeit der individuellen Handlung diktiert, bis ein Schauplatz des Krieges, eine Tatsache, eine Institution, ja ein simpler Gegenstand, etwa eine Akte, durch die Rolle, die ihr im Schicksal der Menschen handlungsmäßig zukommt, dramatisches Gewicht, lebensbestimmende Bedeutung erhält. So wird im Verdunroman das Fort Douaumont dargestellt. Es ist – vom objektiven Standpunkt des Krieges – ein Knotenpunkt der Kampfhandlungen. Es ist aber im Roman zugleich der Kampfplatz für den »Privatkrieg«, den der Pionierleutnant Eberhard Kroysing gegen den Schipperhauptmann Niggl führt. Kroysing will nämlich den Mord seines Bruders, den Niggl mit Hilfe des Apparats zwecks Verschmierung jener Mißstände, die der jüngere Kroysing aufdecken wollte, begangen hat, entlarven und rächen. So erhalten die Gerichtsakten, ihr Hin- und Herschicken, ihre Bearbeitung durch die verschiedenen Militärinstanzen im *Grischa* einen spannenden, dramatischen Charakter. Denn nicht nur das Leben eines unschuldig Verurteilten hängt von ihnen ab, sondern sie sind zugleich unmittelbare Objekte und Waffen des Kampfes, den die Division Lychow gegen das Oberkommando der Ostfront in dieser Angelegenheit führt, eines Kampfes, der von Intrigen in den höchsten Kreisen bis zur empörten Stimmung in der Mannschaft und der Bevölkerung alles um sich in eine Bewegung bringt, in der das Für und Wider des Streits die wichtigsten persönlichen Charakterentwicklungen einer Reihe uns wirklich nahegebrachter Figuren offenbart.

Auf diese Weise wird jeder uns vorgeführte Kriegsgegenstand, jede uns aufgezeigte Kriegshandlung zu einem Knotenpunkt interessanter und wichtiger Menschenschicksale. Die durch persönliche Geschicke erregte Spannung überträgt sich, für den Leser fast unmerklich, auf diese Gegenstände der Außenwelt, auf die objektiven Erscheinungsformen des Krieges. Und die epische Geduld Arnold Zweigs läßt solcherart eine umfassende Darstellung des ganzen Krieges entstehen, indem Zweig kunstvoll, allmählich, durch die innere Logik der individuellen Handlungen die Totalität vor uns entstehen läßt und durch dieses Verbergen seiner Endabsicht eine Abkühlung des Lesers, sein falsches »Objektivwerden« vermeidet.

So gibt die umfassende Vollständigkeit der objektiven Welt, verknüpft mit persönlichen Schicksalen interessanter und interessierender Menschen, ein ungewöhnlich treues und wahres Bild des Kriegsalltags. Aber die Wahrheit der Gestalten Zweigs erhebt sich über die Alltäglichkeit, macht das Bild des Alltags wahrer, als der Alltag des Krieges selbst war. Denn was im wirklichen Alltag nur unvollständig, abgebrochen, fragmentarisch erscheinen konnte, zeigt sich hier stets in der Vielseitigkeit sich kreuzender, sich menschlich auswirkender, ihre sozialen Bestimmungen restlos offenbarender Interessen, gibt in den dargestellten Stücken des Kriegsalltags die Totalität jener Momente, die objektiv das Ganze der Kriegswirklichkeit bewegt haben.

II

Warum ist all das so wichtig? Handelt es sich nur um den »Genuß«, um das »Vergnügen« der Leser? Wir glauben: auch dies wäre nicht wenig – eine so abgrundtiefe Verachtung für den Kunstgenuß bekannte Vertreter der heutigen Literatur auch haben mögen. Und zwar ist es wichtig nicht nur vom Standpunkt der Kunst aus. Die Kunst hört allerdings bei dem bloßen Genuß nicht auf, aber sie muß bei ihm anfangen. Modisches Gerede hin, modisches Gerede her: wo kein Kunstgenuß, dort ist auch keine Kunst möglich, so wenig natürlich die tiefe Wirkung der Kunst im bloßen Genuß aufgehen kann. Insbesondere hier, wo der »Genuß« der Leser in der Erschütterung durch den Krieg besteht. Es muß nämlich einmal modischen Vorurteilen gegenüber offen ausgesprochen werden: in der Kunst bedeutet der einzelne Fall, wenn er inhaltlich typisch erfaßt und hinreißend nacherlebbar gestaltet ist, mehr als eine noch so große abstrakte Summierung. Der Schmerz der einzelnen um ihren gefallenen Sohn weinenden Mutter kann eine aufrüttelnde Erschütterung bewirken. Die bloße Tatsache, daß in einer Schlacht fünfundzwanzigtausend Soldaten gefallen sind, bleibt für den durchschnittlichen Leser »Tagesbericht«. Ihr menschliches Gewicht kann von keinem Gefühl erfaßt werden, ihre politisch-soziale Bedeutung löst nur in wenigen Menschen von sehr reifem Bewußtsein wirkliche Gefühle aus. Die übergroße, überspannt abstrakte Anforderung an die Erlebnisfähigkeit der Leser hat ein vollständiges Auslöschen jeden Erlebens, ein innerlich kühles Zur-Kenntnis-Nehmen zur Folge.

Dies aber hat eine sehr wichtige gesellschaftliche Seite: die des Aktionsradius der Kunst. Es ist ein heute noch lange nicht völlig überwundenes Gebrechen unserer politischen, propagandistischen Belletristik, daß sie – gemäß ihrem künstlerischen Wesen – einen beschränkten Wirkungskreis hat: sie gewinnt für die Wahrheit, die sie verkündet, nur diejenigen, die von ihr ohnehin schon ganz oder halb überzeugt sind. Da sie die propagierte Wahrheit als fertiges Ergebnis darbietet und sie nicht aus Menschenschicksalen vor dem Leser entstehen läßt, packt sie den nicht von vornherein Überzeugten nirgends, ja sie stößt ihn oft geradezu ab; dem, der mit ihrem Inhalt bekannt und einverstanden ist, bietet sie natürlich wenig Neues oder Aufrüttelndes. Die ungeheure Wirkung, die von einer künstlerisch wie revolutionär echten Dichtkunst ausgeht – es genügt, an Gorkis Leserschaft in allen Klassen und allen Ländern zu erinnern –, beruht einerseits darauf, daß gestaltetes Leben mit verschiedenartigsten individuellen Lebenserfahrungen in eine unmittelbar zündende Berührung gerät und auf diesem Weg im Leser den Zugang zu sonst unverstandenen oder gar abgelehnten Wahrheiten über das gesellschaftliche Leben eröffnet, andererseits darauf, daß die Selbstaufhellung der Lebenszusammenhänge – und dies ist der Kern jeder echten literarischen Gestaltung – klärend, eigene Erfahrungen ordnend, Unbewußtes bewußt machend, Fremdes nahelegend auf den Leser wirkt.

In der Literatur über den imperialistischen Krieg schlagen diese allgemeinen, formellen Merkmale jeder guten, gestalteten Literatur unmittelbar in eine konkrete politische Inhaltlichkeit um. Lenin verlangt vom propagandistischen Kampf gegen den imperialistischen Krieg die Schilderung und die Analyse dessen, was während des Krieges wirklich geschehen ist, die Entlarvung jener, die behaupten, das zu wissen, oder die sich so stellen, als ob sie es wüßten. Das Geheimnis des Kriegsausbruchs, die Hilflosigkeit der Arbeiterorganisationen gegenüber seinem Ausbruch, die Unfähigkeit der Mehrzahl der Einberufenen, die Fragen des Krieges unvoreingenommen, mit klarem Kopf zu beurteilen, verlangt eine klare, konkrete und nüchterne Aufrollung dessen, was die Wirklichkeit des Krieges ausgemacht hat.

Hier hat die Literatur eine wichtige und große Aufgabe. Je tiefer sie in den Alltag des vergangenen Krieges taucht, je mehr sie dessen vergessene und verdrängte Erlebnisse für breite Massen der Leser mit schriftstellerischer Suggestionskraft in gegenwärtige Wiedererlebbarkeit rückt, je vielseitigere, verschlungenere persönlich-gesellschaftliche Verbindungsfäden sie durch das verblaßte Chaos der Kriegserinnerungen zieht, um aus ihnen eine neue Ordnung, eine Richtung erlebnismäßig herauswachsen zu lassen, deren emotionales Pathos das wirkliche Grauen des Krieges entlarvt, desto mehr kann sie ein Wachwerden, eine Wachsamkeit gegenüber den Gefahren des kommenden Krieges entfachen.

Arnold Zweigs Romane schaffen ein solches Gesamtbild. Wir erleben mit den Gestalten dieser Romane die ursprüngliche Begeisterung der deutschen Volksmassen für den Krieg, wir erleben aber auch – und zwar mit wachsender Intensität – die Kehrseite, die notwendige Enttäuschung, die auf sie folgte. Der Krieg, wie er wirklich war, wird hier den Empfindungen und Vorstellungen über ihn ununterbrochen entgegengestellt. Zweigs Erzählungskunst führt eine systematische und vielseitige, eine allmähliche, nicht gradlinige und eben darum überzeugende Entlarvung herbei. Einerseits, indem er uns den Alltag des Krieges handlungsmäßig vorführt: den Empfindungen und Vorstellungen seiner Figuren entspringen unmittelbar Entschlüsse und Taten; und diese bewirken dann durch die krasse Nicht-Übereinstimmung von Erwartung und Wirklichkeit, durch die Logik der Tatsachen selbst, ohne offen-propagandistische Zutat des Autors die Enttäuschung und die Entlarvung.

Anderseits legt Zweig, mit Recht, großes Gewicht darauf, die Weltanschauung seiner Gestalten darzustellen. Gerade hier zeigt es sich, welch verzweigtes und vielmaschiges Netz die bürgerliche Ideologie über die Gehirne der Menschen wirft, wie notwendig diese Ideologie, auch wenn sie scheinbar nichts Direktes mit Imperialismus und Krieg zu tun hat, die ihr Folgenden in den Dienst des Krieges spannt. Und diese Ideologie hat auch gegenüber den enttäuschenden Tatsachen bedeutende Widerstandskraft. Teils entwickelt sie sich unter dem Einfluß der Enttäuschungen in der Richtung eines nihilistischen Skeptizismus, in dessen Beleuchtung der Krieg zu einer fürchterlichen, aber mit dem »Wesen« des Menschen und der Welt »ewig« zusammenhängenden Erscheinung wird. Teils kämpft – inmitten der Kriegsgreuel, inmitten der tiefen Erschütterung der »Friedens«-Weltanschauung – insbesondere der Intellektuelle, auch der ehrlichste, um die Bewahrung des Weltbilds, in dem er die Grundlage seiner ganzen geistigen und menschlichen Existenz zu besitzen meint.

Ich führe einige Beispiele an. Im ersten Roman kommt es zu einer Diskussion unter Intellektuellen über die Beschießung der Kathedrale von Reims. Der Schriftsteller Werner Bertin, damals noch Zivilist, verteidigt sie auf Grund einer »tragischen Weltanschauung«: »Notwendigkeit knüpfte beide Seiten in einen tragischen Knoten«, sagt er, und auf die Frage, ob er an einer solchen Beschießung teilnehmen würde, erwidert er: »Ich würde meine Last auf mich nehmen.«

Zweig zeigt hier sehr fein, wie die Weltanschauung der Vorkriegsintelligenz infolge ihrer abstrakten »Tiefe«, infolge ihrer Neigung, alles Gesellschaftlich-Geschichtliche überspringend, die einzelnen Phänomene des Lebens in einen »kosmisch« verallgemeinerten abstrakten Zusammenhang einzufügen, aus der Intelligenz fügsame Diener der Kriegführung gemacht hat. Denn Bertin überspringt mit seiner »tragischen« Fragestellung nicht nur die Tatsachenfrage, ob die Franzosen die Kathedrale wirklich zur Artilleriebeobachtung ausgenutzt haben, sondern alle wirklichen wirtschaftlichen, politischen und kulturellen Probleme des imperialistischen Krieges, die mit diesem konkreten Fall objektiv zusammenhängen.

Drei Jahre später taucht dieselbe Weltanschauungsfrage unter sehr veränderten Bedingungen wieder auf. Der Hauptmann Winfried ist Opfer einer politischen Rache geworden, die seiner Braut das Leben gekostet und ihn selbst an den Rand des Untergangs gebracht hat. In seiner tiefen Verzweiflung nimmt nun Winfried seine ideologische Zuflucht zu einem »kosmischen Pessimismus«. Er will sich freiwillig zur Westfront melden, um dort zu fallen. Hier aber lehnt sich schon seine und seiner Braut nahe Freundin, die Krankenschwester Sophie von Gorse, gegen diese Auffassung auf. Sie ist empört darüber, daß »Winfried den Weltgrund anklagt und ins Gefüge der Schöpfung blickt, statt an die Herren zu denken, die ihn verhaften ließen, oder an die, denen der Krieg nicht lange genug dauern konnte [...].« »Immer nur Weltgrund und angeklagte Schöpfung«, erwiderte sie auf den Einwand des Kriegsgerichtsrats und Rechtsanwalts Dr. Posnanski, sei ein Ausweichen vor den Aufgaben, die hier jedem einzelnen gestellt sind. Das höhere Niveau der Kritik an diesen Anschauungen – verursacht durch dazwischenliegende drei Kriegsjahre – kommt nicht nur in den heftigen Einwänden Sophies, sondern auch in der psychologischen Einschätzung des Verhaltens Winfried bei ihr und Posnanski zum Ausdruck. Dieser sagt: »Er schwelgt ein bißchen im Gefühl seines Unglücks, wie? Hat sich sehr liebgewonnen, der junge Herr?« Und Sophie erwidert: »Er ist ganz in sich hineingekrochen. Er wickelt sich in das Gefühl seines Unglücks wie ein Säugling in seine Windeln.« Lenore Wahl empfand noch nach Bertins Auftreten in der Diskussion über die Kathedrale von Reims: »Geliebter Junge, geliebtes Herz.«

Gerade dank diesen menschlichen Seiten treten auch die praktisch-politischen Folgen der durch den Krieg entfachten Weltanschauungskrise deutlich hervor, und der letzte Roman schildert, wie Winfried nach ihrer Überwindung tatsächlich von der Seite der Militaristen auf die des werktätigen Volkes hinüberwechselt. Zweig schildert aber sehr eingehend und eindringlich die Hemmungen, die sich gerade in den ehrlichsten Intellektuellen des Vorkriegs-Deutschland gegenüber jener Entwicklung erheben. So hat Werner Bertin im Fort Douaumont ein Gespräch mit dem Leutnant Kroysing und seinem Unteroffizier Sußmann über den Charakter des Krieges, über Lüge und Betrug im Zusammenhang mit ihm: »Mensch«, schreit ihn Kroysing nach einer naiv-gutgläubigen Äußerung an, »wissen Sie noch immer nicht, daß alles Schwindel ist, Schwindel hinten und Schwindel vorn, Schwindel bei uns und Schwindel bei denen drüben? Wir bluffen, und die bluffen, und nur die Toten bluffen nicht und sind die einzig Anständigen bei dem Theater [...].«

Freilich ist die Weltanschauung des tief enttäuschten einstigen Maschinenbauingenieurs und jetzigen Pionierleutnants ebenfalls ein »kosmischer Pessimismus«. Er zieht daraus allerdings nicht resignierte Folgerungen, wie der gewesene Student der Kunstgeschichte Winfried, sondern die der Wiederkehr eines neuen Heidentums, die Entlarvung aller christlichen Lügen um den Krieg – den Krieg um des Krieges willen, könnte man sagen. Aber »wo steckt der Fehler«, fragt Bertin, als Kroysing über die »Konstruktionsfehler« der Welt spricht. »Irgendwo klafft da was, das behoben werden muß, damit unser Weltbild nicht in die Brüche geht.« »Ja, warum sollte es denn nicht in die Brüche gehen?« fragte Unteroffizier Sußmann verwundert, »das kostbare Weltbildchen? Ist Ihres nicht in die Brüche gegangen?« – den gekrümmten Zeigefinger auf Kroysing richtend –, »ist meines nicht in die Brüche gegangen [...] nur das Ihre ist zu schade, nicht wahr, das der Herren Schriftsteller und Propheten [...].«

Solche Krisenmomente der Weltanschauung durchziehen alle Romane. Ihre Bedeutung wird dem Leser schon aus diesen wenigen Beispielen ersichtlich sein: allerdings sind es die Tatsachen des Krieges, seine Klassengrundlage, der Klassencharakter seiner Führung, die die Menschen aus dem Begeisterungstaumel des Sommers 1914 erwachen lassen, die den Zusammenbruch des ganzen Wilhelminischen Regimes vorbereiten. Und Tatsachen sind, wie Engels aus dem Englischen zu zitieren liebte, harte Sachen. Jedoch um eine die Menschen umstülpende Wirkung auszuüben, müssen sie den Weg durch die Köpfe der Menschen gehen, ihr Denken und Empfinden ummodeln. Zweig ist der erste moderne Kriegsschilderer, bei dem wir nicht nur ein vielseitiges Bild dessen erhalten, was am Kriegsanfang in den Köpfen der Deutschen war, sondern auch jene Dynamik an der Arbeit sehen, mit der die Veränderung vor sich ging; die Ursachen, warum diese so langsam, so widerspruchsvoll, so voller Rückfälle zustande kam.

Die Tatsachen, die uns vorgeführt werden, umfassen den ganzen Alltag des Krieges; die seelisch-geistigen Reaktionen auf sie vernehmen wir aus allen Klassen des deutschen Volkes. Darum muß aus dem Ganzen der grundlegende Gegensatz der Herrschenden zu den Beherrschten hervortreten. Die Physiognomie des deutschen Krieges: Junker und Schwerindustrie – mit allen Nuancen ihrer inneren Fraktionsstreitigkeiten – auf der einen Seite, das werktätige Volk, Arbeiter, Bauern, Kleinbürger, Intellektuelle auf der andern.

Im Krieg verkörpert sich – im allgemeinen – dieser Gegensatz als der zwischen Offizieren und Mannschaft. Aber nur im allgemeinen. Die Armee des imperialistischen Deutschland ist keine friderizianische Söldnerarmee mehr, in der das »Gesindel«, das Kanonenfutter, ausschließlich von den Herren Junkern kommandiert werden könnte, mag auch der »friderizianische Geist« im Offizierskorps noch immer stark vorherrschend sein. Nicht nur die – geadelten oder noch nicht geadelten – Söhne der Bank- und Industriemagnaten befinden sich unter den Kommandierenden, sondern auch die des »ordinären« Bürgertums und seiner Intelligenz. Ja, die für den Zusammenhalt, für die Disziplin noch unentbehrlichen unteren Chargen stammen größtenteils aus dem Volk. Die Aufgabe ist: diese an sich fremden, ja feindlichen Elemente in fügsame Instrumente des Militarismus zu verwandeln; nicht nur alle Klassengegensätze mit dem Militärmantel zuzudecken, sondern auch eine

Gewöhnung zu schaffen, die innerhalb der Armee das Herrentum und den sklavischen Gehorsam, den Unterschied des Lebens oben und unten als notwendig empfinden läßt.

Wie funktioniert dieser deutsche Militärapparat? Die Antwort
ist einer der wichtigsten Inhalte von Zweigs Romanzyklus. Die
Beziehung der Beherrschten zu ihrem Herrscher wird hier dargestellt, und zwar umfassend sowohl im Nebeneinander wie im
Nacheinander. In allen Lebenslagen erleben wir diese Beziehungen, indem wir Zeugen jener Kämpfe werden, die von der
Front bis zum Hinterland der Apparat zur Durchsetzung des
herrschenden Willens (das heißt der Interessen der herrschenden Klassen und der Privatinteressen ihrer einzelnen Mitglieder) mit den Untergebenen führt, die in den Stürmen des
Weltkriegs ihr Leben, wenn möglich ein verhältnismäßig
»behagliches« Leben, etwas bessere Kost, etwas ungefährliche-
ren Dienst für sich herausschlagen wollen.

Es entsteht dabei oben eine Gesamtheit aus Brutalität, Verbrechen, Leichtsinn, Strebertum, Hochnäsigkeit, Schlauheit,
Korruption und Kompromissen, deren Grundlinie dahin zu-
sammengefaßt werden kann, daß sie die Potenz aller volksfeind-
lichen Gebrechen des Wilhelminischen Friedensregimes ist. Der
Krieg selbst ist der alte Gamaschendienst, der alte Kadaver-
gehorsam, nur mit regelmäßigen »tödlichen Unfällen«. Als
Bertin, voll von romantisch hochgespannten Vorstellungen,
sich zum erstenmal im vordersten Schützengraben unter feind-
lichem Feuer befindet, »stellt er, gähnend vor Müdigkeit, fest:
daß auch hier nur Dienst getan wurde – nichts anderes.« Für
diesen Dienst, für entsprechendes Befehlen und blindes Gehorchen muß man »erzogen« werden. Diese »Erziehung«, die Bis-
marcksche Methode von »Zuckerbrot und Peitsche« (in jeweils
verschiedenen, aber immer streng klassenmäßig erwogenen
Dosierungen) sorgt dafür, daß jeder die ihm zugewiesene Rolle
erfülle. Oben soll eine Schicht von großen und kleinen Tyrannen entstehen: Selbstherrscher nach unten, Speichellecker nach
oben, mit einem Spielraum von Durchstecherei unter sich, die
geduldet wird – wenn sie nicht herauskommt. Ein richtiges Offizierskorps verdaut und uniformiert die verschiedenartigsten
Elemente; das bekennen die klügeren »liberalen« Kommandeu-
re, die sogar vor Parvenüs keine Angst haben.

So wird der Typus dieser widerwärtigen, zugleich sklavischen und unfehlbaren kleinen Despoten gezüchtet. Der bayrische Hauptmann Niggl, der den jüngeren Kroysing in den Tod geschickt hat, weil er dessen Anzeige über die Unterschlagungen bei der Verpflegung der Mannschaft fürchtet, wird – mitten im »Privatkrieg«, im Rachefeldzug, den der ältere Bruder gegen ihn führt – von diesem Gegner und Todfeind so charakterisiert: »Das Herrentum der Kriegerkaste versetzt solche Leute in zu dünne Luft, da quellen sie über die Ränder, die Niggl und Konsorten. Ein Weinreisender oder ein Rentamtmann von einiger Schlauheit leistet sich dann ohne Gewissensbisse Großtaten wie König David, nur daß er sich schleunigst hinter fremder Leute Rücken duckt, wenn er die Faust des Rächers über seinem Nacken spürt.«

Die Unteren sollen zu blindem Gehorsam »erzogen« werden. Es gibt keine Lebensäußerung des deutschen Soldaten, die von den Vorgesetzten nicht zur Demütigung, zum Zerstampfen jeder Selbständigkeit und Menschenwürde ausgenützt würde, um aus ihm ein zu allem brauchbares Werkzeug zu machen. Nicht nur der Mut an der Front wird nach dem altpreußischen Prinzip gezüchtet, daß der Soldat seine Vorgesetzten mehr zu fürchten habe als den Feind, sondern vor allem wird erstrebt, daß die uniformierten Werktätigen jederzeit gegen ihre nicht-uniformierten Brüder als stumm gehorchende Gewalt eingesetzt werden können, wenn diese es wagen, ihre eigenen Lebensinteressen zu verteidigen. Darum ist dieser Heroismus der Front kein Heldentum mehr, sondern bloß »Dienst«. Darum ist dieser »Dienst« in der Etappe, im Hinterland noch um einige Grad strammer, »militärischer« als an der Front selbst.

Der Fall des Sergeanten Grischa verdeutlicht diese Lage sowohl im ganzen wie auch in allen Details der Erzählung. Schon daß der General Schieffenzahn (ein Porträt Ludendorffs) nach restloser Aufklärung der wirklichen Sachlage einen Unschuldigen hinrichten läßt, um gegenüber der »bolschewistischen Verseuchung« der Ostfront, zur Verhinderung der Verbrüderung deutscher und russischer Soldaten ein Exempel zu statuieren, zeigt diesen Tatbestand ganz klar. Der Kampf der Division Lychow für die Gerechtigkeit in diesem Einzelfall muß darum letzten Endes vergeblich sein. Winfried, damals Adjutant seines Onkels, des Generals von Lychow, versucht mit Hilfe eines Divisionsbefehls den zur Hinrichtung bestimmten Grischa aus der Ortskommandantur zu entführen. Der zur Bewachung des Verurteilten bestimmte Gefreite Sacht, ein anständiger, menschlich empfindender Soldat, der dazu noch während der Zeit des Zusammenseins eine warme Sympathie für seinen Gefangenen gewinnt, widersetzt sich mit Androhung von Waffengewalt. Auf die Versicherung Winfrieds, daß er die Verantwortung für alles auf sich nähme, erwidert er:

»Das kenne man mit der Verantwortung und den Folgen, die der Herr Oberleutnant trage! Da kriege Herr Oberleutnant schlimmstenfalls ein kleines Kommando, eine Kompanie im Graben, für einige Zeit, im stillsten Winkel – auf ihn aber, auf die Mannschaft, falle es wie ein Hammer. Er könne sich dann bestenfalls als Kerl zweiter Klasse quälen lassen, schinden, abhungern, abrackern wie'n Luder, jahrelang, bis er verrecke, wenn er nicht kurzweg, Heldentod, in die Binsen gehe, Kopfschuß, aus! Nein, Herr Oberleutnant! er habe seine Dienstanweisung, und weiche er von ihr, so solle ihn der Teufel holen. ›Uns Mannschaft‹, schrie er beinah, ›geht's immer gleich an die Nieren. Mit uns wird nicht gefackelt und gespart. Der Russe bleibt hier und wird morgen mittag umgelegt, oder die Kommandantur bestätigt ihren Wisch.‹ Das sei ihm in die Knochen gequetscht, jedem einzelnen Mann im Heer; jeder sei sich selbst der nächste, jeder macht seins. Und dann, in der Auflösung aller irdischen Formen, sprang er auf Grischa zu, Gewehr in der Linken, griff seine Hand mit der Rechten – Grischa stand längst drei Schritte entfernt und hörte, was er nicht verstand, und verstand alles, was er sah: der Kamerad solle ihm vergeben! Er, Hermann Sacht, habe ihm sein Lebtag das Beste gegönnt, aber hier gäbe es bei Frau und Kind gar keine andere Parole; und bevor er seine Hand fahren ließ, sagte er leise: ›Gott verzeih's denen, die uns anständige Kerle in der Presse stampfen, bis wir vor Angst nichts mehr als Schweinerei zu tun wissen‹, und dann wandte er sich, stülpte den Helm auf, schritt zur Tür, stellte sich mit dem Rücken dagegen und hielt das Gewehr zum Anschlag bereit in beiden Händen, die Mündung schräg gesenkt, den Finger am Abzug.«

Wir haben diese Szene darum so ausführlich gebracht, weil sie die innere Dynamik der Gegensätze kraß illustriert. Die Gegensätze sind immer und überall wirksam. Alle Ritzen und Lücken des »Dienstes«, alle Schwächen des Militärapparates, ja selbst der Formalismus seiner Bürokratie werden von der Mannschaft ausgenützt, um in diesem System der Verleugnung der Menschenwürde das Minimum einer menschlichen Existenz zu retten. Es geht also innerhalb der strammstehenden Fronten ein ununterbrochener Guerillakrieg zwischen Oben und Unten vor sich. Und Arnold Zweigs Verdienst besteht hier darin, daß er diese Kleinkämpfe des militarisierten Alltags nicht nur in der Vielseitigkeit ihres Nebeneinanders gestaltet, sondern auch die Wandlungen ihres Charakters scharfäugig wahrnimmt und in bezeichnenden Begebenheiten darstellt.

Denn solange der Militärapparat trotz seiner klassenmäßig notwendigen Widermenschlichkeit das ausführende Organ der irregeführten und irregegangenen Volksbegeisterung des Kriegsanfangs war, ist der Inhalt dieses Guerillakampfes nur die Erleichterung des alltäglichen Lebens (Kost, Urlaub usw.). Die Enttäuschungen des Volkes im Laufe des Kriegs bringen rings um den Apparat eine immer stärker fühlbare Atmosphäre der Isolierung hervor. Die Verteidigung der menschlichen Existenz und der Menschenwürde gegen die Vorgesetzten erhält immer deutlicher einen Antikriegsakzent. Freilich in einer sehr ungleichmäßigen, sehr verwickelten Weise. Die unmittelbare Macht des Apparats bleibt, bis zum Zusammenbruch, stets größer als die Macht der sich in Einzelheiten des Alltags äußernden Volksstimmung. Nach außen funktioniert der Apparat bis ans Ende tadellos. Aber Zweig zeigt die kapillarischen Bewegungen, die unter dieser scheinbar unveränderten Oberfläche vor sich gehen. Er gibt damit eine dichterische Vorgeschichte des hier noch nicht gestalteten Zusammenbruchs der deutschen Fronten.

III

Die Darstellung solcher Widerstände gehört zu den wichtigsten und neuesten Zügen an Zweigs Romanzyklus. Er gibt, wie wir bereits angedeutet haben, vor allem ein Bild der »Erziehung« typischer Intellektueller der Vorkriegszeit durch den

Krieg zum Widerstand gegen den Krieg. Er nimmt, mit künstlerischem Takt und lebendiger Erfindungsgabe, seine Gestalten aus den verschiedensten Schichten der Intelligenz, läßt sie in sehr verschiedenem Alter und mit verschiedener geistiger und moralischer Reife den »Erziehungs«weg antreten. Demgemäß sind die Ergebnisse außerordentlich abgestuft und widersprechend, aber gerade durch die Variation werden sie interessant, lehrreich und wichtig, ergeben sie ein typisches Gesamtbild.

Die realistische Ehrlichkeit Zweigs erweist sich vor allem darin, wie er – ein überzeugter und erbitterter Feind des imperialistischen Krieges – die Langsamkeit darstellt, mit der solche Entwicklungen bis zu einem wirklichen Widerstand heranreifen, wenn sie überhaupt je diese Stufe erreichen. Hier hat Zweig einen schweren Kampf gegen seine eigenen Wünsche und Träume führen müssen, und daß er in sich die verständliche Sehnsucht, den Widerstand gegen den Krieg beschleunigt zu sehen, so erfolgreich bekämpft hat und nur die Wirklichkeit selbst in ihrer harten und oft desillusionierenden Sprache zu Wort kommen ließ, ist in dieser Art auch ein »Sieg des Realismus«. Hier freilich ein bewußt erkämpfter.

Die Langsamkeit der Entwicklung bezieht sich auf den Widerstand. Die Enttäuschung am Krieg, das Verflattern der Kriegsbegeisterung erfolgt mitunter sehr rasch. Aber von hier bis zu einer einigermaßen deutlichen Bewußtheit ist ein langer und schwerer Weg.

Wir haben die allgemeine Meinung des Pionierleutnants Kroysing über den Schwindel des Kriegs bereits gehört. Wir wissen auch, daß er einen »Privatkrieg« im Krieg führt, einen Rachefeldzug gegen die Gauner, die mit Hilfe der Vorschriften und des Apparats seinen Bruder ermordet haben. Kroysing ist ein Mensch von ungewöhnlicher »intellektueller Rechtschaffenheit«. Auch vom Kastenhochmut des durchschnittlichen deutschen Offiziers ist er ganz frei; wir sehen wiederholt Beispiele seiner guten, kameradschaftlichen Beziehungen zu seinen Untergebenen, seiner aufrichtigen Sorge um ihr Wohlergehen. Und auch sein an Michael Kohlhaas gemahnender »Privatkrieg« macht ihn gegenüber den allgemeinen Zusammenhängen nicht blind. Er stilisiert, wie wir ebenfalls gesehen haben, den kaltblütigen und feigen Mörder Niggl keineswegs zu einem romantischen Schurken in düsteren Farben; er sieht vielmehr klar, daß dieser – gerade als feiger Mörder – ein Produkt des preußischen Militarismus im Kriege ist.

Aber was folgt aus alledem? Welche allgemeinen Folgerungen zieht Kroysing aus diesen Erlebnissen? Man könnte sagen: gar keine. Sein nihilistisches »Heidentum« ist für das herrschende System völlig ungefährlich, ja trägt noch dazu bei, aus ihm einen hervorragenden Frontoffizier zu machen. Es ist gar nicht unmöglich, daß er sich, hätte er den Frieden erlebt, zu einem scharfmacherischen Betriebsingenieur (sogar zu einem militanten Reaktionär) entwickelt hätte, der sein »Heidentum« nunmehr nicht an den Franzosen, sondern an den Arbeitern austoben ließe.

Der linkssozialistische Setzer Pahl, der in demselben Spital wie Kroysing gepflegt wird und durch Bertin mit ihm in persönliche Beziehung kommt, charakterisiert seinen Fall so: »Und der Ingenieur Kroysing, sein Bruder, ein gescheiter Mensch, der das Leben kannte: was für Folgerungen zog er aus dem Ereignis? Erhob er sich über die poplige persönliche Bedingtheit? Vermochte er an diesem einen Fall die Struktur der Gesellschaft abzulesen, der er diente? Nicht die Bohne! Er beehrte mit seiner Feindschaft, kräftig und gut gewachsen und wahrhaft zu was Besserem brauchbar, einen kümmerlichen bayrischen Rentamtmann, ein paar seiner Untergebenen; nicht im Traum fiel ihm ein, zu fragen, ob dieser Hauptmann Niggl nicht einfach einen Auftrag der Gesellschaft ausgeführt hatte, als er den kleinen Kroysing mitleidlos in der Chambrettes-Ferme festnagelte – einen ungeschriebenen Auftrag, Streikbrecher zu beseitigen, ihre etwa auftauchenden Nachfolger abzuschrecken, die Klasse von Verrätern zu säubern, das Staatsinteresse über die sogenannte Menschlichkeit zu erheben.«

Den tödlichen Charakter des kosmischen Nihilismus als einer abstrakten und falschen Verallgemeinerung der Enttäuschung durch die Unmenschlichkeit des imperialistischen Krieges erblicken wir noch unmittelbar an der feinen und ergreifenden Gestalt des Professors Mertens. Er ist Kriegsgerichtsrat in Montmédy, und in seine Kompetenz gehört der Fall des jüngeren Kroysing. Sobald er innere Klarheit über den Fall gewonnen hat, ist er sofort bereit, dem Bruder im Kampf um die Gerechtigkeit beizustehen, und ehrlich entschlossen, dabei alle Konseqenzen zu ziehen.

Die Aufrollung dieses Falles trifft ihn bereits in einem vom Krieg desillusionierten Zustand, aber auf einer Stufe der Enttäuschung, auf der er noch die Neigung hat, bei gewissenhafter Erfüllung seiner Amtspflichten in der Betrachtung moderner französischer Maler, im Anhören und Spielen klassischer Musik eine Zuflucht, eine isolierte selige Insel zu finden.

Er wird durch den Fall Kroysing aufgeschreckt. Seine Augen sind nunmehr weit offen. Und was er sieht – »Fälle« in seiner Praxis, Behandlung der belgischen Gefangenen, der Bevölkerung der besetzten Gebiete – ist nichts als eine durch militaristische »Ordnung« schlecht verhüllte, durch »vaterländische« Phrasen prostituierte Bestialität. Der ehrliche, feinfühlige, wahrheitsliebende Professor Mertens nimmt, je mehr ihn die Wahrnehmung der Kriegswirklichkeit aus seinem Fluchtparadies vertreibt, mit um so größerem Entsetzen seine eigene Ohnmacht vor diesen Erscheinungen wahr.

Hier erfolgt nun bei ihm der »weltanschauliche Sprung«. Das Entsetzen über die militaristische Bestialität verallgemeinert sich zu einem Menschenhaß. Er kann die Menschen, diese Swiftschen Jahoos (sich selbst mit inbegriffen) kaum mehr physisch ertragen. Mit Lebewesen, die so handeln, kann und will er keine Gemeinschaft haben.

Und gemäß diesem Gedankengang der abstrakten Verallgemeinerung verflüchtigt sich der Gegensatz zwischen seiner persönlichen Ohnmacht und der brutalen Allgewalt des preußischen Militärapparats zu dem Gegensatz zwischen moralisch verantwortlichem Individuum und blind gehorchender Masse: »Jetzt war es so weit, daß er gewisse Worte nicht mehr hören konnte, ohne husten zu müssen und Brechreiz zu spüren: vor allem das Wort Volk. Es gab keinen Menschen mehr, nur noch Volk gab es. Sprach man das Wort Volk mehrmals hintereinander vor sich hin: Volk, volk, folg, folg, so blieb nichts anderes übrig als die Herde. Du sollst und mußt folgen, gleichgültig wem.«

Bei einer solchen Weltanschauung, bei einem derart tief zerrütteten Lebensgefühl bleibt natürlich der Selbstmord der einzige konsequente Ausweg. Mertens vergiftet sich. Durch diese Folgerichtigkeit zeigt er, wie hoch er moralisch über dem Durchschnitt steht. Denn es ist klar, daß der Gedanke, mit dem der verzweifelte Winfried spielt, sich freiwillig an die Westfront zu melden, nur eine inkonsequente eklektische Variation des Mertensschen Zusammenbruchs ist. Daß Mertens gedanklich und gefühlsmäßig zu diesen Folgerungen getrieben wurde, zeigt die Klassenschranken auf, vor denen seine Ehrlichkeit machtlos bleibt.

Bertin und Winfried freilich werden durch den Krieg tatsächlich »erzogen«. Aber wie schwer, wie widerspruchsvoll ist ihr Weg, wie reich an Rückfällen: wie oft hängen seine Wendungen von glücklichen oder unglücklichen Zufällen ab. Die beiden Fälle sind allerdings voneinander sehr verschieden, fast einander entgegengesetzt.

Bertin ist ein Schriftsteller, für den die weltanschauliche Vertiefung jeder Frage ein ernstes Lebensbedürfnis ist. Und es ist wiederum ein schönes Zeugnis für die realistische Unerbittlichkeit Zweigs, daß er diesen Typus, der ihm persönlich sehr nahe stehen muß, der sicherlich manchen intimen Zug vom Verfasser selbst erhielt, so gerecht kritisch und abgewogen objektiv darstellt, und zwar gerade in den Fragen der Weltanschauung. Die gedankliche und menschliche Vertiefung nämlich, die hier bei Bertin zum Ausdruck kommt, hat, wie wir bereits gesehen haben, die Neigung, die konkretesten, wichtigsten, sozial ausschlaggebendsten Vermittlungen zu überspringen, den Einzelfall, den er menschlich-moralisch immer feinfühlig und oft richtig beurteilt, unmittelbar mit einem sehr luftigen metaphysischen Prinzip zu verknüpfen. Dadurch entschlüpfen ihm die wichtigsten Konsequenzen.

So kann es geschehen, daß Bertin während dreier Kriegsjahre die verschiedenartigsten Ungerechtigkeiten und Unmenschlichkeiten am eigenen Leibe erlebt, daß er an dem Kampf gegen zwei Justizmorde (im Fall Kroysing und im Fall des Sergeanten Grischa Paprotkin) intim beteiligt wird, ohne imstande zu sein, diese reichhaltigen eigenen Erfahrungen in richtiger Weise zu verallgemeinern. Die düsteren Lehren beider Fälle »verallgemeinern« sich in ihm zu einem Haß gegen die Gewalt überhaupt, ja im Fall Grischa entstehen in ihm sogar zuweilen Illusionen, als würde die bloße und reine Macht des Moralischen zu einem solchen Kampfe ausreichen.

Die Kritik, die Zweig hier mit den echt künstlerischen Mitteln der Erzählung – d. h. mit der lebendigen Gegenüberstellung von Weltanschauung, aus ihr entspringenden Gefühlen, Handlungen und den Tatsachen in ihrer inneren Logik – an der Weltanschauung der Vorkriegsintelligenz übt, ist vielseitig, tief und von weittragender Bedeutung. Er beschränkt sich nämlich nicht nur darauf, dieses Überspringen der konkreten sozialen Vermittlungen in allen seinen theoretischen und praktischen Folgen aufzudecken (wofür wir bereits einige Beispiele angeführt haben). Er zeigt darüber hinaus auch, wie diese Weltanschauung, die aus der sozialen und geistigen Lage der Intellektuellen im Vorkriegsdeutschland spontan herauswächst, das friedliche Nebeneinander der schroffsten Widersprüche im Kopf der Menschen zuläßt, ja begünstigt und die Intellektuellen damit – bei aller subjektiven Redlichkeit, bei allem Anschein einer Tiefe der Weltanschauung, einer Rücksichtslosigkeit im Zuendedenken der Probleme – gerade von der wirklichen, echten Folgerichtigkeit ablenkt.

Bei Bertin ist das besonders klar sichtbar. Er tappt mit naiver Begeisterung in den Krieg hinein; seine Theorie des Tragischen haben wir ja bereits vernommen. Natürlich ist er bald enttäuscht und ernüchtert. Er zeigt seine veränderte Stimmung mit einer sehr ehrlichen und sehr unvorsichtigen Offenheit, als er – vor den Augen von Vorgesetzten, die es verbieten – durstenden französischen Kriegsgefangenen zu trinken gibt. Er erlebt die sinnlose und verbrecherische Vergeblichkeit der Verdunoffensive, begrüßt aber trotzdem begeistert den unbeschränkten U-Boot-Krieg als ein Mittel zur Beschleunigung des Friedensschlusses.

Die Kritik Zweigs geht aber tiefer als bloß bis zum Aufzeigen solcher unlösbaren Widersprüche im Denken seiner anständigen Helden. Er analysiert auch die Methode des Entstehens solcher Irrtümer. Vom Überspringen der sozialen Vermittlungen war schon die Rede. Diese negative Kritik wird durch eine positive ergänzt, indem gezeigt wird, daß die – für die Denkweise der Intellektuellen nächstliegende – psychologisch-moralische Analyse der Handlungen einzelner Menschen, um die individuelle Verantwortung an ihnen festzustellen, notwendig ergebnislos verläuft. Wird sie gewissenhaft und möglichst vielseitig durchgeführt, so entsteht als ihr Ergebnis teils ein Regreß ins Unendliche, teils ein unentwirrbarer Knäuel von persönlichen Verantwortlichkeiten, aus dem kein Weg zu einer

Entscheidung in den wichtigen Problemen des gesellschaftlichen Lebens sichtbar wird.

Zur Zeit des »Privatkriegs«, den der Leutnant Kroysing gegen den Hauptmann Niggl im Fort Douaumont führt – er läßt das Bataillon seines feigen Gegners an diesen Posten kommandieren, um dessen Panik zu einem Geständnis seiner Schuld auszunützen –, wird diese Frage von Kroysing und Bertin sehr interessant erörtert. Der Schriftsteller macht dem Leutnant Vorwürfe, daß er wegen seiner Privatrache die unschuldigen Schipper des Bataillons Niggl der Verwundung und dem Tod aussetzt. Kroysing verteidigt sich zuerst mit schnoddrigen Grobheiten, dann, ernst geworden, kehrt er den Spieß um. Er zeigt, daß an alledem Bertin mitschuldig ist. Denn gerade Bertin habe ihm den Fall seines Bruders aufgedeckt, und er habe dies doch offenkundig in der Absicht getan, daß das Verbrechen gesühnt werde. Darauf Bertin: »Das habe ich noch nie bedacht [...] etwas ist gewiß daran. Das Gewirr von Ursachen und Folgen ist schwer zu übersehen [...] Etwas Schreckliches war geschehen, die Welt war aus den Fugen, aber daß sie nun noch mehr aus den Fugen gerät, weil man versucht, sie einzurenken, das ist eine tolle Sache.«

Man sieht, wie aus einer solchen Denkmethode sowohl Bertins »tragische« Weltanschauung als auch Kroysings nihilistisches »Heidentum« herauswächst und wie keine derartige moralisch-kosmische Theorie die wirklichen Fragen einer wirklichen Lösung auch nur einen Schritt näherbringen kann.

Wie sehr solche Weltanschauungsfragen aus dem gesellschaftlichen Sein herauswachsen, erkennen wir in diesem Roman daraus, daß sie bei Menschen von sehr verschiedener Temperamentsart, Erziehung, Reife, Mentalität in Augenblicken der geistigen Krise naturwüchsig entstehen. Der Hauptmann Winfried ist seinem Charakter nach ein Gegenpol zu Bertin: seine zuweilen studentisch wirkende Sorglosigkeit bildet einen scharfen Gegensatz zu dessen Überbedenklichkeit. Auch ihr Kriegsschicksal ist sehr verschieden: Bertin erlebt den Krieg unten, unter den widrigsten Umständen, zuerst jahrelang als Schipper, dann als Schreiber in verschiedenen Büros, während Winfried nach einer – allerdings gefahrvollen – Offizierszeit an der Westfront erst Adjutant seines Onkels, des Generals von Lychow, wird, später intimer Mitarbeiter in den höchsten

Sphären von »Ober-Ost« und Günstling der entscheidenden Drahtzieher dieser Sphären, des Generals Claus und des Hauptmanns von Ellendt. Demgemäß ist der handlungsmäßige Rahmen seines Schicksals ein ganz anderer als bei Bertin; die psychologischen Anlässe zu den Konflikten sind geradezu entgegengesetzt. Um so auffallender – und richtiger – ist es, daß die geistigen Reaktionen auf die Ereignisse eine tiefe Verwandtschaft, freilich nur letzten Endes, aufweisen.

Winfried gerät in Konflikt durch ein forsches, temperamentvolles Draufgängertum. Als der Sergeant Paprotkin hingerichtet werden soll, will er ihn einfach entführen. (Er hat besonderes Glück, daß nicht schon daraus eine Katastrophe entsteht.) Als Hauptmann in »Ober-Ost« plätschert er zuerst vergnügt im Strom des Stabslebens, handelt zwar in einzelnen Fällen aus spontanem Anständigkeits- und Gerechtigkeitsgefühl, ist aber weit davon entfernt, des deutschen Generalstabs despotisches Herumwirtschaften mit dem Schicksal der Völker zu durchschauen und zu verurteilen. Ja sogar als seine Braut, die Krankenschwester Bärbe Osann, deren aus dem Elternhaus, aus dem Tübinger Professorenmilieu mitgebrachte liberale Tradition durch Kriegserfahrungen in schärfere oppositionelle Bahnen gelenkt wurden, ihn für eine – dem politischen Inhalt nach sehr zahme – Aktion gewinnt, die allerdings in den Augen des Generalstabs ein schweres Verbrechen ist, tappt er leichtfertig in dieses Abenteuer, ohne sich über dessen Tragweite, auch für sich selbst, im klaren zu sein. Und die persönlich wie politisch faszinierende Wirkung, die der General Claus auf ihn ausübt, bleibt bei Winfried, auch während er wider dessen Ziele handelt, unverändert. Wie bei Bertin leben die einander widersprechendsten Anschauungen und Gefühle in seiner Seele friedlich nebeneinander.

Auch nachdem die Katastrophe geschehen ist, wird – ebenso wie bei Bertin – der »Weltgrund« angeklagt. Auch der nächste Schritt ist sehr ähnlich: das »tragische« Verstehen der verwikkelten gegenseitig moralischen Verantwortungen. Und erst als ihm brutal klargemacht wird, welche Rolle sein angebeteter General Claus in dieser ganzen widerwärtigen, mesquinen und grausamen Intrige mit tödlichem Ausgang gespielt hat, erst als im Gespräch mit Claus dieser sein Wesen so kraß enthüllt, daß hinter der Fassade des hinreißend-unmittelbaren »Genies«

eine wenngleich begabte Abart des schlechtesten deutschen Militarismus mit einer auch für Winfried hinreichenden Deutlichkeit ans Tageslicht tritt – erst jetzt entsteht »plötzlich« der Umschwung in Winfried, erst jetzt geht er resolut auf die Seite des Volkes über.

IV

Das bedeutet natürlich nicht, daß diese Erlebnisse und selbst das falsche Nachdenken über sie vergeblich sein müssen. Die »Erziehung« auch der einzelnen Menschen wird von Zweig in der Form kapillarischer Vorgänge gestaltet. Sie werden erlebt, sie wirken, sie wirken sich jedoch lange Zeit als falsche Theorien aus, bis einmal »plötzlich« scheinbar aus ganz geringfügigem Anlaß, ein Umschwung erfolgt.

Bei Bertin wird dieser Umschwung noch offensichtlicher als bei Winfried von einem scheinbar zufälligen Anlaß ausgelöst. Er erzählt seine »Bekehrung« seinem alten Verdunkameraden, dem klugen sozialistischen Berliner Gastwirt Lebehde (der später in den Spartakuskämpfen in Berlin fallen soll). Er sah einen hochgewachsenen deutschen Gardeoffizier in Friedensparadeuniform mit nachschleppendem Säbel, die Hände in einem kostbaren Pelzmuff, durch die Straßen von Kowno stolzieren. Was Jahre bitterer Erfahrung nicht vermochten, tat »auf einmal« dieser Anblick. »Siehst du, Lebehde, da gab es in meinem Kopf einen Knacks. Dafür schufteten wir jetzt all die Jahre, hatten unsere Arbeit verlassen, unsere Zukunft, unsere Ausbildung, unser geistiges Leben und unsere Frauen, damit das hier so umherstolzieren konnte wie ein Storch in der Kleewiese. Dazu und zu nichts anderem haben so viele dagelegen, die wir doch neben uns hatten, als sie noch lebendige Leute waren. Mensch, das war ein Vormittag, eigentlich nur eine halbe Stunde, am 21. Dezember 1917, zwischen neun und halb zehn.«

Lebehde benützt die Gelegenheit, seinen Freund an die einstige U-Boot-Begeisterung und an die Abfuhr zu erinnern, die Bertin damals durch den Gasarbeiter August Halezinsky erlitt. »›Warum‹, fragte Bertin, ›brauchte unsereiner noch zehn Mo-

159

nate und ein leibhaftiges Gespenst, um ebenso klug zu werden wie ein Gasarbeiter?‹«

Hier sieht man, wie klug, gerecht und dichterisch Arnold Zweig die Frage der »Erziehung« stellt. Er läßt seine Menschen ihre intellektuell-moralischen Probleme vollständig, in ihrer verwickelten inneren Dialektik, mit allen ihren Feinheiten durchleben. Da er jedoch zugleich zeigt, daß diese Anschauungen dem Sein solcher Gestalten notwendig, gesetzmäßig entspringen und da er sie handlungsmäßig an der gesamten äußeren Wirklichkeit sich erproben läßt, kommt ihre Stelle und Bedeutung im Prozeß des Ganzen klar und abgetönt zum Ausdruck. Gerade die »herkömmliche« Gestaltungsweise gestattet es Zweig, die soziale Hauptlinie vollständig zur Geltung zu bringen, ohne einer mechanischen Geradlinigkeit, die in der modischen, allzu direkten Darstellungsweise unvermeidlich ist, die in besagten Anschauungen enthaltenen gedanklichen Nuancen und menschlichen Eigenheiten aufzuopfern, durch welche die Figuren ihre besondere individuelle Physiognomie erhalten.

Das wichtigste »erzieherische« Moment im Zusammenstoß dieser Gedankenrichtungen mit der objektiven Wirklichkeit ist die revolutionäre Arbeiterklasse. Das Beispiel Mertens' zeigt am augenfälligsten, daß der vollständige Rückzug des Individuums in sich selbst nach dem Zusammenprall mit der brutalen Außenwelt, wenn alle Konsequenzen gezogen werden, zu einer Selbstauflösung, zu seiner Selbstaufhebung führt. Erst durch die befruchtenden Beziehungen zu der bewußten Trägerin der Zukunft, zu den lebendigen gesellschaftlichen Kräften des neuen Auswegs, entsteht im Individuum die Möglichkeit, auch für sich selbst eine Lösung zu finden.

Bei Bertin ist das am deutlichsten. Zweig beweist aber diese Wahrheiten durch Mittel der Kunst und nicht durch Mittel der abstrakten Argumentation. Darum sind Mertens oder Kroysing negative Bestätigungen derselben Sachlage. Dieses Geführtwerden des ehrlichen Intellektuellen durch die geistige Kraft der Arbeiterklasse bedeutet nicht unter allen Umständen seine offene oder vollständige Bekehrung zum Sozialismus. Selbst im Fall Bertin nicht. Die Absichten Zweigs sind freilich in diesem Fall noch nicht klar zutage getreten. Im letzten Roman, aus welchem wir die zuletzt zitierte Zwiesprache zwischen Lebehde und Bertin angeführt haben, spielt dieser eine episodische Rolle; wir müssen abwarten, wohin ihn das Ganze führen wird. Soweit das aus den – die Friedenszeit vorwegnehmenden – Schlußszenen des Verdunromans zu entnehmen ist, nicht bis zum Sozialismus.

Aber das ist auch nicht entscheidend. Zweig gestaltet das Erwachen des demokratischen Geistes in den besten Vertretern der deutschen Intelligenz: das brutale Zerschlagen ihrer isolierten, vom Graben des geistigen Hochmuts umgebenen »Elfenbeintürme« der Friedenszeit; das Erwachen des Bedürfnisses nach Verbundenheit mit dem Leben des Volkes, das Erwachen der Bereitschaft, von dem Volke zu lernen. Um einen solchen demokratischen Geist zu besitzen, muß der Intellektuelle nicht unbedingt Sozialist werden. Wohl aber muß er die bourgeoisen Vorurteile gegen den Sozialismus, gegen die Arbeiterklasse ablegen, in sich überwinden. Denn wer das Proletariat als »kulturfeindliche Masse« fürchtet und mit Mißtrauen betrachtet – mag sein sonstiges Streben subjektiv noch so ehrlich auf Demokratie gerichtet sein –, kann unmöglich ein wirklicher Demokrat unserer Zeit werden. Diese Erziehung zur wirklichen zeitgenössischen Demokratie gibt Zweig – in positiven oder in negativen Entwicklungslinien – seinen Helden.

Die Gestalten der revolutionären Arbeiter sind demgemäß Nebenfiguren. Ihre Funktion in der Komposition des Ganzen gibt aber, wie wir gesehen haben, den Ausschlag. Auch hier ist der schriftstellerische Takt hervorzuheben, mit dem Arnold Zweig der realen historischen Rolle der klassenbewußten Arbeiter im imperialistischen Weltkrieg gerecht wird. Die Tatsachen des Kriegsablaufs und des Zusammenbruchs zeigen, daß diese eine kleine, wenngleich ständig wachsende Minorität auch in der Arbeiterklasse gebildet haben. Zweig geht als Realist von den Tatsachen aus. Er schildert die wachsende – spontane – Unzufriedenheit und Empörung unter den uniformierten Proleten. Eine bewußte, revolutionäre Gestalt erhält diese rebellische Ablehnung des Krieges nur in wenigen Figuren, wie in Lebehde oder in Pahl.

Diese treten wegen ihrer Isoliertheit sehr vorsichtig auf. Ihr Einfluß auf die Masse kommt nur vereinzelt, zumeist vorsichtig-indirekt, zum Ausdruck. Oft verschwinden sie in der noch nicht genügend aufgewühlten Masse. Sie bereiten klug – im

Rahmen ihrer beschränkten Möglichkeiten – die Zukunft vor.

Diesem richtigen Bild von der wirklichen Entwicklung entspricht die Komposition Zweigs. Sie ist in dieser Hinsicht (ich weiß nicht, wieweit bewußt) eine Wiederaufnahme, eine epische Variation der Stellung und Funktion der Volksszenen in *Dantons Tod* von Georg Büchner. Die Volksmassen bilden dort, wie ich einmal nachgewiesen habe (*Das Wort* 1937, Nr. 2), einen Chor zu den Handlungen der Protagonisten, der, oft ohne auf die Geschehnisse im Vordergrund direkt Bezug zu nehmen, die wirkliche soziale Grundlage, den wirklichen gesellschaftlichen Ausgang aufzeigt. Arnold Zweig nimmt diese Kompositionsweise auf. Die Rolle der Arbeiter in diesem großen Erziehungswerk beschränkt sich nicht auf bewußtes Gegenüberstehen, auf bewußte Versuche der Beeinflussung, wofür wir bereits Beispiele angeführt haben. Ihre Existenz, ihr Denken und Handeln begleitet vielmehr ununterbrochen den »Erziehungs«weg der Protagonisten. Sie geben – wie in dem letzten Roman – »das Grundwasser« für die ganze, sich zumeist »oben« abspielende Handlung ab. Sie zeigen – wie in dem »Abgesang«, der die Grischa-Erzählung abschließt – auf welche Art der Einzelfall in den Strom des Allgemeinen, des Volksschicksals, mündet, in welcher Weise die im Roman gestalteten kapillarischen Ereignisse mit der Weiterbewegung der Volksströmungen zusammenhängen.

Erst dieser Hintergrund gibt den richtigen Akzent für die Schicksale der Vordergrundfiguren. Erst in diesem Zusammenhang erscheint die politische Bedeutung der Langsamkeit ihrer Entwicklung im richtigen Licht. Zweig bezeichnet einmal diese Romane als historische. Mit Recht, insofern sie eine abgeschlossene, völlig übersehbare Periode behandeln; mit Recht, insofern in ihrem Aufbau und in ihrer Führung ein echt historischer Geist waltet. Mit Unrecht jedoch, indem er sie in einer Bemerkung der Aktualität, der Gegenwart entgegensetzt. Er sagt in seinen Schlußbemerkungen zu dem letzten Roman, als er seinen endgültigen Plan des Zyklus auseinandersetzt: »Aber vielleicht erlaubt die Gegenwart nicht, daß man sich so viele Jahre rückwärts wendet.«

Ich glaube, Zweig würde sehr unrecht tun, wollte er seinem Bedenken nachgeben. Gerade als Geschichte des vergangenen imperialistischen Krieges hat sein Romanzyklus eine außergewöhnliche politische Aktualität. Wir haben bereits auf Lenins Bemerkungen hingewiesen, die das Aufdecken dessen, was der letzte Krieg wirklich war, als einen wichtigen Bestandteil der Enthüllung des Geheimnisses bezeichnen, das die Vorbereitung des nächsten Krieges umgibt.

Das bezieht sich auf alle guten Schriftwerke über den imperialistischen Krieg. Zweigs Romane haben aber noch eine Besonderheit, der wir unsere letzte Betrachtung gewidmet haben: Richtung und Tempo der Entwicklung der besten Intellektuellen gegenüber dem Kriege. Hier liegt eine der wichtigsten, der aktuellsten Fragen der deutschen Volksfront. Diese Kroysing und Mertens, diese Bertin und Winfried, Sophie von Gorse und Bärbe Osann repräsentieren das Beste an Verstand und Moral in der deutschen Intelligenz. Die Tatsache, daß große Teile von ihr auch heute, nach den Erfahrungen des Krieges, der Revolution, ja der faschistischen Barbarei, noch immer nicht in den Reihen des Volkes für Freiheit und Kultur kämpfen, ja nicht selten sogar vom Faschismus verführt wurden, bestätigt nicht nur die Richtigkeit des Bildes, das Zweig hier von der Langsamkeit, von dem widersprüchlichen Charakter ihrer Entwicklung gibt, sondern konkretisiert beträchtlich die hier vorliegenden Aufgaben. Nur ein derart gründliches Studium der individuellen und typischen Entwicklungshemmungen, wie wir es bei Zweig erhalten, macht es möglich, sie in der Wirklichkeit zu überwinden. Ihre Wichtigkeit ist gleich groß für diejenigen, denen sie den Spiegel vorhalten, wie für diejenigen, die aus ihnen die richtigen Wege der konkreten, bis ins Persönliche gehenden Beeinflussung erlernen. Werden einmal alle Kroysings und Mertens, alle Bertins und Winfrieds als aktive Kämpfer in der Front des Volkes stehen, so dürfen dabei die direkten wie die indirekten Verdienste der Romane Arnold Zweigs nicht vergessen werden.

V

Einerlei, ob man Zweigs Zyklus als historisch auffaßt oder nicht – der Verfasser dieser Zeilen hat die Selbständigkeit des historischen Romans als eigener Gattung stets bestritten –, seine enge Beziehung zur Gegenwart ist unbezweifelbar. Das sieht man an dem Wachstum des Verfassers selbst. Zwei der bisher veröffentlichten Romane (*Grischa* und *Junge Frau*) sind vor der Überflutung Deutschlands durch die faschistische Barbarei entstanden. Sie stehen sowohl ideell wie künstlerisch nicht auf der Höhe der späteren, bei denen die Erfahrungen des Kampfes gegen den Faschismus die Weltanschauung und die Gestaltungskraft Arnold Zweigs wesentlich entwickelt haben.

Bei jedem ernsten Künstler übt die Konkretheit und die Weite seines Zukunftsbildes einen bestimmenden Einfluß auf die Tiefe und Richtigkeit seiner Gegenwartsgeltung aus. Weil Zweig nach 1933 die Problematik der Weimarer Periode vertieft sieht, weil er manche Selbsttäuschungen dieser Zeit abgelegt hat, vor allem, weil seine demokratischen Überzeugungen entschiedener, geklärter, mit dem werktätigen Volk verbundener, von liberalistischen Vorurteilen freier geworden sind, ist seine Gestaltung der Menschen im Kriege umfassender, reichhaltiger, tiefer und historischer geworden.

Man vergleiche die Figur Bertins in *Erziehung vor Verdun* und im *Streit um den Sergeanten Grischa*. Der zweite Roman ist erzählerisch die unmittelbare Fortsetzung des ersten, ist aber schriftstellerisch acht Jahre früher entstanden. Eine Reihe kleiner Züge, die freilich bei einem so sorgfältigen Stilisten wie Zweig nicht unwesentlich sind, zeigen schon veränderte Absichten (zum Beispiel wird die Geschichte, wie Bertin vom Schipperbataillon ins Büro des Kriegsgerichtes der Lychow-Division kommt, ganz verschieden erzählt, sogar der schriftstellerische Charakter Bertins vor seinem Einrücken ist nicht identisch). Wichtiger ist, daß Zweig Bertins »Erziehung« an der Verduner Front viel weiter, auf eine viel höhere Stufe der Bewußtheit führt, als jene ist, auf der wir ihn im Roman über Grischa kennenlernen. Und sehr vieles, was er dort tut und empfindet, erscheint als bedenklicher Rückfall, wenn man diesen Roman als Zyklusfortsetzung von jenem auffaßt und nicht berücksichtigt, daß er früher entstanden ist.

Durch solche Zwiespältigkeiten wird natürlich die Einheit und Kontinuität des Zyklus gestört. In einzelnen Fällen gelingt Zweig eine nachträgliche Korrektur. So ist z. B. im *Grischa* der subjektiv ehrliche preußische Junker, der Gentleman von Lychow, etwas idealisiert aufgefaßt und dargestellt. Der letzte Roman des Zyklus *Einsetzung eines Königs*, bringt hier wesentliche Konkretisierungen und eine kritische Beleuchtung von anderen Seiten. Es handelt sich dabei weniger um die grundlegenden, individuellen und sozialen Charakterzüge Bertins oder Lychows, als um die ganze Atmosphäre, die sie umgibt. Diese Luft ist in den zuletzt entstandenen Romanen reiner und schärfer geworden. Es ist eine echte epische Härte und Objektivität gegenüber Lieblingsfiguren, Lieblingsgedanken und Lieblingsempfindungen in Zweig emporgewachsen. Und die Gestalten sind dadurch abgerundeter, lebendiger, reicher an bewegten und bewegenden Widersprüchen geworden.

Die Einheitlichkeit des Zyklus ist also im einzelnen gestört, aber diese Fehler nehmen wir gern in den Kauf dafür, daß Zweig in den Jahren nach 1933 ideell und künstlerisch gewachsen ist.

Dieses Wachstum läßt sich am besten in der Charakterzeichnung studieren. Es ist eine bedauerliche Neigung der Literatur der Gegenwart, daß die soziale und ideelle Vorwärtsbewegung bei manchen Schriftstellern einen künstlerischen Rückschritt mit sich bringt. Es gibt Schriftsteller, die auf einer bestimmten, oft extrem individuellen Weltanschauungsgrundlage bis zu einem gewissen Grade imstande waren, interessante und lebendige Gestalten zu schaffen. Bei wachsendem Verständnis für gesellschaftliche Zusammenhänge sind sie aber immer abstrakter, unlebendiger geworden. Allerdings ist in solchen Fällen zumeist gerade das Erfassen des Sozialen abstrakt, unlebendig geblieben. Die künstlerische Folge bleibt aber das innere Verarmen, Austrocknen der Gestalten, ihre Verwandlung in Schemen, die, anstatt zu leben, bloß Ansichten verkünden.

Arnold Zweigs Entwicklung geht gerade den entgegengesetzten Weg: das Gesellschaftliche ist bei ihm stets wirklich erlebt, wirklich innerlich verarbeitet (einerlei, auf welcher Stufe er jeweils objektiv stehen mag), darum wirkt es sich bei ihm förderlich für das Schaffen lebendiger Gestalten aus. Das haben wir innerhalb des Kriegszyklus beobachten können; es bewahrheitet sich aber in Zweigs ganzem schriftstellerischen Schaffen. Und in dieser Hinsicht bedeutet der ganze Zyklus einen Wendepunkt in seiner literarischen Laufbahn.

Wir haben uns hier nicht die Aufgabe gestellt, diesen Entwicklungsgang auch nur skizzenhaft darzustellen. Es wird trotzdem vielleicht nicht uninteressant sein, ihn durch ein kurzes Beispiel zu beleuchten. Eines der wichtigsten früheren Werke Arnold Zweigs, die Erzählungsreihe *Novellen um Claudia* berührt sich stofflich, sowohl in gewissen Charakterzügen der Hauptfiguren als auch in den einzelnen Momenten der Handlung und der Hauptsituationen, mit dem Roman *Junge Frau von 1914*; auch der Versuch, den Typus der neuen Frau, die neuen menschlichen Beziehungen zwischen Mann und Frau in der deutschen Intelligenz darzustellen, ist beiden gemeinsam. Es ist sicherlich keinem aufmerksamen Leser entgangen, wie sehr zuweilen die Gestalten Claudia und Lenore, Walter Rohme und Werner Bertin einander ähneln. Trotzdem sind die Welten beider Werke zutiefst voneinander unterschieden. Den Abgrund zwischen ihnen hat selbstverständlich der Krieg gelegt. Während die Novellen sich auf den wohlgeschützten, vom rauhen Leben weit entfernten »seelischen Höhen« der Vorkriegsintelligenz, des verfeinerten Bürgertums abspielen, schreibt in dem Roman die harte Wirklichkeit des Krieges die konkreten Lebenssituationen vor, in denen gehandelt werden muß. Aber auch die Absichten Zweigs haben sich tiefstgehend geändert. In den Novellen vereinfacht er das gesellschaftliche Milieu nach Möglichkeit, um eine Atmosphäre für rein seelische Probleme zu schaffen. Aus der Ehe des reichen Mädchens mit dem armen Privatdozenten wird alles Materielle und Äußerliche tunlichst ausgeschaltet: Claudia hat keinen Vater, und ihre Mutter kennt keine bürgerlichen Vorurteile, keine Voreingenommenheit des Reichen gegen den Armen. Der soziale Unterschied wird überall rein ins Psychologisch-Moralische hinüberspielt. Im Roman dagegen werden Vater und Mutter Lenores, das ganze Potsdamer Bankiersmilieu, gestaltet. Die sozial ungleiche Ehe kann nur nach schweren Widerständen, mit Hilfe von Glück, Schlauheit und Standhaftigkeit erkämpft werden. Darüber hinaus ist die Claudia der Novelle eine ängstlich geschützte Treibhauspflanze, die in Wahrheit mit dem Eheschluß den ersten Schritt ins wirkliche Leben macht, und auch die Wirklichkeit dieses Lebens ist höchst fragwürdig. Die Lenore des Romans hat dagegen mit ihrem Geliebten schon längst als Studentin zusammengelebt; sie muß nach seiner Einziehung zum Militär einen Abortus durchsetzen und an sich vollziehen lassen; sie kämpft – vergebens –, um ihn aus den Gefahren des Krieges zu retten; sie ist es, die seinen Heiratsurlaub durchsetzt; sie schafft sich nach seinem Einrücken eine selbständige geistige Existenz und Beschäftigung.

Diese Verwandlungen der Fabel, an denen die Änderung der sozialen Weltanschauung des Verfassers unverkennbar ist, haben aus Lenore eine Gestalt gemacht, die an wirklicher Menschlichkeit, an wirklicher edler Frauenhaftigkeit, an echter Durchseeltheit und Moralität turmhoch über der Claudia der Novelle steht. Dort haben die Feinheiten des Moralisch-Seelischen zuweilen einen fatalen salonartigen Unterton gehabt. Diese Einschätzung bezieht sich nicht auf die Äußerlichkeiten: moralische Zergliederung von Empfindungen, ja auch Salongespräche können selbstverständlich unter Umtänden sehr reale gesellschaftlich-moralische Probleme behandeln (man denke nur an Balzac oder Stendhal). Es kommt auf den menschlichen Gehalt, auf den sozialen Inhalt an, darauf, ob dieser Gehalt unabhängig von seinen unmittelbaren Erscheinungsformen, die Möglichkeit in sich birgt, Grundlage einer gesellschaftlich-moralisch wesentlichen Handlung zu werden, oder nur dazu ausreicht, die unfruchtbare Selbstbespiegelung jener »Elite« zum Ausdruck zu bringen, die durch das Leben im Kapitalismus isoliert und vollständig auf sich selbst zurückgeworfen wird.

Thomas Manns Jugendnovellen wie *Tonio Kröger* zeigen am deutlichsten, wie die innere Problematik des Intellektuellen-Seins im imperialistischen Kapitalismus gesellschaftlich-menschlich bis zu einem tiefen und weitreichenden Humanismus verallgemeinert werden kann. An der Pariser und Wiener psychologischen Novellistik sehen wir das Entgegengesetzte: unfruchtbar gewordene und die Unfruchtbarkeit tragisch, ironisch, sentimental verherrlichende Selbstgefälligkeit.

Die Jugendentwicklung Arnold Zweigs verläuft in der Richtung Thomas Manns, bewegt sich aber mitunter hart an der gefährlichen Grenze der bloßen Salonfeinheiten. Darum bringen die Kriegsromane auch in dieser Hinsicht eine energische Wendung. Das Gegenüberstellen der in sich bleibenden Intellektuellen-Reflexion und des Volkslebens ist gerade aus dem Gegensatz dieser Entwicklung heraus schroffer, direkter, politisch und sozial geworden, als es seinerzeit bei Thomas Mann gewesen ist.

Auch bei Zweig wird das Volk zum Richter über die Realität moralischer Subtilitäten gemacht, aber das Volk wird nunmehr vom klassenbewußten Arbeiter repräsentiert. Wenn Lebehde über bestimmte Empfindungen Bertins sich so äußert: »Solche Empfindungen schätze er sehr daneben [...] Empfindungen sind für die feinen Leute; manchmal denke ich mir, alle unsere Empfindungen haben sie für ihren Gebrauch genormt«, – was würde er erst über viele »Probleme« Walters und Claudias sagen?

Dies ist kein äußerlicher und vergröbernder Maßstab. Arnold Zweig hat ja selbst den Lebehde zum Richter über Bertins Probleme eingesetzt. Und das scheidende Prinzip dafür, was in der seelischen Verfeinerung unserer Kultur wirkliches Erbe und was ein müßiger seelisch-moralischer Alexandrinismus ist, muß darin liegen, ob sein wirklicher Gehalt ins werktätige Volk hinein verallgemeinert werden kann. Wir wiederholen: es handelt sich um die Möglichkeit einer solchen Verallgemeinerung, nicht um die besondere Erscheinungsform und die Wege dieser Verallgemeinerung. Dieses Übergehen in den Besitz des Volkes ist sicher sehr kompliziert und verschlungen. Aber – nehmt alles nur in allem – Lenore und Bertin würden, als ganze Persönlichkeiten genommen, eine solche Prüfung bestehen; Claudia, Walter und ihre Probleme kaum, im besten Fall nur teilweise.

Die wesentliche Frage bleibt: ist durch diese Entwicklung Arnold Zweigs ein Gewinn oder ein Verlust entstanden? Moralisch bedeutet sie ohne Zweifel einen großen Schritt vorwärts. Aber auch künstlerisch. Gerade weil die Gestalten Zweigs jetzt viel realere und kompliziertere moralische Probleme bewältigen, weil sie auf Fragen antworten, die wirklich das Leben – und nicht ein künstlerisch isoliertes Eckchen des Lebens – aufwirft, sind sie auch in künstlicher Hinsicht weit über sein früher Erreichtes hinausgewachsen. Indem sie gesellschaftlich typischer geworden sind, haben sie auch an individuell menschlicher Fülle gewonnen.

Diese Gegenüberstellung soll uns zu keiner Ungerechtigkeit gegenüber der Jugendentwicklung Arnold Zweigs verleiten. Seine früheren Werke behalten ihren Wert, weil sie den seelischen Zustand der Intelligenz der Vorkriegszeit lebenswahr gestaltet haben; weil ihre Schranken zum Teil mehr aus dem damaligen Leben der Intelligenz selbst als aus individuellen Schwächen Zweigs entstanden sind. Aber bei ihrer gerechten Beurteilung darf nicht verschwiegen werden, daß sie sich auf einer gefährlichen Grenze bewegt haben, an der die echte Literatur sehr leicht in psychologisierende Belletristik umschlägt. Gerade weil Arnold Zweig diese Gefahren überwinden konnte, weil er imstande war, gesellschaftlich und weltanschaulich so zu lernen, daß er dabei künstlerisch, Gestalten und Fabeln schaffend, immer tiefer, umfassender und lebenerweckender wurde, weil er auf diesem Weg in die vorderste Reihe des fortschrittlichen deutschen Schrifttums – das mit der heutigen lebendigen deutschen Literatur identisch ist – rückte, war es nicht unnütz, an diesen zurückgelegten Weg, an diese überstandenen Gefahren zu erinnern. Diese Erinnerung kann vielleicht manchem der jüngeren, mit sich kämpfenden Schriftsteller helfen.

Auch ein »roter Preuße«
Über den deutschen Enzyklopädisten
des Ersten Weltkriegs, Arnold Zweig

Es war in den frühen Fünfzigerjahren, daß der bekannte holländische, kommunistische Schriftsteller Nico Rost, ein Freund Arnold Zweigs, mir einmal erzählte, er habe diesen gefragt, ob er denn nicht vielleicht jetzt eine große epische Arbeit über den *Zweiten Weltkrieg* schreiben wolle. Zweig habe eine Weile nachgedacht und dann gesagt: Nein, denn ich bin immer noch mit dem Ersten nicht fertig. Tatsächlich ist dieser Arnold Zweig, den junge Deutsche von heute allenfalls als einen Staatsdichter der DDR kennen mögen, *der* große, Epiker um nicht zu sagen: der Enzyklopädist des Ersten Weltkriegs.

An dieser Stelle mag es mir gestattet sein, gleich eingangs eine Parenthese zu öffnen. Der Zweite Weltkrieg hat in der deutschen Literatur eine zwar achtbare, aber letztlich doch nicht eben imponierende Reihe von Schriftwerken als Erbschaft hinterlassen. Der *Erste* Weltkrieg hingegen zog sehr bedeutsame literarische Folgen nach sich: Sie reichen von dem weltberühmten *Im Westen nichts Neues* von Erich Maria Remarque bis zu dem in unserer Sendefolge schon abgehandelten Knaben-Roman *Jahrgang 1902* von Ernst Glaeser. Zwischen diesen beiden lagen Romane, die genannt werden sollen, seien sie nun von pazifistisch-sozialistischer, von bürgerlich-liberaler oder auch von deutschnational-nationalsozialistischer Gesinnung geprägt gewesen. Da war das unvergessene, heute freilich nur in der DDR noch in Ehren gehaltene Buch *Krieg* von Ludwig Renn. Da waren Jüngers *In Stahlgewittern*, Schauweckers *Der feurige Weg*, Carossas *Rumänisches Kriegstagebuch*, A. M. Freys Sanitäter-Roman *Die Pflasterkästen*, Dwingers Kriegsgefangenen-Epos *Armee hinter Stacheldraht*, Edlef Köppens *Heeresbericht*, Joseph Roths *Flucht ohne Ende*, Georg von der Vrings *Soldat Suhren* – und ganz gewiß habe ich bei dieser Aufzählung aus dem Gedächtnis noch manches Wichtige vergessen. Tatsache ist jedenfalls, daß der Konflikt 1914–1918 im besten wie im übelsten Sinne sich literarisch niederschlug, während die Jahre 1940–1945 nur zu wenigen bedeutenden Literaturwerken Anstoß gaben. Die Ursache für dieses frappierende Faktum liegt auf der Hand. Thomas Mann hat in seinem *Doktor Faustus* den Ich-Erzähler Serenus Zeitblom, einen deutschen Patrioten, der 1914 selber mit vaterländisch-geschwellter Brust in den Krieg zog, sagen lassen, es seien die Deutschen damals »vergleichsweise reinen Herzens« zu Kriegern geworden, wohingegen 1939/1940 es die deutsche Katastrophendynamik war, die sie von Haus und Herd weg in die Stahlgewitter trieb. Die deutschen Epiker von Rang, soferne sie sich nach dem Zweiten Weltkrieg überhaupt mit diesem befaßten, wie Hans Werner Richter, Autor des Buches *Die Geschlagenen*, Heinrich Böll mit seinem *Wo warst du, Adam?*, Alfred Andersch mit *Kirschen der Freiheit* und seinem jüngsten Buch *Winterspelt*, schämten sich als Deutsche des kriegerischen Unternehmens Adolf Hitlers. Nun, Scham war gewiß auch im Spiele, als Renn, Remarque, ja meinetwegen sogar Carossa ihre Bücher schrieben. Aber es war nicht die *brennende Scham* jener, die man gezwungen hatte, für eines der scheußlichsten und auch sinnlosesten kriegerischen Vorkommnisse der Weltgeschichte ihre jungen Leben aufs Spiel zu setzen.

Zu jenen, die des großen Krieges von 1914–1918 sich schämten, ohne freilich deswegen meinten, sich verachten zu müssen, gehörte Arnold Zweig, der uns die in meinen Augen literarisch bedeutungsvollsten wie auch dokumentarisch gültigsten Werke hinterließ. Muß er vorgestellt werden? Es kann, so meine ich, nicht schaden, wenn ich ein paar Daten und Fakten über sein Leben hier nenne, da doch Arnold Zweig in der Bundesrepublik leider nicht im gleichen Maße wieder aufgenommen wurde wie andere große Romanciers der Zwischenkriegszeit. Einem weitverbreiteten Irrtum ist alsogleich vorzubeugen: Arnold Zweig war *nicht*, wie vielfach angenommen, der Bruder des bekannten Stefan Zweig; er hatte mit diesem überhaupt nichts zu tun, außer daß er ihn herzlich verachtete. Er, Arnold Zweig, kam aus Glogau, Stefan Zweig war mährischer Abstammung. Dieser war Österreicher, jener Preuße. Beide waren sie freilich Juden, was dann nach 1933 für ihr Geschick entscheidend wurde, so daß es am Ende doch eine gewisse Parallele ergibt. Arnold Zweig, Sohn eines kleinbürgerlichen Sattler-meisters, geboren 1887, hatte sich schon zur Zeit seiner germanistischen und psychologischen Studien einen gewissen Namen gemacht: sein Roman *Novellen um Claudia*, ein zierliches, ästhetisierendes Werkchen, das offensichtlich aus der Dichterstube eines hypersensiblen, wohl auch psychisch gefährdeten jungen Menschen kam, trug ihm einen erheblichen Achtungserfolg ein. Als er Soldat wurde, *preußischer Soldat*, Mann der Schützengräben im Westen, danach Presse-Unteroffizier im Stabe Ober-Ost, war er bereits jener nicht unbekannte junge Schriftsteller Bertin, der als autobiographischer Protagonist das große opus durchwandert. Mit diesem hatte es eine eigentümliche und ungewöhnliche Bewandtnis. Der Roman *Der Streit um den Sergeanten Grischa*, mit dem wir uns sogleich befassen wollen, erschien als *erstes Buch* Zweigs über den Weltkrieg im Jahre 1927. Er wurde aber nicht der Anfang, sondern das Mittelstück des unvollendeten Romanzyklus *Der große Krieg der Weißen Männer*, zu dem auch die Bücher *Junge Frau von 1914, Erziehung vor Verdun, Einsetzung eines Königs, Die Feuerpause* und *Die Zeit ist reif* gehören. Die beiden letztgenannten Arbeiten erschienen 1954 und 1957, also zuerst in der DDR, alle früheren konzipierte Arnold Zweig noch vor Ausbruch des anderen, größeren und furchtbareren Krieges. Die genannten Teile des Romanzyklus sind von ungleicher Qualität. Mir erscheint das erste Buch, der *Grischa*, das den Autor mit einem Schlage aus einem anerkannten zu einem weltberühmten Schriftsteller machte, auch heute noch als das bei weitem wichtigste. Hier war nämlich Arnold Zweig ganz offensichtlich noch nicht belastet von politischen Doktrinen, die viele seiner späteren Arbeiten auf ambivalente Weise kennzeichnen. Zweigs politisches Geschick war ein für die deutsche Zeitgeschichte exemplarisches, gewiß auch ein tragisches.

Er begann als bürgerlicher Humanist: als solcher tritt er uns nicht nur aus dem 1912 erschienenen Buch *Novellen um Claudia*, sondern auch aus dem *Grischa* entgegen. Später verschrieb er sich zwei politischen Bewegungen, die damals freilich noch nicht, so wie heute, in schroffem Gegensatz zueinander standen: dem Zionismus und dem Sozialismus. Der zionistische Impuls trieb ihn, als 1933 die Tage des Exils begannen, nach dem damaligen Palästina. Aber das Land, das noch keines war,

enttäuschte ihn. Er fühlte sich als deutscher Schriftsteller inmitten der Juden, die nur noch Juden und nichts anderes sein
wollten, in zwiefacher Emigration: verbannt aus Deutschland
nicht nur, sondern auch aus seinem Zionismus, der für die Pio-
nier-Erde Palästina offensichtlich nicht radikal genug war. Er
hatte als Autor keine Gemeinde mehr, wurde sogar als deutsch-
schreibender Schriftsteller boykottiert in der neuen Heimat.
So kam es, daß die zionistische Ideologie gegenüber der sozialistischen mehr und mehr in den Hintergrund trat. Wer Zweigs
Werk und sein Geschick gekannt hat, der war nicht weiter erstaunt, daß er sehr bald nach Kriegsende in dem für seine Vorstellung sozialistischen Teil Deutschlands Wohnung nahm.
Denn am Ende war dieser Ex-Zionist und Neu-Sozialist, der
niemals zum rechten Vollmarxisten wurde, in erster Linie
Deutscher, sogar *Preuße*. Der Name »Der rote Preuße«, den
Leopold Schwarzschild für Karl Marx erfand, trifft viel besser
auf Arnold Zweig zu. Er hat den alten preußischen Obrigkeits-
staat, der ihn in den Krieg stieß, aus ehrlichem, erst bürgerlich-
humanistischem, danach liberal-sozialistischen Herzen ge-
haßt. Er hat aber ganz offenbar ohne dieses Preußen nicht leben können, und als es wiedererstand in der Gestalt des SED-
Staates, stellte er sich, Soldat und brav, ihm zur Verfügung.
Was er in all den DDR-Jahren, in denen ihn das »andere«
Deutschland mit Ehren überhäufte, wirklich gedacht hat, ist
schwer ergründbar und wird wohl erst viel später in Erfahrung
gebracht werden können. Wie hat er, der Freund und Briefpartner Sigmund Freuds, den er in der Korrepondenz stets als »Vater Freud« ansprach, es hinnehmen können, daß man in der
DDR, so wie in allen anderen Ostblock-Staaten diesen »Vater«
im besten Fall totschwieg, im schlimmsten verunglimpfte? Wie
hat er überhaupt, er, der Streitrufer für Gerechtigkeit, das viele
Unrecht innerlich verarbeitet, das sein neues Preußen dem Volke und namentlich den Intellektuellen zumutete? Nur wenige
Äußerungen von Zweigs Kollegen sind uns bekannt, die darauf
schließen lassen, daß er die Augen verschloß und leider auch
gelegentlich noch kleine Fleißaufgaben machte. So erzählt
Ludwig Marcuse in seinen Erinnerungen, es habe Arnold
Zweig, der in späten Jahren fast ganz erblindet war und auch
bereits schlecht hörte, Blindheit und Taubheit zu einer Waffe
gegen unerwünschte Fragen entwickelt. Robert Neumann be-

richtet, wie er ihn in den Sechzigerjahren bei einer PEN-Veranstaltung traf und wie Zweigs erste Worte waren: »Ich bin mit der Politik unserer Regierung völlig einverstanden.« Eine bekannte französisch-jüdische Zeitschrift *L'Arche*, übrigens ein nicht-zionistisches und sehr sorgsam redigiertes Organ, sandte gleichfalls in den Sechzigerjahren zum Dichter einen interviewenden Redakteur, dem daran lag, über Zweigs Position gegenüber dem jüdisch-israelischen Problemkomplex ins klare zu kommen. Zweig, so schreibt der Redakteur, sei mit der Ängstlichkeit und dem unwirschen Ärger eines seine Lebensgewohnheiten gefährdet sehenden Greises allen Fragen ausgewichen.

All dies ist nicht schön und paßt wenig in das Bild des militant humanistischen Arnold Zweig der Zwischenkriegszeit. Keinesfalls aber habe ich den Eindruck, daß es sich in diesem Falle um jene Art von diplomatischem Verhalten gehandelt habe, die durch das schlichte Wort Feigheit ersetzbar ist. Was ich meine, ist vielmehr dies: daß hier der Preuße, der nach langer Irrfahrt seine Heimat wiedergefunden hatte, nicht riskieren wollte, sie noch einmal zu verlieren. Auf Arnold Zweig mag zutreffen, was einst Erich Kästner in einem Gedicht über sein Verbleiben in Deutschland während der Nazizeit gesagt hat: »Ich bin wie ein Baum, der – in Deutschland gewachsen – wenn's sein muß, in Deutschland verdorrt.« Und spreche ich von Zweigs spezifischer Deutschheit, münde ich auch schon wieder ein in sein Hauptwerk, das hier der Leserschaft in Erinnerung gebracht werden soll, seinen Roman *Der Streit um den Sergeanten Grischa*.

Die Grundachse der Fabel ist recht einfach. Der russische Kriegsgefangene in deutschen Händen, Sergeant Grigorij Iljtisch Paprotkin, genannt Grischa, flieht aus dem deutschen Gefangenenlager, in dem es ihm im Grunde so übel nicht geht. Er bricht aus purem Heimweh aus, ein einfacher Mann, der nicht begreift, was mit ihm geschah, als der Zar ihn ins Feld schickte, und jetzt nicht verstehen kann, warum er, ein Mensch der weiten russischen Erde, der ohne diese nicht zu leben und nicht zu sterben vermag, seine Zeit in fremden Baracken hinbringen muß, wo es doch daheim so viel zu tun gäbe, Arbeit am Felde und im Haus, Aussaat und Ernte, liebevollen Kampf gegen eine allmächtige freund-feindliche Natur. Der Ausbruch gelingt zunächst. Grischa stößt zu einer Partisanengruppe, findet dort eine Geliebte, die häßliche, aber bett-tüchtige Babka. Das zugleich lebensgehärtete und herzenszarte Weib, überzeugt, daß es Grischa niemals gelingen könne, durch die dichtbesetzten deutschen Linien in das von den Russen gehaltene Gebiet überzulaufen, gibt ihm den Rat, er solle sich den Deutschen stellen, und zwar als Überläufer. Ausgestattet mit falschen Papieren, die auf den Namen Bjuschew lauten, folgt Grischa der Anweisung seiner ihm an Intelligenz überlegenen Freundin. Aber er wird als Deserteur nicht aufgenommen. Er ist den Deutschen verdächtig. Daß seine Papiere gefälscht sind, ist offenbar. Man hält ihn für einen russischen Spion und macht sich daran, ihm das Schicksal zu bereiten, das in Kriegszeiten jedem Spitzel droht. Jetzt kämpft Grischa um sein Leben. Er bekennt, wer er wirklich ist: der entlaufene Kriegsgefangene Paprotkin. Es gelingt ihm, seine Identität überzeugend nachzuweisen; im Lager, dem er entlief, gibt es genug deutsche Offiziere und Soldaten, die ihn kennen. Vergebens. Ein Gericht des Generalquartiermeisters Ober-Ost verurteilt ihn zum Tode, wobei es eigenmächtig in den juristischen Bereich des Divisionskommandanten eingreift. Die Gerichtsbarkeit der Division als zuständige Behörde revidiert das Todesurteil denn auch, da der gutmütige, bärenstarke, zutrauliche Grischa mächtige Freunde findet in den Personen des Divisionskommandanten General von Lychow, dessen Neffen und Adjutanten, Oberleutnant Winfried, des jüdischen Kriegsgerichtsrates Posnanski, des gleichfalls jüdischen Literaten und Schreibers Bertin. Vergebens auch diese Hilfe. Der Generalquartiermeister schert sich den Teufel um Schuld oder Unschuld des Rußki. Ihm geht es um Gewichtiges: es muß wieder einmal ein Exempel statuiert werden, damit klar zutage trete, wer in diesem Gebiet der Herr ist. Deutschland muß sich als unerbittliche Besatzungsmacht bekräftigen. Nicht um einen Menschen handelt es sich hier, sondern um Politik. Hohe Politik, denn schon liegen ja alle Pläne vor, wie Deutschland nach seinem Siege die ihm zufallenden Territorien zu verwalten gedenkt. Hinter der Person des Generalquartiermeisters, der großartig porträtiert ist in dem Kapitel »Schieffenzahn, Generalmajor« steht, kaum verhüllt, die Gestalt Ludendorffs und der durch ihn verkörperte deutsche Imperialismus. Schieffenzahn exemplifiziert auf eindrucksvolle Weise, zusammen übrigens mit einem Komplizen, dem »größten Industriellen des Kontinents, Kohlenherrn, Erzherrn, Schiffsherrn, Führer im Kampf um die Annexion lothringischer Erze und nordfranzösischer Hütten«, das militante Unrecht. Für das Recht steht die alte Exzellenz, General von Lychow, ein Mann aus Fontane-Geblüt, dem es zwar auch um Kompetenzfragen geht, in erster Linie aber um die »moralische Existenz« des preußischen Staates. Er kämpft um Grischa als zuständiger Divisionskommandant, auf höherer Ebene aber auch als der rechtlich gesinnte Altpreuße, der sich seine Welt nicht vorstellen kann, ohne daß das Recht des Staates auch zugleich das Recht des Menschen ist.

Kein Zweifel, daß man aufs erste die, wie Arnold Zweig versichert, nicht erfundene Fabel in ein marxistisches Schema spannen kann. Das alte, paternalistische, feudalistische Preußen, versinnbildlicht durch General von Lychow, verliert seinen Krieg gegen das neue wilhelminische, das industriell-imperialistische Deutschland. In der Resignation, mit welcher von Lychow schließlich jenen aufsteigenden und stärkeren gesellschaftlichen Mächten das Feld räumt, die in der widrigen Person des Generalquartiermeisters Schieffenzahn zur individuellen Gestalt werden, ist der wehmütige Abschied, den eine Eduard-von-Keyserling-Figur von einer neuen Welt nimmt, die sie nicht mehr versteht. Nur reicht, so möchte ich meinen, der marxistische Raster nicht hin zur Interpretation dessen, was der Autor uns hat sagen wollen. Denn unschwer hätte sich ja allenfalls eine Geschichte finden oder erfinden lassen, in der das Recht von der *aufsteigenden Gesellschaft* gehandhabt wird – diese ist schließlich im strikt marxistischen Sinne die fortschrittlichere gegenüber der feudalistischen – und das Unrecht bei den alten Soldaten, den Junkern, den Ostelbiern liegt. Jenseits der marxistisch deutbaren Thematik haben wir es in diesem Roman mit Recht und Unrecht schlechthin zu tun. Zweigs Rechtsbegriff, so wie wir ihn aus dem *Grischa* herauslesen können, ist kein dialektisch-marxistischer (der übrigens überzeugend noch nirgendwo ausgearbeitet wurde), sondern ein kantianisch-bürgerlicher, vor allem: ein abstrakter. Wer in den Briefen Zweigs an Sigmund Freud blättert, die sich von 1927, dem Erscheinungsjahr des *Grischa*, hinstrecken bis zum Tode

Freuds im Jahr 1939, der wird, soferne er Zweig nur als poeta laureatus der DDR kannte, höchlich erstaunt sein darüber, wie schwächlich Zweig allemal dort reagiert, wo Freud ihm zu verstehen gibt, daß er, Freud, nicht allzu viel halte vom Sowjet-Experiment und daß er unerschütterlich ein »alter Liberaler« bleiben wolle. Zweig stellt sich dem »Vater« gegenüber generell eher als einen Diszipel der Psychoanalyse hin denn als einen Marxisten. Das erste Buch, das er dem Meister in der Berggasse in Wien übersandte, war ja auch keineswegs ein marxistisches, sondern ein psychologisches. Es war das Werk *Caliban oder Politik und Leidenschaft – Versuch über die menschlichen Gruppenaffekte, dargestellt am Antisemitismus.* Das spezifisch jüdische Problem ist meines Erachtens auch im *Grischa* zumindest ebenso deutlich gegenwärtig wie das allgemein gesellschaftliche. In der gemeinsamen Kampffront, die hier ein alter preußischer General und dessen junger Neffe mit dem jüdischen Kriegsgerichtsrat Posnanski und dem Schriftsteller Bertin bilden, wird ein Zweigscher Traum verwirklicht: der Traum von der deutsch-jüdischen Symbiose, der dann 1933 auf so erschreckende Weise unterbrochen wurde.

Ich glaube, man kann Arnold Zweigs gesamtes Werk nicht richtig verstehen, wenn man nicht seine vertrackte Situation als *preußischer Jude* berücksichtigt, aus deren Perspektive die übergeordneten gesellschaftlichen Verhältnisse ein besonderes und eigentümlich schwankendes Licht erhalten. Der preußische Jude, dem der Antisemitismus schon lange vor Hitler sein Preußentum und Deutschtum grob in Frage gestellt hat, mußte Zuflucht suchen in Gedankengebäuden, die ihm eine durch den tragischen Geburtsfehler vom Anbeginn her schon beschädigte Existenz möglich machten: er fand sie im Sozialismus, im Zionismus, in der Freud'schen Tiefenpsychologie. Keines dieser Bauwerke war stark genug, den Stürmen der Zeit zu widerstehen; keines war so schwach, daß Zweig es ganz verlassen hätte. Alle drei erwiesen sich schließlich als unzureichend, ihm jenen festen Boden unter den Füßen zu schaffen, dessen der Dichter bedurfte. Da war dann am Ende vielleicht wirklich die DDR für diesen Mann die letzte Chance, das Leben im Alter zu bestehen. Und es war – auf anderer Ebene – der Erste Weltkrieg, in dem es doch in der Praxis so etwas gab wie den vollpreußischen volldeutschen Juden, das zentrale Erlebnis, dem Arnold Zweig sich nie entrang. Der Schriftsteller Bertin im *Grischa* ist ein bürgerlicher, liberalsozialistischer Zivilist, dem die Uniform lästig ist, ein Pazifist, der das Menschenschlachten zutiefst verabscheut. Was nichts daran ändert, daß Bertin-Zweig in der deutschen Uniform, inmitten der Kriegsgreuel, eine Identität besaß, wie sie dem Dichter erst viel später in der DDR wieder zugebilligt wurde.

Aus all den hier knapp skizzierten Voraussetzungen ist der *Grischa* zwar ein Buch, in dem die Politik eine wichtige Rolle spielt, aber nicht eigentlich im vollen Begriffsinhalt ein *politisches* Buch. Zweigs Verhältnis zum Leben war, ich sagte es soeben, ein schadhaftes oder, wenn man lieber will: ein gebrochenes. Die dichterische Reaktion auf des Autors Grundkondition konnte also keine naive sein: sie mußte, es war nicht anders möglich, im Schiller'schen Sinne »sentimentalisch« sein und bleiben. Sentimentalisch, vielleicht sogar sentimental ist zumindest stellenweise auch das Werk, mit dem wir hier befaßt sind. Gerne nähme ich die Gelegenheit wahr, um auch den Begriff des »Sentimentalen« in der Literatur zu erlösen aus der Strafecke, in die man ihn nun seit langem schon gestellt hat. Es ist nämlich schwer, ja wahrscheinlich überhaupt nicht abzuklären, wo in der Literatur die Grenzen zwischen dem Erfühlten oder, wie man früher gesagt hätte, dem »Empfindsamen« und dem Sentimentalen verlaufen. Arnold Zweig, gewiß kein Schriftsteller, der vom Gefühl sich ganz und gar überschwemmen läßt, ist im *Grischa* gleichwohl und trotz preußischer Zucht ein sentimentalisch-sentimentaler Autor, ist es im gleichen Sinne, wie auch der alte Fontane es war. Die Schilderungen von Landschaften, Menschen, dialektischen Situationen, in denen Gesellschaftliches transparent wird, bannen unsere mitfühlende Aufmerksamkeit, nicht obwohl, sondern *weil* die Emotion *nicht* ausgespart, bzw. unterdrückt wird. Vermittels dieser, allerdings stets durch sprachliche Knappheit und intellektuelle Sauberkeit in gutes Gleichgewicht gebrachten Emotion gelingt Zweig auch die totale Einverwandlung in seine Gestalten. In dem Literaten und Schreiber Bertin skizziert Zweig sich selber, ohne daß je das Autobiographische aufdringlich würde. Er steckt aber auch in der alten Exzellenz von Lychow, in der reizenden Schwester Bärbe, in dem skeptischen, das Gute tuenden ohne so recht daran glaubenden Kriegsgerichtsrat Pos-

nanski, ja sogar in dem höchst widrigen Schieffenzahn-Luden-
dorff, bei welchem die Gefahr gedroht hätte, er könne zur Kari-
katur werden. Er ist das keineswegs. Er ist der Generalquartiermeister, der, wie es wörtlich heißt »das Gehirn des gesamten
Gebietes zwischen Ostsee und Karpaten in seinem kurzgescho-
renen Schädel trägt«, der »seine maßlose Leistungskraft« liebt,
ein vollgültiger Vertreter des deutschen Imperialismus und
dennoch ein Individuum. Ein unangenehmer Mensch, aber ein
Mensch gleichwohl – kein Monstrum.

Bewunderswert, wie Arnold Zweig um die Grischa-Episode
herum seinen ungeheuren Stoff organisiert. Soldaten, Offiziere, Unteroffiziere, Russen, Deutsche, verliebte Krankenschwestern, salbungsvolle Feldgeistliche, Hochadelige und Proleten
tauchen aus dem Dunkel der Vergangenheit heraus und reden
miteinander, reden zu uns, als wären sie die Umwelt unseres
Alltags. Kein Zweifel an ihrer Realität ist möglich, kein Zau-
dern hat der Autor im Angesicht der Gesamtwirklichkeit, die er
in großen Kapitel-Blöcken aufbaut, hemmend verspürt. Hier
tritt uns noch einmal und auf imponierende Weise mit Magni-
fizenz und Selbstgewißheit der *realistische Roman* entgegen
und der realitätsgetreue Erzähler, der uns nicht weismachen
will, er sei nicht allmächtig und allwissend. Tatsächlich ist ja
der Erzähler *immer* allwissend, auch dann, ja namentlich dann,
wenn er so tut, als rollten Verläufe ab, auf die ihm der Zugriff
verwehrt ist.

So wenig die Realität als Erzählbarkeit für Arnold Zweig ein
Problem war, ist ihm die Sprache ein Wittgenstein'sches My-
sterium. Er redet die Sprache eines gebildeten, humanen Mannes: die Alltagssprache seiner gesellschaftlichen und edukati-
ven Schicht. Und wo er seine Personen reden läßt, dort hat er
ihnen gründlich aufs Maul geschaut. Ist es denn auch möglich,
auf andere Weise eines so ungeheuren Handlungskomplexes
Herr zu werden? Ich zweifle daran, und je weiter ich fortschritt
im Weiterlesen von Zweigs *Grischa*, desto müßiger erschienen
mir alle, einschließlich der geistreichsten ausgeklügelten Experimente, an die zeitgenössische Erzähler uns gewöhnt haben.
Das aus dem neuen literarischen Vokabular verbannte Wort
von der *Gestaltung* kam mir bei der Lektüre in den Sinn. Plötzlich wußte ich wieder, was das ist und sein kann, vielleicht sein
muß: die dreidimensionale Formung von Figuren und viel-

dimensionale Erfassung und Wiedergabe ihrer seelischen Befindlichkeit. Man kann ganz offensichtlich weder eines russischen Kriegsgefangenen, noch eines preußischen Generalmajors, noch eines jüdischen Kriegsgerichtsrates habhaft werden, wenn man nicht weiß, wie sie sich räuspern und wie sie spukken, was sie denken vor dem Einschlafen. Das Epos ist konzipierbar nur mit epischen Mitteln: und irgendeinmal wird sich erweisen, daß die von heute und von morgen nicht grundverschieden sein können von denen der Vergangenheit.

Arnold Zweig, der Epiker des Ersten Weltkrieges, hat nicht in allen um seinen zentralen Gegenstand kreisenden Werken die gleiche Höhe gehalten. Neben dem *Grischa* erscheint mir noch *Erziehung vor Verdun* als besonders lesenswert oder nachlesenswert. Die späteren Werke lassen ein deutliches Nachlassen der dichterischen Kraft verspüren, wenngleich auch sie – und selbst dort, wo der Autor allzu sichtbare Konzessionen machte an einen verordneten, von ihm niemals ganz bewältigten orthodoxen Marxismus – als Dokumente über den *Großen Krieg der Weißen Männer* und den deutschen Imperialismus Gültigkeit haben. Der *Grischa* aber ist nicht nur Arnold Zweigs Meisterwerk, er ist ganz gewiß auch das wichtigste Buch, das in deutscher Sprache über den Ersten Weltkrieg geschrieben wurde. Das Epos ist zudem der überzeugende Triumph dessen, was wir die »epische Objektivität« nennen wollen. Man darf diesen Roman als ein Werk des »sozialistischen Realismus« bezeichnen, wie dies in der DDR üblich ist. Man ist ebenso im Recht, wenn man vom bürgerlichen Realismus spricht. Am besten tut man wohl, beide Adjektive beiseite zu lassen. Die Realität *hat* gesellschaftliche Formen: sie *ist* aber mehr als diese.

De Vriendt kehrt heim
oder Arnold Zweigs langer Abschied vom Zionismus

Obwohl Arnold Zweigs Denken tief geprägt war von seinem Judentum, mag es den Leser zunächst überraschen, wie wenig es direkt in sein episches Werk eingeflossen ist. *Der große Krieg der weißen Männer*, die Erschütterung der abendländischen Kultur durch die nationalen Gewaltausbrüche in der ersten Hälfte unseres Jahrhunderts, war das eigentliche Thema dieses Schriftstellers. Natürlich bleibt die jüdische Welt in den tieferen Schichten seines sich über Tausende von Seiten ausbreitenden literarischen Oeuvres immer sichtbar, ist sein Weg vom Nietzscheaner und Kunstästheten zum pazifistischen Sozialisten und aufgeklärten Humanisten ohne die Reflexion über das Leiden und die Stellung einer seit Jahrhunderten verfolgten Minderheit nicht denkbar. Auch finden sich in der vielfältigen Figurengalerie seiner Romane zahlreiche jüdische Menschen, stellt der latente Antisemitismus des wilhelminischen Kaiserreichs und der Weimarer Jahre den unübersehbaren Hintergrund seiner gesellschaftspolitischen und historischen Deutungen dar. Von den zehn veröffentlichten Romanen (die *Novellen um Claudia* gehören nicht zu dieser Gattung) sind es jedoch nur zwei, deren Handlung ganz oder teilweise in Palästina bzw. Israel angesiedelt ist und in denen Zweig die großen Themen seines Volkes, die Suche nach einer nationalen Heimat, nach der Selbstfindung des jüdischen Geistes, in den Mittelpunkt rückt.

Der Essayist und Dramatiker Arnold Zweig dagegen setzte sich ganz zentral mit den Fragen auseinander, die ihm durch seine Herkunft gestellt waren und die vor allem die deutschen Juden mit der wachsenden Flut des Antisemitismus herausforderten. Neben zahllosen Aufsätzen hat er in vier umfangreichen Abhandlungen (*Das Ostjüdische Antlitz*, *Das neue Kanaan*, *Caliban* und *Bilanz der Deutschen Judenheit*) Position bezogen: zum Zionismus, zum Antisemitismus und schließlich – unmittelbar nach Hitlers Machtübernahme – zur Stellung der Juden in der europäischen Kultur. Von seinen sieben vollendeten Dramen greifen vier thematisch auf Ereignisse aus der jüdischen beziehungsweise biblischen Geschichte zurück.

Arnold Zweig war bis weit in die dreißiger Jahre hinein Zionist. Das Elternhaus stand dem Gebetsjudentum distanziert gegenüber, der Vater war 1905 Mitbegründer der Kattowitzer Ortsgruppe der zionistischen Bewegung. Auch wenn der Sohn im Rückblick auf die Jugendjahre einmal schreibt, »entscheidendes Jugenderlebnis: mein Judentum«, bleibt ihm der jüdische Selbsthaß eines Karl Marx, Jakob Wassermann oder Karl Kraus zeitlebens zutiefst fremd. Zweigs Judentum war selbstbewußt, er sah nicht nur die Leiden, sondern auch die Leistungen, mit denen jüdischer Geist seit der Aufklärung die europäische Kultur bereichert hatte.

In seiner ersten großen Auseinandersetzung über Rolle und Stellung seines Volkes, dem Essay *Das Ostjüdische Antlitz*, zeigt sich diese Haltung mit aller Deutlichkeit: »Zu welchem Ende sind meine Sprache, meine Ideale, meine Mittel, mein Gang, Haltung, Aussehen und Geist anders als die von Litauern, Polen oder Deutschen? Verwandt aber eigenartig? Ich will nicht werden wie sie – sondern ebenso viel wie sie, ja, mehr als sie alle, denn ohne den Geist meiner Urväter wären sie alle nicht geworden, was sie sind; ich aber, ich bin ohne den ihrer Urväter noch, was ich bin! Und will ich, so lerne ich den ihren noch dazu, ohne aufzugeben, was ich bin!«

Vierzehn Jahre später in seiner Antwort auf den pseudo-wissenschaftlich begründeten Rassismus des Nationalsozialismus verallgemeinert er diese Position noch einmal nachdrücklich: »Fest aber steht, daß von den deutschen Juden eine intensive Befruchtung des deutschen Lebens ausging, an Einfällen, Verknüpfungen, Durchführungen jeder Art, auf wirtschaftlichem, künstlerischem, geistigem Gebiet.« (*Bilanz der Deutschen Judenheit*).

Und der 32jährige Kriegsheimkehrer bekennt sich 1919 zum damals noch utopisch klingenden Traum, den zwei Jahrzehnte zuvor Theodor Herzl in die Herzen und Hirne der Juden gepflanzt hatte: »Den Aufruf zur jüdischen Volksheimat im Lande Kanaan hat gerade der alte Jude, der Mann des Volkes, sich sofort erschlossen, weil er in neuer, politischer Form nur das ausprach, was er von jeher wußte: daß dies Land sein Land sei.« (*Das Ostjüdische Antlitz*)

Quelle für Zweigs frühen Zionismus war allerdings nicht der die Völker Europas wie eine politische Seuche überschwemmende Nationalismus, sondern ein Ur-Sozialismus, wie ihn der 1919 von einer rechten Soldateska erschlagene Gustav Landauer formuliert hatte. Im *Ostjüdische(n) Antlitz* heißt es: »Von einem jüdischen Sozialismus an, der reiner Marxismus ist und gleichsam als seine Agitationsprovinz die jüdisch sprechenden Menschen betrachtet, bis zu einem reinen Sozialismus, der der Prägung des erschütternd starken Menschen und gemordeten Führers Gustav Landauer ganz nahe kam – in kleinen Siedlungen, ohne Staat, aus gemeinschaftlichem, antipolitischem Geiste heraus, unter Gemeinbesitz an Grund und Boden und den entscheidenden Produktionsmitteln den sozialistischen Geist zu leben, im jüdischen Lande, dem Lande unserer Arbeit und Erfüllung – hat er mehrere Grade immer reinerer Inkarnierung gefunden. Und man braucht nur die Frage zu stellen, wo der Aufbau wirklich als reiner Aufbau möglich ist, ohne daß der Fluch der Zerstörung von vornherein auf dem neuen Gebilde liegt, um sich zu vergewissern, daß es keine Voreingenommenheit ist, zu sagen: der kolonisierende palästinensische Sozialismus ist wirklich eine reinere Darstellung der Idee als jeder, der erst gewalttätig zerstören muß, um aufbauen zu können.«

Der Zionismus Zweigs war also von früh an auf sozialistischen Utopien aufgebaut, von kräftigen idealistischen Impulsen gespeist. Dem Marxismus stand er zunächst fern, zeitweise ablehnend gegenüber, näherte sich ihm erst in den zwanziger Jahren. Als er sich dann schließlich rückhaltlos zu den Lehren des »wissenschaftlichen Sozialismus«, wie ihn Lenin und seine Nachfolger interpretierten, bekannte, vor allem nach 1948 vielfach Zeugnis ablegte für den »real-existierenden Sozialismus« in der DDR, ist aber auch hier der idealistische Zug in seiner Haltung unübersehbar. Als marxistischer Theoretiker blieb Zweig bis ans Lebensende ein Dilettant. In einem Brief vom August 1951 an den Freund Lion Feuchtwanger wird beides deutlich, die Zurückweisung der zionistischen Vergangenheit und der theoretisch spärlich unterfütterte Drang, sich zu bekennen; »Ich lasse mir jetzt bei reifem Verstand Schriften vorlesen, die ich als Student hätte kennenlernen sollen statt des Zionistenkrams, nämlich Marx' und Engels' ›kleinere‹ Arbeiten über Bonaparte, Klassenkampf in Frankreich, Wohnungsfrage, Bauernkrieg und so fort – prachtvoll und fördernd, und ein Genuß.«

Das geistige (und psychische) Fundament des politischen Denkers und Künstlers Arnold Zweig wurde in den Jahren gelegt, in denen er als Soldat das Grauen des Krieges in der »Hölle von Verdun« erlebte, erkennen mußte, wie Millionen Menschen beiderseits der Fronten Opfer einer nationalistischen, von ökonomischen Imperialismusideen getriebenen Führungsschicht geworden waren. Das Kriegserlebnis machte Zweig zum Pazifisten, die europäische Selbstvernichtung und die auf den Friedensvertrag von Versailles folgende massenhafte Verdrängung des Weltkriegs zum Anti-Nationalisten. Beides entfernte ihn nicht von seinem tief eingewurzelten jüdischen Zugehörigkeitsgefühl, aber die Verhärtung der zionistischen Bewegung, die in den zwanziger und dreißiger Jahren durch deutliche nationale Akzente immer sichtbarer wurde, ließ seine Skepsis wachsen. Auch die Nichtbeachtung als Schriftsteller, die er während seiner 15 Exiljahre in Palästina erlebte, die zunehmende Vereinsamung und finanziellen Sorgen führten schließlich zu einer scharfen Ablehnung des Zionismus. Seine Briefe an den verehrten Freud und den ihm geistig verwandten Feuchtwanger, die er regelmäßig zunächst nach Wien und Sanary, dann nach London und Los Angeles schickte, weisen auf die wachsende Enttäuschung, ja Verbitterung des von seinen deutschen Sprach- und europäischen Kulturwurzeln abgekappten Exilanten hin. Die Wirklichkeit hielt der Idee nicht mehr stand. »Inzwischen durchlaufe ich mannigfache Krisen. Zum ersten stelle ich ohne Affekt fest, daß ich hierher nicht gehöre. Das ist nach zwanzig Jahren Zionismus natürlich schwer zu glauben... Aber alles war irrig, was uns hierher brachte.« (Brief an Sigmund Freud vom 1. 9. 1935)

Der Wendepunkt dieser Entwicklung läßt sich in seinem literarischen Werk an dem 1932 geschriebenen Roman *De Vriendt kehrt heim* festmachen. Nicht als Essayist, sondern als Künstler zieht Zweig hier Bilanz über den Zionismus, wie er sich im mittelöstlichen Mandatsgebiet der Briten zunehmend herauszuschälen begann. Die jahrelange theoretische Auseinandersetzung mit diesem Thema mündete nun in ein Romanwerk ein, in dem Zweig das ihn aufwühlende Erlebnis seiner ersten Palästina-Reise verarbeitete.

Er ist zu diesem Zeitpunkt bereits ein weltberühmter Schriftsteller. Fünf Jahre vorher war *Der Streit um den Sergeanten Grischa* erschienen, 1931, *Junge Frau von 1914*. Der große Romanzyklus vom *Großen Krieg der weißen Männer*, das eigentliche Lebenswerk, ist – wenn auch später noch vielfach variiert – bereits entworfen. Zweig steht in diesen Jahren auf dem Höhepunkt seines Künstlertums, was der 1935 im Exil vollendete Roman *Erziehung vor Verdun* noch einmal nachdrücklich unterstreichen sollte.

Zweig reiste am 3. Februar 1932 nach Palästina. Von Port Said führte ihn der Weg nach Haifa, Akko, Tiberias, Damaskus und Jerusalem bis hinunter ans Tote Meer. Über Kairo kehrte er am 6. April 1932 in sein Eichkamper Atelier zurück. Im Gepäck befindet sich bereits der Entwurf zu einem Palästina-Roman, der nur acht Monate später erscheint.

Noch in Tel Aviv schildert Zweig gegenüber der *Jüdischen Rundschau* seine Palästina-Eindrücke: »Das ist mein erster Aufenthalt im südlichen Mittelmeer, und der Gesamteindruck dieser Fahrt ist außerordentlich stark und positiv. Allein die Landschaft, die Karsthügel Syriens, die Berge Galiläas, der Tiberias-See, Haifa, das judäische Gebirge, die Durchsichtigkeit und Klarheit der Atmosphäre sind von großem gestalterischem Reiz... Erstaunlich ist weiter das Nebeneinander der verschiedenen nationalen Kreise (Juden, Araber, Engländer). Auch hier erscheint die Anbahnung gesellschaftlicher Verbindungen dringend nötig. Merkwürdig in diesem Land des Aufbaus ist der naive und unkritische Nationalismus beider Seiten. In Europa haben wir am eigenen Leibe erfahren, welche verheerende Wirkung ein in die Grundlagen der Gesellschaft eingebauter Nationalismus sprengstoffartig entwickeln muß. Es ergibt sich also die schwierige Aufgabe, hier in Palästina die Nationalismen in den nächsten Jahren zu kanalisieren... Nur muß man die Lektion lernen, daß es auf die Dauer hier keine rein jüdischen Wirtschafts-Probleme und -Lösungen geben kann. Schon rein geographisch sehe ich nur den einen palästinensischen Wirtschaftsorganismus, von dem die vorhandenen und die kommenden Juden einen wesentlichen Teil, eine befeuernde Kraftquelle bilden...«. In diesen Äußerungen, die noch ganz unter dem unmittelbaren Eindruck des Palästina-Erlebnisses stehen, klingt bereits das Leitthema des zu diesem Zeitpunkt schon konzipierten Romans an. *De Vriendt kehrt heim* wird zu Zweigs literarischer Auseinandersetzung mit dem jüdischen Nationalismus, der durch die immer brisantere politische Lage in Palästina den zionistischen Siedlermythos mehr und mehr zu überlagern droht. Blickt der Leser von heute auf das nahöstliche Drama der vergangenen sechs Jahrzehnte zurück, das mit der berühmten Balfour-Deklaration von 1917 einsetzte, dann erweist sich der Schriftsteller Arnold Zweig als Prophet. Jüdischer und arabischer Nationalismus, von beiden Seiten geschürt und aus subjektiver Sicht der betroffenen Gruppierungen deutbar, verwandelten den Nahen Osten bis in unsere Tage hinein in eine permanente Kriegsregion.

Eine von Zweigs Romanfiguren, der Ingenieur Eli Saamen, formulierte das Credo der neuen jüdischen Generation: »Ihr deutschen Juden bringt Empfindungen mit hierher, die euch kampfunfähig machen. Ob es lohnt oder nicht – wer fragt danach? Wir haben keine Wahl, das ist unsere Rechtfertigung. Wir müssen irgendwo eine dicke Majorität mit besonderen Lebensgesetzen bilden, oder wir verschwinden allmählich, und mit uns eine eigene Sorte Mensch, eine, um die es schade wäre... Ich verlange nichts weiter als diese dicke Majorität – das ist mein ganzer Nationalismus.« (*De Vriendt kehrt heim*)

Zweig sieht die Gefahren einer solchen Haltung für die gesellschaftliche und politische Entwicklung des Zionismus, aber er bleibt in *De Vriendt kehrt heim* ebensowenig blind gegenüber der Situation, auf die die jüdischen Einwanderer in Palästina stoßen. Seine zionistischen Kritiker, die nach dem Erscheinen des Romans Sturm liefen, haben da manche Buchpassage ganz offensichtlich überlesen. Sicher, Zweig ist skeptischer geworden, sein Weltbild hat sich in den Weimarer Jahren geweitet, ist über die zionistische Problematik weit hinausgewachsen. Aber er bleibt auch in diesem Werk ein jüdischer Denker, das Drama der Landbesiedlung nie aus den Augen verlierend: »Die Lage der Juden in Palästina, besonders der Zionisten, war politisch bedrängt vom Widerstand der Araber, von der Lauheit der Verwaltung, von der Gleichgültigkeit, ja Angst breiter Judenmassen auf der Erde vor der zionistischen Idee, die ihnen ihre heimische Staatsbürgerschaft zu gefährden schien; wenig Geldmittel also, viel zu langsame Entwicklung, von der Regierung gedrosselte Einwanderung und dabei grenzenloser Opfermut der hitzköpfigen jungen Burschen, die ins Land strebten, um unter unsäglichen Schwierigkeiten aus Malariasümpfen Getreidefelder zu schaffen, aus Sandböden Orangengärten, aus kahlen Hängen Weinberge, aus stockerigen Feldwegen moderne Asphaltstraßen, bei glühender Sonne und frostigen Nächten, im Zelt jahrelang, unter dem strömenden Regen des Winters und der dörrenden Sommerglut.« (*De Vriendt kehrt heim*)

Als dann der Sturm des arabischen Aufstandes über die jüdischen Siedlungen und Städte hinwegfegt, steigert sich die Sprache des mitempfindenden Dichters zu expressionistischer Grellheit: »Wer ruft das Land? Ein Schrei hallt durch das Land: Gewehre! Die Männer hinter den Traktoren, die Gräberzieher bei den Entsumpfungsarbeiten, die Pflanzer, Säer, Bewässerer, die Pfleger der Kühe, der Pferde – die Siedler in den ländlichen Farmen, Genossenschaften, Kleinbesitzen... all diese Männer krallen sich an ihren Boden und stoßen nur einen Ruf aus: Waffen!« (*De Vriendt kehrt heim*)

Aber der Humanist Arnold Zweig ist angesichts der Lage der sechshunderttausend im Land lebenden Araber ernüchtert, das ideale Gemeinwesen, von dem die Zionisten (und zeitweise auch er selbst) einst geträumt hatten, findet er in Palästina nicht. Die jüdischen Organisationen kaufen von den reichen Effendis Grund und Boden auf, die Massen der arabischen Landarbeiter fühlen sich bedroht, aus dem Land, in dem auch ihre Väter wohnten, verdrängt. Die Folgen dieser Entwicklung für das jüdische Selbstverständnis und die Zukunft Palästinas werden von Zweig nicht verdrängt. Heinrich Klopfer, eine Romanfigur mit selbstbiographischen Zügen des Autors, spricht den bitteren Satz aus: »Uns schlichten Intelligenzen, uns geht nicht in den Kopf, wie wir in Europa für Versittlichung des Alltags eintreten können, auch des politischen, um hier als Herrenrasse Unterdrücker zu spielen.«

Izcha Josef de Vriendt, Dichter und Anti-Zionist, aber strebt das Miteinander von Juden und Arabern an. Er erreicht das Gegenteil. Sein gewaltsamer Tod löst die blutigen arabischen Aufstände gegen die jüdischen Neueinwanderer aus. De

Vriendts Scheitern deutet auf Zweigs wachsenden Pessimismus über die Entwicklung des Zionismus hin.

Unübersehbar ist jetzt auch seine zunehmende Distanz zum naiven sozialistischen Modell Gustav Landauers. In *De Vriendt kehrt heim* nähert sich der bürgerliche Schriftsteller stärker als bisher marxistischen Positionen, ohne sie allerdings widerspruchslos stehen zu lassen. Ein Parteikommunist formuliert gegenüber de Vriendts Mörder, dem jüdisch-russischen Zionisten Mendel Glass, diesen Prozeß: »Wenn du anfängst zu denken, richtig zu denken, den Unsinn eures kleinbürgerlichen Agrarsozialismus zu überwinden und dich zu den wahren Konsequenzen deiner Lage aufrafftest, wie die Luxemburg und Lenin sie längst gezogen haben – aus dir könnte etwas werden.« Die »Erziehung« des Mörders Mendel Glass beginnt, angestoßen von Vordenkern der neuen Klasse, denselben Männern, die im Romanzyklus vom großen Krieg die politisch-geistige Entwicklung des Werner Bertin bestimmen.

Wie unabhängig Arnold Zweig in diesen Jahren allerdings als Intellektueller bleibt (später wird sich das ändern), zeigen mehrere Aufsätze aus dieser Zeit, in denen er die Zustände im nachrevolutionären Rußland betrachtet: »Ich bete Rußland nicht an, ich weiß zu genau wie wenig anbetungswürdig die Zustände sind, die sich dort entwickelt haben, und ich bekämpfe die Methoden, mit denen sich eine herrschende Schicht am Ruder hält, ganz gleich, ob sie in Italien durch Rizinus oder in Deutschland durch den Stimmzettel der noch Unmündigen, in Rußland durch das Erbe des Bürgerkrieges zur Macht gekommen ist. Die Diktatur des Proletariats ist mir verhaßt wie jede Diktatur... Ich sehe also die Sache einer Neuordnung der menschlichen Gesellschaft in Rußland schlecht genug vertreten.« (*Die Weltbühne*, Nr. 48 von 1930)

Der Palästina-Roman wird also in einem Lebensabschnitt Zweigs erdacht und geschrieben, in dem sich seine politische Standortbestimmung im Wandel befindet, sein Denken starken Schwankungen und Zweifeln unterliegt. Dem Zionismus gegenüber wächst die Unsicherheit, den jüdischen Nationalismus lehnt er scharf ab, dem Marxismus steht er innerlich fremd, der Sowjetunion bald nicht ohne Vernunfts-Sympathie gegenüber. Erst die schweren, einsamen Jahre des Exils führen zu der dann schließlich fast absoluten, bekennerischen Position, die

seine beiden letzten Lebensjahrzehnte in der DDR prägen sollte. Die Suche nach einem geistigen Vaterland, die dieser als
Jude und Deutscher in der Lebensmitte doppelt heimatlos gewordene Schriftsteller nie aufgab, sie mündete schließlich in
die nahezu bedingungslose Zustimmung zu einem politischen
System, in dem Anspruch und Wirklichkeit so weit voneinander entfernt lagen, wie der Traum der frühen Zionisten von den
Realitäten, die sie schon bald im Land ihrer alten Könige und
Propheten einholten.

Die Fabel aber, in die Arnold Zweig seine Auseinandersetzung
mit dem Palästina der Mandatszeit einwob, beschäftigte ihn
bereits lange vor seiner ersten Orientreise. »Das Thema ist alt
für mich«, schreibt er nach seiner Rückkehr an Sigmund Freud.
In einer Zeitungsnotiz hatte Zweig 1924 von der Ermordung
des holländisch-jüdischen Schriftstellers de Haan in Jerusalem
gelesen – ein Attentat, das die zionistische Bewegung in Auf-
ruhr versetzte. »Das Modell der Hauptgestalt meines Buches«,
so heißt es in einem Aufsatz für die *Jüdische Rundschau* vom
November 1932, »war der unglückliche Dichter, unselige Politiker J. I. de Haan, der 1924 in Jerusalem ermordet wurde. Seit
jenen Monaten, fast acht Jahre lang, beschäftigte diese Gestalt
meine Phantasie, obwohl ich von ihr nur wußte, und zwar bis
zum Betreten Palästinas im Frühjahr, was in den Spalten dieser
Zeitung über sie zu lesen gewesen. Er war die große Figur des
Gegenspielers. Ich wußte, er würde mich in die Tiefe unserer
Problematik hineintragen; nur ahnte ich nicht wie tief.«

Jacob Israel de Haan, in Amsterdam geboren, war zum Zeitpunkt seines Todes 43 Jahre alt. Aus einer orthodoxen Familie
stammend, begeisterte er sich zunächst für den Zionismus,
verließ Frau und Kinder und zog nach Jerusalem. Dort wurde
er Hochschullehrer und wandte sich bald enttäuscht vom Zionismus ab, wurde Mitglied der ultra-orthodoxen Agudath-Israel. Als Journalist polemisierte er heftig gegen den Aufbau
eines national-jüdischen Gemeinwesens, verfaßte anti-zioni-
stische Denkschriften an die britischen Mandatsherren. Der
exzentrische Außenseiter lud bald die Empörung und den Haß
seiner jüdischen Nachbarn auf sich, vor allem, als seine homosexuellen Beziehungen zu jungen Arabern bekannt wurden.
Am 30. Juni 1924 wird er auf offener Straße von drei Revolver-
kugeln getötet. Die beiden Attentäter werden nie gefaßt. Lange

glaubten die Juden, de Haan sei Opfer eines arabischen Rache-aktes geworden. Erst Jahrzehnte später wurde bekannt, daß die Mörder aus den eigenen Reihen kamen.

»Mein de Vriendt hat viele Charakterzüge des holländischen Dichters und Publizisten... Sein letztes Werk hieß ›Kwatrij-nen‹, fünf dieser Vierzeiler in journalistischer Prosaübersetzung kannte ich seit jenen Tagen, in denen mich sein Schicksal zum Aufhorchen brachte. Jüdisch-orthodoxer Gottesflucher, Liebhaber arabischer Knaben, glänzender Schriftsteller, Jurist und Politiker der Agudath-Israel, hatte er enge Fühlung mit den arabischen Fürsten, vertrat eine alte Toleranzpolitik, fiel den Zionisten bei jeder Gelegenheit in den Rücken und wurde ermordet, nachdem er vor (dem Zeitungsverleger) Lord North-cliffe und den Arabern versucht hatte, die Zionisten zugunsten der Agudath zurückzudrängen.« (Brief an Freud vom 30. November 1932)

Zweigs de Vriendt bleibt der Freidenker der europäischen Aufklärung. Seine politische Hinwendung zum orthodox-radikalen Judentum kann den qualvollen Zwiespalt, den sein metaphysisches Denken überschattet, nicht überwinden. Der Rufer nach der strengen Einhaltung der Gesetze Jahwes ist ein »Gottesflucher«, ein Gezeichneter. Seine ketzerischen, nihilistischen Verse, die er in aller Heimlichkeit verfaßt und unter Verschluß hält, lassen ihn zum geistigen Zertrümmerer werden. Die Leidenschaft zu dem arabischen Knaben Saud verschärft den schillernden Zug dieser Existenz.

Zweig läßt also tatsächlich einiges von dem, was ihm über das Leben de Haans bekannt war, in die Charakterisierung und Darstellung des »Helden« seines Romans einfließen. Obwohl er nach der Fertigstellung des Manuskriptes ausdrücklich betont, daß der holländische Dichter »und mein Dr. de Vriendt nur eine Anzahl Fakta gemeinsam haben, die aus Charakter und Schicksal entspringen.« Das Vorbild ist dem Autor »nur wichtig als Typ, den das Judentum in dieser Zeit hervorbringen konnte.«

Historisch verlegt Zweig den Mord an de Vriendt in das Jahr 1929, um für seine Fabel die Verbindung mit dem großen arabischen Aufstand, der im Roman durch den Mord ausgelöst wird, herstellen zu können. »Mein Buch [ist] kein Dokument. Es erhebt den Anspruch, mehr zu sein, nämlich eine Dichtung, und

Dichtung ist zuerst und zuletzt beherrscht von gestaltender Phantasie und den Gesetzen der Form.«

Phantasie und Form aber werden in *De Vriendt kehrt heim* mit meisterlicher Könnerschaft entwickelt und gebaut. Es ist erstaunlich, zu beobachten, wie der nur siebenwöchige Aufenthalt in Palästina Zweig befähigte, das Erleben der Menschen und Landschaften dieser Region in seinem Roman so dicht zu verarbeiten. Die Schilderung des arabischen Aufstandes, die Charakterisierung de Vriendts, die Deutung der Motivation seines Mörders, dessen innere Entwicklung deutlich Züge Dostojewskischer Figuren trägt, die »objektive« Beurteilung des britischen Geheimdienstoffiziers Lolard B. Irmin, die dramaturgisch gelungene Verknüpfung von erzählerischer Spannung und politischer Diskussion stellen den Palästina-Roman ebenbürtig an die Seite seiner bedeutenden epischen Werke über den *Großen Krieg der weißen Männer*.

Wie sicher er sich des Stoffes und seiner literarischen Bewältigung war, zeigt schließlich auch die Entstehungsgeschichte des Buches. Zwischen der Konzeption der Fabel in Jerusalem und dem Ende des Romandiktats am 18. Juni 1932 liegen nur knapp vier Monate. »Der Berg ist überschritten, will sagen, das Buch ist da«, heißt es am 16. November des gleichen Jahres in einem Schreiben an Freud.

Zweig war sich allerdings sehr bewußt, welch differenzierte, mancherlei Mißverständnisse herausfordernde Position er in seinem *De Vriendt kehrt heim* eingenommen hatte. »Das Buch wird bei Juden und Nichtjuden Anstoß erregen, es verurteilt nämlich den Nationalismus und den politischen Mord auch bei den Juden, und da ich lächerlich empfindlich gegen öffentliche Kritik bin, obwohl ich mir nichts daraus mache, habe ich schon jetzt ein unbehagliches Gefühl – einem Schwächezustand nach der Arbeit entspringend.« Der Übervater Freud, an den diese Worte gerichtet waren, beruhigt den in diesen Monaten aus privaten und politischen Gründen ohnehin überreizten Autor postwendend: »Eindruck macht es gewiß, man ist so erlebenssatt, nach dem man durch ist – der Stoff, sein Reichtum, die Schärfe der Zeichnung, die Unparteilichkeit der Schilderung, das nimmt Besitz von einem... Man gibt sich dann Rechenschaft davon, daß das Weib darin kaum eine Rolle spielt, daß es ein Buch vom Streit und Ringen der Männer ist und berechtigterweise die Liebe zu einem Knaben, die einzige, die darin vorkommt. Meisterhaft – das verstehen Sie überhaupt – die Hintergründe, diesmal die historischen.«

Ein Lob, das auch der Rezensent der *Frankfurter Zeitung*, Hermann Lind, ausspricht: »... eine hervorragend detaillierte Schilderung des arabischen Pogroms von 1929 und eine erschöpfende Darstellung des Vorderen Orient.« Und Lind zieht in dem gleichen Artikel – die Götterdämmerung der Weimarer Republik hat längst eingesetzt – Parallelen zu den Ereignissen der Ära Papen/Schleicher: »Läßt man einmal die Palmen und Ölbäume außer Betracht, die jüdischen und arabischen Namen, so mutet das Buch dieser orientalischen Parteien und verhetzter politischer Leidenschaften fast an wie ein Bericht aus unserem heutigen Deutschland.«

Franz Oppenheimer nimmt in seiner Kritik für das *Tage-Buch* Zweig gegen zionistische Angriffe in Schutz: »... parteilos heißt hier nicht ›anteilslos‹. Diesem Dichter ist noch mehr gegeben als die Hand des Künstlers, die Tiefenschau des Seelenforschers und die Erkenntnis des Soziologen... Er nimmt an allen Individuen und Gruppen den gleichen herzlichen Anteil.«

In der *Jüdischen Rundschau* dagegen kommt es nach dem Erscheinen des Romans zu einer teilweise heftigen Auseinandersetzung. »Es ist ein Schlüsselroman und keiner von der erlaubten Sorte«, heißt es dort. Oder: »Sprache und Darstellungsart sind nicht überall von der dem früheren Zweig häufig eigenen Dichte und Tragfähigkeit.« Die theologische Kritik aus jüdischer Feder wirft Zweig wiederum vor, in seiner Darstellung der geistigen Welt de Vriendts verflache »der Idealismus zum naturalistischen Monismus«, und es sei bei ihm »das Leben, in das alles einmündet: der Tod ist scheinbar, das Leben ist ewig«.

Die Ablehnung dieses Werkes in der zionistischen Bewegung sollte der Dichter aber bald sehr viel folgenreicher verspüren. Als er Ende 1933 für fünfzehn Jahre ins Exil nach Palästina geht, sind es nicht nur die »Sprachchauvinisten«, die den deutschschreibenden und -sprechenden Schriftsteller weitgehend isolieren. Der Roman *De Vriendt kehrt heim* wird nicht ins Hebräische übersetzt, und er bleibt eine der Ursachen für die Ablehnung, die der in Deutschland so berühmte Autor in seiner neuen »Wahlheimat« erfährt. Seine Zweifel (und zeitweise seine Verzweiflung) wachsen: »Aber gehöre ich als Staatsbürger zu diesen, die mich hier seit dem de Vriendt ignorieren?« Seine künstlerische Antwort auf diese Angriffe hatte Zweig allerdings schon seinen de Vriendt formulieren lassen: »Was ich wollte? Was jeder anständige Schriftsteller will: die Wahrheit um ihrer selbst willen, die Gerechtigkeit um der Menschen willen, Erbarmen um der Gemeinschaft willen und Liebe um Gottes willen. Der Mut, dem eigenen Volke zu trotzen und ihm zu sagen, was ihm fehlt und woran es leidet.«

Gerechtigkeit über sich fühlend
Arnold Zweigs Roman *Das Beil von Wandsbek*

»Wie immer die Wurzeln der Hitlerei in den Gegebenheiten des wilhelminischen Kaiserreichs verborgen oder zutage lagen: ihnen mußte unmittelbar nachgespürt werden, dieser schrecklichen, in noch furchtbarere Niederlagen führenden Wiederaufnahme des imperialistischen deutschen Krieges mittels des verheerenden Nazitums.« Mit diesem Satz hat Arnold Zweig 1953 – »am fünften Jahrestag meiner Rückkehr« – in einem Nachwort für die erste innerdeutsche Ausgabe im Ostberliner Aufbau-Verlag die Haltung und Stimmung charakterisiert, aus der sein Roman *Das Beil von Wandsbek* entstanden sei. Er habe sich »in die Front der Kämpfer gegen das Dritte Reich« direkter einreihen wollen, als es »durch Romane aus dem ersten Weltkrieg und Aufsatzbücher geschehen konnte«. Dies zunächst sehr allgemeine Vorhaben, mit dem Arnold Zweig nach der Beendigung des Romans *Einsetzung eines Königs* im Jahr 1936 umging, konkretisierte sich laut seiner Rückschau, als er 1937 einen kurzen Bericht der damals in Prag erscheinenden *Deutschen Volkszeitung* unter dem Titel *Selbstmord eines Henkers* in die Hand bekam. »Wie genau zwanzig Jahre vorher beim *Streit um den Sergeanten Grischa* durchblitzte mich die Vision, dies sei der Kern einer Fabel, um im Aufstieg des Dritten Reiches seinen Untergang schon mitzugeben.« Die Niederschrift begann 1940. 1943 erschien zunächst eine Übersetzung ins Hebräische. Die deutsche Erstausgabe kam 1947 im Neuen Verlag, Stockholm, heraus.

Als er den Plan für *Das Beil von Wandsbek* faßte, wohnte Arnold Zweig schon einige Jahre in Haifa. 1933 war er über die Tschechoslowakei, die Schweiz und Frankreich nach Palästina emigriert, wo er bis 1948 blieb, weil er hier »im deutschen Milieu« leben konnte.[1] Während der ersten Jahre im Exil entstanden die dem Grischa-Zyklus zugehörigen Romane *Erziehung vor Verdun* (1935) und *Einsetzung eines Königs* (1937) – Arbeiten, die noch im Ersten Weltkrieg spielen und sich einem an-

derthalb Jahrzehnte vor der Emigration imaginierten Grund-
konzept zuordnen. *Das Beil von Wandsbek* ist der einzige groß
angelegte Roman Arnold Zweigs, der ganz und gar in die Jahre
des Exils zu datieren ist.

»[...] der Versuch einer psychologischen Analyse des Verhaltens einzelner Gestalten auf die Auswirkungen des faschistischen Machtapparats« – so lautet die sehr karge Charakteristik
des mehr als 500 Seiten starken Romans im *Deutschen Schrift-
stellerlexikon* der DDR. Sie entspricht indirekt der Kritik von
Georg Lukács[2], der in *Das Beil von Wandsbek* einen unum-
schränkt positiven Helden vermißt, einen Helden, der nach Lage der Dinge nur ein Kommunist hätte sein können. Bezieht
man diese Forderung auf Arnold Zweigs persönliche und literarische Entwicklung bis zu dem Zeitpunkt, da er *Das Beil von
Wandsbek* schrieb, klingt sie allerdings kaum realistisch. »Der
preußische Jude Arnold Zweig«, als den Marcel Reich-Ranicki
den Autor in einem so betitelten Aufsatz seines Buches *Deutsche Literatur in West und Ost* (1963) überzeugend charakterisiert hat, der kulturkonservative, gleichermaßen jüdischer und
idealistisch-klassischer deutscher Tradition verpflichtete Pazifist und Zionist, der vor allem von Fontane geprägte Erzähler,
der Bewunderer Sigmund Freuds und der Psychoanalyse wäre
unfähig gewesen, einem Helden dieses Zuschnitts einleuch-
tend Figur zu geben. Er sah zu deutlich und zu differenziert die
psychischen und geschichtlichen Bedingtheiten einer jeden
einzelnen Existenz, ihre Verwurzelung und Verflochtenheit in
den Hintergründen ihrer Herkunft, die Grenzen ihres Sicht-
bereichs, als daß er einen Helden hätte konzipieren können, der
im hier geforderten Ausmaß über dies alles hinauswies. Und
die Gründe reichen sogar noch tiefer.

Der Romancier Arnold Zweig wollte die Gesellschaft, in der er
heimisch war, der er sich auch im Exil noch zugehörig fühlte, er
wollte die preußisch bestimmte deutsche Gesellschaft auch
jetzt noch nicht ganz und gar anders – seine Absicht war, das
Böse in ihr und ihre Anfälligkeiten für das Böse, Falsche, Irrige
zu diagnostizieren, um sie auf ihre Recht stiftende geschicht-
liche Wahrheit zu verweisen. Zweig blieb auch im Exil, der er
gewesen war. Marcel Reich-Ranicki hat in seinem schon genannten Aufsatz darauf hingewiesen, daß in *Das Beil von
Wandsbek* die deutschen Verhältnisse zwar kritisch und ankla-

gend, aber zugleich wohlwollend und verteidigend dargestellt seien. Und Jürgen Rühle, der andere Interpret Arnold Zweigs zu einer Zeit, da dieser Schriftsteller in der Bundesrepublik längst nahezu unbeachtet blieb und fast vergessen war, charakterisiert den »bleibenden Wert des Werkes« so: »Es ist nicht einfach ein Plädoyer zur Entnazifizierung, sondern ein Dokument der furchtbaren menschlichen Tragödie, die Schuldige und Unschuldige im Mechanismus der Diktatur erfaßt. Nicht der SS-Mann Teetjen sitzt auf der Anklagebank, sondern die Diktatur schlechthin.«[3]

Noch und gerade für *Das Beil von Wandsbek* gilt – und es ließe sich eine ganze Reihe entsprechender anderer Passagen aus Zweigs früheren Werken aufführen – der folgende Satz des Oberleutnants Winfried aus dem *Streit um den Sergeanten Grischa:* »Um Deutschland geht es uns [. . .], daß in dem Land, dessen Rock wir tragen und für dessen Sache wir in Dreck und Elend zu verrecken bereit sind, Recht richtig und Gerechtigkeit der Ordnung nach gewogen werde. Daß dies geliebte Land nicht verkomme, während es zu steigen glaubt. Daß unsere Mutter Deutschland nicht auf die falsche Seite der Welt gerate. Denn wer das Recht verläßt, der ist erledigt.« Der preußische Jude Arnold Zweig beharrt als Schriftsteller auch im Exil, auch im direkten Kampf gegen die Hitlerei, auch im literarischen Verfahren gegen einen SS-Mann und Nazi-Henker auf den differenzierten Grundsätzen von Rechtlichkeit und Gerechtigkeit, die seinen zuvor erschienenen Romanen ihre Unverwechselbarkeit gaben, die er in ihnen erzählerisch konkretisiert hatte. Dieser Befund liegt so unmißverständlich auf der Hand, daß er jeder einlässigeren Interpretation vorausgeschickt werden kann. Er bezeichnet Zweigs Parteilichkeit. Diese sich zu bewahren, sie auch in einer Situation, in der Recht und Unrecht so eindeutig wie nie zuvor aufgeteilt zu sein schienen auf die beiden gegnerischen Lager, zu begründen, ist ebenso deutlich Inhalt des bewußt dem Kampf gegen das Dritte Reich zugeordneten Romans *Das Beil von Wandsbek* wie des Kampfes selbst. Und wie Arnold Zweig seine Geschichte erzählt, nach seinen eigenen Worten die Geschichte »zweier typischer Mitläufer aus der Millionenschar derer, die Gewalt ausüben, weil sie seit Menschengedenken an ihrer Klasse ausgeübt worden ist«, das erhellt, nicht zuletzt in der Darstellung von Schuldigen als Opfer, die infernalische Automatik eines Systems, das sich auf die Anfälligkeit jedes einzelnen für Unrecht stützte, das nicht die Kraft, sondern Unwissen, Schwäche und Bosheit der Menschen für sich aktivierte.

Der Mann, der das Beil von Wandsbek schwingt, um vier zum Tode verurteilte ›Rote‹, die unschuldig sind, zu richten, ist unwissend, schwach und trotz seiner Bereitschaft, sich immer den Stärkeren anzuschließen, in Not. August 1937. Der selbständige Hamburger Schlächtermeister Albert Teetjen, dessen Geschäft in Schwierigkeiten geraten ist, obwohl er sich als überzeugter Volksgenosse und SS-Mann darstellt, bittet in einem Brief, den er mit Hilfe seiner hübschen Frau Stine schreibt, den ehemaligen Kriegskameraden Hans Peter Footh, einen kleinen, jedoch nach oben strebenden Reeder, um Hilfe. Footh hat eine Freundin, Annette Koldewey, und sie ist die Tochter des Direktors des Hamburger Zentralgefängnisses. Dort warten schon längere Zeit vier angebliche Staatsverbrecher auf die Hinrichtung. Sie verzögert sich immer wieder, weil der Henker erkrankt ist. Footh nun hat ein gewisses Interesse daran, daß die Urteile endlich vollstreckt werden. Er weiß, daß Herr Koldewey unter Druck steht. Hitler will nach Hamburg kommen, aber vorher müssen die Hinrichtungen erledigt sein. Footh möchte dem Vater der Freundin einen Gefallen tun. Und zugleich rechnet er sich direkte Vorteile für sich selbst von einem baldigen Auftritt Hitlers aus. Er hat die Idee, den Schlächtermeister als Ersatzhenker zu dingen. Mit den 2000 Mark Entgelt, die er bekäme, wäre auch Teetjen geholfen.

Damit ist die Ausgangslage skizziert, und mit der Zustimmung Teetjens ist der springende Punkt der Geschichte gegeben. Der erste, umfangreichere Teil des zweiteiligen Romans beschäftigt sich nun insgesamt weniger mit Teetjen (der bald in vermeintlicher Anonymität und, da er ja in höchstem Auftrag handelt, vorerst ohne besondere Schuldgefühle – nur etwas unbehaglich ist ihm – vier Köpfe abhackt) – als mit den übrigen direkt und indirekt an der Sache Beteiligten.

Herr Koldewey, schon über 60, ist ein Mann von Kultur, ein Barlach- und Nietzsche-Verehrer. Aus einem Selbstgespräch Koldeweys sei zitiert. »Es gehört jedenfalls«, meditiert er, »zu den Pflichten des Kulturmenschen, weder alles wissen zu wollen, noch sich in die Karten gucken zu lassen. Sich umzukrempeln wie ein Handschuh vor dem Feldwebel, dem Steuereinnehmer und dem Herrn Pastor war protestantische Ethik, das Geschenk Luthers an seine Fürsten. Kehren Sie gefälligst Ihr Innerstes nach außen, damit wir sehen können, daß auch Sie nichts als Teig sind. Das verlangt heute die Partei. Bitte sehr, meine Herren. Als der Kaiser noch regierte, war ich bismarckisch; während der Republik ein konservativer Hamburger. Und jetzt soll ich vor dem Müll kapitulieren, den uns diese Schwerindustrie verkauft hat? Das dürfte sich Lebenslinie nennen! Nein, meine Herrschaften.« Dabei läßt es Herr Koldewey natürlich auf einen direkten Konflikt nicht ankommen. Er nimmt seine Pflichten genau, doch er identifiziert sich nicht mit ihnen. Er denkt nach über den Lauf der Welt. Er hält die Verurteilten für mehr oder weniger unschuldig, und er hat nichts getan, um die Vollstreckung der Urteile zu beschleunigen, im Gegenteil. Aber er sieht auch keine Möglichkeit, sich ihr in den Weg zu stellen, das widerspräche ebenso seiner Skepsis und Weisheit.

Eine weitere Hauptrolle spielt eine ungemein respektable Ärztin. Frau Dr. Käte Neumeier »war aufrichtigen Gemütes von den Sozialdemokraten, die ihr Programm Programm sein ließen, zu den Nationalsozialisten übergegangen«, weil sie hoffte, daß diese »den Großgrundbesitz in staatliches Siedlungseigentum verwandeln würden«, was nach ihrer Überzeugung schon 1918 hätte geschehen müssen. Inzwischen glaubt sie nicht mehr daran. Sie tut als Ärztin ihr Bestes, um »in ihrem Umkreis die Folgen des Unheils zu heilen oder wenigstens zu lindern, das über Deutschland zu bringen sie mitgeholfen hatte«. Diese Freundin Herrn Koldeweys, die ihn später heiratet, ist eine verantwortungsbewußte, kultivierte, sympathische Vierzigerin, und sie setzt sich mit Koldeweys Hilfe für die im sogenannten Reeperbahnprozeß zum Tode verurteilten »vier kommunistischen Staatsverbrecher« ein, von denen einer, der erklärte Kommunist Friedrich Timme, ihr Jugendfreund war. Sie hofft auf den Erfolg von Gnadengesuchen. Auf Timmes Aufforderung, ihm zur Flucht zu verhelfen, weiß sie nur zu antworten: »[...] das kann ich nicht.« Und muß dann einsehen, daß dies die einzig reelle Chance für Timme gewesen wäre, dem Beil zu entkommen.

Herr Koldewey, Käte Neumeier und der Oberstleutnant Lintze, der zwar entschieden für die Hinrichtung eintritt, aber bald erfahren muß, daß Hitler sich auch die Wehrmacht gefügig zu machen weiß, und darüber entsetzt ist, proben endlich sogar die Konspiration. Aber es wird nichts daraus. Obwohl sie zu begreifen versuchen, was um sie herum geschieht, sogar mittels Freud- und Marx-Studien, überholt die sich beschleunigende Entwicklung auf den Abgrund hin unablässig ihr Vorstellungsvermögen. Und so leben sie kultiviert, in Sorge und respektabel weiter dahin, tun ihre Pflicht und etwas mehr, können aber eben nichts bewirken. Ihnen ordnet sich eine ganze Anzahl von Figuren zu: lauter redliche, respektable, nachdenkliche Mitmenschen. Abgesehen von den vier Verurteilten und einzelnen besonders starrköpfig-rechtlichen Leuten, wie dem in einem KZ ums Leben gebrachten Pastor Stavenhagen, sind alle, ob sie es nun wünschen oder nicht, Mitläufer. Sie alle wagen sich nicht aus der gewohnten Ordnung hinaus und passen sich schon damit der Ordnung Hitlers an. Selbst jene, denen direkte Verfolgung bestimmt ist, sehen durchweg erst, wenn alle Stillhalte- und Anpassungsversuche erschöpft sind, was ihnen blüht, und sie begreifen es häufig auch dann nicht. Arnold Zweig läßt bei alldem keinen Zweifel, daß er fähig ist, das Verhalten der Mitläufer zu verstehen. Er sieht da offensichtlich weniger individuelle Schuld als eine Art Fehlkonditionierung in der allgemeinen Moralstruktur, die schon weit früher angelegt worden ist und sich nunmehr schicksalhaft auswirkt. Er versteht z. B. auch den mit fast uneingeschränkter Sympathie gezeichneten jungen SA-Mann Bert Boje (Neffe der Dr. Neumeier), der sich in Annette Koldewey verliebt. Boje sei »eines von den Opfern des deutschen Idealismus« – das ist so ungefähr die härteste direkte Kritik an dem aufstrebenden jungen Mann, und sie wird geäußert von der Mutter eines der Hingerichteten, Frau Mengers, als Boje mit anderen SA-Leuten die beschlagnahmte Bibliothek ihres ermordeten Sohnes abtransportieren hilft. Der Nachsatz verschärft das Urteil nur wenig: »›Ja‹, sagte Frau Mengers, ›eines von den Opfern des deutschen Idealismus. Zweiter oder dritter Reihe; aber auch sie werden drankommen, was ich noch zu erleben hoffe.‹«

Ein Opfer also auch der junge SA-Mann. Mehr Opfer als Schuldiger. Wie könnte es anders sein, wenn sogar Stine und Albert Teetjen anders nicht dargestellt sind. Selbst die ausgemachten Nazis erscheinen, befaßt sich der Erzähler genauer mit ihnen, eher als gierig, unverantwortlich, blind, denn als böswillige Verbrecher. Oft haben sie sogar liebenswürdige Züge. Footh z. B., der Gewinnler, oder der junge Funkautor Vierkant, der seinen Weizen blühen sieht. Und es teilt sich dem Leser mit, daß der Erzähler auch die aus einiger Entfernung geschilderten übrigen Männer des SS-Sturms Preester, zu dem Teetjen und Vierkant gehören, wenn er sich individuell mit ihnen befaßt, nicht einfach schwarz in schwarz zu schildern vermag. Sie alle sind nicht Herr über das, was sie tun, was mit ihnen geschieht. Sie wissen es nicht, daß sie einen immer steileren Abhang hinunterstürmen und schließlich abstürzen werden. Auch sie alle zwar mitschuldig, doch vor allem Betrogene und Ausgebeutete einer Machtkonzentration, die ihrem Wahrnehmungsvermögen entzogen ist.

Stine und Albert Teetjen, objektiv durch ein Verbrechen gezeichnet, subjektiv auf ihnen selbst unbegreifliche, nur in Ahnungen und Traumgesichten sich andeutende Weise immer weiter hinausgeraten aus ihren kleinen Sicherheiten, werden zu Beispielfiguren eines Untergangs, der sich scheinbar als Aufstieg darstellt. Teetjen hat nur an die 2000 Mark gedacht, die ihm die Henkersarbeit brachte, Geld, das er dringend brauchte. Im übrigen war er jedenfalls sicher, in höherem Auftrag nach dem Recht zu handeln. Und zunächst scheint sich auch alles zum Guten zu wenden. Es gibt unerwartete und festliche Höhepunkte. Doch die Maske, hinter der sich Teetjen während der Hinrichtungen verborgen hat, ist schon gelüftet. Frau Dr. Neumeier hat den Zeitzünder schon angebracht, schon dafür gesorgt, daß alle den Henker in ihm sehen werden.

Im zweiten Teil des Romans treten die Teetjens immer deutlicher in den Vordergrund. Von fast allen Kunden boykottiert, auch von den SS-Leuten im Stich gelassen, können sie ihr Geschäft nicht halten. Schließlich bringen sie sich um. Hier vor allem hat die Kritik an Zweigs Roman eingesetzt. Marcel Reich-Ranicki schreibt: »[...] diese Geschichte ist eine originelle Fabel, deren Voraussetzungen allerdings prinzipielle Irrtümer des Verfassers erkennen lassen. Das ›Dritte Reich‹ sah anders aus, als der Emigrant Zweig es sich vorstellte. Ein anspruchsloser Fleischermeister, der überdies Mitglied der SS war, brauchte in Deutschland im Jahre 1937 wahrlich keine Not zu leiden. Ferner hatte sich Zweig gründlich getäuscht, als er meinte, es sei für das Regime sehr schwierig gewesen, in Deutschland Henker zu finden. Geradezu abwegig ist die Vorstellung, die gesamte Bevölkerung eines Stadtteils hätte sich von einem Mann wie dem Helden des Romans solidarisch abgewandt. Auch mutet die geschilderte Welt in vielen Kapiteln eher wilhelminisch als nationalsozialistisch an.« Reich-Ranicki folgert, man dürfe *Das Beil von Wandsbek* »nicht als realistisches Zeitdokument« betrachten, sondern müsse den Roman »als episches Kunstwerk und Schöpfung der Einbildungskraft« sehen. »Obwohl es Zweig nicht gelungen ist, das wirkliche Leben im ›Dritten Reich‹ mit den Mitteln des Romanciers darzustellen, geht dennoch von seinem Buch eine tiefe Wahrhaftigkeit aus.«[4]

Die Einwendungen lassen sich gewiß nicht ohne weiteres zurückweisen. Und doch sind Arnold Zweigs »prinzipielle Irrtümer«, auch von heute aus gesehen, vielleicht sehr viel geringer, als Reich-Ranicki annimmt. Es ist ganz offensichtlich, daß Zweig die im *Beil von Wandsbek* geschilderte Welt von seiner Kenntnis Deutschlands vor der Emigration her entworfen hat. Aber das ermöglicht – da der Roman ja 1937/38, also noch vor Kriegsbeginn spielt – vielleicht mehr Realismus, als wenn man – wie das offenbar bei Reich-Ranicki der Fall ist – diese Welt aus der Perspektive der vollendeten Greuel sieht. Die »nationalsozialistische Welt« beruhte ja tatsächlich durchaus auf der wilhelminischen, deren Untertanengesinnung sie voraussetzte. Und 1937 wußten die allermeisten von denen, die als Henker enden sollten, noch nicht, was aus ihnen werden würde: der Untergang trug ja noch, aller Welt sichtbar, das Kostüm des triumphalen Aufstiegs. Arnold Zweigs Imagination war im übrigen differenziert genug, um den Boykott Teetjens keineswegs völlig oder auch nur primär aus antifaschistischer Solidarität zu motivieren. Im Roman selbst sieht das anders aus als etwa im Klappentext der Ausgabe des Aufbau-Verlags, der – wie auch andere Nacherzählungen – die Sache allzusehr vereinfacht. Aus dem Roman geht unmißverständlich hervor, daß z. B. auch der SS-Sturm Preester, dem Teetjen angehört, den Boykott stützt. Das geschieht nicht aus antifaschistischer Gesinnung, versteht sich, sondern weil Teetjen sich nach Ansicht der

Führer unkameradschaftlich verhalten hat. Er hat nämlich von seiner Extraeinnahme als Henker nichts in die allgemeine Unterstützungskasse gezahlt, wie es üblich ist bei Extraeinnahmen. Dafür läßt man ihn schwitzen. Und als er den Fehler wiedergutzumachen versucht, sind die SS-Leute keineswegs bereit, ihn sofort zu vergessen. Weiteres mehr kommt hinzu, das sich gegen die Teetjens auswirkt. Stine ist z. B. hübsch genug, um andere Frauen eifersüchtig zu machen; die Folge ist, daß diese ihre Männer abschirmen. Teetjen selbst schließlich gerät, hilfloser und ehrpusseliger Kleinbürger, der er ist, in eine Art Trance, die ihn blind macht für wirkliche Rettungsmöglichkeiten. In dieser Phase des Romans beruft Zweig, und das aus seiner Erzählkonzeption heraus ganz legitim, traumatische, schicksalhafte, phantasmagorische Vorgänge, die bei den Teetjens das Gefühl der Ausweglosigkeit überstark werden lassen.

Das Beil von Wandsbek ist so realistisch, wie ein Werk des bürgerlichen Realismus eben realistisch sein kann. Der Roman stellt »das wirkliche Leben im ›Dritten Reich‹« so dar, wie dieser Realismus wirkliches Leben darzustellen vermag. Der Grundeinfall, der Kern der Fabel ist nicht weniger überzeugend als jener des *Grischa*, allerdings sind seine Implikationen unübersichtlicher, unabsehbarer. Die Entfernung, aus der der Emigrant Arnold Zweig das Leben im Dritten Reich schildert, kommt dieser Wirklichkeitsdarstellung vielleicht sogar eher zugute; jedenfalls akzentuiert – das sei noch einmal betont – die relative Fixierung auf unmittelbare Wirklichkeitskenntnis aus der Zeit vor 1933 Zusammenhänge, die geschichtlich schwerer wiegen als jene, die sich erst im nachhinein verdeutlichen konnten. Verblüffend wirklichkeitsnah, wie Zweig die mystagogischen Tendenzen jener Zeit schildert, die Hingabe an Astrologie und Weissagung, Spukglauben und Rutengängerei. Eine grundsätzliche Kritik des Romans könnte nur ausgehen von einer Kritik des sogenannten realistischen Erzählens selbst, das schon in den dreißiger Jahren an die gesellschaftliche und politische Wirklichkeit nur noch bedingt herankam. Die Auseinandersetzung allein mit inhaltlichen Momenten, Momenten vor allem der psychischen Eigenart und des Verhaltens der Figuren, wie sie in einer Kritik üblich ist, die das realistische Erzählen als optimal ansieht, spricht ausschließlich für Arnold

Zweig. Er hat die Inhalte erstaunlich vieldimensional dargestellt, und seine bildliche Vision stimmt in allen Einzelheiten
sehr genau.

Das bestätigt sich nicht zuletzt auch, wenn man nach dem positiven Helden forscht, den Georg Lukács vermißte. Zweig hat
solcher Forderung post festum auf verschiedene Weise zu ent-
sprechen versucht. Einmal mittels eines nachträglich verfaßten, ein Bekenntnis zum Kommunismus enthaltenden Epilogs,
der »Auferstehung« überschrieben ist. Darin unterhalten sich
im Herbst 1945 zwei englische Offiziere, Emigranten aus
Hamburg-Wandsbek, von denen einer einmal mit einer Kolde-
wey-Tochter fest versprochen war. Der eine erzählt vom Besuch einiger sowjetischer Schiffe im Hamburger Hafen, die die
Namen der von Teetjen hingerichteten ›Roten‹ führten. Das
habe einigen Tumult erzeugt. Auch in Zweigs Nachbemerkung
von 1953 klingt die Frage an. Und von dieser her ist noch zu
berichten von einer Figur, die im Roman eine nur schwer genauer bestimmbare Rolle spielt: von Tom Barfey, dem ver-
krüppelten Sohn der Waschfrau Geesche Barfey. Weiterdich-
tend an den »Schicksalslinien« der erfundenen Personen seines
Romans, sie versuchsweise bis Anfang der fünfziger Jahre ver-
längernd, schreibt Arnold Zweig: »Tom Barfey aber, dieser
kluge Krüppel, arbeitete heute, jenseits der Dreißig, unermüd-
lich weiter am Einheitsbewußtsein der Arbeiterklasse und ihrer
Eingliederung in die Weltfront des Friedens.«

In der Tat ist, von den Hingerichteten abgesehen, Tom Barfey
wohl die einzige Figur in *Das Beil von Wandsbek*, die innerhalb
der »nationalsozialistischen Welt« unbelastet dasteht und positiv in die Zukunft weist. Obwohl nicht ungefährdet, denn er ist
ein beinloser Krüppel und könnte deshalb der Euthanasie an-
heimfallen, ist er nicht so direkt ausgesetzt wie die Juden. Aber
die relative Gefahr, in der er lebt, reicht hin, um ihn den Nazi-
Staat hassen zu lehren. Er ist ungewöhnlich intelligent und ein
Vertrauter Käte Neumeiers. Er wohnt in unmittelbarer Nach-
barschaft der Teetjens, die ihm und seiner Mutter immer wieder helfen, etwa mit Nahrungsmitteln. Er ist offensichtlich
verliebt in Stine Teetjen. Er ist es zugleich, der – bewußt dosie-
rend – auf Dr. Neumeiers Information hin das Gerücht von
Teetjens Henkertätigkeit in Umlauf bringt. Dabei zielt er nicht
auf Vernichtung, sondern eher – wie auch Käte Neumeier – auf

Bestrafung und Erziehung. Bei alldem ist Tom Barfey nicht eindeutig konditioniert. Er hält eben nur seine Augen auf, und die Methoden der Verdummung ziehen bei ihm nicht. Am Ende des Romans scheint klar, daß er sich behaupten und durchkommen wird. Und daß etwas aus ihm werden wird.

Dieser Tom Barfey, den Teetjens so nahe und so fern, hat zweifellos die ganze Sympathie des Autors und alle Qualitäten eines Kämpfers für eine bessere Welt, der einen Autor wie Arnold Zweig zu überzeugen vermochte. Wenn er aber auch schon genau weiß, wofür er einzutreten hat, so ist er ideologisch doch keineswegs eindeutig festgelegt. So wenig wie Zweig selbst es zur Zeit der Entstehung des Romans war. Zweigs Berufungen auf Freud wie auf Marx sind zwar im Roman mehrmals deutlich ausgesprochen. Während aber die Berufung auf Sigmund Freud sich in der psychologischen Sensibilität der Figurenzeichnung, die auch Widersprüche in einer einzigen Figur höchst lebensnah zu integrieren versteht, immer neu verwirklicht, bleiben die Hinweise auf die Wirtschaftsverhältnisse als Bedingungen der Zustände im Faschismus äußerlich. Sie werden höchstens einmal anekdotisch ausgemalt. Hier behält Marcel Reich-Ranicki uneingeschränkt recht: auch in diesem Roman sind nur Ornamente, nicht die Fundamente marxistisch. Arnold Zweigs Sozialismus entspricht hier trotz mancher Anstöße gerade im Exil noch in etwa dem Sigmund Freuds, der Sozialismus ebenfalls für eine der Idee nach grundsätzlich erstrebenswerte Basis gesellschaftlicher Ordnung hielt, aber keineswegs Marxist-Leninist war. Es ist zuletzt immer noch die gewohnte politisch-moralische Problematik, die Frage nach Recht und Gerechtigkeit, die Zweig fesselt. Diese verlangt eine Neuorientierung der menschlichen Gesellschaft. Die neue Ordnung selbst liegt für Zweig noch keineswegs eindeutig fest, wenn so manches auch in jene Richtung weist, für die er sich entschieden hatte, als er 1948 in Ost-Berlin Wohnung nahm.

Was Zweigs Biographie betrifft, so dürfte feststehen, daß er etwa zu der Zeit, da der Roman *Das Beil von Wandsbek* abgeschlossen wurde, immer eindeutiger auf die Sowjetunion und den Kommunismus als Garanten einer besseren Zukunft für die Menschheit setzte. Das ist eine Frage der Überzeugung, die hier nicht zu diskutieren ist. Zur Diskussion steht jener Roman

Zweigs, der uneingeschränkt seinem Leben im Exil der Jahre 1933 bis 1948 zugehört. Zeigt er den Autor verändert? Die Frage ist – was keine Verallgemeinerung erlaubt – wohl nur zu verneinen. So gewiß ist, daß *Das Beil von Wandsbek*, ein Roman der Deutschen unter dem Hitler-Regime, so nur im Exil geschrieben werden konnte, so gewiß auch ist, daß die in ihm entworfene Vision des Untergangs, der sich darstellt im Schein eines gewaltigen Aufstiegs, ein unmittelbarer Reflex des Lebens im Exil ist – jene Indizien, die Zweigs schriftstellerische Identität als unangetastet ausweisen, wiegen dies alles auf. Stofflich, thematisch und formal bleibt *Das Beil von Wandsbek* eindeutig im Zusammenhang eines Erzählwerks, das zum Gegenstand hat die Voraussetzungen und Folgen der imperialistischen Kriege jenes Volkes, dem der Jude Zweig sich zugehörig fühlte, den Verfall seiner Moral und den Kampf gegen diesen Verfall.

»Wer hochsteigt und ein gemischtes Wesen ist, trampelt auf seiner Seele herum und sinkt also innerlich. Deutschland an Macht geht auf wie ein Napfkuchen, Deutschland als Sittlichkeit schrumpft ein zur Fadendünne. Wen wundert das? So geht es den Staaten.« Der jüdische Kriegsgerichtsrat Posnanski antwortet im letzten Buch des *Grischa* so dem wegen geschehenden Unrechts verzweifelten Oberleutnant Winfried. Er fährt fort: »Und es macht auch nicht viel. Erst wenn der Faden risse, wenn Rechtlosigkeit als Zustand allgemeine Billigung und ein Siegerbehagen fände, sähe es etwas schlimmer aus.« Als Arnold Zweig im Exil lebte, sah es gerade so schlimm aus, und schlimmer. Aber die Folgerung hat Bestand: »Sittlichkeit ist ja kein schönes Wort, aber doch ... Die Völker dazu zu bringen, Gerechtigkeit über sich in den Sternen hängen zu fühlen, so wie der einzelne, wenn er vom Geldverdienen nicht verrückt oder verblödet ist, sie über sich in den Sternen hängen fühlt, das scheint unsere nächste Aufgabe.« Dies bleibt für Zweig zu jeder Zeit die nächste Aufgabe. Um diese Gerechtigkeit, die nicht zuletzt soziale Gerechtigkeit bewirkt, ging es Zweig auch zu der Zeit, als *Das Beil von Wandsbek* entstand. Dieser Gerechtigkeit wollte er dienen mit seinem Bekenntnis zum Kommunismus. Sie zuletzt, als das unablässig Intendierte, ist die Vision, unter deren Diktat er zwischen den Kriegen, im Exil und auch nachher die Schäden analysiert und in epischer Breite dargestellt hat, die Rechtlosigkeit in der Gesellschaft anrichtet. Mit einer sehr hellen, widerständigen Sympathie für das diesseitige Leben und seine Freuden übrigens, die ihn sogar im *Beil von Wandsbek* nicht verläßt. Und die nicht zuletzt auch den eigenartigen Widerspruch spontan glaubhaft sein läßt, den Zweig in einem Satz seiner Nachbemerkung zu diesem Roman angedeutet hat: »Mir tat es wohl, im wilden Getöse von Krieg, untergehendem Faschismus und schwieriger Neugeburt klassenloser Staaten die Gestaltung von Menschen fortzusetzen, die ich bisher betrieben und auch weiterhin zu betreiben gedenke.«

Anmerkungen

1 Arnold Zweig: Worte an die Freunde. In: *Aufbau* 4 (1948) H. 11, S. 931 ff. Hiernach hat Sigmund Freud Zweig mit solcher Begründung empfohlen, in Palästina zu bleiben. Er könne »nur in einem deutschen Sprachmilieu« leben, war auch Zweigs Begründung für die bald nach Kriegsende geplante Rückkehr.
2 Georg Lukács: *Schicksalswende, Beiträge zu einer neuen deutschen Ideologie*. Ost-Berlin 1956, S. 162 ff.
3 Jürgen Rühle: *Literatur und Revolution. Die Schriftsteller und der Kommunismus*. Köln und Berlin 1960, S. 267.
4 Marcel Reich-Ranicki: Der preußische Jude Arnold Zweig. In: M. R.-R. *Deutsche Literatur in West und Ost*, München 1963, S. 333. Reich-Ranicki übersieht allerdings, daß Zweigs Roman eine authentische Episode zugrunde liegt, die am 10. April 1937 in der ›Deutschen Volkszeitung‹ (Zweigs Quelle) mitgeteilt wurde: »Selbstmord eines Henkers. Altona (DI) – Die Hinrichtung von Jonny Detmer und drei weiteren Antifaschisten wurde seinerzeit nicht dem Hamburger Scharfrichter, sondern dem Schlächtermeister und SS-Mann Fock aus Altona übertragen. Der Schlächtermeister hatte gehofft, daß er mit den 2 000 Mark, die ihm die Hinrichtung einbrachte, sein Geschäft würde wieder in Gang bringen können. Nach und nach aber sickerte durch, daß er der Henker der vier unschuldigen Opfer des Hakenkreuzes gewesen sei. Daraufhin blieben immer mehr Kunden weg, und der finanzielle Zusammenbruch war unvermeidlich. In seiner Verzweiflung erschoß der Schlächtermeister zunächst seine Frau und beging dann Selbstmord. [...]«

»Lektionen über das Leben«
Die späten Romane Arnold Zweigs

Die Romane, die der Gegenstand der folgenden Betrachtungen sind – *Die Feuerpause* (1954), *Die Zeit ist reif* (1957) und *Traum ist teuer* (1962) – stellen die letzten Hauptwerke des Schriftstellers Arnold Zweig dar. In künstlerischer, literarischer, sowie in politisch-ideologischer Hinsicht bilden sie den Ausklang seines Lebenswerkes, formulieren abschließende Gedanken zu den Themen, die ihn zeit seines Lebens beschäftigt hatten: Krieg und Frieden, Judentum und Sozialismus. Diese Werke waren es aber auch, an denen Literaturkritiker ein Nachlassen der schöpferischen Phantasie des Dichters, eine Abschwächung seines künstlerischen Gestaltungsvermögens, sogar eine Verzerrung seines literarischen Anliegens durch politische Inanspruchnahme festzustellen glaubten.

Es sind dies die Werke eines alten Mannes: Zweig war schon 67 Jahre alt, als *Die Feuerpause* im Druck vorlag, und er war 75, als sein letztes Buch, *Traum ist teuer*, erschien. Zwei Weltkriege hatte er überlebt, den ersten als Soldat, den zweiten im Exil. Seine politischen Ansichten mag er im Laufe der Jahre revidiert haben, seine künstlerischen Leitsätze und seine literarischen Vorlieben blieben stets die gleichen. *Die Zeit ist reif* und *Die Feuerpause* sind späte Ergänzungen des großen Zweigschen Romanzyklus über den Ersten Weltkrieg, *Der große Krieg der weißen Männer*, den er 1937 zunächst abgeschlosssen hatte. In *Die Zeit ist reif*, ein breitangelegtes Panorama der wilhelminischen Vorkriegsgesellschaft, wird anhand der Entwicklung des Zweigschen Ebenbildes, Werner Bertin, das Abgleiten einer Friedenswelt in den Krieg beschrieben. *Die Feuerpause* schildert die Abrechnung eben dieses an die russische Front versetzten Bertins mit seiner Erfahrung im Krieg, hauptsächlich vor Verdun. Beide Romane runden den Zyklus ab – obwohl Zweig weitere Pläne hegte, die aber nicht mehr ausgeführt werden konnten.

Traum ist teuer gehört dagegen dem Weltkriegszyklus nicht

mehr an – trotz gewisser Ähnlichkeiten in der Grundkonzeption mit dem *Grischa*-Roman.[1] Er stellt die literarische Verarbeitung der eigenen Exilerfahrung Zweigs dar, ist Deutung und Lektion zugleich.

Während die ersten beiden Romane schon in den frühesten Plänen zum Zyklus Ende der 20er Jahre angelegt waren, geht der dritte konzeptionell auf Anfang 1945 zurück. Vollendet und vorgelegt werden konnten alle drei erst unter völlig veränderten gesellschaftlichen und politischen Verhältnissen in der DDR. Somit stellen sie nicht nur die Zusammenfassung des literarischen Schaffens Arnold Zweigs dar; sie zeigen auch exemplarisch die Antwort eines einst exilierten deutschen Schriftstellers auf neue kulturpolitische Forderungen und die ihm eröffneten Möglichkeiten der literarischen Betätigung in einem veränderten Deutschland. Darin liegt ihr Reiz.

Als Zweig 1948 nach Deutschland zurückkehrte, wurde er mit den verheerenden Verwüstungen des Kriegs konfrontiert. Als Intellektueller litt er besonders an der Pervertierung deutschen Geisteslebens durch die faschistische Ideologie. Er hielt es für seine Pflicht, sich an der Auslöschung der geistigen Spuren des Nazismus zu beteiligen. Zu der bevorstehenden Aufgabe der Erneuerung und des Wiederaufbaus hatte er sich schon 1941 bekannt: »Wie ich beschaffen bin, hätte ich fast Lust, mich in die Aufräumungsarbeiten hineinzumischen, die nach diesem Sturz im großen Stil nötig sein werden«, schrieb er an Feuchtwanger.[2] Literarisch galt es, das vorfaschistische Niveau zu erreichen, an die deutsche humanistische Tradition wiederanzuknüpfen. Politisch hoffte er, eine Gesellschaft in Deutschland mitaufzubauen, die den Krieg als Mittel politischer Auseinandersetzung endgültig ablehnen würde. Dies konnte nach Meinung Zweigs nur eine sozialistische sein. Der eigene Beitrag als Schriftsteller sollte dem in den Jahren des Exils gefestigten politischen Bewußtsein literarische Gestalt geben. Dieses formulierte er – in seiner ersten Rede nach der Rückkehr – wie folgt: »Früher glaubte ich, der Geist forme den Körper. Ich habe gesehen, daß es unwahr ist. Es ist das gesellschaftliche Sein, das das Bewußtsein bestimmt.«[3]

Zweig bemühte sich, dieses bescheidene Bekenntnis zur marxistischen Weltanschauung bei der Erweiterung seines Romanzyklus in der Weiterentwicklung bereits bekannter Gestalten aus seinen früheren Werken zu berücksichtigen. In *Die Feuer-pause*, zum Beispiel, interpretiert Bertin seine Kriegserfahrung vor Verdun jetzt in bezug auf die inzwischen erfolgreich durch-geführte Oktoberrevolution, und in dem Fragment gebliebe-nen Roman *Das Eis bricht* sollten vertraute Charaktere aus *Einsetzung eines Königs* ihre politische Haltung im Hinblick auf den Übergang zu einer veränderten Gesellschaftsordnung neu definieren.

Auch in *Traum ist teuer* wird bei Kriegsende politisch wie auch privat Bilanz gezogen. Der Kampf seiner Charaktere um ein neues politisches Bewußtsein würde, so Zweig, für seine Leser in der DDR eine literarische Konfrontation mit den Lehren der Geschichte sein. Seine Romane verfolgten also offen eine poli-tisch-didaktische Zielsetzung: sie sollten zur Überwindung des faschistischen Denkens der Vergangenheit und somit auch zur Umerziehung der deutschen Bevölkerung beitragen.

Die drei späten Romane Zweigs stellen das Ergebnis eines lang-jährigen, äußerst komplizierten und nur schwerlich nachvoll-ziehbaren Bearbeitungsprozesses dar. Als Bestandteile des Weltkriegszyklus gehen *Die Feuerpause* und *Die Zeit ist reif* konzeptionell auf den ersten veröffentlichten Roman der Rei-he, den *Streit um den Sergeanten Grischa* (1927), zurück. In der »Nachbemerkung« zu diesem Epos, dessen Erfolg seinen Ruhm als Romanschriftsteller begründete, bezeichnet es Zweig als »Mittelstück eines Triptychons, dessen Gesamttitel ›TRI-LOGIE DES ÜBERGANGS‹ heißen wird«. Gleichzeitig kün-digte er die beiden noch zu schreibenden Teile der Trilogie an: *Erziehung vor Verdun* und *Einsetzung eines Königs*.[4] Bevor diese 1935 bzw. 1937 erschienen, hatte der Autor jedoch 1931 einen weiteren Roman, *Junge Frau von 1914*, dem Zyklus als Eröffnungsband vorangestellt. Seine Pläne zur Erweiterung änderten sich laufend: 1935 glaubte er, das Werk mit *Einset-zung eines Königs* abschließen zu können[5]; als dieser Roman aber 1937 erschien, war ein weiterer Roman, *In eine bessere Zeit*, schon projiziert.[6]

Sowohl *Die Feuerpause* als auch *Die Zeit ist reif* entstanden aus nicht verwendeten Urfassungen früherer Bestandteile des Zy-klus: *Die Feuerpause* aus der von *Erziehung vor Verdun*, *Die Zeit ist reif* aus der von *Junge Frau von 1914*. *Traum ist teuer*,

Zweigs einziger Roman über die Emigration ist hingegen ein selbständiges Werk, beruht aber gleichfalls auf einem vor seiner Rückkehr nach Deutschland nicht mehr zu Ende geführten Manuskript. Somit weisen die Entstehungsgeschichten der drei Romane viele Gemeinsamkeiten auf.

Die Feuerpause stellt im wesentlichen eine Bearbeitung der Urform von *Erziehung vor Verdun* dar, die Zweig 1930 zunächst als Ich-Roman niedergeschrieben, dann aber nicht weiter verwendet hatte. Er nahm das alte Manuskript 1951 wieder auf, glaubte es ohne nennenswerte Änderungen, lediglich »durch zwei Schlußkapitel mit einem Notdach versehen«, drucken zu können.[7] Für den Schriftsteller völlig unerwartet lehnte der Aufbau-Verlag dieses kaum veränderte Manuskript ab. Zweigs Verärgerung darüber ging so weit, daß er eine Veröffentlichung im Westen erwog.[8] Erst 1954 konnte der Roman, nachdem Zweig drei weitere Fassungen in Zusammenarbeit mit den Verlagslektoren angefertigt hatte, erscheinen.

Die Zeit ist reif geht ebenfalls auf ein frühverfaßtes, aber nicht wieder verwendetes Manuskript zurück. Dieses hieß *Aufmarsch der Jugend*, war ursprünglich als erster Teil von *Junge Frau von 1914* konzipiert, wurde aber auf Anraten Lion Feuchtwangers, der sich stets um die ausufernden Romanfabeln seines Kollegen sorgte, abgetrennt.

Den Hergang beschrieb Zweig so: »Dieses Buch wurde 1928 zu schreiben begonnen, und zwar als erster Teil des Romans *Erziehung vor Verdun*... Im Verlauf der Arbeit erwies sich, daß der Roman *Erziehung vor Verdun* die Abtrennung und reine Ausformung von *Junge Frau von 1914* als Voraussetzung verlangte... In diesem langen Zeitraum ergab sich die Notwendigkeit, aus den beiden ersten Büchern von *Junge Frau von 1914* abermals ein eigenes, kleineres Werk zu runden, das Vorspiel *Aufmarsch der Jugend*.«[9]

Als Zweig diese Zeilen 1931 schrieb, sah der Entwurf seines Zyklus also fünf Romane vor: *Aufmarsch der Jugend, Junge Frau von 1914, Der Streit um den Sergeanten Grischa, Erziehung vor Verdun* und *Einsetzung eines Königs*. Den Abschluß des Unternehmens plante er mit dem ihm eigenen Optimismus für Ende 1933. Als Eröffnungsband sollte *Aufmarsch der Jugend* die Situation der deutschen Jugend vor Ausbruch des Ersten Weltkrieges sowie den Übergang zu den ersten Kriegsmonaten schildern. Dieses Projekt wurde aber zugunsten von *Erziehung vor Verdun* und *Einsetzung eines Königs* vertagt, und als der letztgenannte Roman 1937 erschienen war, hatten sich beim Autor doch Zweifel geregt, ob er das nunmehr auf zwei Bände projizierte Vorhaben je würde verwirklichen können.

Damals konnte er nicht ahnen, daß er zwanzig Jahre später einen Roman veröffentlichen sollte, der vom Umfang her alles bisher geplante übertreffen würde: *Die Zeit ist reif*. Er nahm sich das Projekt in den Jahren 1947 bis 1954 wieder vor, verzeichnete gelegentlich Einfälle und Ergänzungen zum Konzept, baute aber erst 1955–1957 das angesammelte Material zum vorliegenden Roman aus. Bei dem Verfassen dieses Werkes wurde Zweig eine beträchtliche Arbeitsleistung abverlangt, »den riesigen Worteberg satzfertig zu machen«[10] (der Roman hat 600 Seiten). Feuchtwanger meldete er: »... ein Diktat von fast zwei Jahren lag hinter mir – 70 Kapitel in 70 Wochen – und eine Korrekturlust, der fast 100 Seiten zum Opfer gefallen waren«.[11] Als er am 31. Juli 1957 das Manuskript von *Die Zeit ist reif* dem Verlag übergab, fühlte er sich »auf eine schreckliche Weise ausgeleert und ausgepumpt«.[12]

Der Entstehungsprozeß von *Traum ist teuer*, erst viel später als die beiden anderen angesetzt, gestaltete sich nicht ganz so langwierig. Allerdings wurde auch hier ein unvollendet gebliebenes Manuskript über einen langen Zeitraum hinweg mehrfach revidiert; auch diesmal wurde das Werk im wesentlichen neugestaltet. Als Zweig den ersten Entwurf des Romans im März 1945 ausgearbeitet hatte, teilte er Feuchtwanger seinen ersten Einfall zum Romangeschehen mit: »Er wird einen griechischen Freiwilligen, einen emigrierten Nervenarzt und eine ehemalige Berlinerin zusammenbinden und nicht länger sein als der erste Band des ›Beils‹«.[13] Schon in den letzten Monaten des gleichen Jahres wurde eine erste Fassung des Romans in Angriff genommen; sie blieb aber unvollendet und konnte erst 1958 überarbeitet werden. Eine im Frühling 1959 diktierte und im Sommer des folgenden Jahres durchkorrigierte weitere Fassung des Romans kann als fruchtbarste Bearbeitung für die Endgestalt des Buches gekennzeichnet werden, da sie seinen Umfang um ca. 200 Seiten erweiterte. Eine vierte und letzte Fassung wurde Ende Juni 1961 beendet und dem Verlag übergeben.

Daß Zweig, noch nach dem Zweiten Weltkrieg, sich zunächst anschickte, seinen Romanzyklus über den Ersten Weltkrieg wiederaufzunehmen, rief Verwunderung hervor. An der *Feuerpause* hatten auch die Literaturwissenschaftler manches auszusetzen. Vor allem die Tatsache, daß durch die Wiederholung bereits bekannter Ereignisse aus *Erziehung vor Verdun*, der Roman zum Vergleich mit diesem, oft als gelungenstes Werk des Autors bezeichneten Buch, herausforderte und diesem Vergleich nicht standhalten konnte.[14]

Daß der Schriftsteller mit *Die Zeit ist reif* die Thematik des Ersten Weltkrieges dennoch ein weiteres Mal aufgreifen würde, war auch nicht erwartet worden.[15] Mehr Zustimmung durch die Kritik hätte Zweig möglicherweise ernten können, wenn er entweder einen Stoff aus dem gegenwärtigen Leben der DDR gestaltet, oder aber, beim Zyklus bleibend, sich den letzten statt den ersten Roman vorgenommen hätte, da sich durch die Schilderung des Kriegsausgangs und des Übergangs zum Frieden aussagekräftige Parallelen zur Gegenwart ergeben hätten. Gegen eine Wiederaufnahme der Weltkriegsthematik hatte auch Feuchtwanger mehrfach geraten. Als Zweig ihm mitteilte, er wolle sich *Aufmarsch der Jugend* erneut vornehmen, meinte Feuchtwanger: »Schade, daß Sie nicht loskommen wollen von dem, was Sie damals niedergelegt haben...«[16] Auch als Zweig ihm seine verschiedenen Romanentwürfe darlegte, schien Feuchtwanger *Traum ist teuer* »der liebste«[17] – sicherlich, weil er als Exil-Roman etwas Neues, vom Zyklus Losgelöstes versprach.

Daß Zweig sich den Weltkriegszyklus erneut vornahm, überrascht allerdings nicht. Vieles sprach dafür, nicht zuletzt der verständliche Wunsch, auch in seiner neuen Heimat an frühere Erfolge als Schriftsteller anzuknüpfen. Die Möglichkeit dazu boten ihm in erster Linie die vorhandenen Romanentwürfe und Fragmente, die noch in Israel lagerten. *Aufmarsch der Jugend*, zum Beispiel, teilte Zweig Walter Berendsohn 1947 mit, »... liegt als dickes Manuskriptbündel in meinem Schrank, gerettet von meiner damaligen Sekretärin und dazu bestimmt, ein neues erstes und ein neues letztes Buch zu werden und mit dem Titel ›Damals war Friede‹ zu erscheinen.«[18]

Als sein »Trümmerhaufen« von Manuskripten ihm 1951 in die DDR nachgeschickt wurde, war der glückliche Zweig zunächst ratlos: »Ich sitze da wie eine Glucke zwischen ausgebrüteten Eiern und weiß nicht, worauf von den unvollendeten Romanen und Essaybüchern ich mich zuerst konzentrieren soll«, schrieb er Feuchtwanger. Er stürzte sich aber sofort auf die Teile der ersten Niederschrift von *Erziehung vor Verdun*, die er für den 1935 veröffentlichten Roman nicht verwendet hatte, und reichte sie knapp zwei Monate später in leicht bearbeiteter Form als *Frage und Antwort* dem Verlag ein. Da eine Neuausgabe von *Erziehung vor Verdun* inzwischen erschienen war, konnte er befriedigt feststellen, er sei »als Schriftsteller auch am Ende des dritten Jahres meiner Rückkehr wieder legitimiert«.[19]

Obwohl die Alterswerke Arnold Zweigs hinsichtlich ihrer künstlerischen Ausführung und ihrer politischen Intention heftig kritisiert und in der Folge verhältnismäßig vernachlässigt wurden, sind sie von höchstem Interesse. In ihnen nämlich tritt der Schriftsteller als Zeitzeuge der Geschichte auf; er stellt die wichtigsten Ereignisse des 20. Jahrhunderts – den Ersten und den Zweiten Weltkrieg, die Russische Revolution – in ihrer Bedeutung für den zeitgenössischen Leser dar und vermittelt die Lehren, die er selbst als Teilnehmer bzw. Beobachter aus diesen Ereignissen gezogen hat. Jeder der drei Romane ist stark autobiographisch geprägt; jeder spiegelt eine andere Phase des langen Schriftstellerlebens wider: die Münchner Studentenzeit vor dem Ersten Weltkrieg, den Dienst als Schipper in Serbien in *Die Zeit ist reif*; Verdun, die Mitarbeit in der Presseabteilung Ober-Ost in *Die Feuerpause*; das palästinensische Exil in *Traum ist teuer*. Am wichtigsten für das Spätwerk bleibt das Exil, da das politische Bewußtsein, die Erkenntnisse, die Zweig vermitteln will, im wesentlichen die sind, die er während des Exils gewonnen hat. Die genannten Werke also sind geprägt von seiner Ablehnung des Faschismus, seiner Hoffnung auf ein besseres Deutschland, seiner flüchtigen Studien des Marxismus, seiner Solidarität mit der Sowjetunion. Seine beiden Hauptgestalten – Werner Bertin und Richard Karthaus – sind weitgehend Selbstbildnisse; die persönliche Perspektive wird durch die Wahl der Ich-Form erhöht. Auch hegen beide schriftstellerische Ambitionen: Bertin verfaßt ein Grischa-Drama[20]; Karthaus, von Beruf Psychiater der Freudschen Schule, gibt sich Rechenschaft über seine Erfahrung durch die Niederschrift eines Berichtes – eben *Traum ist teuer* – über das, was er »durchlebt und gesehen« hat.[21]

Alle drei Romane werden durch die große Thematik von Krieg und Frieden beherrscht. Zweigs Sorge um eine bleibende Erhaltung des Friedens – um so mehr nach einem zweiten Zusammenbruch der europäischen Gesittung – veranlaßten ihn, das Verständnis der Ursachen des Krieges als Mittel seiner Verhinderung sowie das Bekenntnis zum Frieden in den Mittelpunkt seiner schriftstellerischen Überlegungen zu rücken. Rückschauend führte er als Grund für seine Unzufriedenheit mit den schon Ende der 20er Jahre verfaßten Manuskripten zur Vorgeschichte des Grischa-Stoffes wiederholt an, »sie enthielten weder als Gestaltung noch als Analyse das Geheimnis, wie man 1914 eine fünfzigjährige Friedenswelt in diejenige des Ersten Weltkrieges umstülpen konnte«.[22]

Das Unbehagen, mit dem er die entstandenen Manuskripte damals beiseite gelegt hatte, schrieb er an anderer Stelle der eigenen Unkenntnis der politischen Zusammenhänge zu: »Ich sah zwar das Problem, verstand aber weder seine Ursachen noch seine Phasen«.[23] Die Ergänzung des Romanzyklus um *Die Feuerpause* und *Die Zeit ist reif* ein Vierteljahrhundert später stellt den Versuch dar, eigene, neugewonnene Erkenntnisse über die wirtschaftlichen und politischen Ursachen der Entstehung von Kriegen in der Schilderung des Selbstverständnisses der dargestellten Personen und in der Darstellung der Aushöhlung des Friedens im Vorkrieg literarisch zu gestalten.

Wichtiges Ergebnis dieses Erkenntnisprozesses ist das Eintreten der Hauptpersonen für den Frieden, die Hinführung des Lesers auf den zukünftigen Frieden. In *Die Feuerpause* werden die Vorgänge um die Brest-Litowsker Friedensverhandlungen in einer Rahmenhandlung zu Bertins Verdun-Erzählung dargestellt, und zwar – das ist eine der Merkwürdigkeiten dieses Romans – auf eine Art und Weise, die die Aufmerksamkeit sowohl der Hörer Bertins als auch der Leser zunehmend auf das Eintreffen der sowjetischen Friedensdelegation lenkt. Schon am ersten Tag nach der Fertigstellung des neuen Manuskripts wurde Feuchtwanger ein wichtiges, neueingeschaltetes Element verraten: das Zitieren des Leninschen *Dekrets über den Frieden*.[24]

In *Die Zeit ist reif* wird die Friedensliebe der Arbeiterklasse betont, wird beispielsweise wiederholt auf Liebknechts Opposition gegen die Gewährung von Kriegskrediten hingewiesen. *Traum ist teuer*, der nicht mehr zum *Grischa*-Zyklus gehört, erfüllt in gewisser Hinsicht die Funktion des nicht mehr geschriebenen Abschlußromans *In eine bessere Zeit*, indem Zweig hier den Übergang zum Frieden schildert und Überlegungen zu einer Neuordnung der Nachkriegsgesellschaft thematisiert – allerdings am Beispiel des Zweiten, nicht des Ersten Weltkriegs.

Die Erhaltung des Friedens stellen alle drei Werke in den Mittelpunkt des Interesses: *Die Feuerpause* und *Traum ist teuer*, indem sie die Friedenssehnsucht der kämpfenden Soldaten am Ende des Ersten bzw. des Zweiten Weltkriegs (und hier aus der Sicht des exilierten Deutschen) schildern und die Anwendung der durch die Kriegserfahrung gewonnenen Erkenntnisse vorausahnen lassen; *Die Zeit ist reif*, indem hier die Gründe für den Zusammenbruch einer Zivilisation ausgelotet werden und eben durch die – häufig kritisierte – ausladend nostalgische Schilderung der Vorkriegsidylle der zu bewahrende Wert einer Friedenswelt glaubhaft dargelegt wird.

In seinem Spätwerk verwertet Zweig die Erkenntnisse kritischer Selbstreflexion. Er tritt in der selbstgewählten Rolle eines »Herausgebers des eigenen Nachlasses« auf. [25] Das eigene Werk wird neu gesichtet: frühveröffentlichte Novellen werden z. T. revidiert und neu herausgegeben; Romanfragmente werden vervollständigt, dienen als Grundlage neuer Werke. In einem ungewöhnlichen, aber für Zweig typischen Prozeß der Umarbeitung beseitigt der Autor »ideologische Schwächen und Irrtümer... die mir Arbeiten ungenießbar machen, an denen ich früher meine Freude hatte« [26], und führt auf diese Weise eine partielle Verschiebung der ideologischen Gewichtung herbei: die Bedeutung der Marxschen Gesellschaftsanalyse wird hervorgehoben, marxistische Einsichten werden in die Texte eingearbeitet; die Leistung der Revolutionsführer (die Lenins in *Die Feuerpause*, die von Liebknecht und Rosa Luxemburg in *Die Zeit ist reif*) wird unterstrichen; die erwachende Macht der Arbeiterklasse wird durch die Schilderung des u. a. mit der Gründung von Gewerkschaften einsetzenden Prozesses ihrer politischen Willensbildung zum Ausdruck gebracht; die politische Entwicklung der Hauptgestalten wird gefördert durch Nebenfiguren, denen Zweig, wie schon so oft, die Funktion von politischen Mentoren zuweist (Kephalides und Kartusch in *Traum ist teuer*; Abel Jansen und Max Kliem in *Die Zeit ist reif*; Robert Mau und Woldemar Greulich in *Die Feuerpause*). Diejenigen, die seinen politischen Intentionen ablehnend gegenüberstanden, bezeichneten seine Textänderungen als »Schönheitsoperationen«, warfen ihm »die Hilflosigkeit – und artistische Fragwürdigkeit – dieser Manipulation«[27] vor, so wie es etwa Fritz J. Raddatz tat.

Zweigs Selbstkorrekturen wurden in der Absicht unternommen, die Aktualität seines Werkes für eine neue Zeit, deren Wirklichkeit durch die Zerstörungen eines Zweiten Weltkrieges, durch den Korea-Krieg sowie durch deutsche Wiederaufrüstung gekennzeichnet war, zu erhalten. Daher fühlte er sich in seiner Themenwahl erneut bestätigt, galt es ihm, wie er bei der Wiederaufnahme der Arbeit an *Die Zeit ist reif* berichtete, doch, »unser eigenes Leben im historischen Roman zu gestalten, unterkellert von all dem Wissen, das mir inzwischen zugewachsen ist«.[28]

Die Erkenntnisse, die Arnold Zweig der jungen Generation in der DDR übermitteln wollte, werden dem Leser anhand der Lern- und Bewußtseinsprozesse der beiden Hauptfiguren der späteren Romane, Werner Bertin und Richard Karthaus, vorgeführt. Beide sind Selbstbildnisse Zweigs, beide spiegeln die Irrungen und Wirrungen seiner eigenen geistigen und ideologischen Entwicklung wider.

In *Die Zeit ist reif* beschreibt Zweig das Widerstreben eines kunstbeflissenen Studenten, sich mit Politik und Wirtschaft abzugeben, seine Unkenntnis der weltpolitischen Lage, die Konsequenzen seiner Apathie für das eigene Leben. In *Die Feuerpause* läßt der Autor den Soldaten Bertin nach den drei Kriegsjahren von 1914 bis 1917 zur Einsicht kommen, die eigenen Erfahrungen im Krieg analysieren, die Ergebnisse seiner ›Erziehung vor Verdun‹ vorführen. *Traum ist teuer* beschreibt einen vergleichbaren Vorgang: Karthaus schildert seine anfängliche Naivität in Sachen Politik sowie in der privaten Sphäre und zieht die Bilanz seiner Erfahrungen während der Kriegsjahre von 1942 bis 1945, die aus einem Liberalen einen Sozialisten gemacht haben. Die von Zweig dargestellte Entwicklung von Bertin und Karthaus läßt die Bedeutung der eigenen zwischen den Jahren 1927 und 1962 erkennen.

In *Aufmarsch der Jugend*, dem fragmentarisch gebliebenen Vorläufer zu *Die Zeit ist reif*, wollte Zweig die persönlichen Beziehungen, das geistige Leben und die kulturellen Aktivitäten der eigenen Generation anhand zweier typischer Vertreter dieser Generation, Werner Bertin, jüdischer Student und angehender Dichter aus Schlesien, und Lenore Wahl, Tochter eines Potsdamer Bankiers, schildern. Zweig, der sich als leidenschaftlicher Fürsprecher einer Revolte der Jugend gegen die elterlichen Wertvorstellungen erweist, beabsichtigte, die gesamte Handlung des Romans aus diesem Generationskonflikt heraus zu gestalten. Diesen Gedanken formulierte er 1939: »Was will die junge Generation – Bertin? Frei sein. Nach eigener Verantwortung und Wahl, Begabung und Hinneigung das Leben lernen. Was will die alte Generation? Sicherheit des Lebens für sich und die Jungen, also Karriere. Anstellung. Festes Gehalt. Pension (der alte Bertin). Daraus Handlung und Konflikt. Daraus Lenores Liebeswahl.«[29]

Dieser Konflikt spielt sich vor dem Hintergrund bedrohlich werdender politischer Ereignisse ab, um die sich Bertin und Lenore, ganz der Liebesbeziehung, seiner literarischen Karriere und ihrer Emanzipation von einer preußischen Erziehung hingegeben, wenig kümmern. Die literarische Karriere des jungen Bertin, sein Eintreten für das Recht der jungen Generation auf persönliche Beziehungen »jenseits elterlicher Befugnisse«[30], sowie Lenores Kampf gegen Eltern, denen ein armer, nicht einmal freiwillig gemeldeter Schreiber kaum als der geeignete Schwiegersohn erscheinen mag, werden ausführlich geschildert.

Die Grenzen einer solchen Emanzipation sind offensichtlich. Die Revolte bleibt intellektuell, ohne politische Konsequenzen. Sogar Bertins aufsehenerregende Rede zur Bildungsreform, die den Aufruf enthält: »Wenn Ihr schon schießen müßt, schießt auf die anderen, auf Eure Quäler, auf die verkalkten Tyrannen der Schulhöfe und die bleiernen Seelen unter den Eltern«[31] ist ein emotionaler Ausbruch, kein Programm zur revolutionären Umwälzung. Wie Zweig kommentiert: »Bertin wirkte zwar als ein umstürzender Rebell, aber, wohlgemerkt, von der aristokratischen Sorte. Nichts lag ihm ferner als Sozialismus.«[32] Hier wird eine deutsche Jugend beschrieben, die an das Weiterbestehen eines scheinbar ewigen Friedens glaubte, die es nicht für nötig erachtete, sich für Politik oder Wirtschaft zu interessieren: »man verachtete die Politik, man lachte über die Wichtigtuerei der Wirtschaft«.[33]

Bertin erweist sich als unfähig, die politischen und wirtschaftlichen Warnsignale zu erkennen, die den kommenden Krieg ankündigen. Um sich das Ereignis, das den Rest seines Lebens bestimmen sollte, begreiflich zu machen, verfällt er auf mystiche Deutungen, die den Krieg als »Ausbruch des Schicksals ... Anlaß zur großen Einkehr, zur Besinnung auf die wahren Geister des menschlichen Lebens«[34] erscheinen lassen, oder führt Freudsche Erklärungen an: »Ich glaube, daß der Krieg eine Grundsaite der menschlichen Natur ist...«[35]

Da ihm die Tragweite des politischen Geschehens verborgen bleibt, beeindrucken ihn die Todesschüsse von Sarajewo nicht. Der Freundin erläutert er mit scheinbarer Autorität die Gründe für die Neutralität Englands gerade einen Tag bevor dieses in den Krieg eintritt. Ungefragt akzeptiert er deutsche Propaganda, die die Greueltaten in Belgien rechtfertigen soll. Die politische Haltung der in Bertin verkörperten deutschen Jugend faßt Jean-Jacques Täuffer, ein fortschrittlicher Schriftsteller aus dem Elsaß, sarkastisch zusammen: »Sie wissen gar nichts, und sie gehen sehenden Auges zugrunde.«[36]

Die Darstellung Bertins erweist sich auch in der erweiterten Fassung des Romans – in *Die Zeit ist reif* – als problematisch. Es liegt in der Konzeption des Gesamtzyklus, daß die Hauptfigur Bertin nicht schon im ersten Band zur vollen politischen Reife gelangen kann. Zweig, der die einzelnen Romane des Zyklus nicht dem chronologischen Ablauf der Ereignisse folgend verfaßte – den Eröffnungsband schrieb er zuletzt –, betrachtet nun in *Die Zeit ist reif* die geistigen und kulturellen Leidenschaften der eigenen Jugend sowohl aus der Sicht eines radikal veränderten politischen Bewußtseins als auch von einer völlig anderen historischen Warte aus. Da der fiktive Bertin im Jahre 1913 noch keines der Ereignisse erlebt hatte, die zur Aneignung geänderter politischer Vorstellungen hätten beitragen können, war es Zweig kaum möglich, die eigenen späteren Erkenntnisse durch ihn vertreten zu lassen.

Die Aufgabe, die Zweig sich mit diesem Roman stellte, bestand – wie Eberhard Hilscher zu Recht bemerkt[37] – darin, eine glaubwürdige Vergangenheit für Figuren zu erfinden, deren Entwicklung seine Leser durch fünf Bände schon verfolgt hatten, ohne ihnen gleichzeitig politische Haltungen anzudichten, die sie unmöglich hätten vertreten können. In *Die Zeit ist reif* mußte also Bertin so dargestellt werden, wie er noch vor Anfang des Romans *Junge Frau von 1914* war, d. h. in all seiner Vorkriegsnaivität. Zweig war sich dieses heiklen Problems wohl bewußt, wie aus einer Tagebucheintragung hervorgeht: »Das Wichtigste beim Bau der Fabel: Sie muß, von Bertin getragen, mit seiner Ratlosigkeit im Frieden beginnen, und wie den meisten seiner Klassengenossen, beim Ausbruch des Krieges, in der Kriegsbegeisterung entbrennen.«[38] In *Die Zeit ist reif* entwickelt sich also Bertin nicht.

Im Roman wird dieses Dilemma durch Zweigs allzu liebenswürdige Schilderung des Vorkriegsdeutschland verschärft. Bertin ist ganz der Intellektuelle: als höchstes Glück erscheint ihm, dem jungen Dichter, das Antreten einer eigenen »italienischen Reise«. Seiner Freundin hält er schier endlose Vorträge über jedes nur erdenkliche Thema: sei es über die Werke von Anatole France oder über antike Plastik. Straußens Oper ›Elektra‹ reißt ihn zu leidenschaftlicher Diskussion hin. Die politische Lage interessiert ihn gar nicht. Den marxistischen Aufruf zur Einheit der Arbeiterklasse tut er als »altmodische[n] Unfug«[39] ab.

Das politische Bewußtsein des späten Zweig, welches er in seinen Romanen zu verdeutlichen trachtete, ließ sich also im Falle dieses Werkes allenfalls in den Nebenfiguren andeuten. Hier sind es entweder Vertreter des Militärs (Clauß, Schieffenzahn), der Bankenwelt (Hugo Wahl) und der Industrie (Albin Schilles), die alle aus der Rüstungsindustrie Gewinne schlagen und deren Kriegsverantwortung Zweig unterstreicht, oder aber Bekannte des Paares, deren Ansichten ein Gegengewicht zu denen Bertins darstellen, ihn aber kaum beeinflussen, wie etwa der Sozialist Abel Jansen, der ständig auf die ideologischen Schwächen Bertins hinweist: »Ein komischer Hering, dieser Bertin. Typischer Revolutionär von oben, möchte gern bessere Zustände schaffen helfen, ohne sich zur arbeitenden Klasse durchzukämpfen«[40]. Die wesentlichen Themen des Romans werden eher durch abwechselnde – oft auch etwas unwahrscheinliche – Begegnungen mit den Nebenfiguren abgehandelt als durch die Darstellung politischer Ereignisse oder den Bewußtseinsprozeß der beiden Hauptfiguren.

Dieses Verfahren mag man als wenig befriedigend empfinden. Sicherlich ließe sich argumentieren, Zweig schwelge allzu nostalgisch in seinen Erinnerungen an das wilhelminische Zeitalter, verweile allzu lange bei den kulturellen Genüssen einer Figur, deren politisches Bewußtsein sie nicht befähigt – und aus der Konzeption des Zyklus selbst unmöglich befähigen könnte –, die Bedeutung der Ereignisse, die im Roman eine wesentliche Rolle spielen, zu begreifen.

In *Die Zeit ist reif* beschreibt Arnold Zweig den Verlust, in *Die Feuerpause* die Wiedererlangung des Friedens. Hatte er in *Die Zeit ist reif* die politische und wirtschaftliche Gesellschaftsordnung des Kapitalismus als Ursache des Krieges bezeichnet, so schildert er in *Die Feuerpause* die sowjetische Oktober-Revolution als Urheberin des Friedens. Krieg ist eine Eigenschaft des Kapitalismus, Frieden eine Eigenschaft des Sozialismus. Mündete in *Die Zeit ist reif* die politische Blindheit der Jugend in Kriegsbegeisterung, so führt in *Die Feuerpause* die Ernüchterung zur politischen Bewußtheit. In *Die Zeit ist reif* verstand Bertin nichts, in *Die Feuerpause* ist er gereift.

Die Feuerpause, schrieb Zweig, »ist ein Bindeglied, um nicht zu sagen Knotenpunkt, zwischen ›Grischa‹, ›Erziehung‹ und ›Einsetzung‹ und bereitet ›Das Eis bricht‹ vor«[41]. Als er manche Ereignisse aus *Erziehung vor Verdun* offensichtlich wiederholte, wurde Zweig kritisiert. Feuchtwanger aber, der das Werk für »das Kernstück des Grischa-Zyklus« hielt, erkannte Zweigs Intention: »Es geht dem Autor nicht um die Ereignisse an sich, sondern um die Wirkung, die sie auf den Helden tun.«[42]

Der Roman verbindet die Neuerzählung der Verdun-Erfahrung Werner Bertins mit einer Darstellung der Ereignisse an der Ostfront Ende November 1917 unmittelbar nach der Erschießung Grischas. Die Brest-Litowsker Friedensverhandlungen bilden den Rahmen für die Neudeutung der Erlebnisse Bertins. Bertin tritt als Erzähler, aber auch als »Zuschauer … der

Weltgeschichte«[43] auf; seine Erzählung steht in dialektischem Zusammenhang mit dem weltpolitischen Geschehen.

Während der langen Wartezeit auf das erhoffte Eintreten des Friedens erzählt Bertin die Kroysing-Affäre nach: er berichtet von seiner angehenden Freundschaft mit Christoph Kroysing sowie von dessen Tod und ergänzt seine Geschichte um weitere Episoden, die zum Teil vergleichbare Fälle von Ungerechtigkeit im Heer schildern. Feuchtwanger meinte: »Der Autor hat nicht nur jeder einzelnen Episode ihre besondere Steigerung und innere Spannung gegeben, er macht auch den Leser immer von neuem begierig zu erfahren, wie sich nun der Held des Romans, Bertin, zu dem jeweiligen Ereignis verhält, wie er einzugreifen versucht, und vor allem, wie er's deutet.«[44]

Es spricht hier nicht mehr der unwissende Bertin aus *Die Zeit ist reif*. In gereiftem Selbstverständnis distanziert sich Bertin von seiner früheren Geisteshaltung: »Ich war ein gläubiger, zutraulicher junger Hund mit warmer, weicher Schnauze und glattem Fell, dem jeder Wind nach Frieden roch und der weder wußte, wie es im Kriege aussah noch wie in ihm selbst. Ein Intellektueller, wissen Sie, ein Studierter, ungeheuer bereit, sich dem Dienst am Volke hinzugeben, all den geistigen Trubel beiseite zu fegen, der bis dahin das Leben ausgemacht hatte.«[45]

Auf Grund eines neuen Klassenbewußtseins erkennt nun Bertin, daß er einst das privilegierte Dasein eines Bürgersohns geführt hat. Die Gemeinsamkeit mit dem verstorbenen Christoph Kroysing, die er nun entdeckt hat, schreibt er der vergleichbaren Klassenherkunft zu: beide haben das Zugehörigkeitsgefühl zur eigenen Klasse beim Militär verloren; beiden sei »das Schlimmste geschehen ... was einem Menschen zustoßen konnte: aus unserer Klasse gestürzt zu sein, ohne das Bewußtsein einer neuen [dafür] einzutauschen.«[46]

Der Prozeß der Annäherung Bertins an eine neue Klasse, das Proletariat, wird durch seine Stellung als Armierer begünstigt und bringt ihn in engeren Kontakt mit Landarbeitern, Handwerkern und Fabrikarbeitern. Der Besuch bei Hein Jürgens, den Bertin in seiner Eigenschaft als Rechtsreferendar vor einem Verduner Kriegsgericht verteidigt hatte, zeigt, wie sehr Bertin die Sympathie der Arbeiterklasse gewonnen hat.

Aus solcher Sicht erstattet nun Bertin den Kameraden mündlichen Bericht. Als Schriftsteller aber – und gerade hier zeigt

sich, wie sehr Werner Bertin als Ebenbild Zweigs konzipiert ist
– beabsichtigt er, seine Begabung inzwischen als gesellschaftlichen Auftrag auffassend – auch das ein Ergebnis seiner »Erziehung« –, seine Erfahrungen auch literarisch zu gestalten:
Teile seines ersten Versuches, *Bjuschew, historisches Trauerspiel in fünf Akten* werden vorgetragen (wofür Zweig Auszüge
aus dem eigenen *Spiel um den Sergeanten Grischa* verwendet).[47] Wenn Zweig seinen Bertin auf die Frage Greulichs, weshalb bei ihm die richtigen Schlußfolgerungen nicht »zu revolu-
tionärer Tat, zur Organisation des Widerstandes« gerinnen,
antworten läßt: »... vielleicht, weil bei mir alles durch die
Phantasie abläuft, durch das gestaltende Wort«[48], verdeutlicht
er die eigene geistige Position. Wenn er Greulich dann prophe-
zeien läßt, der Schriftsteller Bertin werde »aufgespart... um
Zeugnis abzulegen – von alledem« – ein Gedanke, der auch in
Traum ist teuer anklingt[49] –, umschreibt er sicherlich die eigene
Aufgabe als Schriftsteller im Nachkriegsdeutschland.

Traum ist teuer zog Arnold Zweig anderen Projekten vor, da,
wie er Feuchtwanger schrieb, »dessen Aktualität am größten
ist« und der Roman »mir den größten Spaß«[50] macht. Dieser
letzte Roman Zweigs – 1945 angefangen, 1961 fertiggestellt –
wurde zwar in der DDR veröffentlicht, im Kern bleibt er jedoch
ein Werk der Exilliteratur. Der zweite Roman nach *De Vriendt
kehrt heim*, dessen Schauplatz Palästina ist, schildert die Lage
im Lande sowie den Verlauf des Krieges im Mittelmeerraum
während der Jahre 1942–1945. In der Form eines Berichtes
durch den exilierten österreichischen Nervenarzt Richard
Karthaus nimmt der Roman sowohl auf das Vorkriegsdeutschland als auch, durch die Geschichte Kephalides', auf die politische Lage in Griechenland Bezug.
Wie bei Zweig sonst nur noch in der *Feuerpause*, ist auch hier
die Erzählperspektive die eines Ich-Romans. Der Erzähler, der
aus der Sicht dessen, der den Krieg überlebt hat, berichtet, beabsichtigt durch eine kritische Aufarbeitung der unmittelbaren Vergangenheit, sich »eine feste Basis für morgen und über-
morgen« in der Niederschrift seiner Erlebnisse zu schaffen und
auf diese Weise seine Erkenntnisse auch anderen zu vermitteln.[51] Das Interessante des Werkes liegt in der Selbstanalyse
des Erzählers, in seiner Wiedergabe des privaten wie auch des

politischen Bewußtseinsprozesses. Die gewählte Perspektive unterstreicht diese didaktische Intention.

Die an ihn selbst gerichtete Frage, weshalb gerade er vor dem Tod im Krieg bewahrt wurde, beantwortet Karthaus mit einer programmatischen Erklärung: »Unter all den Millionen, mit denen ich irgend etwas Gemeinsames habe, berufen worden zu sein, am Abräumen dieses Trümmerhaufens Europa, am Wiederherstellen unserer Gesittung mitzuarbeiten, das muß doch Sinn haben! Vielleicht liegt es daran, daß die Mischung von kontemplativem und handelndem Wesen, die ich darstelle, jetzt besonders brauchbar erscheint.«[52]

Von seinem Selbstverständnis her ist Zweigs Erzähler – die obige Aussage verdeutlicht es – dem Schriftsteller nachempfunden. Auch in vielen Einzelheiten seiner Biographie ähnelt er seinem Schöpfer. Er ist 50jährig, Jude, Veteran des Ersten Weltkrieges. Wie Zweig hatte er Gelegenheit, Franklin D. Roosevelt kennenzulernen. Ins Exil ging er nach dem Reichstagsbrand auf Drängen eines Bekannten (im Roman: des Nachrichtenoffiziers der Reichswehr, Repke). Getreu seinem einstigen Zionismus und auf der Grundlage einer früheren Erkundung im Lande (auch Zweig war 1932 schon einmal dort gewesen), läßt er sich in Palästina in der Annahme nieder, er komme »zu Mitjuden, Schicksalsgenossen, zu unserem eigenen Volk«[53]. Des Hebräischen nicht mächtig, unterhält er dort eine deutschsprachige Praxis. Weder Engländer (also dem Mandatarstaat angehörend) noch palästinensischer Jude, fühlt er sich als Außenseiter.

Obwohl *Traum ist teuer* sich unter anderem als fiktionale Auseinandersetzung Zweigs mit seiner Erfahrung im Exil lesen läßt, erschöpft sich der autobiographische Aspekt dieses Romans darin keineswegs. Auch die geistige Orientierung seines Helden – Zweig macht ihn zum »schriftstellernde[n] Analytiker und Schülersschüler des großen Sigmund Freud«[54] – spiegelt den eigenen Werdegang des Schriftstellers wider. In der Schilderung der ideologischen Entwicklung des Richard Karthaus verdeutlicht Zweig die eigene Freudsche Grundposition, und indem er die Festigung seiner sozialistischen Haltung durch die im Exil gewonnenen marxistischen Erkenntnisse darlegt, steckt er Möglichkeiten und Grenzen einer zwischen Freud und Marx angesiedelten Weltanschauung ab.

Die Selbstanalyse des Richard Karthaus ist vor allem eine Traumdeutung. Als Psychiater kommt er – wie im Titel angedeutet – zu der Erkenntnis, sein Traum sei teuer. Durch die Niederschrift seiner Erlebnisse befreit er sich von der Illusion. Im Vorspann seines Berichtes beschäftigen ihn zwei komplementäre Aspekte seiner Traumvorstellung: »... der politische einer mittleren Linie wie der private eines Ausgleichs, Ehegefühls zwischen Frau und Freundin[55]«.

Diese dialektisch miteinander verbundenen Aspekte wollte Zweig offenbar in ständiger Wechselbeziehung entwickeln, die private Entscheidung als Ergebnis der politischen Einsicht begründen. Den politischen Traum einer mittleren Linie in der Politik verdeutlicht Karthaus am eigenen Liberalismus. Als »österreichischer Liberaler«[56] habe er das kommende Unheil in Deutschland nicht erkennen können, habe also die Warnungen mißachtet. Auf Grund seiner religiös verbrämten Vorstellungen vom Sozialismus sei er nach Palästina, »ins neue Kanaan«[57], gekommen, habe also das Wesen des jüdischen Nationalismus nicht verstanden. Als Bewunderer Churchills und Roosevelts habe er die imperialistischen Pläne der britischen Mandatsmacht und des amerikanischen Finanzkapitals nicht durchschaut.[58] Dem privaten Traum eines Ausgleichs im Gefühlsleben huldigt Karthaus mit seiner Wunschvorstellung eines harmonisch verlaufenden Dreiecksverhältnisses, das ihm die Weiterführung seiner »Nebenehe« mit der Freundin erlauben soll.[59]

In beiden Bereichen – dem politischen wie dem privaten – stürzt das Kartenhaus des Richard Karthaus ein: das Illusionäre des doppelten Traums wird herausgestellt. Aus den Trümmern des eingestürzten Kartenhauses aber entsteht ein neues Gedankengebäude – und zwar hauptsächlich unter dem Einfluß der Menschen, die Karthaus umgeben. Jeder erhält scheinbar die Aufgabe, ihm ein Stück seiner Illusion zu nehmen. Die erste Lektion erhält er, als seine Frau ihre Weigerung, ihn nach Palästina zu begleiten, mit ihrer Opposition gegen den jüdischen Nationalismus begründet.[60] Der griechische Freiheitskämpfer Kephalides lehrt ihn die Grundsätze sozialistischer Demokratie, schärft seinen Blick für die Nachkriegsziele der Alliierten.[61] Der Kommunist und alte Spanienkämpfer Kartusch erläutert ihm die marxistische Theorie des Imperialismus (was Karthaus keineswegs davon abhält, gerade ihm einen Band Kipling zu schenken!).[62] Leo Schurmann untergräbt sein Vertrauen in die Kriegsziele Churchills, Schwester O'Deefy seinen Glauben an die Unterstützung Präsident Roosevelts durch die amerikanische Finanzwelt.[63] Kein Wunder, daß der politisch arg verunsicherte Karthaus sein Erstaunen immer wieder zum Ausdruck bringt: »Mir blieb der Mund offen...«, »Ich war bestürzt...«, »Ich sah mir verblüfft diese erstaunliche Frau an...«[64]

In der privaten Sphäre werden Karthaus moralisch aufbauende Lektionen erteilt: seine ehemalige Sekretärin Jeanne, die »bezaubernde Geliebte« seiner »Nebenehe«[65], widersetzt sich als verheiratete Frau seinen Bitten und erinnert ihn beim Abschiednehmen, ohne ihm die Hand zu reichen, an den bevorstehenden Geburtstag seiner von ihm getrennt lebenden Frau Hella; Lydia, seine Geliebte für eine Nacht, erteilt ihm ebenfalls eine Abfuhr, es bleibt ihm also nicht einmal dieser Trost.[66]

Seine Erinnerungen zeichnet Karthaus nun auf, um sich Klarheit über die eigenen Erlebnisse und die auf ihn einströmenden Meinungsäußerungen zu geben. Seine neuerwachenden, sich bildenden Erkenntnisse, die ja – wir haben es gesehen – auch diejenigen Arnold Zweigs sind, durchziehen in all ihrer Widersprüchlichkeit seinen Bericht. Grundlage seiner Perspektive ist sein neues Bekenntnis zu marxistischen Grundsätzen: gleich zweimal läßt ihn Zweig den Marxschen Gedanken der Bewußtseinsbestimmung durch das gesellschaftliche Sein aus dem Vorwort zur *Kritik der Politischen Ökonomie* lobend anführen.[67] Aus solcher Erkenntnis leitet sich Karthausens zaghaftes Umdenken in den wichtigen Fragen seiner politischen Ansichten ab.

Der ehemals eingeschlagene Weg des Liberalismus wird in eine Richtung umgeleitet, die auf einer sozialistischen Linie liegt.[68] Die politischen Ziele der britischen Mandatsmacht werden als imperialistisch und antisowjetisch verworfen[69], die Solidarität mit der Sowjetunion wird dagegen gutgeheißen.[70] Die Beteiligung der Wirtschaft, insbesondere die der Rüstungsindustrie, am Aufstieg Hitlers und an der Kriegsvorbereitung wird mehrfach angeprangert.[71] Die eigene Entscheidung, als Altzionist nach Palästina zu gehen, wird durch Karthausens gewagte Behauptung in Frage gestellt, es bestehe »eine tiefe Gemeinschaft... die mich, meinen Zustand beglückter Tatbereitschaft, mit den Menschen innerlich verband, fast gleichsetzte, die mich vertrieben hatten, um ein Tausendjähriges Reich zu starten«.[72]

Karthausens Erlebnisse im privaten Bereich erzwingen auch dort ein Umdenken. Als Jeanne und Lydia ihm beide eine Absage erteilen – nachdem er ohnehin angefangen hat, von seiner Frau zu träumen –, fällt er eine eindeutige Entscheidung, »meine eigene Lebensbahn wieder in Ordnung zu bringen, Hella Karthaus zurückzugewinnen, meine beiden Buben«[73].

Die Weltanschauung des Richard Karthaus ist zunächst die des Freudschen Psychoanalytikers. Er zitiert Freud – neben Heine und Einstein – als diejenigen, »ohne [die]... mein ganzes Gedankengut... [nicht] bestanden hätte«[74]; feiert ihn – noch drei Seiten vor Ende seines Berichts – als »große[n] Lehrer«[75]; schämt sich der Tatsache, daß die Hebräische Universität ihn nicht in Schutz genommen habe, »besonders seit seiner historischen Moses-Schrift«[76]. Wie gern übernimmt Karthaus die Rolle des Traumdeuters, als Kephalides ihm einen eigenen Traum erzählt. Mit welcher Begeisterung kommt er zum (allerdings kuriosen) Ergebnis, der Traum beruhe nicht nur auf einer Identifikation mit ihm selber, sondern über ihn hinaus sogar mit Freud (»Ja, war er nicht auf gewisse Weise selber zu Freud geworden, dieser mein Patient, den die Ruinen von Pompeji umgaben, wie Kartenhäuser ohne Dach? Karthaus war ich...«).[77]

Die Huldigung, die Karthaus Freud als »Entdecker, Erforscher, Explorer«[78] darbringt, ist natürlich auch diejenige Arnold Zweigs. Zweig, der die Bedeutung der selbst erfahrenen Analyse für die »Freilegung« der eigenen schriftstellerischen Begabung unterstrich[79], hatte in den Jahren 1927 bis 1939 einen sehr respektvollen Briefwechsel mit Freud geführt.[80] Ein Erinnerungsbuch unter dem Titel *Freundschaft mit Freud* war fast parallel zu *Traum ist teuer* entstanden: die ersten beiden Teile wurden 1947/48 diktiert, die Teile III und IV kamen Anfang 1962 – also im Jahr des Erscheinens des Romans – hinzu. Daß sein Freudianismus auf wenig Gegenliebe in der DDR der 50er Jahre stoßen würde, dessen war Zweig sich wohl bewußt: er glaubte sich aber im Recht. Schon 1950 schrieb er Feuchtwanger: »In Sachen Freud ist die DDR und sind anscheinend alle

Volksdemokratien zwanzig Jahre zurück. Ich werde ihnen klar-
machen, welch großes naturwissenschaftliches Ereignis und
welch deutsches Ereignis dieser Psychologe und Schriftsteller
Freud ist und bleibt und wie es sich mit ihm und Marx verhält.«[81]

Das im letzten Satz geäußerte Vorhaben ließe sich ohne weiteres auch in anderen Werken Arnold Zweigs auffinden. Nicht zu
Unrecht sieht H.-A. Walter die Größe Zweigs in der »höchst
fruchtbaren Verbindung«, die die marxistische Gesellschafts-
theorie und die Freudsche Psychoanalyse in seinen Werken
miteinander eingehen.[82] Gerade *Traum ist teuer* verdeutlicht,
wie Zweig eine solche Synthese verstand, da ja die Lektion, die
Karthaus, der im Vorspann zu seinem Bericht eingesteht, daß
der marxistische Apotheker Kartusch »das politische Geflecht
unserer Jahre besser durchschaute als ich, der schriftstellernde
Analytiker und Schülerschüler des großen Sigmund Freud«,
lernt, eben auf eine Verbindung beider Theorien hinausläuft.[83]
Es ist auffallend, wie oft er die Freudsche durch die Marxsche
Interpretation ergänzt. So berichtet er über einen Vortrag:
»Ich hatte ... über die Flucht in den Schatten des Vaters gesprochen, nämlich über den militärischen Nationalismus, den wir
später einfach Faschismus nannten ...«[84] Er bezeichnet Hitler
als »schweren Neurotiker und infantilen Selbstbefriediger«,
fügt aber gleich seine Verwunderung darüber hinzu, »daß
Europa es den deutschen Industriellen der verschiedensten
Branchen gestattet hatte, einen solchen Trommler in den Kanz-
lerstuhl eines Siebzig-Millionen-Volkes zu hissen – Werkzeug
gegen Sozialismus«.[85] Manchmal scheint er beide Deutungen
nebeneinander bestehen zu lassen, wie wenn er beispielsweise
die mögliche Ursache von Kriegen benennt: »Der eine nennt es
Destruktionstrieb und der andere Kampf um die Produktionsmittel«, und hinzufügt: »Aber das werden wir später klären ...«[86] In diesem Sinne verwundert es nicht, wenn Karthaus
auf den »Ruhmestafeln unserer antifaschistischen Front« auch
die Namen von Karl Marx und Sigmund Freud glänzen
sieht![87]

Das Gedicht ›Rückzugslied‹, das Zweig dem sechsten und letzten Buch von *Traum ist teuer* voranstellte, ließ er mit den folgenden Zeilen ausklingen:

>» Wären wir nur klug geworden!
Junge Leute seht es ein!

Mag kein Stiefel euch zertreten,
Kinder, noch ein drittes Mal!
Denken lernet statt zu beten!
Unser Buch nehmt als Fanal.«[88]

Selbstkritik und Mahnung sind die charakteristischen Merkmale der Bilanz, die Arnold Zweig mit seinen letzten Werken
zieht.

Die drei Romane stellen einen Lernprozeß in zweifacher Hinsicht dar: der Autor setzt sich zum einen mit seiner Erfahrung
von Krieg, Faschismus und Exil literarisch auseinander; er läßt
aber auch seine Figuren, die Ergebnisse der eigenen Bewußtseinsprozesse festhalten. Auch der zu verzeichnende Umarbei-
tungsprozeß ist ein zweifacher: Zweig revidiert und ergänzt die
Aussagen früherer Werke; ebenso deuten seine Figuren den
eigenen Werdegang um: Bertin seine Erfahrung vor Verdun;
Karthaus seine privaten und politischen Illusionen. Auch auf
der Grundlage neugewonnener Erkenntnisse läßt Zweig seine
Romangestalten die eigenen Nachkriegsaufgaben und -ziele
formulieren: Bertin wird als Schriftsteller »Zeugnis ablegen«;
Karthaus gesellt sich, als Arzt, zu denen, die »dieser Generation von Aufräumern angehören und den Weg bahnen in bessere Zeiten«[89]. Demgemäß bemühen sich beide Figuren, ihre
Erkenntnisse auch anderen zu vermitteln: Bertin durch seinen
mündlichen Bericht, später durch seine literarischen Arbeiten;
Karthaus durch seine Niederschrift.

In seinen letzten Romanen konfrontiert Arnold Zweig seine
Leser mit den Lehren seiner Erfahrung aus zwei Weltkriegen,
um die Gefahr eines dritten abzuwenden. Feuchtwanger
schrieb er einmal: »Ich lerne, wie ein echter Schwabe, noch
zwischen fünfzig und sechzig, Lektionen für das Leben«.[90] *Die
Feuerpause*, *Die Zeit ist reif* und *Traum ist teuer* schrieb er in
der Hoffnung, daß seine Leser die gleichen Lektionen lernen
würden.

Anmerkungen

Die Hinweise auf die drei besprochenen Romane beziehen sich, soweit nicht anders vermerkt, auf die Seitennumerierung der im Fischer Taschenbuch Verlag erschienenen Ausgaben.

1 Vgl. M. Reich-Ranicki, ›Der Streit um den Sergeanten Kephalides‹ in: *Die Zeit*, Nr. 11, 15. 3. 63.

2 Arnold Zweig an Lion Feuchtwanger, 11. 9. 41, in: Lion Feuchtwanger/ Arnold Zweig, *Briefwechsel 1933–1958*, Hrsg. Harold von Hofe (Berlin und Weimar: Aufbau-Verlag, 1984 sowie Frankfurt: Fischer Taschenbuch Verlag, 1986) Bd. I, S. 242. Die Seitennumerierung der beiden Ausgaben ist gleich.

3 Schlichter Dienst am Frieden. Arnold Zweig im Gespräch mit den Kulturschaffenden Berlins in: *Berliner Zeitung*, 22. 10. 48.

4 Arnold Zweig, *Der Streit um den Sergeanten Grischa* (Potsdam: Kiepenheuer, 1927), Nachbemerkung, S. 553.

5 Arnold Zweig, *Erziehung vor Verdun* (Amsterdam: Querido Verlag, 1935), Nachbemerkung, S. 628.

6 Arnold Zweig, *Einsetzung eines Königs* (Amsterdam: Querido Verlag, 1937) Nachbemerkung, S. 574.

7 Zweig an Feuchtwanger, 20. 10. 51, in: *Briefwechsel*, II/147.

8 Zweig an Feuchtwanger, 13./14. 6. 52, in: *Briefwechsel*, II/161.

9 Arnold Zweig, *Junge Frau von 1914* (Berlin: Kiepenheuer, 1931), Nachbemerkung, S. 463.

10 Zweig an Feuchtwanger, 4. 6. 57, in: *Briefwechsel*, II/355.

11 Zweig an Feuchtwanger, 29./30. 9. 57, in: *Briefwechsel*, II/365.

12 Zweig an Feuchtwanger, 1. 8. 57, in: *Briefwechsel*, II/362.

13 Zweig an Feuchtwanger, 25. 3. 45, in: *Briefwechsel*, I/321.

14 E. Hilscher, *Arnold Zweig, Brückenbauer vom Gestern ins Morgen* (Halle, 1962), S. 60–61. Vgl. auch G. Cwojdrak, Blick in die Werkstatt, in: *Neue Deutsche Literatur*, H. 1 (1955), S. 138.

15 D. Schlenstedt, Der Kriegsbeginn, in: *Neues Deutschland*, 8. 3. 58.

16 Feuchtwanger an Zweig, 8. 5. 51, in: *Briefwechsel*, II/124.

17 Feuchtwanger an Zweig, 25. 9. 51, in: *Briefwechsel*, II/144.

18 Arnold Zweig, Entwürfe, Gedichte, Notizen, S. 41–42 (im Arnold-Zweig-Archiv. Vgl. *Findbuch des literarischen Nachlasses von Arnold Zweig (1887–1968)*, bearbeitet von Ilse Lange. Berlin: Akademie der Künste der DDR: 1983, Nr. 2597. S. 497).

19 Zweig an Feuchtwanger, 20. 10. 51, in: *Briefwechsel*, II/148.

20 Arnold Zweig, *Die Feuerpause*, S. 383 und 388ff.

21 Arnold Zweig, *Traum ist teuer*, S. 11.

22 Arnold Zweig, Versuch eines Nachworts, Kroysing, in: *Sinn und Form*, H. 6 (1951), S. 91.

23 Arnold Zweig, Brief an Lucy von Jacobi, 11. 11. 55, in: G. Wenzel, *Arnold Zweig 1887–1968* (Berlin und Weimar: Aufbau, 1978), S. 167 und vgl. *Die Feuerpause*, Nachwort (Berlin: Aufbau, 1956), S. 425.

24 Zweig an Feuchtwanger, 20. 10. 51, in: *Briefwechsel*, II/147 und vgl. *Die Feuerpause*, S. 387.

25 Arnold Zweig, *Kroysing*, S. 89.

26 Zweig an Feuchtwanger, 12. 6. 54, in: *Briefwechsel*, II/240.

27 F. J. Raddatz, *Traditionen und Tendenzen – Materialien zur Literatur der DDR* (Frankfurt: Fischer, 1972), S. 294–295.

28 Zweig an Feuchtwanger, 27. 4. 51, in: *Briefwechsel*, II/122–123.

29 Arnold Zweig, *Aufmarsch der Jugend (Verschiedene Notizen zur Romanfabel)* AZA 416, *Findbuch*, S. 94. Notiz vom 5. 12. 39.

30 Arnold Zweig, *Aufmarsch der Jugend* (1. Kapitel. Der Aufbruch. 1. Fassung, 1928/29) AZA 361, S. 3. *Findbuch*, S. 83.

31 Arnold Zweig, *Ein Liebespaar von 1914*, 1. Fassung 1929, AZA 322, S. 8. *Findbuch*, S. 75.

32 Arnold Zweig, *Versuch über das Göttliche*, 1. Fassung, 1928/30, AZA 354, S. 1–2. *Findbuch*, S. 81.

33 Arnold Zweig, *Blick auf Deutschland*, 1. Fassung, 1928/30, AZA 335, S. 6. *Findbuch*, S. 77.

34 Arnold Zweig, *Der Aufbruch*, 22. Juli 1931, AZA 356, S. 10. *Findbuch*, S. 82.

35 Arnold Zweig, *Wie der Schriftsteller Bertin fürchtete, zu spät zum Weltkrieg zu kommen*, AZA 381, S. 2. *Findbuch*, S. 87. Und vgl. *Die Zeit ist reif*, S. 552.

36 AZA 381, S. 6.

37 E. Hilscher, *Arnold Zweig: Leben und Werk* (Berlin, Volk und Wissen, 1978), S. 80.

38 Tagebucheintragung vom 16. 4. 51, AZA 591, S. 4. *Findbuch*, S. 130.

39 Arnold Zweig, *Die Zeit ist reif*, S. 196.

40 Ibid., S. 352.

41 Zweig an Feuchtwanger, 6. 1. 54, in: *Briefwechsel*, II/224.

42 Feuchtwanger, ›Die Feuerpause‹, in: *Briefwechsel*, II/263, und in: *Sinn und Form*, H. 1 (1955), S. 149.

43 Arnold Zweig, *Die Feuerpause*, S. 323.

44 Feuchtwanger, ›Die Feuerpause‹, in: *Briefwechsel*, II/264 und in: *Sinn und Form*, S. 150.

45 Arnold Zweig, *Die Feuerpause*, S. 24.

46 Ibid., S. 73.

47 Ibid., S. 388–392. Und vgl. Arnold Zweig, *Dramen* (Berlin und Weimar: Aufbau, 1963), S. 332–335.

48 Ibid., S. 375.

49 Arnold Zweig, *Traum ist teuer*, S. 12.

50 Zweig an Feuchtwanger, 8./9. 9. 45, in: *Briefwechsel*, I/347.
51 Arnold Zweig, *Traum ist teuer*, S. 10.
52 Ibid., S. 12.
53 Ibid., S. 71.
54 Ibid., S. 13.
55 Ibid., S. 9.
56 Ibid., S. 192.
57 Ibid., S. 51. In ironischer Anspielung auf Zweigs eigenes Frühwerk, *Das neue Kanaan* (1925).
58 Ibid., S. 26.
59 Ibid., S. 20. Auf Drängen Heinz Kamnitzers ist dieser Aspekt des Romans sehr stark eingeschränkt worden; vgl. H. Kamnitzer, *Der Tod des Dichters* (Berlin: Buchverlag Der Morgen, 1974), S. 87–91. Wesentliche Passagen wurden noch aus den Korrekturfahnen gestrichen. In der vorliegenden Textfassung ist Karthaus zwar von seiner Frau getrennt, er freut sich aber auf das Wiedersehen und den Neuanfang. Die Affäre mit der ehemaligen Sekretärin Jeanne wird bloß angedeutet; Karthaus wird nur eine – ohne jegliche Erotik beschriebene – Nacht mit Lydia gewährt.
60 Ibid., S. 36.
61 Ibid., S. 103ff. und S. 155.
62 Ibid., S. 238.
63 Ibid., S. 257–258 und 344.
64 Ibid., S. 250, 252 und 258.
65 Ibid., S. 20.
66 Ibid., S. 317.
67 Ibid., S. 161 und 265.
68 Ibid., S. 274.
69 Ibid., S. 26 und vgl. Zweig an Feuchtwanger, 3. 1. 46, in: *Briefwechsel*, I/362.
70 Zweigs Erfahrung mit der von ihm gegründeten Organisation zur Unterstützung der Sowjetunion, Liga V, verwertet er in der Darstellung Hermann Treppners. Vgl. *Traum ist teuer*, S. 271–274.
71 Ibid., S. 15, 22–23, 57, 70, 221, 327.
72 Ibid., S. 57–58.
73 Ibid., S. 335.
74 Ibid., S. 56.
75 Ibid., S. 347.
76 Ibid., S. 243.
77 Ibid., S. 225.
78 Ibid.
79 Arnold Zweig, *Freundschaft mit Freud*, Auszug in: Wenzel, op. cit., S. 626.
80 E. L. Freud (Hrsg.), *Briefwechsel Sigmund Freud – Arnold Zweig*, Frankfurt: Fischer, 1968 sowie Fischer Taschenbuch Verlag, 1984).
81 Zweig an Feuchtwanger, 24. 11. 50, in: *Briefwechsel*, II/89.

82 H.-A. Walter, Arnold Zweig oder die Synthese von Marx und Freud, in: *Frankfurter Rundschau*, 28. 2. 70, Beilage S. IV.

83 *Traum ist teuer*, S. 13.

84 Ibid., S. 20.

85 Ibid., S. 242–243.

86 Ibid., S. 289.

87 Ibid., S. 265.

88 Ibid., S. 286.

89 Ibid., S. 290.

90 Zweig an Feuchtwanger, 3. 1. 46, in: *Briefwechsel*, I/362.

III. »SETZEN SIE STATT SZENE KAPITEL,
STATT AKT BUCH, SO HABEN SIE
MEINE ROMANFORM...«

Vom Elend der Zweig-Rezeption

[...]

Ein überragendes Romanwerk der deutschen Literatur unseres Jahrhunderts, verkannt, unterschätzt, im literarischen Bewußtsein unseres Staates faktisch nicht vorhanden, in dem des anderen deutschen Staates ein Gegenstand von Pflichtübungen allenfalls, wenn nicht Objekt peinlich quälender Verlegenheit: das will erklärt sein.

Die notwendige Distanz zu gewinnen, trete ich ein paar Schritte zurück, um insgesamt den Rang und die Stellung ins Auge fassen zu können, welche Literaturkritik und -wissenschaft Arnold Zweig zugebilligt haben, nachdem mit dem *Streit um den Sergeanten Grischa* 1927 sein erstes großes Werk erschienen war. Die Literaturkritik (und dazu rechne ich hier nicht die zumeist bloß diffamierenden nationalistisch-faschistischen Rezensenten) legte bei der Beurteilung dieses ersten aus dem Zyklus der Weltkriegsromane einen Hauptakzent aufs Preußische – sei es nun auf den Untergang des alten preußischen Staatsethos, den man als Thema des Romans ausmachen zu können glaubte, sei es auf die vermeintliche Glorifizierung preußischer Gestalten durch den Autor. Auch der prominenteste und wichtigste unter Zweigs Kritikern in der Weimarer Republik, Kurt Tucholsky, hat hier angesetzt. Seine auf eine Romanfigur zielende saloppe Formulierung »Exzellenz von Lychow, geb. Fontane«[1] sollte sich als ebenso zählebig wie verhängnisvoll herausstellen. Für lange Zeit fast folgenlos blieb dagegen Tucholskys Hinweis auf den Niederschlag, den jüdische Themen und Probleme in Zweigs Roman gefunden hatten.

Die Exilrezeption unterschied sich von der Weimarer Zeit überhaupt nicht, was die Blickrichtung betraf. Die Romane des Grischa-Zyklus wurden nach wie vor nur unter stofflichen Gesichtspunkten behandelt, als Kriegsromane. Fast durchweg blieb unbeachtet, daß es sich um einen großen Gesellschaftsaufriß handelte, der im Gewande des Kriegsromans einherkam; daß Zweig sich des Kriegsstoffes vor allem als eines Vehikels bediente, um kulturelle, psychologische, politische und wirtschaftliche Epochenströmungen vor die Leser zu bringen und zu deuten – ganz so, wie er das mit der andersgearteten Fabel des *Beils von Wandsbek* später erneut getan hat.

Vor allem aber verfestigte sich in den Jahren des Exils das Urteil über Zweigs Schreibweise. Daß er nicht zu den literarischen Neuerern und formalen Experimentatoren zu rechnen sei, hatte schon den Kritikern in der Weimarer Republik so sehr als Tatsache gegolten, daß sie über die ›formale‹ Beschaffenheit seiner Bücher kaum ein Wort verloren – wie das bei guter konventioneller Arbeit eben so zu sein pflegt. Diese Meinung wurde im Exil tradiert und – im Umkreis der Expressionismus-Realismus-Debatte[2] – sogar von einer zeitgenössischen Autorität ausdrücklich sanktioniert und quasi zur ›Lehrmeinung‹ erhoben. Es war Georg Lukács, der bei der Durchsetzung seiner literaturtheoretischen Konzeptionen und literaturpolitischen Ziele Zweig zur Schachfigur machte, indem er ihn rühmend ausspielte gegen die von ihm bekämpften ›Neuerer‹ – gegen Bertolt Brecht, Anna Seghers etc. Mehr noch: Lukács erhob Arnold Zweig zum (in der deutschen Literatur einzigen) ›linken‹ Kronzeugen seiner Theorien vom epischen Realismus: »Zweig bekennt sich, theoretisch wie praktisch, zur Erzählungskunst ›alten Stils‹. Er steht den modernen Experimenten der Montage von Dokumenten, dem surrealistischen Durcheinander fern, wenn er auch seine Ablehnung solcher Experimente mehr in seiner Praxis, in seinen positiven Bekenntnissen, als in einer offenen Distanzierung oder Polemik zum Ausdruck bringt. Aber der Gegensatz äußert sich auch auf diese Weise deutlich genug. Zweig schreibt stets wirkliche Erzählungen, erstrebt und erreicht spannende Fabeln im ›herkömmlichen Sinne‹.«[3]

Auf dem Hintergrund des literaturpolitischen Machtkampfs, den Lukács und seine »Clique« (Brecht) von Moskau aus führten, wurden diese Sätze zu einer Polemik, wurde Zweig zum ›Musterschüler‹ des Lehrers (oder besser doch: Schulmeisters) Lukács, ohne eigenes Zutun, aber mit unabsehbaren Folgen auf lange hinaus. Uns enthebt dies Faktum freilich nicht der Notwendigkeit, Lukács' Rubrizierung »Erzählungskunst ›alten Stils‹« auf ihre Substanz zu überprüfen. Unbestreitbar in der

Tat, daß Arnold Zweig nicht »montiert« hat wie Brecht, daß er die Schnittechnik weder in der vergleichsweise rohen Manier ihres Erfinders Dos Passos angewendet hat noch in der von Anna Seghers weiter entwickelten und gründlich veränderten Form. Es gibt bei ihm keine Inneren Monologe à la Joyce; die Praktiken des Reportageromans, die Einblendung dokumentarisch-authentischer Materialien, ästhetisch nicht ›behandelter‹ Wirklichkeitspartikel wird man in seinen Büchern vergeblich suchen, und den literarischen Surrealisten schließlich stand Zweig so fern wie nur irgend denkbar. Kurzum, in allen diesen Punkten hat Lukács unbestreitbar recht, und darüberhinaus scheint noch ein weiteres Argument für sein Urteil zu sprechen: Zweig hat am allwissenden, am »auktorialen« Erzähler des Romans festgehalten, und er hat sich darin auch nicht von den Schriftstellern beirren lassen, die erfolgreich andere Wege gegangen waren.

Und erst sein kompositorisches Vorgehen! Sauberste Konstruktion nach den Gesetzen der Kausalität und der ästhetischen Glaubwürdigkeit – der Leser mag bemerkt haben, wie eng im *Beil von Wandsbek* die Nebenhandlungen mit der Haupthandlung verflochten sind, ohne daß dies gezwungen wirkte. Generell verzahnt Zweig die einzelnen Handlungselemente so sorgfältig, daß jede Szene und jedes Kapitel eine dramaturgische Funktion innerhalb des Ganzen hat, jedes Einzelereignis steht mit dem Hauptgeschehen in Zusammenhang und treibt es wie ein Getriebezahnrad mit voran, so daß nicht ein einziges fehlen darf, wenn das Gesamtgeschehen schlüssig, folgerichtig und zwingend bleiben soll. Das gleiche gilt für Bildsprache und symbolische Gestaltungsmittel, erst recht für die Handlungsmotive der Figuren; auch hier größte Umsicht, sorgfältigste Detailarbeit. [. . .]

Dieses unauflösbar dichte kompositorische und sprachliche Geflecht hatte Tucholsky gemeint, als er rühmend von der »saubersten Lückenlosigkeit«, von der »Akkuratesse des Handwerks«, von den »nietenlosen Stahlfugen« beim *Streit um den Sergeanten Grischa* gesprochen hatte, und daß sich an dieser kompositorischen Meisterschaft nichts geändert hat im Lauf der Jahre, dafür legt *Das Beil von Wandsbek* den überzeugendsten Beweis ab. Der dramaturgisch perfekte Aufbau des epischen Werks – man könnte geradezu von einem ›dramatischen

Roman‹ sprechen – ist die strukturell-formale Konsequenz der Absichten, die Arnold Zweig beim Schreiben verfolgt hat, und ist zugleich die handwerkliche Voraussetzung, damit Literatur die Funktion erfüllen könne, die Zweig ihr in der Gesellschaft zugesprochen hat. Ihre großen objektivierenden Formen, das Drama und den Roman, hat er seit je als »Organe der politischen Erziehung« angesehen. Schon in *Caliban* ist über den Roman zu lesen: »Indem er an einer klaren Fabel ein allgemeingültiges Schicksal, das Schicksal eines Gruppenvertreters auf große Weise zur Anschauung bringt, leistet er seinen Dienst an der Gruppe, sei es der Sprachgemeinschaft, sei es einer Klasse.«[4] Wer ein solchermaßen allgemeingültiges Schicksal zu gestalten sich vornimmt, muß den »Gruppenvertreter« im Kontext seiner gesellschaftlichen Verhältnisse vor den Leser bringen. Er durfte nicht, wie das zumeist im deutschen Bildungsroman geschah, das Innenleben der Figur, ihre seelische Entwicklung ins Zentrum des Romangeschehens rücken. Vielmehr mußte er das Innenleben der Gestalten und die Außenwelt, die seelischen Vorgänge und die sozialen als ein zusammenhängendes, aufeinander einwirkendes Ganzes zeigen, wenn er den Anspruch auf eine allgemeingültige Romanhandlung einlösen wollte.

Das wichtigste handwerkliche Mittel dazu war eine tragfähige Fabel. Tragfähig wurde die Fabel durch eine dem Gegenstand angemessene breite Auffächerung des jeweiligen Gruppenschicksals. Um diese stets vielfältig-variantenreichen Gruppenschicksale für den Leser übersichtlich zu halten und durchschaubar zu machen, mußte die Fabel nach strengsten dramaturgischen Gesetzen gebaut werden – nach den Baugesetzen etwa von Shakespeares Historiendramen, auf die Zweig sich denn auch häufig berufen hat. Bei einem so lückenlos gewobenen Fabelteppich versteht es sich von selbst, daß die Fülle der Handlungsverflechtungen und -zusammenhänge von den Gestalten bestenfalls partiell als Verflechtungen und Zusammenhänge zu erkennen sind. Zur Gänze transparent und überschaubar ist dieser Teppich nur für den ›allwissenden‹ Erzähler – und selbstverständlich für den aufmerksamen Leser, der erkennt, was diese Welt im Innersten zusammenhält.

Aber das sei es ja eben, könnte dieser Leser jetzt ausrufen. Was sei das gerade Beschriebene, wenn nicht »Erzählungskunst ›alten Stils«? Orientiert an den Vorbildern des 19. Jahrhunderts, an einer Zeit also, in der die Welt noch in Ordnung war; in der es noch keine prinzipiellen Zweifel gab an der menschlichen Erkenntnisfähigkeit und an der Durchschaubarkeit aller Dinge – welche Postulate sich ja als Denkvoraussetzungen in den Fabelkonstruktionen niedergelassen haben, die von einem allwissenden Erzähler regiert werden. Darüber dächten wir heute anders, das wüßten wir – leider – besser. (Ich unterdrücke jetzt den Einwand, daß Welt und Menschenleben vielleicht doch nicht ganz so undurchsichtig seien, wie manche im Grandhotel Abgrund residierenden kulturpessimistischen Nietzsche-Nachfahren uns auf- und einzureden versucht haben.) Lukács habe also, so könnte der imaginäre Leser fortfahren, recht gehabt, Arnold Zweig für sich und seine am 19. Jahrhundert orientierte Ästhetik zu reklamieren. Kein Harm sei dem Autor damit geschehen, literaturhistorisch gehöre sein Werk zum 19. Jahrhundert und sei Erzählkunst alten Stils, ganz ohne Anführungsstriche.

Wer so argumentieren wollte, hätte allerdings übersehen, daß Arnold Zweig die Erkenntnisse von Freud für seine Gestaltungstechnik kongenial genutzt; daß er die seinerzeit neueste wissenschaftliche Lehre konsequent für seine ästhetischen Bedürfnisse umgesetzt; daß er ganz bewußt die Seelenregion des Unbewußten methodisch für die Literatur erschlossen; daß er in der Nachfolge und unter Anwendung von Freud einen beträchtlichen Teil jener Undurchsichtigkeit der Welt aufgehellt hat, die in der Literatur zur Krise des Erzählens und zum Zweifel am auktorialen Erzähler geführt hatte. Er hat auf diese Krise freilich konstruktiv geantwortet statt ihr mit dem Zerstören vermeintlich unbrauchbar gewordener Formen destruktiv zu begegnen. Das alles läuft aber zwingend auf die Feststellung hinaus, Zweig habe sich gleichfalls unter die modernen Experimentatoren eingereiht, ganz unauffällig und ohne viel Wesens zu machen; unter Experimentatoren, gegen die Lukács ebenso furchterregend und intolerant wie à la longue fruchtlos und donquijotesk den Bannstrahl seines stalinistisch-klassizistischen Dogmas schleuderte.

Tatsächlich hatte Zweig so glücklich und erfolgreich »experimentiert« (seit *Pont und Anna* im Jahre 1925), daß keiner seiner Kritiker und Interpreten diese »Experimente« bemerkt hatte. Zu den Kritikern gehörte immerhin Tucholsky, zu Zweigs Freunden und Gesprächspartnern über Arbeitsprobleme immerhin Brecht und Feuchtwanger; die Modernität seines Verfahrens mag man an der Tatsache ablesen, daß es diesen ja wirklich nicht rückständig und neuerungsfeindlich zu nennenden Zeitgenossen verborgen blieb. Die Bedeutung dieser Innovation für literarische Gestaltungsmethoden ganz allgemein wie speziell für Zweigs Romane blieb also gleichfalls unerkannt. Zum ersten wird mittels der tiefenpsychologischen Gestaltungsmethoden der Handlungsfluß beschleunigt – Stichwort ›dramatischer Roman‹ – und die Struktur der Romane verjüngt: keine umständlichen Erzählerexplikationen zum Figurenverhalten mehr, eine Fehlleistung erfüllt den gleichen erzählerischen Zweck viel knapper und schlagender. Zweitens gewinnt das Figurenverhalten jene psychologische Glaubwürdigkeit, jenes unausweichlich Zwingende, um das der Erzählerkommentar in Romanen ›alten Stils‹ oftmals ebenso umständlich wie vergebens bemüht gewesen war; als zeitgenössisches Gegenbeispiel nehme man sich da nur einmal einen Feuchtwanger-Roman vor, man wird die Vorzüge von Zweigs Verfahren danach zu schätzen wissen. (Nebenbei gesagt, ist es wirklich kurios, daß Tucholsky, Feuchtwanger und Brecht bei mehreren Gelegenheiten die Resultate von Zweigs Technik gerühmt haben, ohne zu ahnen und sich darum zu kümmern, wie sie zustande gekommen waren. Zu vermuten steht freilich auch, daß Zweig mit diesbezüglichen Äußerungen mehr als zurückhaltend gewesen sein muß. Nicht einmal Feuchtwanger, seinem engsten Freund, hat er einen Blick in die Karten erlaubt, das Mißverständnis über das »zweite Gesicht« – im *Beil von Wandsbek* – zeigt es deutlich.)

Kein Zweifel ist möglich: Arnold Zweig hat der Literatur ›neue Wirklichkeiten‹ erschlossen und zugänglich gemacht, er ist ein ›Neuerer‹ gewesen wie Joyce oder Döblin, ein ›Experimentator‹ im ›Formalen‹ gleich Brecht, Dos Passos oder Anna Seghers. Und so kennzeichnet es gleichermaßen die persönliche Unwissenheit von Lukács wie das Ausmaß der vom Stalinismus über die Psychoanalyse verhängten Tabuisierung, daß Arnold Zweigs Freud-Rekurse, gleich und elementar wichtig für das Verständnis seines Werks wie für die literaturgeschichtliche Einordnung des Autors, von dem insgesamt doch mit großem

Abstand bedeutendsten kommunistischen Literaturtheoretiker seiner Zeit übersehen werden konnten.

Auch persönliche Ignoranz. Denn hier muß man genau unterscheiden zwischen dem Ende der zwanziger Jahre, als Tucholsky über Zweig schrieb (und dieser mit Feuchtwanger und Brecht Arbeitsprobleme diskutierte), und dem Ende der dreißiger Jahre, als Lukács Zweig zu seinem Musterschüler stilisierte (und ihn, ganz nebenbei, auch als Totschlagsinstrument zu benutzen und zu theoretischen Verdammungen der Experimentatoren zu animieren suchte – sein Bedauern über das Schweigen des ›Theoretikers‹ Zweig ist ja unverkennbar). Das Versäumnis Tucholskys, die Ahnungslosigkeit Feuchtwangers und Brechts: diese Defizite waren gewiß schon damals bezeichnend, nichtsdestoweniger aber noch erklärbar, noch verständlich. Die Psychoanalyse war eine vergleichsweise junge Wissenschaft, eine heftig angefeindete und zudem eine für Außenstehende auf schwer durchschaubare Weise in sich zerstrittene Disziplin (Freud – Jung – Adler – Reich, und so in einem fort: Vermehrung durch Zellteilung). Begreiflich also bis zu einem gewissen Grade, wenn Außenstehende in den zwanziger Jahren Distanz halten und skeptisch bleiben zu dürfen glaubten.

Als Lukács seinen Zweig-Aufsatz schrieb, war aber geraume Zeit ins Land gegangen. Reputation und Seriosität der Analyse standen fest. Der Nebel überm Schlachtfeld ihrer Richtungskämpfe hatte sich gelichtet, und wer nur wollte, konnte Echtes von Scharlatanerie, das Schwer- von den Fliegengewichten unterscheiden (unter den Marxisten hatte Leo Trotzkij das ja schon viel früher gekonnt). Verfemt war die Analyse zu dieser Zeit nur noch in diktatorisch-autoritär strukturierten und regierten Gruppengebilden und Staaten, vorab in der katholischen Kirche, im Deutschland Hitlers und in der Sowjetunion Stalins. Verfemt in solchen Ländern und Gebilden aus gutem Grund, wir wissen das. Während aber nun ein stalinistischer Intellektueller von einiger Bedeutung (oder ein Funktionär von einigem Rang in der Hierarchie) bei aller Verfemung und Verteufelung Trotzkijs doch dessen wichtigste Schriften, wenn vielleicht auch nicht seine allerneuesten, kannte (und wie genau mitunter!), war die Tabuisierung Freuds und seiner Lehre so wirksam, daß man ›derlei‹ tatsächlich überhaupt nicht zur

Kenntnis nahm; daß man die Psychoanalyse aus dem Bildungs- und Wissenskanon so radikal aussparte wie im *Beil von Wandsbek* Heinrich Koldewey vor seiner Begegnung mit Käte Neumeier...

Weshalb Lukács und die Seinen sie auch bei Arnold Zweig nicht entdeckt haben. Denn fühllos kann da ja nur bleiben, wer den ›Code‹ überhaupt nicht ahnt. Wohingegen selbst ein mit der Psychoanalyse nur oberflächlich bekannter Leser bei der Häufung psychopathologischer Symptome mindestens hätte stutzig werden müssen, gleichgültig wie unauffällig Zweig diese seelische Symptomensprache in den Erzählfluß integriert hat.

Unkenntnis der tiefenpsychologischen Dimension infolge der Ignoranz gegenüber Freud; Fixierung auf den Krieg als dem vermeintlichen Thema von Zweigs bekanntesten Romanen; autoritative Zuordnung dieser Romane zur »Erzählungskunst ›alten Stils‹«: das sind die Hauptmerkmale des Zweig-Bildes, wie es im Exil sich entwickelt hatte und 1945 mit den zurückkehrenden kommunistischen Exilierten in Deutschland Einzug hielt. Es ist nur gerecht, wenn ich jetzt zuerst von der DDR spreche, in der Arnold Zweig die letzten Lebensjahrzehnte verbracht hat und in der er, gleichfalls über Jahrzehnte, ein in hohen Auflagen gedruckter und (was mehr ist) ein vielgelesener Autor gewesen ist. Ein Autor auch, dem die Literaturwissenschaft für geraume Zeit viel Aufmerksamkeit gewidmet hat.

Ausgangspunkt und Basis dieses germanistischen Interesses war indessen die von Widerspiegelungskategorien bestimmte und das literarische Werk primär, wenn nicht ausschließlich, an solchen Kriterien messende Methodik der Lukács-Richtung und -Schule. Nun ist eine Interpretation mit Sicherheit unzulänglich, wenn sie diese Kriterien ignoriert. Ebenso unzulänglich ist aber die Verabsolutierung der Widerspiegelungsästhetik. Zu welch riesigen Defiziten sie führen muß, wenn sie auf eine Literatur trifft, die sich nicht selbstgenügsam in der Reproduktion gesellschaftlicher Tatbestände erschöpft; wenn sie, mit einem Wort, auf ein Kunstwerk trifft: diese Analyse ist dafür unbeabsichtigt zum Modell geworden. Keine der mir bekannten DDR-Arbeiten zum *Beil von Wandsbek*, die sich auch nur mit Bildsprache und Symbolgeschehen des Romans beschäftigt hätte. Das Lukács-›Raster‹ ist so grobmaschig, der

›Widerspiegel‹ reflektiert so wenig, daß seine Benutzung beim *Beil von Wandsbek*, seine ausschließliche, nur zu Fehlinterpretationen führen konnte. Wer sich nur an dem Genauigkeitsgrad interessiert zeigt, mit dem das Kunstwerk gesellschaftliche ›Realität‹ abspiegelt, kann Strukturen des Werkes nicht erkennen, die nicht an diesem Kriterium orientiert sind. Vom vorgefaßten Schema ausgehend, wird er vielmehr von einem Faust-Roman sogar dann einen positiven Gegenspieler zu Faust verlangen, wenn er, wie Lukács, ein Goethekenner und -verehrer von Graden ist, und der Verfasser umfänglicher *Faust-Studien* obendrein. Wie der Magus, so, nicht weiter verwunderlich, die Adepten. Kein Literaturwissenschaftler aus Lukács' ideologisch-intellektuellem Einzugsbereich (der sich bekanntlich nicht mit den Blockgrenzen deckt), dem das Faust-Motiv aufgefallen wäre, obwohl es die Personenkonstellation und die Komposition des Romans wesentlich bestimmt hat.[5]

Mißglückte Deutungen alles in allem, mißglückt aus den benannten Gründen – Widerspiegelungsästhetik; »Erzählungskunst ›alten Stils‹«; Freud-Ignoranz. So kommt es zu der unfreiwilligen, nichtsdestoweniger beträchtlichen Komik, daß man ›drüben‹ z. B. gegen das bourgeoise Teufelswerk von Freud bei Arnold Zweig nur polemisiert, wenn in seinem von Freudschem Geist so ganz durchtränkten Werk tatsächlich einmal Freuds Name fällt – hier im Zusammenhang mit Käte Neumeier –, sonst aber nie. Wer's nicht glauben will, lese es nach bei Johanna Rudolph, bei Eberhard Hilscher, bei Anneliese Grosse[6] – den Teufel spürt das Völkchen eben nie, und wenn es ihn beim Kragen hätte. Wie sehr das Wort hier am Platze ist, zeigt eine Äußerung von Heinz Kamnitzer, die [. . .] in jeder Hinsicht für sich spricht: »Auch im Verhältnis zu Sigmund Freud sind erst seit 1933 die Gewichte anders verteilt. Erst danach treten auch theoretisch eindeutig die menschlichen Triebmotive hinter den gesellschaftlichen Triebkräften zurück. Dennoch, es bleibt insgesamt erstaunlich, wie unsichtbar die Spuren von Freud in seinen Romanen und Novellen geblieben sind. Ich könnte kaum eine Gestalt nennen, die von der Libido oder der Neurose, von Affekten und Komplexen bestimmt wird. Fast mutet es unerklärlich an, wie ›normal‹ es bei ihm zugeht, ohne daß die Überzeugungskraft darunter leidet.[7]

Lukács und die Folgen! Wo immer man in der deutschen Literatur dem Wirken dieses Mannes begegnet, überall – und gerade bei der Linken! – hat er das Neue und Zukunftsträchtige diffamiert, hat es bekämpft, zu verhindern gesucht oder – nicht einmal wahrgenommen: bei Anna Seghers[8], bei Egon Erwin Kisch[9] und nun erneut bei Arnold Zweig – von seinen gegen Brecht gerichteten Angriffen und Intrigen nicht erst zu reden. Kein Musenführer. Ein Lobredner des Gestrigen, dem alles bahnbrechend Schöpferische verdächtig war, für die deutschsprachige literarische Linke verhängnisvoll in den Zeiten seiner Macht, für Arnold Zweig verhängnisvoll sogar noch weit über seinen Sturz hinaus. Denn als Lukács 1956 wegen seiner Beteiligung am ungarischen Aufstand in Acht und Bann getan wurde, fiel ja nicht nur der Politiker, es fiel auch der Literaturtheoretiker, und in der Folgezeit wandelte sich mit dem literarischen Klima in der DDR auch die Wertschätzung für Autoren und Schreibweisen.[10] Aufs Schild gehoben wurden nunmehr mit sachlich besten Gründen die von Lukács bekämpften »Neuerer« – vor allem Brecht, aber auch Anna Seghers – samt den methodischen Bestrebungen, die mit beider Namen verbunden sind. Arnold Zweig aber bekam nun die Spätfolgen des völlig unverschuldeten, des so grotesk falschen Lukács-Lobes »Erzählungskunst ›alten Stils‹« zu spüren. Beinahe zwangsläufig. Denn daß Lukács Zweig zu Unrecht als Kronzeugen bemüht hatte, die neuen Anti-Lukácsianer konnten es schon deshalb nicht wissen, weil sie mehr oder minder alle bei Lukács in die Schule gegangen waren – wo sie von Zweigs freudianisch inspirierten Innovationen natürlich nichts erfahren hatten.

So nimmt in der DDR mit den späten fünfziger und frühen sechziger Jahren die literaturwissenschaftliche Beschäftigung mit Arnold Zweig allmählich ab, um schließlich in den siebziger Jahren fast zu versiegen. Pflichtübungen nur noch, was da, selten genug und zumeist nur bei irgendwelchen Jubiläen, ›runden‹ Geburts- oder Todestagen, ans Licht kam, Pflichtübungen, ohne sonderliches Interesse absolviert, mitunter sogar ohne allzugroße hinderliche Sachkenntnis selbst in politisch tabufreien Bereichen. Die hier mangels Besserem mehrfach zitierte Dokumentation von Wenzel ist dafür ein Paradebeispiel, und die (als Faktum überaus begrüßenswerte, auch im Politischen erstaunlich unorthodoxe) Edition des Briefwechsels mit Feuchtwanger setzt dieser Praxis ein bezeichnendes Glanzlicht auf. Ihr Herausgeber kennt das Werk Arnold Zweigs so genau, daß er faustdicke Anspielungen auf einen seiner wichtigsten Romane nicht zu entschlüsseln vermag und Romangestalten – ins Sach- und Personenregister aufnimmt... Und niemand hat es bemerkt im Lektorat des Verlags, der Arnold Zweigs Werk seit Jahrzehnten betreut... Nimmt man die bis auf den Tag fortdauernde Ächtung Freuds hinzu, so hat man die wichtigsten Voraussetzungen beisammen, unter denen sich die Zweig-Rezeption in der DDR vollzogen hat und gegenwärtig noch vollzieht. Sollte man nicht besser sagen: die Bedingungen, unter denen sich eine Zweig-Rezeption eben nicht vollziehen kann?

Das literarische Werk im besten Falle einseitig und ausschnitthaft, wenn nicht gänzlich falsch interpretiert bis heute; das essayistische Werk nur selektiv ediert, wobei das für moskautreue Kommunisten Prekäre und ›Anstößige‹ nicht neuaufgelegt respektive überhaupt noch nie veröffentlicht wurde; last but not least die Tatsache, daß der Romancier Arnold Zweig in der nachwachsenden DDR-Literatur keine Schule hat machen noch gar eine hat bilden können, im Gegensatz zu Anna Seghers und Bertolt Brecht. Ein Trauerspiel.

Die literarische Öffentlichkeit der Bundesrepublik allerdings wäre gut beraten, ihre in solchen Fällen obligate Entrüstung fein still für sich zu behalten. Denn bei uns zulande sieht es nur anders aus, nicht besser. Es steht sogar noch viel, viel schlimmer. Einer der größten deutschen Schriftsteller unseres Jahrhunderts – wird aber selbst von manchen prominenten Professionals unseres Literaturbetriebs immer mal wieder verwechselt mit seinem leichtgewichtigen Namensvetter Stefan Zweig. Keine Werkausgabe – und wem hat der Nutzungs- und Auslastungszwang, der von unseren Druckkapazitäten ausgeht, diese Ehrung nicht alles schon zuteil werden lassen! Nur ein paar Taschenbücher – doch selbst die gäbe es wohl kaum, hätte nicht die ARD einige Zweig-Verfilmungen aus der DDR übernommen und gesendet.

Selbstverständlich unterlag auch der antifaschistische Exilierte Arnold Zweig dem Tabu, das in der Gründerzeit unseres Staates und über sie hinaus über fast die gesamte deutsche Emigration verhängt war; jener Komplicität des Schweigens über die jüngste Vergangenheit, die von Friedrich Sieburg, dem seinerzeit ›ersten‹ Literaturkritiker der Republik, aus ähnlichem Anlaß zum Zeichen der Gesundheit erklärt worden war. Verstärkt, ja verdoppelt wurde die Kraft des Tabus, weil Zweig sich nach der Rückkehr aus dem Exil in der Sowjetischen Besatzungszone niedergelassen hatte. Statt in einer der westlichen. Obendrein hat er dann repräsentative Funktionen in der DDR übernommen, Ämter, die Ehren verbürgten, aber keinen Einfluß. Das Getöse des Kalten Kriegs indessen tönte über solche Differenzierungen hinweg. Sie wären aber wohl selbst dann ignoriert worden, wenn es um sachliche Klärung gegangen wäre. Um sie aber war es jenen meist allzu frisch gebackenen Demokraten kaum zu tun, die bei uns als Gralshüter literarischer Freiheit in Erscheinung traten, man weiß das.

Ein doppeltes Tabu, und wenn Brecht es hat durchbrechen können, so nur dank seines Ruhms in intellektuell unabhängigeren westlichen Nachbarländern, den Mut einiger weniger Männer in der Bundesrepublik nicht zu vergessen. Bei Anna Seghers war das schon viel schwerer – wie viele Schmutzkübel sind nicht über den Luchterhand Verlag geschüttet worden, als er Anfang der sechziger Jahre mit der Edition ihrer Werke begann. Blieb aber standhaft, erfreulicherweise, bewahrte Geduld und bewies langen Atem. An solchem Verleger hat es Arnold Zweig gefehlt. Halbherzige Versuche nur, soweit ich sehe erstmals in den sechziger Jahren und im fürs literarische Bewußtsein damals völlig irrelevanten Medium des Taschenbuchs, das Werk Arnold Zweigs auch im deutschen Westen (wieder) bekanntzumachen. Versuche, die man nach zwei, drei Bänden einstellte, als kein Geschäft daraus wurde. Kein westdeutscher Verleger, der es gewagt hätte, Zweigs Werk eine Heimstatt zu bieten. Keiner, der es auf sich genommen hätte, ihn als großen, unbekannten Schriftsteller neu durchzusetzen – gegen die Verleumdungen der Kalten Krieger; gegen die Verdrängungen des zur Trauer unfähigen Teils unserer lesenden Bevölkerung; gegen das unverschuldete Unwissen der nachgeborenen Generation; durchzusetzen die großen Werke der Reifezeit endlich auch gegen den berechtigt schlechten Ruch, der dem in der DDR entstandenen, vergleichsweise belanglosen Alterswerk anhaftete.

Nichts davon, und so konnte der des Linksradikalismus gewiß unverdächtige Marcel Reich-Ranicki nach einem Blick auf

Zweigs Beliebtheit in der DDR über seinen Bekanntheitsgrad bei uns 1963 zutreffend und nicht ohne Bedauern schreiben: »Der Literaturgeschichte *Dichtung und Dichter der Zeit* von Albert Soergel und Curt Hohoff – bundesrepublikanische Neuausgabe von 1963 – kann man [...] entnehmen, ›daß sich A. Zweigs Wirkung im wesentlichen auf die zwanziger Jahre beschränkte‹. Tatsächlich hält man ihn westlich der Elbe für einen Schriftsteller der Vergangenheit, für einen Mann, der seinen Ruhm überlebt hat. [...] Für die Germanistik in Westdeutschland existiert er nicht. Seine Bücher sind hier in Vergessenheit geraten. [Aber wie konnten Bücher, die niemals veröffentlicht worden waren, nämlich der größte Teil des Exilwerks, schon in Vergessenheit geraten sein?] Die jüngeren Generationen haben sie überhaupt nicht zur Kenntnis genommen. [Wie hätten sie sie zur Kenntnis nehmen sollen, da es sie nicht gab?] In der Bundesrepublik wird Zweig gelegentlich beschimpft [...]. Hier wirft man ihm vor, er habe sich noch im Alter dazu hergegeben, dem SED-Regime zu dienen.«[11]

Hinzuzufügen ist dem nur, daß Marcel Reich-Ranicki für sehr, sehr lange Zeit einer von ganz wenigen (und der einzige prominente Kritiker) gewesen ist, die sich in der Bundesrepublik mit Arnold Zweig beschäftigt haben. Er ist dafür sogar harsch getadelt worden. Reinhard Baumgart ließ sich über das Zweig-Kapitel von *Deutsche Literatur in West und Ost*, aus dessen Einleitung ich eben zitiert habe, mit einem Satz vernehmen, der Zweig ebenso erledigen sollte wie Reich-Ranicki: »Langatmig hören wir über Arnold Zweigs schlecht und recht aus der Zeit gefallene Bücher.«[12]

Unleugbar war es ein Verdienst, über Zweig in jenen Jahren zu sprechen, ihm sogar ein paar Dutzend Buchseiten zu widmen. Ohne jeden Vorbehalt ist auch anzuerkennen, daß Reich-Ranicki um eine Korrektur des verfälschenden östlichen Zweig-Bildes bemüht gewesen ist, wenn er nachdrücklich auf das jüdische Element in Zweigs Denken und Werk aufmerksam gemacht hat, an Tucholsky anknüpfend und jene östlichen Rezipienten in die Schranken weisend, für die Zweigs Judentum aus politischen Gründen (Zionismus!) kaum der Erwähnung wert gewesen war. Ansonsten aber folgte Reich-Ranicki – Georg Lukács. Er ging sogar verallgemeinernd und vergröbernd noch weit über ihn hinaus, wenn er sagte, Zweig sei »nicht ein

Künstler des Experiments, sondern der Tradition«; der »Künstler Zweig« erweise sich »als ein ausgesprochener Traditionalist, der alle zeitgemäßen Strömungen der Literatur ignoriert und für den der Roman des 19. Jahrhunderts weiterhin vorbildlich bleibt«.[13] Füge ich noch hinzu, daß Zweig bei diesem Interpreten (noch weit stärker als bei Tucholsky) »in Fontanes Nachfolge« steht[14]; erwähne ich weiter, daß Reich-Ranicki schon im Titel seines Aufsatzes programmatisch von dem »preußischen Juden« Arnold Zweig gesprochen hat – so haben wir sein Rezeptionsmuster einigermaßen komplett beisammen.

Wirklich seines? Ließe sich nicht auch sagen, es handle sich um eine eklektizistische Summe von Entlehnungen, von Meinungen aus ›zweiter Hand‹? Beim Topos des »Traditionalismus« liegt diese Vermutung jedenfalls nahe, und daß dieses Gebrauchsmuster von letztlich stalinistischer Provenienz ausgerechnet bei dem entschiedenen Antikommunisten Reich-Ranicki wieder auftaucht, ist ganz so verwunderlich nicht, wie es zunächst erscheint. Denn wo schließlich hat Reich-Ranicki seine ästhetische Ausbildung und Sozialisation erfahren? Wo, wenn nicht im stalinistischen Polen der späten vierziger und frühen fünfziger Jahre, an einem Ort und zu einer Zeit also, wo Lukács' ex cathedra-Sprüche noch uneingeschränkte Gültigkeit besaßen.

So nahtlos sich Reich-Ranickis Einlassung in der Sache an die von Lukács anschließt, so wenig stimmt sie freilich in der Bewertung mit ihr überein. Für Lukács war »Erzählungskunst ›alten Stils‹« das höchste Lob gewesen, das vergeben werden konnte. Im modischen Literaturbetrieb des Westens ist »ausgesprochener Traditionalist« ein Todesurteil. Ist dann auch noch von der Nachfolge Fontanes die Rede, so hat sich Arnold Zweig endgültig in einen Epigonen verwandelt, den man in unserer an literarischen Sensationen ja so überaus reichen Gegenwart nicht zu lesen braucht.[15] Kurzum, Reich-Ranicki hat das von ihm eingangs zitierte Urteil aus Soergel-Hohoff unversehens mit der Autorität bekräftigt, die seinem kunstrichterlichen Amte zugesprochen wird. Allerdings ist auch diese Rechnung ohne Freud gemacht worden – womit sich Provenienz des Arguments und Lesegewohnheiten dessen, der es benutzt, ganz unstrittig decouvrieren. Einzuräumen ist allerdings, daß

Reich-Ranicki Freud keineswegs unterschlägt. Er kehrt seinen Einfluß auf Zweigs theoretische Schriften sogar polemisch gegen die im Osten beheimateten Klitterer. Spricht sogar von Einflüssen im literarischen Werk. Führt dafür aber ausschließlich und ausgerechnet jenen frühen Roman an, der davon noch völlig frei ist: *Die Novellen um Claudia*.

So also erscheint Arnold Zweig bei dem Interpreten, der sein Bild in der Bundesrepublik bestimmt hat wie niemand sonst. Die westdeutsche Literaturwissenschaft? Sie hat zu Zweig auch übers Jahr 1963 hinaus geschwiegen. Die einzigen neueren Arbeiten verdanken sich Manuel Wiznitzer, einem Israeli, und Geoffrey Davis und David Midgley, zwei Briten, sie übrigens angeregt von einem aus Deutschland emigrierten Germanisten. Ein Kreis schließt sich. Und wenn nun auch gerade die erste ernstzunehmende westdeutsche Untersuchung zu Arnold Zweig zum Druck befördert wird – sie gilt in einem größeren Zusammenhang dem *Streit um den Sergeanten Grischa* und begreift das Frühwerk mit ein[16] –, dann ist das die rühmliche Ausnahme, die vorderhand nur eine traurige Regel bestätigt.

Verwunderlich, da Exilliteratur und -forschung angeblich doch zur Mode geworden sind. Sollte es damit so weit doch nicht her sein? Und ist es wirklich so abwegig zu vermuten, auch mancher jüngere Germanist tradiere, bewußt oder unbewußt, ältere Vor-Urteile, zweifle deshalb von vornherein an der ästhetischen Qualität von Werken wie dem *Beil von Wandsbek* und halte es schon deshalb für überflüssig, auch nur seine ihm vertrauten Untersuchungsmethoden bei solchen Gelegenheiten anzuwenden? Ist ja nur Exilliteratur...

Ist auch ein Faust-Roman, welche Dimension man dem *Beil von Wandsbek* ohne weiteres mit dem altvertrauten Wissenschaftsinstrumentarium, dem Urväter-Hausrat der Germanistik hätte entlocken können, ganz ohne Kenntnis der exilspezifischen Interpretationsnotwendigkeiten.

Deutsch-deutsches Trauerspiel und deutsch-deutsches Satyrspiel in einem, diese Wirkungsgeschichte ohne Wirkung. Hoch an der Zeit, ihr endlich ein Ende zu machen, damit Zweigs Werk wirklich Wirkung zeigen kann. Nicht daß diese vier Dezennien des Unverständnisses dort, der Unkenntnis hier dem Oeuvre auf Dauer schaden könnten. Den vier Hauptwerken des Grischa-Zyklus, *De Vriendt kehrt heim* und dem *Beil von Wandsbek* eignet ja, was Walter Benjamin Brechts *Fünf Schwierigkeiten beim Schreiben der Wahrheit* attestiert hatte – die unbegrenzte Konservierbarkeit durchaus klassischer Schriften. Sie haben also Zeit vor sich, viel Zeit. Nur wir versäumen etwas.

Anmerkungen

1 Kurt Tucholsky: *Gesammelte Werke.* Herausgegeben von Mary Gerold-Tucholsky und Fritz J. Raddatz. Band 2, 1925–1928. Rowohlt Verlag, Reinbek 1961, S. 980. Einen Überblick über das Presseecho zum
Streit um den Sergeanten Grischa bietet der von Annie Voigtländer
zusammengestellte Band: *Welt und Wirkung eines Romans. Zu Arnold Zweigs ›Der Streit um den Sergeanten Grischa‹.* Aufbau-Verlag,
Berlin und Weimar 1967.

2 Vgl. Hans-Albert Walter: *Deutsche Exilliteratur 1933–1950.* Band 4,
Exilpresse. J. B. Metzlersche Verlagsbuchhandlung, Stuttgart 1978,
S. 480ff.

3 Georg Lukács: *Schicksalswende,* a.a.O., S. 162. – Der nach der am
leichtesten zugänglichen Quelle zitierte Aufsatz ist im Ausgang der
dreißiger Jahre geschrieben und (auf über zwanzig Druckseiten) erstmals im Märzheft 1939 der parteioffiziösen Moskauer Literaturzeit-
schrift *Internationale Literatur/Deutsche Blätter* veröffentlicht worden. Der damals aktuelle literaturpolitische Bezug geht nicht nur aus
der zitierten programmatischen Einleitung hervor, er erhellt auch aus
dem später nicht mehr mitgedruckten Vorspann, in dem Lukács von
der »großen Bedeutung« des Grischa-Zyklus »für die Literatur der
Volksfront« sprach. Der Aufsatz ist in dem vorliegenden Band abgedruckt.

4 Arnold Zweig: *Caliban oder Politik und Leidenschaft.* Verlag Gustav
Kiepenheuer, Potsdam 1927, S. 269.

5 Einzig bei Hilscher klingt etwas an, was man prima vista dafür halten
könnte – wenn er nämlich von Stine schreibt: »In ihr wirkt etwas Gretchenhaftes, das um Verzeihung für den schuldbeladenen Geliebten bittet.« (E. H.: *Arnold Zweig* VEB Verlag Volk und Wissen, Berlin, (DDR)
1968, S. 143). In einer früheren, weitgehend identischen Veröffentlichung seiner Monographie hatte Hilscher sogar noch einen ausdrück-
lichen Hinweis auf *Faust II* in den zitierten Satz aufgenommen, der bei
der von mir benutzten neueren Ausgabe weggefallen ist. Dennoch ist
es nicht an dem, daß Hilscher die Grundtextur des *Faust* erkannt hätte.
Umgekehrt wird ein Schuh draus: seine richtige Beobachtung beweist,
wieviel ›Gretchenhaftes‹ Zweig tatsächlich in Stine versammelt hat –
so viel, daß ein etwas sensiblerer Leser es bemerken kann, obwohl er
von der Faust-Dimension des Romans keine Ahnung hat.

6 Johanna Rudolph (d. i. Marianne Gundermann): *Der Humanist Arnold Zweig. Ein Versuch.* Henschel Verlag, Berlin (DDR), 1955, S. 108;
Eberhard Hilscher: *Arnold Zweig,* a.a.O., S. 144f.; Anneliese Grosse:

Dichtung als Suche nach dem Sinn des Lebens und der Geschichte. Zur ästhetischen Position Arnold Zweigs. In: Werner Mittenzwei (Hrsg.): *Positionen. Beiträge zur marxistischen Literaturtheorie in der DDR.* Leipzig 1971, S. 268ff. Versteht sich, daß die Polemiken gleichfalls nur komisch sind, wie denn auch nicht, da die ehrenfesten Verteidiger des wahren Glaubens in der Regel gar nicht wissen, wogegen sie polemisieren. Sie kennen Freud nicht, schlagen aber auf ihn ein, getreu der Maxime, daß Unkenntnis allemal die größte Urteilssicherheit verleihe. Etwas sachlicher, aber mit den gleichen Vorurteilen, schreibt lediglich Hilscher.

7 Heinz Kamnitzer: Die Wandlungen des Arnold Zweig. In: *Kürbiskern*, München, Heft 1/1972, S. 120.

8 Siehe meinen Kommentarband Anna Seghers' Metamorphosen zu Anna Seghers: *Transit. Bibliothek Exilliteratur*, Büchergilde Gutenberg, Frankfurt am Main 1984.

9 Siehe mein Nachwort zu Egon Erwin Kisch: *Landung in Australien. Bibliothek Exilliteratur*, Büchergilde Gutenberg, Frankfurt am Main 1985.

10 Ich zeichne diese widerspruchsvoll-komplizierten Vorgänge hier sehr summarisch – wie ja der Leser wohl ohnehin bemerkt haben wird, daß ich in diesem letzten Abschnitt meiner Untersuchung nur grobe Entwicklungslinien geben kann, die differenzierenden Details aber schuldig bleiben muß.

11 Marcel Reich-Ranicki: *Deutsche Literatur in West und Ost, Prosa seit 1945.* R. Piper Verlag, München 1963, S. 305.

12 *Der Spiegel*, Hamburg, 18. Jg., Nr. 4 v. 22. 1. 1964, S. 58. – Kein einziger unter den zahlreichen, mit Baumgarts Verriß meist nicht einverstandenen Leserbriefschreibern, der im Hinblick auf Zweig protestiert und dem Kritiker Unwissenheit vorgehalten hätte.

13 Marcel Reich-Ranicki: *Deutsche Literatur in West und Ost*, a.a.O., S. 309, S. 314.

14 »Kein deutscher Prosaist hat jedoch auf seine Epik einen auch nur annähernd so starken Einfluß ausgeübt wie Fontane.« (A.a.O., S. 311) Mag sein. Nur daß deutsche Prosaisten auf Zweig ohnehin wenig »Einfluß ausgeübt« haben; zu nennen wären in erster Linie Angelsachsen, Kipling und Stevenson vorab.

15 Für einen vernünftig Denkenden ist es natürlich keine Herabsetzung, wenn er einen Schriftsteller mit Fontane in einem Atem genannt sieht, einem der wenigen großen Romanciers, die die deutsche Literatur im vergangenen Jahrhundert hervorgebracht hat. Man kennt ja aber die ›Vernunft‹ unseres Dernier-cri-Literaturbetriebs zur Genüge...

16 Hans-Harald Müller: *Der Krieg und die Schriftsteller. Untersuchungen zur Herausbildung des Kriegsromans der Weimarer Republik.* J. B. Metzlersche Verlagsbuchhandlung, Stuttgart 1986.

Arnold Zweigs teurer Traum
Politische Überlegungen zu seinem Leben und zu seinem Werk

Wie auch immer Arnold Zweigs Übersiedelung von Haifa nach Ost-Berlin im Jahre 1948 bewertet wird – als konsequenter Abschluß eines lebenslangen Lernprozesses (so die »Zuständigen« der DDR) oder, westlicherseits, als Fehlentscheidung, geprägt von Naivität, Opportunismus, Eitelkeit –, es wird doch von etlichen, die sich hierzu zu Wort gemeldet haben, Zweigs politisches Denken und Parteiergreifen in den vorangegangenen Jahrzehnten der Weimarer Republik und der Emigration (der Entstehungszeit seiner bekanntesten Romane also) unzureichend, ja oft direkt falsch dargestellt. Täuscht man sich aber über seinen früheren Standort, so kann man nicht genau erfassen, in welchen Dingen er sich späterhin auf Korrekturen und Revisionen eingelassen und an welchen er kontinuierlich festgehalten hat. Nach einer ersten Lebens- und Schaffensphase, in der sein »rein schöngeistiges« Frühwerk (und 1914 auch einige bemüht hurrapatriotische Geschichten) entstand, sei er freiheitlicher Demokrat gewesen, Gegner des Militarismus, Zionist auch, schließlich bürgerlicher Antifaschist. Alles das war er und doch noch eines mehr: Arnold Zweig verstand sich schon bald nach dem Ersten Weltkrieg als Sozialist, als mittelständisch-intellektueller Sympathisant der Arbeiterbewegung – er sagte das unmißverständlich schon in seiner »Grabrede« auf Rosa Luxemburg und Karl Liebknecht in der *Weltbühne* im Januar 1919. Nur eben: sein Sozialismus, der von Gustav Landauer, von der Idee »utopischer« Siedlungsprojekte und mancher anderen geistigen Anregung bestimmt war, stand damals dem Marxismus kritisch gegenüber und kritischer noch der sowjetischen Ideologie, besonders aber der Diktatur Stalins. Davon wird hier die Rede sein.

Zweig war Jude. Und wenn er auch religionslos war und zu seinem Judentum ein – verglichen mit anderen deutschen Juden – recht unkompliziertes Verhältnis hatte, folglich in seinem Werk »dem jüdischen Sonderfall weder ausgewichen noch eine betonte Wichtigkeit eingeräumt« wird (René Schickele)[1], so war ihm doch an einer pragmatischen Regelung der »Judenfrage« sehr gelegen. Tatsächlich ist er schon frühzeitig Zionist geworden. Aber sein Sozialismus und sein Zionismus gehören nicht verschiedenen Lebensphasen an, er war – wie so viele Zionisten – beides und hielt dafür, daß sich nationales Judentum »mit allen linken Aufgaben und Anstrengungen der Menschheit verträgt«[2]. Nur wenn man diese Aspekte nicht künstlich trennt, stößt man auf die Fragen, die uns an seinem politischen »Traum« noch heute interessieren können: warum ging ein Sozialist nach Palästina?[3] Was gab es dort? Was kann man vom libertären Kommunismus der jungen jüdischen Siedler lernen, was mit Gewinn wieder aufgreifen? – Ähnlich sieht es mit der Psychoanalyse aus, die der Freud-Verehrer Zweig mit sozialistischem Denken amalgamieren zu wollen nicht abließ – was den Verwaltern seines Erbes in der DDR bis heute viel Kopfschmerzen bereitet. Gerade mit diesem immer noch unerledigten und allemal anregenden Bemühen bleibt Zweigs Werk aktuell und fesselnd (und ach wie langweilig wäre das, hätten die parteiamtlichen Interpreten recht, die seinen Freudianismus als überwundene Phase auf dem Wege zu marxistischer Reife hinstellen).

1. »Ich stehe auf der linken Seite der Welt«[4]

Seine gesellschaftliche Stellung war bürgerlich. Er entstammte einer jüdischen Familie von Handwerkern und Fuhrunternehmern, hatte eine gute Schulbildung mitbekommen, viele Semester an Universitäten studiert und schließlich den Beruf eines Schriftstellers gewählt. In den späteren Jahren der deutschen Republik hatte er als erfolgreicher Autor sein gutes Auskommen, und paradoxerweise kam es am Ende so, daß er im ostdeutschen »Arbeiter- und Bauernstaat« jenen bürgerlichen Lebensstil wieder zu verwirklichen suchte (und ermöglicht bekam), der ihm nach Verdiensten gewißlich zustand und den er in Palästina so lange hatte missen müssen. Bürger nach

Einkünften, Lebensführung und Neigungen – hatte er doch noch eine ganz andere: eine »Erziehung vor Verdun« erfahren. Wie der Werner Bertin seines *Grischa*-Zyklus ist er 1915 Soldat und, da Jude, nur Armierungssoldat geworden; mußte der wenig robuste und arg kurzsichtige Ästhet Gräben schippen und kam in Kontakt mit denen, die im Krieg wie in Friedenszeiten die Dreckarbeit zu machen haben. »Einmal Mannschaft, immer Mannschaft«, heißt es, und so hat Zweig mit seinem Hauptwerk – den Romanen vom *Großen Krieg der weißen Männer* – entschieden Partei für die »Gemeinen« ergriffen, die an der Weltkriegsfront verheizt wurden, während die »Etappe« sich's gut gehen ließ. Wo die oft in »besseren Kreisen« angesiedelte Handlung dieses ständig erweiterten Romanwerks es zuließ, hat er mit Sympathie arbeitende Menschen, kleine Leute geschildert – beginnend schon mit dem Grischa-Buch selber und seiner Titelgestalt, der Babka, den Wachsoldaten (Proletarier, in Uniformen gesteckt), dem jüdischen Tischler Täwje Frum und anderen mehr. (Dem DDR-Germanisten Hans Kaufmann machen diese Figuren und Szenen aus dem einfachen Volk den *Streit um den Sergeanten Grischa* eigentlich erst genießbar – die früher entstandene Bühnenfassung hatte sich nämlich stärker noch auf den formaljuristischen Rechtskonflikt konzentriert und fast ausschließlich die auffallend zahlreichen »anständigen« preußischen Offiziere agieren lassen.)
Mehr als jeder andere bürgerliche Schriftsteller dieser Zeit erweist sich Arnold Zweig – der doch an einem von den Kriegsentbehrungen verschlimmerten Augenleiden fast ganz erblindet war – als ein trefflicher Beobachter vieler Einzelheiten des Lebens »ganz unten«, von Arbeiten niederer Art, Psychologie, Sprache, Redensarten all dieser Leute, die ihm vor dem Krieg im Konzertsaal oder Museum nicht begegnet sind... und es sind ihm etwa auch die Spottnamen gut bekannt, mit denen die untersten Dienstgrade an den Fronten ihre miserable Kost bedachten. »Gleiche Löhnung, gleiches Essen – wär der Krieg schon lang vergessen!«, sagte man damals, und das ist auch der Tenor eines Eisenbahngesprächs unter einfachen Soldaten, das im *Grischa* geschildert wird – ein Gespräch voller »Erbitterung über die Ungerechtigkeit des Risses zwischen Offizierskaste und Mannschaftsstand in Essen, Kleidung, Unterkunft, Urlaub, Bezahlung, Beschwerderecht«. Mehr als Raunen und

Gerücht fällt da auch »der Name eines eingesperrten Abgeord-
neten, eines gewissen Karl Liebknecht«: »Paßt auf, den Liebknecht sehn wir nicht wieder. Der hatte zuviel Herz für unsereinen.« »Wenn wir ihn nicht rausholen.« – »Wir? Da kennste
Fritzchen schlecht. Wir nich. Wir sind keine Russen. Mit uns
können sie's machen.«
Zunächst fast ausschließlich in dieser Perspektive: als entschie-
dene Gegner des imperialistischen Kriegs, kommen bei Zweig
radikale Sozialisten wie auch »die Russen« in den Blick. In dem
schon erwähnten *Weltbühne*-Artikel von 1919 hat er die deutsche Spartakus-Gruppe ob ihres kompromißlosen Kampfs für
die Beendigung des Weltkriegs gewürdigt, und ebendieselbe
Zielsetzung war – für Zweig und viele andere – das vorrangig
Interessierende an der Umwälzung 1917 in Petrograd. Es war
ja in hohem Maße das Verlangen des russischen Volkes nach
einem Friedensschluß, das die Ereignisse nicht bei der Februar-
revolution (dem Sturz des Zaren) stehenbleiben ließ, sondern
weiterdrängte zu den »zehn Tagen« im Oktober, »die die Welt
erschütterten«. »Es schien dem jungen Verfassungsstaate, den
bürgerliche Demokraten und westlich gerichtete Sozialisten
neben den alten Zarenparteien trugen, nicht angängig, mit der
Belastung einer Niederlage und großer Gebietsabtretungen
sein neues Regime einzuleiten. Nur auf der äußersten Linken
schüttelten die Führer kleiner Gruppen, der Industriearbeiter,
des Proletariats im eigentlichen Sinne, die Fäuste nach soforti-
gem Frieden, Sonderfrieden, gleichviel – als Sachwalter des gemeinen Mannes: Über zwei Millionen Tote, an vier Millionen
Verwundete gaben ihnen Nachdruck.« (So liest man's im *Grischa*.)
Tatsächlich wurde dann ja schon am ersten Tage nach der
Machtübernahme durch die Bolschewiki deren ›Dekret über
den Frieden‹ verkündet, und wenige Monate später nahm die
junge Sowjetmacht in Brest-Litowsk notgedrungen sogar die
erpresserischen Bedingungen des deutschen Kaiserreichs hin,
um die Einstellung der Kampfhandlungen zu erreichen.
Dieser zuerst in Rußland sich bahnbrechende Wille, Schluß zu
machen mit dem Krieg (und denen, die ihn gewollt und an ihm
verdient haben), wird im *Grischa*-Roman keineswegs nur als
»Zeitkolorit« am Rande mitgeteilt, er ist im Gegenteil für die
Romanfabel selber konstitutiv. Denn die Anordnung gegen

»Spione«, welcher der Sergeant Grischa Paprotkin schuldlos zum Opfer fällt, wurde doch vom Generalmajor Schieffenzahn (Ludendorff) erlassen, um »den Geist der Selbstbefreiung, der die Russen nach namenlosen Jahren endlich ergriffen habe, am Überspringen auf das deutsche Heer zu verhindern.«

Der Sergeant Grischa wird dem Machtkalkül geopfert – und genau dies: daß die Herrschenden in Uniform und Zivil die verbrieften Rechte eines einzelnen (wie vieler einzelner) mißachten, ihm sogar das Leben nehmen... mit dem Ziel, ihre Macht um jeden Preis zu erhalten: das eben ließ Arnold Zweig die Existenzberechtigung des ganzen Gesellschaftssystems in Frage stellen. »... es geht längst um Politik, um Machtkämpfe für den Klassenstaat, um die Herrschaft der Wenigen über Alle. Das militarisierte Volk ist nur der reine Ausdruck des modernen Volkes überhaupt«, läßt er seinen Werner Bertin sagen, und in dieser Abwandlung der berühmten Clausewitz-Sentenz liegt ja die Erkenntnis, die es Zweig ermöglichte, mit seinem Weltkriegszyklus ein so wichtiges Werk über den Zustand der Gesellschaft jener Zeit im ganzen zu schaffen.

Zeigt sich schon im *Streit um den Sergeanten Grischa* das Regime selbst moralisch verworfen und zum Untergang verurteilt (in den Worten des frommen Täwje: »das große Sodom mit seinen Kaisern und Fürsten und Generälen wird zerstört werden...«), so ist es ganz berechtigt, daß die Neuausgabe der Büchergilde Gutenberg Fotodokumente vom russischen Oktober: vom Panzerkreuzer Aurora (der das Signal gab) und vom Sturm auf das Winterpalais, bedeutsam an den Schluß gesetzt hat; dann greifen auch solche Formeln zu kurz, die die »Frage nach Krieg und Frieden« zum »Generalmotiv seines [Zweigs] weltliterarischen Schaffens«[5] erklären. Zu einer »Trilogie des Übergangs« wollte der Autor sein Werk erweitern, schließlich sind sechs Bände erschienen, die er 1950 zusammen als »ein literarisches Dokument der Übergangszeit vom Imperialismus zum sozialistischen Zeitalter«[6] charakterisiert hat. Diese Selbstinterpretation ist gelegentlich als unangemessene nachträgliche Konstruktion angezweifelt worden; mir aber scheint das Stichwort Übergang ein Doppeltes treffend auf den Nenner zu bringen: zum einen, daß Zweig mit seinem vieltausendseitigen Werk tatsächlich nicht nur den ›großen Krieg der weißen Männer‹ vorgeführt hat, sondern darüber hinaus ganz

Deutschland *vor* dem unvermeidlichen Umbruch der Nachkriegsrevolutionen; zum andern: daß der Schriftsteller, der fast ein Leben lang an diesem Werk gearbeitet hat, in ihm auch »Übergänge« seines eigenen Lebenswegs, Bewußtseinswandlungen, dokumentiert hat. Von der ersten, gewichtigen, war schon ausführlich die Rede. Bliebe zu ergänzen, daß die späteren Bücher (besonders *Erziehung vor Verdun* und *Einsetzung eines Königs*) zeigen, daß der Autor in der Entwicklung seiner Position als unabhängiger Sozialist (und Psychologe!) zu einer immer überzeugenderen, dabei ansprechend präsentierten, Gesellschaftsanalyse gelangt ist. – Und es belegen leider die letzten Bände in ihrer Bemühtheit um ideologisches Genügen wie in ihrer künstlerischen Schwäche noch dies: daß Zweig im Alter bis zu einem gewissen Grade (auf einigen Eigensinnigkeiten beharrend) ins Lager derer übergegangen ist, die ihm Quartier und Anerkennung gaben und deren »Sozialismus« von seinen Idealen im Grunde weit entfernt war. (Doch das ist ein späteres Kapitel.)

Wohl 1926, im selben Jahre, da er seinen *Grischa* diktierte, ist Arnold Zweig der ›Gesellschaft der Freunde des neuen Rußland‹ beigetreten. War er in jener Zeit ein unkritischer Parteigänger des sowjetischen Kommunismus? Keineswegs. Als 1930 achtundvierzig Spezialisten der sowjetischen Lebensmittelbranche in einem zweifelhaften Prozeß als »Saboteure« verurteilt und erschossen wurden, schloß er sich dem Protest von »41 deutschen geistigen Arbeitern« (Heinrich Mann, Einstein, Wassermann...) an und verteidigte, von kommunistischer Seite heftig attackiert, seine Entscheidung in zwei Artikeln in der *Weltbühne* (46 und 48/1930) – wichtige Essays, die bis heute den Zweig-Lesern in der DDR vorenthalten werden. Der Schriftsteller konzediert da durchaus die Möglichkeit, daß jene Angeklagten sich etwas haben zuschulden kommen lassen, aber er wirft die Frage auf, warum das neue Regime sie nicht für seine Sache gewinnen konnte, und er lehnt Todesurteile kategorisch ab. »Wenn irgend etwas klar zu sein scheint, so, daß von Karl Marx bis Rosa Luxemburg niemand den Klassenkampf gestellt auf die Salven erschießender Exekutionskommandos aufgefaßt hat.« Seine Berufung auf Marx und Rosa Luxemburg verweist auf die überaus wichtige Tatsache, daß

Zweig die Repression in Sowjetrußland anprangert als ein Mensch, der, wie er bekräftigt, »allem innerlich und aktiv verbunden« ist, »was sozialistischen Aufbau und Umbau der Gesellschaft fördert«. Marcel Reich-Ranicki hat in seinem Aufsatz ›Der preußische Jude Arnold Zweig‹ über Werner Bertins (und Zweigs!) Lernprozesse vor Verdun behauptet: »Sozialist wird er nicht, sondern – wie der Autor Zweig – Pazifist.«[7] Und er hat die zuletzt erwähnten ›Weltbühne‹-Beiträge zur Widerlegung der DDR-Publizisten herangezogen, die meinen, Zweig »sei in jenen Jahren ein treuer, wenn nicht gar enthusiastischer Anhänger der Sowjetunion gewesen«.[8] Hier haben beide Seiten nicht recht. Er *war* ein Sympathisierender des sozialistischen Umsturzes in Rußland und *deswegen* ein Feind der sich entwickelnden Herrschaft der Bürokratie. Er wendet sich ja gegen die »Verfälschung der sozialistischen Idee«, er sieht »die Sache einer Neuordnung der menschlichen Gesellschaft in Rußland schlecht genug vertreten«, und er schaltet sich ein, weil »die russische Sache eine Sache ist der Mitverantwortung aller linken, aufrechten, für die Verbesserung des irdischen Zustands fechtenden Menschen. Diese Sache nun lasse ich nicht in Grund und Boden trampeln von einer Beamtenoligarchie...«

Wie sehr er von der Notwendigkeit sozialistischen Aufbaus überzeugt war, zeigt ja doch die Tatsache, daß er zur selben Zeit, in der er die zitierten Polemiken veröffentlichte, auch einen Aufruf zur radikalen Lösung der Widersprüche des kapitalistischen Systems unterstützt hat und ihn sogar an Sigmund Freud weiterreichte – mit der Bitte um dessen Unterschrift. Freud lehnte aus seiner bekannten Gegnerschaft zum Kommunismus ab; in Zweigs brieflicher Antwort darauf aber finden sich wieder *beide* Elemente seiner differenzierten Haltung zur Sowjetunion: Wie er über das »stalinistische Rußland« denke, könne Freud ja seinen ›Weltbühnen‹-Artikeln entnehmen, »der kapitalistische Wirtschaftswirrwarr wird aber dadurch nicht schöner, daß der kommunistische Gewaltakt so fürchterliche Folgen zeitigt«[9].

Interessant ist in diesem Zusammenhang noch, daß Arnold Zweig die damals einsetzende Verfälschung der sowjetischen Geschichtsschreibung kritisch beobachtete. So empörte er sich in der *Weltbühne* auch über »die Ausmerzung Trotzkis aus der

Geschichte der russischen Revolution«. Am Geschick dieses entmachteten Revolutionärs hat er offenbar lebhaft Anteil genommen. Noch in der *Feuerpause* (veröffentlicht 1954) schildert er mit Sympathie, freilich ohne Namen zu nennen, die von Trotzki geleitete sowjetische Verhandlungsdelegation von Brest-Litowsk: »Wahrhaftig, das russische Volk kommt herüber, um Frieden zu schließen.«[10]

Jürgen Rühle hat das »rührende Bild« in einem sehr kritischen Zweig-Porträt aufgegriffen und gefragt: »Was ist eigentlich aus denen geworden, die damals im Namen des russischen Volkes herüberkamen, um Frieden zu schließen – aus den Volkskommissaren und Revolutionären, den Trotzki, Joffe, Sokolnikow, die die Verhandlungen von Brest-Litowsk führten? Sie wurden samt und sonders von den Mühlen Stalins zermahlen; Attentat, Selbstmord, Schauprozeß war ihr Schicksal.«[11] Berechtigte, gewichtige Fragen an den Schriftsteller, und doch scheint er gerade in diesem Punkt der offiziellen Parteiideologie gegenüber einigen Starrsinn bewahrt zu haben. Heinz Kamnitzer, der in Zweigs letzten Ostberliner Jahren sein Eckermann gewesen ist, berichtet jedenfalls, er habe für Leo Trotzki »viel übrig« gehabt (Kamnitzer spricht gar von einem »Idol«), aber er sieht's ihm nach: Schriftsteller hätten »oft nicht die Zeit..., sich genau zu unterrichten«.[12]

Ich vermute, daß Arnold Zweig, der in dieser Frage aufmerksam und sensibel war, der antisemitische Zug der Stalinschen *Wende*regierung nicht entgangen ist. In seinem Buch *Das Neue Kanaan* (1925) nennt er Sowjetrußland »vorläufig« »eine neue, sehr instruktive Form der Tyrannis« und beklagt an erster Stelle »die Judenverfolgung durch Juden«.

Die zitierte Schrift und schon ihr Titel lenken unsern Blick auf das Land, wo der Dichter damals Ansätze zu einem wirklich radikalen gesellschaftlichen Wandel sah (und wo es sie gab!). – Es war vorstehend vom Übergangs- und Aufbruchsmotiv seines Hauptwerks die Rede, von der Erwartung, daß *das Eis bricht* und *die Zeit reif* ist (wie spätere Teilbände benannt sind). »Seht ihr jetzt, in welcher Zeit wir leben? Bereitet sich vielleicht nicht etwas vor?«, räsoniert man denn auch im *Grischa*. Aber hier ist einmal nicht von Rußland und Lenin die Rede. Die diese erregte Ahnung äußern, sind die Juden im Lehrhaus von

Merwinsk, und was sie meinen, ist der Einmarsch General Allenbys im vormals türkischen Jerusalem und das Balfour-Versprechen einer jüdischen Heimstatt.

2. Im Neuen Kanaan

Wer da meint, Arnold Zweig sei 1933 als liberaler Jude ins palästinensische Exil gegangen und, durch spätere Erfahrungen belehrt, Sozialist und DDR-Bürger geworden, übersieht nicht nur seine linkssozialistische Gesinnung schon während der »Weimarer« Jahre, sondern verkennt wohl auch das politische Profil der zionistischen Siedlungsbewegung dieser Zeit. Möglicherweise schiebt sich manchem das heutige Bild des Staates Israel und dessen negative Züge – von dem Unrecht gegen die Palästinenser bis zur Zusammenarbeit mit dem Apartheid-Regime – allbeherrschend in den Vordergrund, so daß der Blick auf die historischen Realitäten »Mandats«-Palästinas, besonders aber auf Weltanschauung und politisches Wollen der jüdischen Einwanderer verstellt ist. Gerade jüngere Leser werden kaum wissen, daß es eine Zeit gab, wo eigentlich immer *zwei* »Ansätze« gemeint waren, wenn von der Verwirklichung sozialer Utopien, von der Vorbereitung der klassenlosen Gesellschaft die Rede war: Sowjetrußland und die Genossenschaften und Kommunen der jüdischen Jugend im gelobten Land...
Neben dem »bürgerlichen« (von vornherein aber auch sozialutopistisch inspirierten) Zionismus Theodor Herzls war in Osteuropa nach der letzten Jahrhundertwende eine große, freilich breit differenzierte jüdische Arbeiterbewegung entstanden (Bund, Poale Zion, Hapoel Hazair, ...), die sogleich in eine fruchtbare Auseinandersetzung mit dem zionistischen Denken eintrat. Charakteristisch war eine offene, lebhafte Diskussion, wie die »Judenfrage« gelöst *und* der Sozialismus erreicht werden könne – Assimilation der Juden in den Arbeiterorganisationen ihrer jeweiligen Länder? Eine jüdische Republik in der sowjetischen Union? Rückkehr zum Landleben und Realisierung eines agrarischen Sozialismus in Erez Israel? Die zuletzt genannte Perspektive war es, die in der jüdischen Jugend die

größte Resonanz finden sollte – gefördert natürlich von der immer bedrohlicheren Lage des Judentums in Europa, angeregt ferner von den Theorien Landauers und Martin Bubers sowie mancher lebensreformerischen Idee der deutschen Jugendbewegung, ermutigt schließlich durch das bald schon heroisierte Beispiel der ersten Pioniere, die unter argen Entbehrungen die Kwuza Daganja und die ihr nacheifernden hebräischen Landwirtschaftskommunen aufgebaut haben. Menschen, denen jahrhundertelang viele Berufe (gerade der des Bauern) untersagt gewesen, begeisterten sich für ihre »Erlösung durch Arbeit« (A. D. Gordon).

Zu den Theoretikern eines sozialistischen Zionismus gesellte sich auch Arnold Zweig, besonders mit seinen Schriften *Das ostjüdische Antlitz*[13] (1920) und *Das Neue Kanaan* (1925), die er 1928 in einem Band *Herkunft und Zukunft* noch einmal auflegen ließ. Überschwenglich preist er darin Siedlungsprojekte im Geiste Gustav Landauers (»unter Gemeinbesitz an Grund und Boden und den entscheidenden Produktionsmitteln... im jüdischen Lande, dem Lande unserer Arbeit und Erfüllung«) und setzt seine Hoffnungen in die Entwicklung einer »neuen Demokratie«: dort nämlich wo die Gesellschaft »vom Aspekt des Schwerarbeiters« neu gestaltet werde – und da nennt er, trotz der schon erwähnten UdSSR-Kritik im *Neuen Kanaan*, das »Neue Rußland« und Palästina in einem Atemzug.

Es verdient nun Beachtung, daß manche Unternehmung in Palästina ein hinsichtlich der sozialrevolutionären Zielsetzung weit »radikaleres« Experiment darstellte als die neuen Wirtschaftsformen in Sowjetrußland und daß dies um so stärker ins Bewußtsein trat, als in der UdSSR zahlreiche revolutionäre Maßnahmen und Versuche, auf die sich weltweit viele Hoffnungen gerichtet hatten, rückgängig gemacht wurden zum Wohle der sich etablierenden Beamtenkaste.

In Arthur Koestlers *Diebe in der Nacht* (dieser Roman und Zweigs *De Vriendt kehrt heim* werden oft nebeneinandergestellt als *die* überzeugenden Bücher vom Palästina jener Zeit...) wendet sich denn auch ein Mitglied der Arbeits- und Lebensgemeinschaft »Esras Turm« aufs heftigste gegen die Sympathien, die manche der Siedler noch immer dem Sowjetstaat gegenüber hegen: sie müßten, nähmen sie das russische Vorbild ernst, »vor allen Dingen die Gemeinschaftskasse als linke Abweichung abschaffen und Gehälter auszahlen..., wobei selbstverständlich die Mitglieder des Sekretariats zu dem ungefähr dreihundertfachen Betrag eines durchschnittlichen Arbeiters berechtigt wären... Unsere Kommunen sind der einzige Platz der Welt, wo das individuelle Eigentum völlig an die Gemeinschaft übertragen ist, wo alle Menschen wirklich gleich sind, und wo man leben und sterben kann, ohne Geld auch nur berührt zu haben. In diesen etlichen hundert Siedlungen haben wir jetzt über dreißig Jahre lang den reinen Agrarkommunismus geübt, haben alle Prüfungen überdauert, ohne ein einziges Grundprinzip zu opfern, und haben eine scheinbar utopische Idee in ein wohl kleines, aber bedeutendes funktionierendes Unternehmen umgewandelt. Ich frage euch nun: warum entsenden die Russen keine Abordnungen und Fachleute, um den experimentellen Kommunismus auf dem einzigen Fleck der Erde, wo er wirklich praktiziert wird, zu studieren?«[14] (Dieses Desinteresse ist auch für die prosowjetischen Akteure auf palästinensischem Boden in Zweigs *De Vriendt* kennzeichnend: wohl bringen sie einige wichtige Hinweise auf die Lage der arabischen Fellachen vor und ersehnen den gemeinsamen Klassenkampf mit ihnen, weigern sich aber mit »marxistischer« Rabulistik, bei der Verteidigung des »kleinbürgerlichen Agrarsozialismus« gegen bewaffnete Angreifer mitzuwirken.)

Wie nun schon für die Arbeiterparteien des Ostjudentums die breite Debatte über den einzuschlagenden Weg charakteristisch war (man erinnere sich auch an die Gespräche des jüdischen Junglehrerpaars Sascha und Dwore im *Grischa*, die um die Frage stritten, »ob vom Boden her oder von der Maschinenarbeit der Antrieb zur Umgestaltung der entgleisten bürgerlichen Gesellschaft komme«), ganz so entwickelten sich auch in Palästina nebeneinander die verschiedensten Modelle im Vorgriff auf eine bessere Zeit: »Da ist die kleine Kwuza (Genossenschaft), in der aller Ertrag in eine Kasse geht und alle Ausgaben gemeinschaftlich beschlossen werden, da die große, in der jeder einzelne Zugang zu der vorhandenen Geldsubstanz hat, da die dritte, die den Ertrag gleichmäßig verteilt, da eine andere, die ihn ungleichmäßig, nämlich abgestuft, verteilt...« Und andere mehr. Arnold Zweig, von dem diese Aufzählung (im *Neuen Kanaan*) stammt, betont ihre Gleichrangigkeit, den Wert, den die unterschiedlichen Erfahrungen fürs Ganze und für die Zukunft darstellen. (Im historischen Ablauf war es so, daß die zionistischen Geldgeber den von ihnen finanzierten »kommunistischen Experimenten« sehr kritisch gegenüberstanden... bis sich dann Ende der 20er Jahre die »normale«, privatwirtschaftliche Kolonisation als völlig gescheitert erwies.)

Wir sind an einen wichtigen Punkt gelangt: für Zweigs Sozialismus waren Pluralität und Freiwilligkeit aller Unternehmungen unabdingbar. Eben dies hat seine zionistische Orientierung kräftig gefördert, war doch die Geringschätzung solcher Grundsätze durch die Sowjetpolitik schon Gegenstand seiner Pressepolemik von 1930. – Meint man nun seine Aufgeschlossenheit und »programmatische« Toleranz, mag man den Zweig jener Jahre immerhin liberal nennen – im Sinne eines Einverstandenseins mit dem kapitalistischen System war er es nicht.

De Vriendt kehrt heim, Zweigs erste erzählerische Behandlung der Palästina-Problematik, entstand 1932 auf die Eindrücke einer Reise gestützt und bietet neben der spannenden, zu einem Teil historischen und für die Lage im Lande aufschlußreichen Mordaffäre ein Kaleidoskop von Informationen und Bildern. Es handelt sich um ein prozionistisches Werk, in dem dennoch auch alle die Schattenseiten der jüdischen Einwanderung mit großer Wahrhaftigkeit zur Sprache kommen (eine öffentliche Kritik, die ihm jüdische Nationalisten übel angemerkt haben – wie er während seines Aufenthalts an Ort und Stelle dann immer wieder zu spüren bekam). Insbesondere scheint in diesem Buch der warnende Appell allgegenwärtig, den Zweig schon im *Neuen Kanaan* in Großbuchstaben hatte setzen lassen: »DAS NATIONALE HEIM DER JUDEN WIRD NUR IN PALÄSTINA UND NUR UNTER DEM BEIFALL DER ARABER PALÄSTINAS GEBAUT WERDEN KÖNNEN.« So will auch dem Dr. Heinrich Klopfer, den Zweig-Leser schon aus dem Frühwerk kennen, »nicht in den Kopf, wie wir in Europa für Versittlichung des Alltags eintreten können, auch des politischen, um hier als Herrenrasse Unterdrücker zu spielen«. Denjenigen aber, die im Roman ein rechtsgerichteter Jude (mit dem sprechenden Namen Dr. von Marschalkowicz) nur mit Haß bedenkt: »diese verhätschelten Lieblinge der Bewegung, diese Arbeiterschaft mit ihren sozialistischen Einrichtungen, kommunistischen Siedlungen und Lebensformen und ihrer steten Bereitschaft zur Verständigung mit dem arabischen Volk« – ihnen und besonders auch den Histadruth-Gewerkschaftern gehört die Sympathie des Autors.

Traum ist teuer (1962) ist ein künstlerisch mißlungenes Werk, gewährt aber – da es ja ein wahres Bekenntnisbuch ist – wertvolle Einblicke in Zweigs Entscheidungsgründe für Palästina wie auch für die spätere Rückkehr nach Europa und spiegelt – in den Erfahrungen und Gefühlen des Ich-Erzählers Dr. Richard Karthaus – vielfach die widersprüchliche Befindlichkeit Arnold Zweigs im Lande der Väter.

Bezeichnenderweise wird wieder und wieder der jüdische Neuanfang mit dem der Sowjets parallelisiert – als »Aufbruch in eine neue, jugendliche Welt, . . . Aufbau einer klassenlosen Gesellschaft, einer Heimat für die Heimatlosen« – wobei von den beiden epochalen Unternehmungen für den Juden eben Erez Israel »zuständig« war. Wird dieses dann gelegentlich als »kleiner Vorstoß in die große Zukunft, gleich dem großen der Sowjets« bezeichnet, so dokumentiert sich darin die Verschiebung der Gewichte bei dem zur Entstehungszeit der Endfassung längst in Ost-Berlin beheimateten Schriftsteller. Ein scharfer Widerspruch zwischen dem Wollen der Juden in Palästina und den Ideen der Kommunisten wird freilich nicht herausgearbeitet – und hat sich ja tatsächlich erst im Lauf der Zeit entwickelt (meines Erachtens zu einem guten Teil als Konsequenz des aus der Zarenwelt überkommenen russisch-britischen Gegensatzes), er wurde dann ein Element der Kalten-Kriegs-Atmosphäre.

Es ist mit erheblicher Mühe verbunden (und führte hier ohnehin zu weit) nachzuzeichnen, wie sich Arnold Zweigs Verhältnis zum Zionismus in der Emigration und schließlich in der DDR weiter entwickelt hat. Seine zahlreichen Aufsätze dazu sind verstreut und vom Aufbau-Verlag nicht wieder gedruckt worden, und sein »Palästinabuch«: *Emigrationsbericht oder Warum wir nach Palästina gingen* (1950/1964) liegt im Archiv begraben. Tatsache ist, daß er das Land verlassen und nicht wieder aufgesucht hat; Tatsache ist aber auch, daß er sich zu politischen Erklärungen gegen Israel nicht hat bewegen lassen.

Was seine allmählich stärkere Hinwendung zur UdSSR während des Zweiten Weltkriegs angeht, so belegt *Traum ist teuer* nicht weniger als seine politischen Aufsätze und Veranstaltungsreden aus jener Zeit, wie seine Sympathie für Sowjetrußland mächtig angewachsen ist, als es im späteren Kriegsverlauf einen großen Teil der Lasten des Kampfs gegen Hitler-Deutschland trug; Zweig selbst war damals Mitbegründer einer »Liga V« (Victory), die für die Unterstützung der Roten Armee Gelder und Sachmittel sammelte. (Uns erinnert die neuerliche Wendung wieder an des Dichters zunehmende Neigung für die russische Revolution, als diese 1917 ein Ende des Krieges näherrücken ließ!)

Umgekehrt hatten ihn die Widrigkeiten in Palästina gründlich desillusioniert. Es wird eine Rolle gespielt haben, daß dort – obwohl die Arbeiterbewegung nun die zionistischen Organisationen majorisierte – die sozialrevolutionären Tendenzen angesichts ständiger Bedrohung und all der Mühen um eine freie Einwanderung der aus Europa fliehenden Juden immer mehr in den Hintergrund traten und – wo so lange über die Aufhebung aller herkömmlichen Staatlichkeit philosophiert wurde – nun vorrangig die Staatsfrage einer Klärung zu bedürfen schien.[15]

Arnold Zweig ist damals, auch unter dem Einfluß seines kleinen deutschsprechenden Freundeskreises, der KP-orientiert war, von seinen libertär-sozialistischen »Träumen« langsam abgerückt *(auch* dies wird mit dem Titel von *Traum ist teuer* angesprochen). Es handelte sich da aber keineswegs um den Bewußtwerdungsprozeß des Bürgers, der nun endlich »links« wurde, sondern um wachsende Resignation, die einen bis dahin idealistisch motivierten Sozialutopisten dazu brachte, sich in die wenig erfreulichen Nachkriegsrealitäten zu schicken und im geteilten Deutschland für Skylla (oder Charybdis?) zu votieren. Seine früheren Zielvorstellungen mögen schwer realisierbar und, wegen seiner Offenheit und Toleranz vielen Ideen gegenüber, *vage* geblieben sein – sie könnten nach dem gründlichen Scheitern des sogenannten »wissenschaftlichen« Sozialismus östlicher Prägung doch möglicherweise einer neuen Generation wieder interessant sein, zumal die Projekte Landauers und ihre partielle Realisierung durch jüdische Jugendliche auch Elemente des heute wieder gesuchten »alternativen Lebens« umfaßten.

Jenseits der schrittweisen ideologischen Annäherung (die

großenteils ja erst in Ost-Berlin und unter den dort auf ihn wirkenden Einflüssen erfolgte) war der Abschied von Haifa vom Mißmut über die konkreten Lebensbedingungen in Palästina bestimmt. In Manuel Wiznitzers Zweig-Buch[16] finden sich zahllose Klagen des Dichters zusammengetragen: über die ständig unruhigen, kriegsähnlichen Verhältnisse, das phasenweise schwer erträgliche Klima, die geringen Verdienstmöglichkeiten, die mangelnde Anerkennung, die er erfuhr, und die jahrelange Feindseligkeit gegenüber der deutschen Sprache (das moderne Hebräisch beherrschte er nicht), besonders aber auch die allgemeine Rückständigkeit des Kulturlebens. Der zuletzt genannte Mangel hatte Arnold Zweig, dessen geliebte Welt Literatur, Musik, bildende Kunst des alten Europa waren, schon vor der Emigration mit Sorge erfüllt (es ist dies das Thema seiner Erzählung *Quartettsatz von Schönberg* von 1916). In *Traum ist teuer* nun wird mehrmals geklagt über »diese Kleinstädterei, aus Polen oder Litauen ans Mittelmeer verpflanzt«; da wird auch die Meinung geäußert, daß die Einwanderung nach Palästina zwar für »die Juden eine Notwendigkeit sei und Absage an das Ghetto, daß wir aber, weder Landarbeiter noch Kleinstädter, dort nicht leben könnten«. Man vergesse doch nicht, daß Zweig bei all seiner Parteinahme zugunsten der sozialistischen Sache selber keineswegs ein Landkommunarde war, sondern ein europäischer, bürgerlicher Literat und ein älterer Herr obendrein! Bedenkt man seinen Gesundheitszustand, die materiellen Sorgen, die der vormalige Erfolgsschriftsteller hier nun einfach nicht loswurde, auch die Mißachtung, die man dem weltberühmten Mann entgegenbrachte, so ist eigentlich weniger seine Abreise erstaunlich, als sein fünfzehn Jahre währendes Ausharren bewundernswert. Die für sein Spätwerk so folgenreiche Quartiernahme zu Berlin-Niederschönhausen scheint so zunächst weniger von ideologischer Bekehrung bestimmt gewesen zu sein als vielmehr von der ihn seit Jahren hin- und herreißenden Frage nach dem konkreten, persönlichen »Wohin denn ich«.

Das wäre ein Buch geworden! ... hätte Arnold Zweig noch die politische Unabhängigkeit und künstlerische Kraft gehabt, einen Roman von der Art seines *De Vriendt* über das Berlin zu schreiben, das er, heimkehrend, vorfand. Als er sein erstes Palästinabuch schuf, hinderten ihn seine Liebe zu dem Land und sein Parteiergreifen für den Zionismus ja keineswegs, alle die Ungereimtheiten und Spannungen dort, das wirkliche Leben – im vielfach zerrissenen Jerusalem vor allem – zur Gestaltung zu bringen. Daß er den unbequemen Querkopf de Haan (»de Vriendt«) in den Mittelpunkt gerückt (dabei einen Gegner seiner eigenen Ansichten gar nicht unsympathisch porträtiert hat); daß er einen Mordanschlag fanatischer Zionisten (mithin radikalisierter Narren der eigenen Seite!) zum Thema erhob, war ein mutiges Unternehmen, das eigentlich nur ganz scheitern oder ganz gelingen konnte – entstanden ist eins seiner besten Bücher. An solch einem Werk, in dem die Figuren nicht bloß die Träger von politischen Meinungen sind, sondern, einmal erdacht, eigenwillig ihr Leben leben; und in dem der Autor seine parteiliche Deutung in der zuvor von ihm exponierten, authentisch schwierigen Welt suchen gehen und aufzeigen muß – an so einem Buch über das von komplexen Widersprüchen gebeutelte Trümmer-Berlin (in dem schon wieder neue Irrwege eingeschlagen wurden) ist eben Mangel, und auch Arnold Zweig hat es nicht geschrieben. Dabei hat er doch mit den folgenden Worten einmal die Tonart angeschlagen, die für ein solches Werk wohl angebracht wäre: »Ich liebe diese Stadt, ich liebe den frischen Wind, der von Westen und Osten durch Berlin weht, aber ich kann den Mief nicht leiden, der aus diesem Nachkrieg heraufstinkt.«[17]

Tatsächlich war er für ein derartiges Projekt (das ihn in alle möglichen Konflikte gebracht hätte) auch schon zu schwach. Er selbst bezeichnete seine Gesundheit bei seiner Ankunft als »ramponiert«, und alle seine späten Arbeiten zeigen, wie sehr seine Kräfte nachgelassen haben. Kritiker im Westen haben viel über den ideologischen Druck geschrieben, der sein Alterswerk belastete; besonders auch über den Hinweis Zweigs auf »mitarbeitende Lektoren«[18] gespottet... nun er bald zwanzig Jahre unter der Erde ruht, muß es auch möglich sein auszusprechen, daß Zeichen der Senilität, in *Traum ist teuer* zum Beispiel, nicht zu übersehen sind, und daß sich der Leser – gerade der begeisterte Freund seiner großen Romane – manches Mal wie ein ungewollt indiskreter Beobachter seiner Altersschwäche fühlt. Man kann sagen, daß er sich in seinen letzten Jahren an der Klärung der in seinem Leben aufgehäuften weltanschaulichen Probleme redlich abgearbeitet hat – ich denke außer an den zweiten Palästinaroman auch noch an die späteren Bände des Weltkriegszyklus –; daß er der Aufgabe aber nicht mehr gewachsen war – und wer schon wäre der von ihm gewählten Aufgabe gewachsen gewesen: Sozialismus, Zionismus, Psychoanalyse, Stalinismus, Arbeiterklasse und Kulturbürgertum gerecht zu bewerten und harmonisierend in *ein* Welt- und Selbstbild zu integrieren?

Man hat ihm – der selbst eine hohe Meinung von sich und seinem Dichten hatte – nicht wenig geschmeichelt (und ihn gelegentlich als »größten lebenden Schriftsteller deutscher Sprache« angeredet), ihn in zahllose Repräsentationsfunktionen gewählt (selbst in der Volkskammer mußte er sitzen), und er hat sich für tausend Grußworte, Glückwünsche, Wahlappelle verbraucht, für schon vergessene und allein dem Literarhistoriker interessante Zeitungszeilen über das *Lebensglück in unserer DDR* (1967) oder auch *Stalins Größe* (1949).

»Man muß von vorn anfangen«, hatte Tucholsky wenige Tage vor seinem Freitod an Arnold Zweig geschrieben, »– nicht auf diesen lächerlichen Stalin hören, der seine Leute verrät, so schön, wie es sonst nur der Papst vermag – nichts davon wird die Freiheit bringen. Von vorn, ganz von vorn. Wir werden das nicht erleben. Es gehört dazu, was die meisten Emigranten übersehen, eine Jugendkraft, die wir nicht mehr haben. Es werden neue, nach uns kommen. – «

Er hatte wohl recht. Auch der Empfänger dieses Briefs hatte die »Jugendkraft« nicht mehr, nach seiner Wendung zum Marxismus noch die zu einer linken Opposition gegen die Parteidiktatur zu vollziehen – wie in Ost-Berlin dann namentlich Professor Robert Havemann. Und doch war auch Arnold Zweig den DDR-Ideologen, die sich sehr um ihn bemühten, bei allem Eifer, es ihnen recht zu machen, nicht in allem und jedem willfährig. Vom Traum, der ihm wirklich teuer war, ist er, wie wir sogleich sehen werden, nicht abgerückt.

Es ist noch einer der Gründe nachzutragen, weswegen sich Zweig »von den beiden Gegenden der Erde, in denen Neubau, Aufbau vor sich ging« für Palästina entschied. In seinem fiktionalen Rechenschaftsbericht *Traum ist teuer* heißt es dazu: »Die eine dieser beiden hieß Sowjetrußland, und obwohl mich mit diesem riesenhaften Experiment, dem größten der Menschheitsgeschichte tiefe Sympathie verband, die ich auch nach Möglichkeit betätigt hatte – für mich kam eine Übersiedlung nach dorthin ja nicht in Frage. Die Russen wollten unsereinen nicht, weder unsere Psychoanalyse noch unsere k. u. k. Liberalität...« Daß Zweig eigentlich keinen Grund hatte, seine Art von Liberalität als alt-habsburgisch abzutun, haben wir schon gesehen. Das andere trifft ins Schwarze: »die Russen« wollten sie nicht – seine Psychoanalyse.

Ihn aber haben von früh an die psychologischen Fragestellungen beschäftigt (man schaue einmal in die *Novellen um Claudia* von 1912!); das Werk Sigmund Freuds, dessen Wachsen er mit größter Aufmerksamkeit verfolgt hat, war ihm so etwas wie eine Erleuchtung, und die *Traumdeutung* nannte er »das für mich folgenvollste Bucherlebnis«[20]. Er hat sich auch selber der Analyse unterzogen und sie als segensreich (nicht zuletzt für die Wiedergewinnung seiner zeitweise bedrohten Schaffenskraft) erfahren. Von seiner offenbar problematischen Kindheit wissen wir wenig; Anlaß seiner ersten Behandlung war wohl die Tatsache, daß Zweig von der Weltkriegsfront zunächst keineswegs »belehrt«, sondern tief verstört zurückgekehrt ist (die Folgen der *Verdrängung* von Kriegserlebnissen machte er 1928 zum Gegenstand seiner Novelle *Pont und Anna*).

Da nun schon zur Genüge deutlich geworden ist, daß sich die vermeintlich so strikt getrennten »Phasen« von Zweigs Bewußtseinsentwicklung tatsächlich als Bestandteile *einer* (freilich flexiblen) Weltsicht darstellen, wundert es uns nicht, in seinem zionistischen wie sozialistischen Traktat *Das Neue Kanaan* auch ein hohes Lob zu lesen auf »die heilende und großartige Psychoanalyse«. Es wird da – mit einem warnenden Hinweis auf die seelische »Verunstaltung der letzten drei, vier

Generationen« – für das neue Leben in Erez Israel die »Freiheit des Geschlechts« propagiert: »der Ausbruch aus der alten Gesellschaft und aus den eigenen Hemmungen ist zugleich eine neue Freiheit – nicht Anarchie des erotischen Triebes.« Was Wunder, daß sich der Dichter gerade an diesem Punkt von den sonst bei ihm nicht respektlos behandelten Thora-Traditionalisten im Judentum distanziert. (Welch ambivalente Gefühle die Freiheiten der jüdischen jungen Mädchen bei den Arabern im Lande auslösten, findet sich wieder bei Koestler einfühlsam geschildert: leider sind das ja erneut aktuelle Probleme, seit im Nahen Osten eine »revolutionäre Bewegung« im Namen Mahomets für das Mittelalter streitet!)

Aus Arnold Zweigs essayistischen Arbeiten zu Themen der Psychologie ragt das Buch *Caliban oder Politik und Leidenschaft* (1927) heraus: ein ›Versuch über die menschlichen Gruppenleidenschaften, dargetan am Antisemitismus‹, worin – vom Marxismus weit entfernt – Triebe und Affekte der Massen als bestimmende Faktoren des Geschichtsverlaufs erörtert werden. Zweig hat *Caliban* Sigmund Freud gewidmet (ebenso 1936 den Roman *Einsetzung eines Königs*), und aus seiner Anfrage an den Wiener Gelehrten, ob ihm das recht sei, entwickelte sich die Freundschaft zwischen »Meister Arnold« und »Vater Freud« (wie sie sich in Briefen anredeten). Diese bis zu Freuds Tod 1939 andauernde herzliche Beziehung hat sich nicht nur in Zweigs zum Teil überschwenglich zustimmenden Aufsätzen über die Psychoanalyse und die Leistung ihres Begründers niedergeschlagen, sondern auch in ihrem interessanten Briefwechsel, der 1968 (im Westen) veröffentlicht wurde (der Wert der Edition ist freilich meines Erachtens sehr gemindert durch die Streichung von Stellen, die sich auf Zweigs Neurose und deren Behandlung bezogen, und vieler allzu »übertriebener« Huldigungsformeln des dankbaren Romanciers).

Zweigs Artikel zur Psychoanalyse sind vom Ostberliner Aufbau-Verlag nicht gesammelt und in die Werkausgabe aufgenommen worden. Mehr noch ist zu bedauern, daß aus des Autors Nachlaß das Manuskript eines Buches *Freundschaft mit Freud* – das doch in jedem Fall eine interessante Sache ist – nicht veröffentlicht wird. Sollte der Grund dafür einfach der sein, daß diese Arbeit politisch-weltanschaulich nicht »auf Linie« liegt, so wäre das ganz lächerlich – weiß doch jeder halbwegs aufmerksame Leser auch ohnehin, daß Arnold Zweig eben ein Anhänger Freuds gewesen ist!

In *Traum ist teuer*, wird manchmal behauptet, dokumentiere sich seine Abkehr von der psychoanalytischen Lehre. Das ist keineswegs der Fall. Es ist das ja ein seltsames Buch, in dem der Autor in seinen Erzählerkommentaren die Absicht erkennen läßt, alle inkonsequenten Mittelwege im persönlichen wie politischen Leben als folgenschwere Illusionen, als Träume, die teuer gekommen sind, zu erweisen – ohne daß die Romanhandlung diesen Anspruch dann einlöst. So intendierte er wohl, sein »farewell to arms«: eine Demaskierung des britischen imperialistischen Militärs zu schreiben, und zu Papier gekommen ist eine auffällig tiefe Sympathie zu Churchill, zu Roosevelt und ihren Armeen. (Schon im *De Vriendt* hat Zweig die Ereignisse aus dem Blickwinkel eines für sich einnehmenden secret-service-Offiziers dargestellt.) Auch sollte die Überlegenheit eines kommunistischen Apothekers (und Spanienkämpfers) über die politische Kurzsichtigkeit des erzählenden Seelenarztes vorgeführt werden (»daß dieser Salbenmischer das politische Geflecht unserer Jahre besser durchschaute als ich, der schriftstellernde Analytiker und Schülersschüler des großen Sigmund Freud«) – doch nach der Lektüre ist man davon gar nicht überzeugt. Erstmals in einem Zweig-Roman steht hier ein Psychoanalytiker im Zentrum des Geschehens (eine Zweig-Hommage aus Halle spricht etwas verschämt von einem »medizinischen Wissenschaftler und Militärarzt«[21]), der mit Eifer und Erfolg bei seiner Sache ist und sogar in Freudscher Manier den Nachttraum eines antifaschistischen Partisanen entschlüsselt (auch darauf: auf den Wert der Träume für die Psychoanalyse spielt der gewollt schillernde Romantitel an). Im ganzen läßt sich sagen, daß in Zweigs letztem veröffentlichten Buch marxistische und psychologische Weltdeutungsmuster nebeneinanderstehen – »der eine nennt es Destruktionstrieb und der andere Kampf um die Produktionsmittel« –, ohne daß ihr Verhältnis eindeutig bestimmt wäre (»das werden wir später klären, George«).

Die »Synthese von Freud und Marx«, von der Hans-Albert Walter in einer Würdigung Arnold Zweigs gesprochen hat, war in der Tat des Dichters teuerster Traum. Freilich hat er nur wenig zur Theoriebildung beigetragen – er war von Haus aus kein Theoretiker, und insbesondere den Marxismus hat er nur sehr flüchtig rezipiert –; allenfalls ist ein Aufsatz *Die Natur des Menschen und Sigmund Freud* (1956) zu nennen. Darin gibt es sogar Ansätze zu einer kritischeren Sicht Freuds, insofern seine Lehre als ergänzungsbedürftig, durch sozialökonomische Erkenntnisse nämlich, bezeichnet wird. Aber selbst dies dürfte in der DDR keine Begeisterungsstürme ausgelöst haben – hat man doch an einer Bereicherung der Staatsideologie durch den »unwissenschaftlichen« Freudianismus nicht das geringste Interesse. Und Zweig selber hat sich um die Harmonisierung der beiden Säulen seiner Weisheit in erster Linie auf seinem ureigensten Terrain: im erzählerischen Werk bemüht.

Dort nun begegnet nicht nur der Name Sigmund Freud auf Schritt und Tritt sowie allerlei Bruchstücke aus dessen Fachterminologie – mehr noch: wesentliche Vorgänge in der Romanhandlung und selbst das zeitgeschichtliche Geschehen werden mit dem geistigen Instrumentarium der Psychoanalyse interpretiert. Heinz Kamnitzers Bemerkung, es bleibe »insgesamt erstaunlich, wie unsichtbar die Spuren von Freud in seinen Romanen und Novellen geblieben sind« *(kürbiskern* 1/72, S. 120), ist daher völlig abwegig. Die ostdeutsche offiziöse *Geschichte der deutschen Literatur* (Band 10, Berlin 1973) beurteilt Zweig denn auch ganz anders: »Er versetzt historische Einsichten mit Elementen der Tiefenpsychologie Freuds und läuft dadurch teilweise Gefahr, wesentliche gesellschaftliche Sachverhalte fehlzudeuten.«

Schon im *Grischa* findet sich eingestreut eine Studie der seelischen Deformationen Schieffenzahn/Ludendorffs, wie sie in einer Jugend in Kadettenanstalten wurzeln. Besonders gelungen aber ist ihm die Vermittlung des Zusammenwirkens sozialer und psychischer Faktoren im *Beil von Wandsbek* (1943). Da werden zum Verständnis des nationalsozialistischen Erfolgs Erkenntnisse aus allen gesellschaftswissenschaftlichen Sparten herangezogen (zur Charakterisierung Hitlers sogar Freuds Studie über die paranoide Psychose des Präsidenten Schreber von 1911), vor allem aber wird gezeigt, wie eine Diktatur funktioniert, wie sie ermöglicht und realisiert wird durch Tausende Biedermänner in den Zwängen ihres Alltags. (Daß der Mechanismus der Diktatur in einer Weise durchleuchtet wurde, die

allgemeinere Lehren, noch immer brisante und also unwill-
kommene Einsichten nicht ausschloß, hat offensichtlich dazu
geführt, daß die DEFA-Verfilmung von Falk Harnack in der
DDR jahrelang aus dem Verkehr gezogen war.)
Das Beil von Wandsbek hat überdies von Zweigs Vorliebe für
Stoffe und Menschen aus der wohlbehüteten Welt des Bil-
dungsbürgertums einmal wirklich gewonnen – macht er doch
die Mitschuld derer anschaulich, die sich aus den häßlichen
Realitäten NS-Deutschlands in die unpolitische Idylle des Pri-
vatlebens, der Natur, der Kunst geflüchtet haben... Zweig hat
hier das Tausendjährige Reich in zahllosen Details durchaus
treffend geschildert – Reich-Ranicki, der demgegenüber be-
mängelt, es habe alles ganz anders ausgesehen, »als der
Emigrant Zweig es sich vorstellte«[22], verallgemeinert einige
Irrtümer des Schriftstellers und wird ihm nicht gerecht. (Voller
Illusionen freilich ist der Epilog ›Auferstehung‹, in dem sich die
Prophezeiung, die vier mit dem Beil von Wandsbek hingerichteten Widerstandskämpfer kämen eines Tages zurück, 1938
schon erfüllt. Ihre Namen stehen in riesigen Lettern auf vier
sowjetischen Frachtern, die im Hamburger Hafen einlaufen.
Daß der Kapitän mit Hinweis auf die Maschinenpistolen, eiser-
nen Stangen und Zangen seiner Leute die protestierenden
SS-Männer von Bord jagt... konnte nach Stalins Abwendung
von der Volksfrontpolitik und in den Monaten, in denen der
deutsch-sowjetische Pakt vorbereitet wurde, doch nur ein
Traum sein.)
Alles in allem scheint mir die zuletzt beschriebene Leistung
Arnold Zweigs größte zu sein: daß er Erkenntnisse sozialistischer (keineswegs nur marxistischer) Gesellschaftskritik *und*
Freudscher Seelenforschung für sein dichterisches Werk, für
das Gesellschaftspanorama seiner Romane nutzbar gemacht
hat. Dieser Ansatz, dem er nie abgeschworen hat und der seinerzeit ungewöhnlich und eigenwillig war (daß sich die junge
Studentenbewegung vehement um solche Synthesen zu bemühen begann, fällt ja erst in sein Todesjahr!) – das eben bestimmt, meine ich, neben seiner erzählerischen Gabe, seinen
Rang als Schriftsteller, sichert ihm seinen besonderen Platz in
der Literaturgeschichte. – Schließen wir indes, wie so viele Romane Arnold Zweigs, mit einem »Abgesang«.

Wenn im letzten, noch angehängten Kapitel des *Grischa*-Romans (einer Kriegsepisode, die auch als wohlgelungene Kurzgeschichte für sich bestehen könnte) der Lokomotivführer eines Militärzugs gegen seine Dienstvorschrift die Fahrt verlangsamt, um einem einfachen Soldaten, der zu spät kam, noch den Heimaturlaub zu ermöglichen, so ist das nicht nur, wie man im »Herrenabteil« kommentiert, ein erster Hinweis auf das, was kommen wird: »Das Pack beginnt sich zu fühlen, ... die gelernten Arbeiter, alles, was von Berufs wegen an Maschinen steht! – Die Leute haben den Finger am Ventil des Krieges. Sie wissen es noch nicht ...« Die kleine Geschichte ist auch Ausdruck von Arnold Zweigs Mitleidenkönnen an den Nöten des »kleinen Mannes« und seinem großen Ideal: der Hilfsbereitschaft.

Ein Element des »utopischen Sozialismus« (etwa Peter Kropotkins), ist sie in allem, was Zweig geschrieben hat, gegenwärtig. Konkrete, praktische Solidarität wird in seinem *Neuen Kanaan* weit über alle Programme gestellt (das verbissene Beharren auf dem je eigenen *Programm* hat er in seiner bemerkenswerten Novelle *Einen Hut kaufen* von 1931 als eine Ursache der verhängnisvollen Spaltung in Deutschlands Arbeiterschaft beklagt!). Eine Atmosphäre gegenseitiger tätiger Hilfe, so wird immer wieder vom Palästina jener Jahre berichtet[24], als auch Arnold Zweig es zu seiner Heimat machen wollte. Und dieselbe Haltung charakterisiert viele freundliche Gestalten aus seinem dichterischen Kosmos, allen voran diejenigen, die um das Leben des Grischa Iljitsch Paprotkin kämpfen und nichts für ihn unversucht lassen.

Wir haben hier aber auch, wie die erzählen, die ihn gekannt haben, eine persönliche Eigenschaft Arnold Zweigs vor uns. »Schwer lastete auf ihm, wenn er von irgendeinem Unrecht erfuhr. Man schrieb ihm, bat um Rat, oft um Hilfe. Er antwortete jedem und auf alles. Viel Kummer wurde an ihn herangetragen, und er hat mehr getan, als man weiß ...« Heinz Kamnitzer, der dies mitteilt[25], versäumt nicht, noch darauf hinzuweisen, daß Zweig selbst für »politische Straftäter« in der DDR manches Wort eingelegt hat.

Er war – auch sein allenthalben durchschimmerndes großes Harmoniebedürfnis deutet in diese Richtung – selber einer »jener innerlich sanften Menschen, die am Sozialismus das Prinzip der gegenseitigen Hilfe angezogen hatte und festhielt« (einen Hamburger Hafenarbeiter hat er im *Beil von Wandsbek* so charakterisiert). Jedenfalls war ihm das Wohlergehen des einzelnen während langer Jahre der Maßstab, gesellschaftliche Systeme zu beurteilen – insbesondere stellte er die Frage, ob ein jeder jenseits allen politischen Kalküls sein Recht bekommt ... oder doch zum mindesten ein faires Verfahren. Gerade deswegen hat er 1930 gegen die willkürlichen Prozesse in Sowjetrußland protestiert und sie als Symptom einer gesellschaftlichen Fehlentwicklung gewertet. »Kein Land ist groß, es geschehe denn Jedem sein Recht«, hieß es schon in seinem dramatischen Frühwerk *Abigail und Nabal*[26], und dies Kriterium auch hier und heute anzuwenden, ist etwas, wozu einen die Zweig-Lektüre wohl anregen kann.

Man wird dann etwa als Miesmacher des hiesigen »Aufschwungs« nicht ablassen, darauf zu deuten, wie heute in Deutschland mit Ausländern und hilfesuchenden Asylbewerbern umgesprungen wird. Aus dem »Fall« des Türken Kemal Altun, der sich in jenem Berliner Gericht, das seine Anerkennung als politischer Flüchtling verweigerte, aus dem Fenster gestürzt hat, ließe sich ja ein ›Streit um den Asylanten Kemal‹ schreiben. Denn der unguten Parallelen zu der (im Kern gleichfalls authentischen) Grischa-Geschichte sind viele. Ich denke nicht nur an die resignierende Verzweiflung, schließlich den Tod vorzuziehen, statt weiter mit einem gnadenlosen Apparat zu ringen – gemeinsam ist leider die ganze Manier, für »Ordnung« zu sorgen auf Kosten der Hilflosesten, praktiziert von preußisch Gesinnten beider deutscher Staaten. Die Verschließung Berlins für politische Emigranten (das in zynischer Verhöhnung der Verfolgten als ihr »Schlupfloch« bezeichnet wurde) – das war ein »Erfolg«, dessen sich nun auch noch die oppositionelle SPD rühmte, in Eintracht mit dem anderen deutschen Staat, welcher sich immerzu als den Erben derer anpreist, die 1933–45 in aller Herren Länder ein »Schlupfloch« gesucht haben. Auch der Asylant Arnold Zweig hat erleben müssen, wie Tausende flüchtiger Juden vor Palästinas Küste abgewiesen wurden und draußen vor der Tür bleiben mußten, weil ausgehandelte Einwandererquoten die britische Regierung »Sachzwängen« unterwarfen. – In Zweigs Grischa-Roman resümiert ein liberaler jüdischer Kriegsgerichtsrat das Unrecht an dem »Rußki« wie folgt: »Deutschland an Macht geht also auf wie ein Napfkuchen, Deutschland als Sittlichkeit schrumpft ein zur Fadendünne.« Bedenkenswerte Worte in unseren Tagen, da Deutschland reicher denn je ist, Hilfsbereitschaft aber kleingeschrieben wird. Und mahnend und auch ermutigend fügt er noch an: »Wenn der Faden risse, wenn Rechtlosigkeit als Zustand allgemeine Billigung und ein Siegerbehagen fände, sähe es etwas schlimmer aus. Aber da werden immer Leute sein, die ihre Hand zwischenlegen. So kleine Klicken wie wir hier, und wenn sie sich Mühe geben, können sie den ganzen dicken Kloß soweit als lebensnötig wieder durchsäuern.«

Anmerkungen

Die in der Fischer Taschenbuchausgabe allgemein zugänglichen Zweig-Werke sind ohne umständliche Quellenangabe zitiert.

1 Brief an Arnold Zweig vom 23. 10. 35, in: *Arnold Zweig. Ein Almanach.* Berlin 1962.

2 Arnold Zweig: ›Zur Erkenntnis der Juden‹. In: *Weltbühne* 25/1928.

3 Marxistische Darstellungen bezeichnen den Zionismus bestenfalls nachsichtig als verständliche Reaktion auf den Antisemitismus. Überhaupt hat jüdische Tradition als Quelle positiver Identität keinen Platz im ideologischen Schema; selbst für die biblische Stoffwahl in Zweigs frühem Drama ›Abigail und Nabal‹ (1913) nennt sein Biograph Eberhard Hilscher als Motiv die »Errichtung einer Barriere gegen den Antisemitismus« in: Eberhard Hilscher. *Arnold Zweig – Brückenbauer vom Gestern ins Morgen.* Halle/Saale 1962, S. 22.

4 Arnold Zweig in der *Frankfurter Zeitung* vom 11. 12. 1927.

5 Hilscher, S. 22, op. cit.

6 *Aufbau* 11/1950.

7 Marcel Reich-Ranicki: *Deutsche Literatur in Ost und West. Prosa seit 1945.* München 1963, S. 331.

8 ebd., S. 317.

9 Sigmund Freud/Arnold Zweig: *Briefwechsel.* Hrsg. von Ernst L. Freud. Frankfurt am Main 1968, S. 34.

10 Geoffrey V. Davis hat in seiner auf die vielfach geänderten Entwürfe (im Arnold Zweig-Archiv der Akademie der Künste in Ost-Berlin) gestützten Untersuchung: ›Arnold Zweig in der DDR‹ (Bonn 1977) gezeigt, daß der Name Trotzkis hier (wie auch in anderen Werken) in des Autors Schlußredaktion *gestrichen* worden ist. Wahrscheinlich hat man ihm Vorhaltungen gemacht. In den ursprünglichen Fassungen war Trotzki teils kritisch, teils respektvoll als Intellektueller beschrieben, vor allem aber hatte der Autor seine führende Rolle in der russischen Revolution erwähnt!

11 Jürgen Rühle: *Literatur und Revolution. Die Schriftsteller und der Kommunismus.* Köln/Berlin 1960, S. 269.

12 Heinz Kamnitzer: *Der Tod des Dichters.* Berlin 1974, S. 134 f.

13 Arnold Zweig war wie etliche westlich orientierte deutsche Juden während seines Militärdienstes im Osten erstmals intensiv mit den Juden Polens, Litauens und Rußlands konfrontiert worden. Ihre ganz eigene Kultur, aber auch ihr Bemühen um eine sozialistische Perspektive haben ihn beeindruckt und mit geprägt – wie es sich etwa schon in seinem ›Grischa‹ spiegelt.

14 Arthur Koestler: *Diebe in der Nacht*. Roman. Wien 1979, S. 107, 109.
15 Vgl. H. Meier-Cronemeyer/U. Kusche/R. Rendtorff: *Israel in Nahost*. Hannover 1973.
16 Manuel Wiznitzer: *Arnold Zweig. Das Leben eines deutsch-jüdischen Schriftstellers*. Königstein/Ts. 1983.
17 Zit. nach: Gerhard Schmolze: Schwierigkeiten mit Arnold Zweig. In: *Süddeutsche Zeitung*, 7. 4. 79.
18 Im Nachwort zur ›Feuerpause‹ (1954).
19 So charakterisierte Zweig in einem idealisierenden Porträt den jüdischen Menschentypus, siehe *Das Neue Kanaan*, 1925.
20 Neue Zeit, 1. 1. 58.
21 Hilscher, S. 120, op. cit.
22 Reich-Ranicki, S. 333, op. cit.
23 Das sagt Unteroffizier Greulich in der ›Feuerpause‹.
24 So zum Beispiel Walter Zadek im Vorwort zur Veröffentlichung seiner Palästinafotos von 1935 bis 1941 – ein Bildband, auf den ich besonders hinweisen möchte: W. Zadek: *Kein Utopia ... Araber, Juden, Engländer in Palästina*. Mit einer Einleitung von Hanno Loewy erschienen im Dirk Nishen Verlag in Kreuzberg 1986. (Der Titel des Buchs greift ein Wort Martin Bubers auf: »Die jüdische Kibbuzjugend glaubt, ihre Siedlungen liegen in Utopia, aber sie liegen in Arabien.«)
25 Kamnitzer, S. 97f., op. cit.
26 *Abigail und Nabal, Tragödie in drei Akten*, in: *Die Umkehr. Jüdische Dramen*, Fischer Taschenbuch Verlag, Frankfurt am Main 1987.

DAVID MIDGLEY

Die leidenschaftliche Sachlichkeit
Zur Herausbildung des großen epischen Stils bei Arnold Zweig

Bis in die späten siebziger Jahre noch wurde Arnold Zweig von westlichen Literaturhistorikern vorwiegend unter der Rubrik ›Neue Sachlichkeit‹ behandelt. Das hatte zum einen den Grund, daß man den 1927 erschienenen Roman *Der Streit um den Sergeanten Grischa*, auf dem Zweigs Weltruhm unzweifelhaft gründet, im Zusammenhang eines Epochenstils präsentieren wollte, mit dem sich gewissermaßen die »Ismenkette der Jahrhundertwende« fortsetzen ließe.[1] So ließ etwa Curt Hohoff Zweigs reifen Erzählstil als beispielhaft für eine Rückkehr zur realistischen Konvention des 19. Jahrhunderts nach Abflauen der expressionistischen Emphase erscheinen.[2] Das Problematische an dem Terminus »Neue Sachlichkeit« als literaturgeschichtlicher Epochenbegriff wird dabei offenkundig, wenn Hohoff als Belege für ein vermeintlich einheitliches Stilphänomen so grundverschiedene Autoren wie Brecht und Jünger, Döblin und Broch nebeneinander aufzählt.[3] Diese Problematik der literarhistorischen Einordnung nachexpressionistischer Literatur wurde in der Folgezeit von verschiedenen Seiten aufgegriffen: einen vorläufigen Höhepunkt fand die Debatte 1982 in einem klug differenzierenden Aufsatz von Klaus Petersen.[4] Als beispielhaft in einem ganz anderen Sinne wurde Arnold Zweig aber auch angeführt, wenn es galt, den vorherrschenden populär-sachlichen Erzählstil der späten zwanziger Jahre den hehren Ansprüchen früherer literarischer Strömungen gegenüber abzuwerten. Ernst Alker zeigt sich in seinem 1977 erschienenen Buch *Profile und Gestalten der deutschen Literatur nach 1914* der historischen Bedingtheit seiner Kategorien deutlich bewußt. Bei Arnold Zweig kommt für ihn jedoch nur die negative Seite der »Neuen Sachlichkeit« zur Sprache: hier ist von einer bloßen »Schreibtisch-Routine« die Rede, von einem »Absacken in emsige und ehrgeizige Berufsdichterei«.[5] (Auf offenkundige Feindseligkeiten gegen einen prominenten Schriftsteller, der sich 1948 im sowjetischen Sektor Berlins niedergelassen hatte, werden wir weiter unten an geeigneter Stelle zu sprechen kommen.)

Wer sich um eine gerechte Beurteilung des Erzählers Arnold Zweig bemüht, hat also gegen das Vorurteil anzukämpfen, daß dessen Erzählweise in doppeltem Sinne einen Rückfall darstellt: einen historischen insofern, als er mit Stilmitteln einer früheren Epoche arbeitet, und einen persönlichen in dem Sinne, daß er in seinem Hauptwerk nicht einlöst, was seine früheren Leistungen versprochen hatten. Das Besondere am Erzählwerk Arnold Zweigs macht sich jedoch erst aufgrund einer genauen Untersuchung seiner schriftstellerischen Entwicklung erkenntlich. Es wird sich dabei zeigen, daß auch seine Beziehung zur »Neuen Sachlichkeit« viel differenzierter zu betrachten ist.

Ein starkes Erzähltalent hatte Arnold Zweig schon in den Jahren vor 1914 entwickelt. An den frühen Erzählungen, die im ersten Novellen-Band der *Ausgewählten Werke* gesammelt sind, mag der Leser allerdings merken, wie der junge Autor seine Erzählkunst an Vorbildern aus dem vorigen Jahrhundert geschult hatte. Mal scheint der gemächliche Aufbau und leise Humor einer Erzählung an Keller zu erinnern (›Benarône‹), mal scheint bei der stark angespannten und um historisches Kolorit beflissenen Darstellung eher Kleist Pate gestanden zu haben (›Die Flucht der van Spandows‹). In unserem Zusammenhang aber kommt zwei Momenten größere Bedeutung zu, weil in ihnen die ureigensten Themen des jungen Schriftstellers zum Ausdruck kommen: es sind dies die Beschäftigung mit Fragen der jüdischen Identität einerseits und das Bemühen um eine auf modernster psychologischer Einsicht basierende Charakterdarstellung andererseits.

In der bereits erwähnten Erzählung ›Die Flucht der van Spandows‹ (1909) wird auf breiter Basis die historische Situation der Juden in Deutschland nach den napoleonischen Kriegen geschildert. Zentralfigur ist eine fromme Jüdin, die einen in Holland ausgebildeten Chirurgen und Kavallerieoffizier heiratet und nach einigen Jahren mit Entsetzen entdeckt, daß er – offenbar aus opportunistischen Gründen – Katholik geworden ist. ›Jerusalem errettet‹ (1912) wirkt wie der Entwurf zu einem großangelegten historischen Gemälde, das sich um das biblische Motiv vom Opfer Simeons aufbaut. Zweimal nimmt Arnold Zweig in diesem Zeitraum den Anlauf zu einem größeren Romanprojekt, in dem die Problematik des zeitgenössischen jüdischen Selbstverständnisses aufgearbeitet wird. Eine Gruppe von 1912 entstandenen Skizzen, die in einer Ausgabe von 1923 als Fragmente eines früheren Romanversuchs bezeichnet werden[6], stellt die Ambivalenz der jungen jüdischen Intelligenz gegenüber dem Projekt eines ›Judenstaates‹, wie ihn Herzl 1896 umrissen hatte, auf einprägsame Art dar. Im zaristischen Rußland erlebt der heranwachsende Eli Saamen ein Pogrom zunächst mit Genugtuung, weil er oft genug wegen seiner Mißachtung frommer Bräuche verspottet worden ist. Bald aber wird er durch die – übrigens mit starker naturalistischer Plastik geschilderten – Bluttaten von der Notwendigkeit jüdischer Solidarität und nationaler Selbstbehauptung überzeugt (›Episode aus Zarenland‹). Demselben jungen Juden begegnen wir auch später in Paris, wo er sich vorbereitet, als ausgebildeter Chemiker an dem Aufbau der zionistischen Siedlungen in Palästina mitzuwirken, und wo die Musik Schönbergs höchst zwiespältige Gefühle gegenüber der modernen europäischen Kultur, die er verlassen soll, erweckt (›Quartettsatz von Schönberg‹). Solche Zwiespältigkeit hatte Zweig 1909 in den ›Aufzeichnungen über eine Familie Klopfer‹ ausführlicher dargestellt. Aus der Zukunftsperspektive rekonstruiert hier ein Ich-Erzähler, Heinrich Klopfer, die Lebensgeschichte seines Vaters, eines verstorbenen deutsch-jüdischen Dichters. Daß diese Rekonstruktion sogar zu der »Krankengeschichte« einer Familie »über vier Generationen hinweg« gerät, läßt die *Buddenbrooks* von Thomas Mann ziemlich eindeutig als Vorbild erkennen. Heinrich Klopfer, der in selbstbewußter Dekadenz eine inzestuöse Beziehung zu seiner Schwester unterhält, zählt sich in Palästina zu den »letzten Europäer[n], losgelöst von allen Wurzeln, allen Gesetzen, allen Sitten, unabhängig von allen Wertungen«. Er bekundet zugleich seine Liebe für die ewige Substanz des jüdischen Volkes und seine Verachtung für die in Palästina Angesiedelten als ein »Volk beginnender Asiaten«.[7] Die beiden Gestalten, Klopfer und Saamen, standen Zweig auch später zu Diensten, als es im Roman *De Vriendt kehrt heim* (1932) darum ging, einen Kommentar aus kontrastierenden Perspektiven zu der aktuellen Situation im Palästina der zwanziger Jahre zu liefern. Daß er in der Zwischenzeit eine weit komplexere Erzähltechnik entwickelt hatte, um der Darstellung verwickelter politischer Zustände Herr zu werden, wird noch zu zeigen sein.

Man sieht jedenfalls, daß die spezifisch jüdische Thematik in Zweigs frühen Erzählungen mit Hauptmomenten der europäischen Moderne eng verzahnt ist. Die Pose der über die eigene ›Krankheit‹ genau unterrichteten und jeder moralischen Verbindlichkeit entwachsenen Intelligenz, die uns in der Figur Heinrich Klopfers begegnet, weist ganz eindeutig auf den wichtigsten geistigen Einfluß dieser Jahre hin: Nietzsche. Er ist auch für die Entfaltung der Zweigschen Erzähltechnik von nicht geringer Bedeutung. Hier ist nicht nur an die Zeichnung mehrerer jugendlich männlicher Gestalten zu denken, die sich in den frühen Erzählungen offen zu Gedankengängen Nietzsches bekennen und sich mit dem eigenen Hang zur Selbstanalyse brüsten. Ein Moment der psychischen Selbstenthüllung bildet oft sogar den tragenden Impetus solcher Erzählungen. Da werden dem stolzen Intellekt durch die erotische Berührung mit einer selbstbewußten jungen Frau erst die Augen geöffnet für den spontan-vitalen Bereich der Erfahrung (›Vorfrühling‹); oder aber es bleibt ihm trotz aller Anstrengung seines geistigen Eroberungswillens das eigentliche Geheimnis der fremden Person verhüllt (›Tangente‹). Im Falle Heinrich Klopfers, der mit seiner hochgezüchteten Wissenschaftlichkeit die intuitive Psychologie der Vätergeneration längst überwunden zu haben glaubt, wird der Erzählung gewissermaßen ein Endziel gesetzt in der Entlarvung seiner Schreibmotivation als eines Racheimpulses gegen seinen Vater, »unser[en] Dichter«.[8] Eine ähnliche, der selbstenthüllung entgegenstrebende Erzählstruktur liegt – um einige Grade verfeinert – Zweigs erfolgreichstem Werk aus der Zeit vor 1914, den *Novellen um Claudia* (1912) zugrunde.

Mit keinem seiner sonstigen Stoffe war Zweig bislang über die Statur einer längeren Erzählung hinausgelangt; sogar bei den ›Aufzeichnungen über eine Familie Klopfer‹ fehlte der innere Zusammenhang, der den Schluß anders als mutwillig aufgesetzt hätte erscheinen lassen. Mit den *Novellen um Claudia*, deren episodenhafter Charakter im Titel betont wird, gelang es ihm aber, seine Themen in einem lockeren Kranz so aneinanderzufügen, daß das Ganze sich doch auf gewisse Art zu einem Roman rundet. Die männliche Hauptfigur ist hier ein mittelloser Dozent, Walter Rohme, dessen bedeutendste Leistung wieder auf eine Verarbeitung Nietzsches hindeutet, nämlich eine »polemische Zerlegung des Begriffs ›Willen‹«. Sein Verhältnis zu Claudia, einer jungen Dame der gehobenen Gesellschaft, wird ihm durch die eigenen Selbstzweifel, ja Selbstverachtung erschwert, aber die Möglichkeit zu einer umfassenderen Charakterdarstellung wird in diesem Fall dadurch erreicht, daß der Augenblick der Selbstenthüllung für die letzte der sieben Episoden aufgespart wird. Das tiefere Geheimnis Rohmes findet zunächst einen scheinbar harmlosen Ersatz: im Gefühl der eigenen sozialen und psychischen Minderwertigkeit wühlend, läßt sich Rohme beinahe unfreiwillig zu einem Bekenntnis der eigenen Unbeholfenheit hinreißen, indem er erzählt, wie er einmal beim Wechseln des Studienorts völlig unentschlossen zwischen mehreren Möglichkeiten, ein Bücherpaket zu verschicken, geschwankt hatte. Dieses Ausweichen auf eine banale, aber für die seelische Verfassung des Erzählenden immerhin bezeichnende Angelegenheit wird aus Rohmes Perspektive so kommentiert: »Wie kam jetzt diese alte beschämende und vergessene Sache zu ihm? War diese Eingebung die Frucht eines Suchens, das unterhalb des Bewußtseins fortgestöbert hatte und ihm jetzt reif und fertig ein passendes Beispiel zuwarf, das ihn lächerlich zeigte?«[9]

In der disziplinierten Zurückhaltung, mit der hier und an ähnlichen Stellen des Werkes nach unterschwelligen Motivationen getastet wird, artikuliert sich wohl die bedeutendste Fortentwicklung der Zweigschen Erzähltechnik in diesen Vorkriegsjahren. Mit einer solchen Erzählhaltung erschafft sich Zweig die Möglichkeit, die Bloßlegung einer psychologischen Grundmotivik, auf die es ihm schließlich ankommt, mit einer Ausdehnung des Erzählstoffes zu vereinbaren, die dem Leser den Ausblick auf weitere, thematisch verwandte Bezüge gewährt. Eine solche Technik, um Freudsche Einsichten bereichert, bildet auch die Grundlage zu einigen der gelungensten Kapitel in den späteren Romanen Arnold Zweigs.

Rohmes Schrecken über die eigene Gedankenregung weicht dem behaglichen Gefühl, daß seine Selbstentblößung sicherlich bei seiner Gesprächspartnerin auf Befremden stoßen und auf jeden Fall seiner unglückseligen Beziehung zu ihr ein passendes Ende setzen wird. Er hat sich geirrt: nach anfänglicher Irritation erblickt Claudia in der Offenlegung seiner Verwundbarkeit einen psychischen Akt, der den Weg zu gegenseitigem Vertrauen anbahnt. In den weiteren Episoden werden Etappen einer reifenden menschlichen Beziehung markiert, aber zunächst auf indirekte Weise. Vordergründig werden Aspekte eines unter bürgerlichem Patronat stehenden Künstlerlebens geschildert: ein Maler, dessen Abbildung des Gekreuzigten als Sinnbild des »wissenden Künstlers« abgelehnt und der Blasphemie geziehen wird; ein Musiker, der aus Verzweiflung über seine schmerzhaften Liebeserfahrungen Selbstmord begangen hat. Claudias Herkunft wird dadurch beleuchtet, daß deren Mutter, allein am Abend nach der Trauung, im Photoalbum zurückblättert. Es wird außerdem gezeigt, wie in den frühen Stadien einer Ehe Hemmungen auf dezente Art abzubauen sind. Dann erst, drei Monate nach der Hochzeit, kommt die eigentliche Beichte, auch sie durch halbbewußte Regungen angekündigt: musizierend gelangt Rohme zur vollen Erkenntnis seines früheren, pubertären Ichs zurück und teilt seiner Frau halb träumerisch die Gründe für das eigene Unwertgefühl mit, erzählt von Jugendlastern, von Rache- und Mordgedanken, von einem homosexuellen Erlebnis in der Schwimmhalle. Der eigentliche Höhepunkt der Darstellung steht aber noch aus. Über mehrere Seiten hinweg wird der Prozeß geschildert, durch den Claudia, diese hochkultivierte und weltabgewandte junge Dame, die eigene Abscheu überwindet. Auf ihr Zimmer geflüchtet, hinter verschlossener Tür, muß sie eine ganze Tonleiter emotionaler Regungen durchlaufen, bis ihr schließlich die Scham über die eigene Empörung wieder den Weg zur Sympathie und zu einer tieferen Verbundenheit mit ihrem Ehegatten ebnet. Wir haben es hier mit einer Thematik zu tun, die aus einer späteren historischen Perspektive fast unvermeidlich mit Klischeevorstellungen beladen ist; »übergrün, sehr naiv« lautete das Urteil, das Zweig selber ein knappes Jahrzehnt später über dieses Frühwerk abgab.[10] Für unser Thema aber ist es jedenfalls wichtig, festzuhalten, daß es ein mit solch gepflegtem psychologischen Feingefühl arbeitender junger Dichter war, der ab April 1915 mit den Roheiten des Grabenkriegs konfrontiert wurde.

Man hat sich allerdings zu vergegenwärtigen, daß die schöngeistig-aristokratische Einstellung Arnold Zweigs – wie bei vielen seiner Zeitgenossen – sich beim Kriegsausbruch 1914 durchaus mit einem ungezügelten patriotischen Enthusiasmus vereinigen ließ. Die Sehnsucht des in Isolation lebenden Intellektuellen nach Identifikation mit dem (abstrakt konzipierten) Volkswesen wurde schon in den *Novellen um Claudia* thematisiert an einer Stelle, wo Rohme über die Empfindungen der Zuhörer anläßlich einer Aufführung der Matthäus-Passion reflektiert.[11] Als symptomatische Zeiterscheinung wird dieser Sachverhalt in den späteren Romanen anhand der Figur Werner Bertins in aller Breite geschildert. Zweigs eigenes Verhalten im ersten Kriegsjahr läßt sich am ehesten aus einer Reihe von Erzählungen rekonstruieren, die zum großen Teil im *Simplicissimus* erschienen sind und allgemein von einer frischfröhlichen Bejahung der ›Vaterlandsverteidigung‹ zeugen. Die berüchtigtste heißt ›Die Bestie‹ und präsentiert einen belgischen Bauern, der die bei ihm untergebrachten deutschen Soldaten betrunken macht und wie Schweine absticht.[12] Fast vierzig Jahre später hielt sich Zweig noch für verpflichtet, solche Stoffe in einer (jetzt als Fischer-Taschenbuch erhältlichen) längeren Erzählung, *Westlandsaga*, umzudeuten.

Bei aller grauenhaften Phantasie bleibt jedoch eine streng analytische Menschenbetrachtung auch in dieser Phase charakteristisch für den Erzählstil Arnold Zweigs. Besonders interessant ist in dieser Hinsicht die in Brieform gehaltene Erzählung ›Wespen‹. Das Verhalten eines französischen Arbeiters, der den ihm lästigen Tierchen mit einem Ast »behutsam« das gefährliche Hinterteil abtrennt, wird hier Anlaß zu grüblerischen Betrachtungen über die »Voraussetzungen der Seele«, die das Ausüben von Greueltaten erlauben. In der ursprünglichen Fassung wird sogar in dem beobachteten Franzosen ein niedriger Menschentypus erblickt, der vernichtet werden müsse, »damit nach einem Jahrhundert die Seelen seiner Brüder freier, wissender, weiter seien«. Derselbe Text zeugt aber an anderer Stelle auch von anwachsenden Zweifeln an der offiziellen Darstellung der Kriegführung auf deutscher Seite: »Ich weiß nicht mehr, was jede Behörde weiß, jedes Gericht bestätigt. Es haben sich so abgründige Zweifel in mir aufgemacht, ob diese einfachen Stempelworte wie Verrat, Verbrechen, Feind, imstande sind, das Leben zu fassen und zu bezeichnen. [...] Ich sehe das stille große Gesicht der Ananke und habe schweigsam Ehrfurcht.«[13]

»Der Krieg riß mir beide Augen auf«, schreibt Zweig in einer »Selbstanzeige« in der *Literarischen Welt* 1925. »Militarist aus Überzeugung, nämlich als naturhafter Betrachter der Tatsache »Mensch«, Kriege für so blöd oder großartig und unvermeidlich haltend wie Erdbeben, unterzog ich mich meiner Dienstpflicht mit dem Stolze, durchzukommen oder einzugehen wie der Geringste. Meinen Nerven behagte der Aufenthalt im Fosseswald mit Berliner Arbeitern besser als die Atmosphäre einer Kompanieschreibstube, in der es nach Korruption aus allen Knopflöchern stank.«[14] Man wird vor einem gewissen Element der Selbststilisierung auf der Hut sein müssen, wenn Zweig in dieser »Selbstanzeige« den Eindruck zu erwecken versucht, als sei er in den zehn Jahren nach seiner Einberufung verstummt. Schließlich war die Vorlage zu seinem Grischa-Roman in Form eines Dramas bereits 1921 vorhanden; einen in expressionistischem Geist verfaßten Versband hatte er in der Presseabteilung des Oberbefehlshabers im besetzten Osteuropa drucken lassen, wohin er im Mai 1917 »gerettet« worden war; und seine mitunter recht lyrischen Aufsätze *Das ostjüdische Antlitz* und *Das neue Kanaan* sind durchaus zu seiner literarischen Produktion der Nachkriegsjahre zu rechnen. Aber im großen ganzen haben wir es doch in diesem Zeitabschnitt mit einem langwierigen Umbruchprozeß zu tun, mit dessen Bewältigung erst Zweig wieder zum großen Wurf eines konsequent durchgeformten Erzählwerks imstande war. Zu den Störfaktoren, die er der Leserschaft der *Literarischen Welt* 1925 aufzählte, gehörten nicht nur die profunde Enttäuschung über Kriegsgeist und amtliche Korruption, sondern auch die katastrophalen wirtschaftlichen Verhältnisse der Nachkriegszeit, der Vormarsch der politischen Reaktion (mitsamt der Umtriebe der frühen NSDAP, die ihn und seine Familie 1923 gezwungen hatte, ihren bayrischen Wohnsitz zu verlassen), und die politische Regelung der Situation der Juden in Osteuropa, der er eine Zeitlang als Redakteur der *Jüdischen Rundschau* und mit anderen Publikationen seine Kräfte gewidmet hatte. Diese eher praktischen Erwägungen kulminieren aber dann in einer Erkenntnis mit weittragenden ästhetischen Implikationen: »mir fehlte das zur Produktion

Unerläßliche: die Achtung vor der Epoche«.[15] Man geht nicht fehl, wenn man in diesen Worten ein Indiz dafür erkennt, daß *Der Streit um den Sergeanten Grischa* von seinem Autor nicht nur – und nicht vorwiegend – als pazifistischer Kriegsroman verstanden wurde, sondern auch als gründlicher Versuch, auf sinnbildliche Art mit der Gegenwartsepoche abzurechnen.

Damit soll keineswegs geleugnet werden, daß dieser Roman einen recht plastischen Eindruck von den Zuständen im dritten Kriegsjahr gibt. Gleich zu Anfang wird ein Wache schiebender deutscher Soldat porträtiert, dessen Gedanken um die Lebensmittel kreisen, die er für seine Frau in der Heimat zusammenrafft: »Butter«, denkt er, »anderthalb Pfund, und zweieinhalb Pfund Mehl von den Bauern, und ein gespartes Brot und die Erbsen. Ja, das wird's tun. Dabei kann sie wieder eine Weile bestehen. Geb's Fritzke mit, der morgen auf Urlaub fährt. Vielleicht tausch ich meinen Tabak gegen eine Büchse Schmalzersatz ein; wenn ich von der Löhnung eine Mark drauflege, rückt der Küchenbulle damit 'raus.«[16]

Man sieht in diesem frühen Passus schon, wie Zweig sich nach dem Weltkrieg bemüht, die Alltagssprache der unteren Gesellschaftsschichten in seinem Erzählwerk möglichst getreu wiederzugeben. Auch wäre auf die verfremdende Art der Darstellung hinzuweisen, die das Kriegsgeschehen als etwas Seltsames und Befremdliches erscheinen läßt (ob in direkter Anlehnung an die bekannten Thesen der russischen Formalisten, müßte noch geklärt werden). Der geschilderte Soldat trägt einen eisengrauen Mantel »mit sinnlosen roten Vierecken auf dem Kragen unterm Kinn und einem Streifen blauen Tuches mit einer Nummer auf jeder Schulter«. Sein Gewehr wird uns scheinnaiv als »ein langer schwerer Prügel, Holz gefügt an maschinenartig geformte Eisenteile« beschrieben.[17] Wie Kurt Tucholsky in seiner Rezension in der *Weltbühne* ganz richtig bemerkte, wird in diesem Roman der Krieg an sich nicht erst diskutiert, »sondern mit einer solchen Selbstverständlichkeit abgelehnt, wie er und seine Schlächter das verdienen.« (Tucholsky wundert sich nur, daß solche Ablehnung anscheinend erst neun Jahre nach Kriegsende in einem deutschen Buch als eine Selbstverständlichkeit gelten kann.)[18]

Mit einer Fülle weiterer Detailbeobachtungen, in denen Tu-

cholsky die eigentliche »dichterische Kraft« des Werkes sieht, werden die verheerenden Auswirkungen des Krieges fast wie beiläufig, aber daher um so einprägsamer registriert. Das Herumtreiben des entflohenen russischen Kriegsgefangenen Grischa Paprotkin wird zum Teil aus der Perspektive der eingeborenen Bevölkerung des östlichen Kriegsschauplatzes geschildert, die aus ihren Erfahrungen mit Besatzungstruppen, ob deutscher oder russischer Herkunft, zu apokalyptischen Deutungen der gespenstischen Gestalt neigen. Auf der Flucht stößt Grischa mit Partisanen zusammen, die noch konkreter von Requisitionen, Ausbeutung und schadenfroher Unterdrückung zu berichten wissen. Mit falschem Ausweis aufgeschnappt und als Spion verdächtigt, wird Grischa u. a. von einem jüdischen Kriegsgerichtsrat verteidigt, der Lebensweisheiten versprüht und in ironischen Anspielungen zu verstehen gibt, daß er die verordneten Rechtsverhältnisse im besetzten Gebiet als Manifestationen schlichter Herrschsucht durchschaut hat, der aber schließlich vor der Übermacht des militärischen Apparats kapitulieren muß und auch noch diesen Tatbestand witzig übertüncht: »Wäre ich ein folgerichtiges Wesen und nicht ein Mensch, [...] ich könnte jetzt hingehen und einen Strick nehmen oder mein Pistol und die Aufhebung meiner geistigen Person an der körperlichen vollziehen.«[19] Da wird Grischa zuletzt von einem Gefreiten bewacht, der ihm durchaus zugetan ist und doch einem letzten verzweifelten Versuch, den Russen aus dem Machtbereich der Ortskommandantur zu entfernen, mit aller aufzubietenden Zähigkeit widersteht, weil er – wie so viele der am Rande des Geschehens auftretenden Mannschaften in diesem Roman – genau weiß, welche stramme Haltung man hier in der »Etappe« zu erweisen hat, um nicht zum Frontdienst abkommandiert zu werden.[20] Es soll hier auch nicht übersehen werden, daß Zweig die eigentliche Motivation für die Hinrichtung, nämlich die Einschüchterung der Kriegsmüden und die Bekämpfung des Bolschewismus, in einen direkten Zusammenhang mit der Profitgier und dem Zynismus deutscher Industrieller bringt.[21] Eine scharfe Kritik an Zweck und Methoden der deutschen Kriegsführung enthält der Roman also ganz gewiß – was dem Autor um 1930 mitunter recht grobe Attakken in der rechten Presse eingebracht hat.[22]
Dem Roman liegt dabei jede satirische Intention fern. Auch der

Charakterisierung der fanatischsten Protagonisten des Machtapparats liegt noch jene distanziert-psychologisierende Betrachtungsweise zugrunde, die wir als bezeichnend für das
Zweigsche Frühwerk erkannt haben. Ein wütender Propagandist der Expansion kompensiert damit die eigene Verwundung;
ein Feldwebel überwindet mit offiziösem Auftreten die eigene
Angst vor Beschämung; beim Ortskommandanten, einem
hochnäsigen Philister und Antisemiten, werden die sozialen
Ursprünge seines Hochmuts geduldig aufgedeckt.[23] Tucholsky
machte es zu seinem Haupteinwand gegen den Roman, daß
sogar der Oberbefehlshaber Schieffenzahn (in dem erkannter-
maßen ein Porträt Ludendorffs zu sehen ist) »sehr gehirnlich,
sehr überlegen [...] aus weiter Nähe« betrachtet wird: »er
wird biologisch expliziert, es ist alles in schönster Ordnung.
Aber es fehlt das Einfach-Kräftige, das diese Burschen bei aller
Schlauheit hatten.«[24] Tucholsky entwickelt aus dieser Bemerkung eine Polemik gegen Zweigs Verbundenheit mit dem jüdischen Volk, der er solchen Hang zu psychologischen Finessen
zur Last legt; dieser Affekt, der das Verhältnis Tucholsky
-Zweig über mehrere Jahre hin mit freundschaftlich ausgetra-
genen (und durchaus erforschenswerten) Spannungen belud,
hatte ihn offensichtlich für den aufklärerisch-humanitären
Grundimpuls, der den angefochtenen Charakterschilderungen
unterliegt, blind gemacht. Die psychologische Formation
Schieffenzahns, die detailliert geschilderte Repression von
Kinderängsten und sozialer Isolation, die Herausentwicklung
von Fleiß und Zielstrebigkeit, die im Bild einer endlosen Trep-
penflucht sinnfällig gemacht wird[25], das alles gehört für Zweig
eben auch zu den bestimmenden Faktoren, die für ein abgerun-
detes Verständnis des Kriegsapparats unerläßlich sind.
Im gleichen Jahr wie der Grischa-Roman erschien eine fast 400
Seiten starke Abhandlung von Arnold Zweig über die Sozialpsychologie des Antisemitismus mit dem Titel *Caliban*. Ob
dieses Buch den Ansprüchen der Wissenschaftlichkeit genügt,
ist aus mehreren Gründen zweifelhaft, sein allgemeines Verhältnis zum behandelten Objekt aber hat der Autor in seiner
Vorrede jedenfalls treffend charakterisiert: er beschreibe den
Antisemitismus »wie ein Mediziner den Sarkomerreger –
schließlich fast mit Wohlwollen«.[26] Bei aller Leidenschaft in
der Bekämpfung von Militarismus und Ungerechtigkeit zeigt

sich Zweig in den Bänden seines Weltkriegszyklus bemüht, sachlich-diszipliniert den psychologischen Mechanismen auf den Grund zu gehen, die die Einspannung einer ganzen Gesellschaft in den zerstörerischsten aller bis dahin bekannten Kriege gefördert hatten. In seinem 1935 im Exil erschienenen, weitgehend autobiographischen Roman *Erziehung vor Verdun* schildert er ausführlich den Typus eines Amtmanns von kleinem Format, den die kaiserliche Uniform und die in diesem Krieg unerläßliche, weit verzweigte Organisation von ›Nachschub‹ aller Arten an einem Machtgefühl teilhaben lassen, das ihm im Zivilleben niemals gewährt worden wäre.[27] Zu den tragenden Gestalten desselben Romans gehört auch ein Oberleutnant, dem es wahrlich nicht an jener Eigenschaft des »Einfach-Kräftige[n]« mangelt, die Tucholsky an der Charakterisierung Schieffenzahns vermißt hatte. Mit Eberhard Kroysing hat Zweig ein Prachtbeispiel des jungen Draufgängers gestaltet, dem der Krieg wirklich neue Möglichkeiten der Selbstverwirklichung bringt. Als erfahrener Pionier betrachtet Kroysing den Schauplatz der uneingeschränkten Materialschlacht um Verdun als sein eigenes Revier, wo kein Gebot mehr gilt außer dem der Selbstbehauptung; auch nach schwerer Verwundung sucht er mit unbändiger Vitalität nach neuen Entfaltungsmöglichkeiten, will aufsteigen, Flieger werden. Zweig schildert auch diesen hemmungslosen Amoralisten »fast mit Wohlwollen« – und zeigt am Ende, wie Kroysing dem Sinnlos-Zufälligen des Kriegsgeschehens zum Opfer fällt, ausgelöscht durch eine Fliegerbombe.

Schon vor 1933 hatte Zweig mit einem weiteren Fortsetzungsband, *Junge Frau von 1914*, die Mentalität der Heimat in Kriegszeiten beleuchtet. Hier bewegen wir uns allerdings im gehobenen Gesellschaftsmilieu, das uns aus den *Novellen um Claudia* schon vertraut ist. Eine Bankiersfrau willigt in die Heirat ihrer Tochter mit einem einberufenen mittellosen Studenten nicht zuletzt deshalb ein, weil es im zweiten Kriegsjahr jeder Familie zum Vorteil gereicht, »jemanden im Felde« zu haben. Vorsorglich an die Hochzeit denkend, geht sie in den Keller, um die Lebensmittel zu sichten, die sie in der ersten Panik nach Kriegsausbruch einlagern ließ, und gratuliert sich am Ende, daß sie »innerhalb ihrer bescheidenen Mittel ihren Bereich nicht schlechter bestellt [hatte] als Ihre Majestät die

Kaiserin.«[28] Beim Bankier selbst, dessen Identifizierung mit dem wilhelminischen Staat offenbar durch Ressentiments gegen seinen politisch viel bedächtigeren Vater genährt wurde, wird die Zwiespältigkeit seiner unterschwelligen Motivation durch eine eklatante Fehlleistung offengelegt: trotz wiederholter Bekundungen seines Glaubens an einen Endsieg auch für das deutsche Finanzwesen weigert er sich, für den Verlobten seiner Tochter 80 000 Mark flüssig zu machen – »*selbst* in Kriegsanleihe«.[29] Solche Momentaufnahmen gehören zu den bewährten Mitteln, mit denen Zweig immer wieder das Verhalten von Menschen einer historisch gewordenen Epoche für spätere Generationen nachvollziehbar macht.

Seit dem Grischa-Roman gehörte es zu den Grundprinzipien von Arnold Zweigs Erzähltechnik, eine starke Zentralfabel zu entwickeln, der sich eine Vielfalt von Episoden zwanglos angliedern ließ, in denen die soziologischen Hintergründe des Geschehens aufgedeckt werden konnten. Er spricht in späteren Jahren oft selber von dieser bewußten Technik, für die er mit Vorliebe eine anatomische Metaphorik verwendet: seine Romane brauchten immer ein »starkes Rückgrat«, das imstande sei, »ausladende Rippen« zu tragen.[30] Wenn Zweig in solchen theoretischen Bemerkungen auf diesen anscheinend konstruktivistischen Aspekt Gewicht legt, tut er es jedoch zum Teil im Bewußtsein, daß es ihm mit der Zeit zunehmend Schwierigkeiten bereitete, seine Schilderung des Ersten Weltkrieges durch bewährte Mittel mit neuen Einsichten anzureichern. Die wichtigsten theoretischen Äußerungen fallen eben in die Zeit um 1937, als er sich mit den strukturellen Fehlern des Romans *Einsetzung eines Königs* auseinanderzusetzen hatte.[31] Der Eindruck, daß sich der eigentliche Gehalt eines Zweigschen Romans sozusagen an der Summe der Sekundärepisoden ablesen lasse, soll jedenfalls vermieden werden. Auf ein weiteres Konstruktionsprinzip wies der belgische Germanist Paul Huys bereits 1959 hin, indem er neben dem kettenmäßigen Aufbau auch von einer »konzentrischen« Gestaltungsweise bei Arnold Zweig sprach.[32]

Die These von Huys trifft besonders für den Grischa-Roman zu, wo es in der Tat bemerkenswert ist, wie sehr der eigentliche Antrieb der Erzählung von einem gewissen Punkt an weniger aus dem zeitlichen Ablauf der Fabel gewonnen wird, als vielmehr aus dem Symbolwert, den der gefangene Russe für den Roman hat. Im zweiten Teil des Romans bildet Grischa das passive Objekt eines Ressortkampfs zwischen der Ortskommandantur (als der Stellvertreterin von »Ober-Ost«) und dem Divisionsstab, bei dem »der Paprotkin« (alias Bjuschew) der einen Seite als »stinkender Bolschewik«, der anderen aber als die Probe aufs Exempel für altpreußische Staatsprinzipien gilt.[33] Zweig läßt den »Fall« aber auch aus Perspektiven kommentieren, die dem gesamten deutschen Heeresapparat und dessen Grundsätzen sehr fern liegen. Von jungen russischen Juden, mit denen Grischa einmal kurz vor seiner Wiederverhaftung in Berührung gekommen ist, wird die Sache einer marxistischen Analyse unterzogen. Bei Grischa selbst verengt sich die Perspektive in dem mühsamen Versuch, Sinn und Ordnung in den Sachverhalt des eigenen bevorstehenden Todes zu bringen; daß er dabei das eigene Schuldbewußtsein weitgehend in Gesprächen mit einem frommen jüdischen Tischler zu läutern sucht, öffnet das Geschehen andererseits einer Deutung nach alttestamentarischen Vorlagen, die der Hinrichtung Grischas die Bedeutung des Sühneopfers für eine verkommene Welt beimißt. Dem moralischen Verfall hofft der westliche Jude Posnanski wiederum mit aufklärerisch-kantischen Vorsätzen entgegenzuarbeiten; seinen jungen Helfern rät er: »Deutschland an Macht geht auf wie ein Napfkuchen, Deutschland als Sittlichkeit schrumpft ein zur Fadendünne. Wen wundert das? So geht es den Staaten. Und es macht auch nicht viel. Erst wenn der Faden risse, wenn Rechtlosigkeit als Zustand allgemeine Billigung und ein Siegerbehagen fände, sähe es etwas schlimmer aus. Aber da werden immer Leute sein, die ihre Hand zwischenlegen. So kleine Klicken wie wir hier; und wenn sie sich Mühe geben, können sie den ganzen dicken Kloß soweit als lebensnötig wieder durchsäuern. [...] Die Völker dazu zu bringen, Gerechtigkeit über sich in den Sternen hängen zu fühlen, so wie der Einzelne, wenn er vom Geldverdienen nicht verrückt oder verblödet ist, sie über sich in den Sternen hängen fühlt, das scheint unsre nächste Aufgabe.«[34]

In meinem Buch über Arnold Zweig habe ich auf die enge Beziehung hingewiesen, die zwischen diesen Überlegungen Posnanskis und der planetarischen Perspektive des Romananfangs besteht.[35] Das braucht nicht dahingehend verstanden zu wer-

den, daß die – übrigens typisch umschreibend formulierte –
Äußerung des Kriegsgerichtsrats mit der Gesamtaussage des
Romans gleichzusetzen wäre. Durch die verallgemeinernde
Betrachtungsweise werden allerdings die engen materiellen
Aspekte des Romangeschehens in eine höhere moralische Perspektive gerückt: auf diesem kleinen Planeten, der »emsig
durch den kohlschwarzen, atemlos eisigen Raum [trudelt]«,
bleibt es den Menschen selbst überlassen, Maßstäbe zu setzen
und der kollektiven Existenz einen Sinn zu verleihen. Wenn
die planetarische Perspektive aber im Schlußsatz des Romans
wieder angedeutet wird, geschieht das in unmittelbarem Zusammenhang mit einem Akt der Auflehnung, der, obzwar in
bescheidenem Rahmen, – in der Gestalt eines Lokomotivfüh-
rers – die Arbeiterschaft als materiellen Faktor in einem bevorstehenden gesellschaftlichen Umwandlungsprozeß unter den
Bedingungen von 1917 sehr deutlich hervorhebt. Seine Pro-
duktionshemmungen hatte Zweig 1925 in der *Literarischen
Welt* vor allen Dingen darauf zurückgeführt, daß ihm seit dem
Weltkrieg die »Achtung vor der Epoche« abhanden gekommen
sei. Zwei Jahre später hat er im Grischa-Roman nicht nur in
Detailbeobachtungen die Ursachen seines Ekels anschaulich
gemacht; anhand der verschiedenen Deutungsversuche hat er
auch dem – je nach Kultur und Gesellschaftsschicht sich unter-
schiedlich artikulierenden – positiven menschlichen Potential
klaren Ausdruck gegeben, das durch die Umwälzungen der
Nachkriegszeit der erwünschten Realisation nicht näher gebracht worden war. Das Zusammenspiel dieser positiven Kräfte ist es, das den Resonanzboden schafft, auf dem der im Roman
verkündete Anspruch berechtigt erscheinen kann, an der Figur
des Sergeanten Grischa »den Schicksalsfall, die Entscheidung
der Zeit« gestalten zu wollen.[36]
Durch den Aufwand an stilistischen Finessen, bis ins Unter-
bewußtsein vordringenden Charakterschilderungen und symbolischen Gestaltungsmitteln zeichnet sich *Der Streit um den
Sergeanten Grischa* vor jener Flut von Kriegsromanen aus, die
zwischen 1928 und 1930 auf den Büchermarkt kam. Der Unterschied ist mithin so frappierend, daß Ernst Jirgal, der 1931
einen nützlichen, aber streng nach thematischen Kategorien
gegliederten Bericht über das Phänomen des ›Kriegsromans‹
vorlegte, seine Verlegenheit bei der Bewertung des Grischa-

Romans hinter dem Epitheton »arg literarisiert« verbergen mußte.[37] Entschieden positiv wurde Zweigs Roman hingegen von Joseph Roth bewertet in jenem wichtigen Aufsatz von 1930, in dem er unter die literarische Modeerscheinung des Terminus der ›Neuen Sachlichkeit‹ einen Schlußstrich zu ziehen versuchte. Der modische Kriegsroman stellt für Roth geradezu den exemplarischen Fall einer falsch verstandenen Sachlichkeit, die sich an der außerliterarischen Kategorie des ›authentischen‹ Augenzeugenberichts mißt, dar, und er beklagt: »Die ›Sachlichkeit‹ beginnt, die ›Zweckmäßigkeit‹ zu ersetzen und zu verdrängen. Schließlich bekommt sie den gefährlichsten Nebensinn, den der Zeitgemäßheit.«[38]

Der Streit um den Sergeanten Grischa bildet – neben Siegfried Kracauers Ginster-Roman – deshalb für Roth eine bedeutende Ausnahme, weil das Schauderhafte des Hintergrunds hier nicht als Selbstzweck erscheint, sondern in den Dienst der bewußten literarischen Gestaltung eines Einzelschicksals gestellt wird.[39] Roths Urteil soll hier freilich nicht als ein endgültiges aufgefaßt werden, was die Eigenschaften und Gültigkeit der ›Neuen Sachlichkeit‹ als literarische Richtung betrifft. Aber seine Bemerkungen heben gewissermaßen das ›Unzeitgemäße‹ am Grischa-Roman hervor und deuten damit an, welche Schwierigkeiten der literaturhistorischen Einordnung dieses Werkes unter der Rubrik ›Neue Sachlichkeit‹ im Wege stehen.

In seinem Buch *Caliban* hat Zweig hohe Ansprüche an die gesellschaftlich-kulturelle Funktion des Romans überhaupt gestellt. Er fordert, daß der Roman, wie auch das Drama, zum Abbau von Gruppenleidenschaften beitragen sollen, indem ein jedes »an einer klaren Fabel ein allgemeingültiges Schicksal, das Schicksal eines Gruppenvertreters auf große Weise zur Anschauung bringt«.[40] Wie sich diese Forderung auf die Gestaltungsweise des Grischa-Romans ausgewirkt hat, dürfte schon aus dem bereits Gesagten klar genug hervorgegangen sein. Zweig hält sich auch in den Fortsetzungsbänden seines Zyklus an dasselbe Prinzip – allerdings mit Unterschieden. In *Junge Frau von 1914* schildert er in der Gestalt der Lenore Wahl ein Opfer der Verrohung, einer Verrohung, die der Krieg auch in die intimen Beziehungen einer Bankierstochter hineinträgt: von ihrem Verlobten auf brutale Weise geschwängert, macht sie die physischen und psychischen Qualen einer Abtreibung durch und erfährt dabei an sich eine gesellschaftliche Entfremdung, die gewissermaßen die allgemeine demoralisierende Wirkung des Krieges vorwegnimmt. In *Erziehung vor Verdun* ist es mehr das Formprinzip des Bildungsromans, das die harten Prüfungen des als »Schipper« dienenden jüdischen Intellektuellen Bertin und seine Unentschiedenheit gegenüber den ihn umwerbenden Ideologien schließlich zur Einheit bringt. Als symbolische Gestalt ist auch der Oberleutnant Winfried konzipiert, der sich in *Einsetzung eines Königs* im Bewußtsein seiner zweifachen Herkunft aus dem altpreußischen Adel und dem liberalen Bürgertum für das Prinzip der nationalen Selbstbestimmung im eroberten Osteuropa einsetzt. Und eine strukturierende Symbolik war es wieder, die es Arnold Zweig ermöglichte, unter den entbehrungsvollen Bedingungen des Exils und des Zweiten Weltkriegs in Palästina Allgemeingültiges über das Dritte Reich »auf große Weise zur Anschauung« zu bringen.

Der Aufbau des Romans *Das Beil von Wandsbek* (deutsche Erstausgabe 1946) läßt sich durchaus mit dem konzentrischen Gestaltungsprinzip vergleichen, das wir im Grischa-Roman am Werk sahen. Der Kern der Fabel entstammt einer Notiz, die dem Autor schon 1937 in einer kommunistischen Exilzeitung aufgefallen war, und in der ein Hamburger Schlachtermeister bei der Hinrichtung von vier Antifaschisten den berufsmäßigen Scharfrichter vertreten hatte, sich aber später das Leben nahm.[41] Diesen Vorfall macht Zweig, wie im Grischa-Zyklus, zum Kern einer großangelegten Gesellschaftsanalyse, für die es jedoch bezeichnend ist, daß nicht die Hingerichteten, sondern der Henker selbst im Mittelpunkt steht. In der Gestalt des Schlachtermeisters und SS-Manns Albert Teetjen – konzipiert als ein »durchschnittlicher Deutscher, Kleinbürger der Kriegs- und Nachkriegsgeneration, nicht böser noch besser«[42] – in ihm sieht Zweig eben wieder einen exemplarischen Fall, mit dem sich die Wahngebilde des Dritten Reiches gerade im Augenblick seines scheinbar größten Erfolgs (1937–38) durchschauen ließen. Aber sogar hier ist es weniger die spezifische Diagnose gesellschaftlicher Entwicklungen in der Zeit des Nationalsozialismus, über die sich Zweig im Exil ja nur höchst indirekt informieren konnte, die die Gestaltungsweise des Romans in ihren wesentlichsten Aspekten bestimmt. Das Grundmovens der Erzählung dürfte vielmehr wiederum in einer sachlichen Musterung der menschlichen Substanz gesehen werden, die sich unter dem Druck materieller Verhältnisse zu positiven genauso wie zu negativen Zwecken verwenden läßt. Das Schicksal des Ehepaars Teetjen symbolisiert gewissermaßen die zwiespältige Lage einer ganzen Nation, die, wie es im letzten Satz des Romans heißt, »schuldhaft und schuldlos« ihren Oberschichten in den Abgrund gefolgt war.

Der Untergang der Teetjens wird in den Rahmen einer allgemeinen wirtschaftlichen Entwicklung des 20. Jahrhunderts gestellt: Teetjen greift so bereitwillig nach der Möglichkeit eines Nebenverdienstes, weil der geerbte Schlachterladen von vornherein in der Konkurrenz mit den wachsenden Filialgeschäften nicht mithalten kann. Daß infolge der Hinrichtungen seine wirtschaftliche Misere eher größer wird, ist in erster Linie auf eine instinktive Abscheu der Kundenschaft vor Blutvergießen, in einer späteren Phase auch auf Neid und Racheimpulse bei den SS-Sturm-Leuten, denen Teetjen zugehört, zurückzuführen.

Als ein retardierendes Moment für den Ablauf der Geschichte ist vor allen Dingen das kleinbürgerliche Ehrgefühl beider Ehepartner hervorzuheben, das sie für die objektive Einschätzung ihrer Situation blind macht und sie schließlich den Selbstmord einem Abstieg in proletarische Verhältnisse vorziehen läßt. Die weiteren Kreise, die die Bluttat zieht, bringen den Gefängnisdirektor, dem die Verantwortung für die Vollstreckung der Hinrichtungen zufällt, eine Ärztin, ehemalige Sozialdemokratin, die sowohl im Gefängnis als auch in der Umgebung des Schlachterladens praktiziert, und darüberhinaus eine reiche Auswahl mittelständischer Figuren, von denen viele durch das Romangeschehen mehr oder weniger direkt inkriminiert werden und bei denen in mehreren Fällen ein – je nach Herkunft und sozialem Rollenverständnis bedingter – Bewußtseinswandel durch das Hauptgeschehen ausgelöst wird, ins Spiel. Daß Zweig sogar einen hohen Offizier in die Schilderung dieses politischen Prozesses mit einbezieht, eröffnet ihm die Möglichkeit, wesentliche Züge der konservativen Opposition gegen Hitler mitzugestalten, und diese Möglichkeit verfolgt er mit dem höchsten Maß an Genauigkeit, das ihm die verfügbaren Informationen erlauben.

Romantechnisch gesehen geht es aber auch hier nicht nur um die soziale Vielfalt in der Darstellung. Wenn Zweig bei einem geplanten Attentat gegen Hitler das Beil des Schlachtermeisters Teetjen ein zweites Mal als Mordinstrument figurieren läßt, ist das nicht bloß als angestrengte Engführung der Handlungsstränge zu verstehen, sondern als Hervorstreichung des besonderen Symbolwerts, der dem Schlachterwerkzeug im Kontext der Naziherrschaft zukommt. Die Verstrickung breiter Gesellschaftsschichten in ein verbrecherisches Herrschaftssystem wird sowohl konkret – durch den geschilderten Entwicklungsgang von Einzelpersonen – als auch symbolhaft – im Zeichen des Beils – erfaßt. Bei aller Differenzierung in der psychischen und sozialen Charakterisierung seiner Gestalten läßt Zweig sie andererseits zu einer Schicksalsgemeinschaft zusammenschmelzen, deren wesentlichste Problematik sich in der Zentralfabel verkörpert.[43]

Wir haben bislang hauptsächlich zwei Momente im reifen Erzählstil Arnold Zweigs hervorgehoben: die Erschaffung eines breiten Rahmens für die Darstellung von psychisch und sozial motivierenden Faktoren einerseits und die perspektivische Konzentration des Romangeschehens auf eine symbolische Aussage andererseits. Die Wahl der Kernsymbolik in *Das Beil von Wandsbek* weist implizit bereits auf ein drittes zentrales Moment hin, auf die Sorge um den Niedergang der Kultur im 20. Jahrhundert, den Zweig in mehreren Aufsätzen der dreißiger und vierziger Jahre thematisiert. Wir sahen schon, wie Zweig das Thema der Verrohung menschlicher Grundverhältnisse in Kriegszeiten im Roman *Junge Frau von 1914* (1931) darstellte. Wohl seine bündigste Äußerung zur Aufgabe des Schriftstellers in dieser Beziehung bildet eine Rede, die er 1932 vor dem Schutzverband Deutscher Schriftsteller in Berlin hielt, und die als Grundlage zu einem Aufsatz fungierte, der in der Folgezeit an mehreren Orten publiziert wurde. Hier faßt er einen seiner wichtigsten Grundsätze in die Worte: »Das Wachstum der Gesittung ist an den Frieden gebunden; es besteht in einer Umzüchtung der Triebe des Menschen durch die erhellende Macht des Bewußtseins und der Bewußtmachung.«[44]

Die Notwendigkeit, sittliche Maßstäbe über jede noch so drastische und verrohende Erfahrung des Krieges hinwegzuretten, hebt Zweig auch in seinen Romanen hervor, dadurch, daß er verschiedene Charaktere für kurze Augenblicke die Kluft, die zwischen ihrer Lebensführung in Friedenszeiten und ihrem jetzigen Treiben liegt, verspüren läßt. Auch seine Bewertung der Kunst als wesentliches Element jener »erhellende[n] Macht des Bewußtseins« macht sich in den häufigen Hinweisen auf gefallene Dichter, Maler und sonstige Kulturträger geltend. Wir haben gesehen, wie Zweigs Romane noch im Exil dem zivilisierenden Zweck, den er aller Kunst zuschrieb, dadurch dienen, daß die (eng verstandene) Thematik in die Disziplin einer ausgereiften Gestaltungstechnik genommen wurde. Für die Romane, die er im Anschluß an seine Rückkehr 1948 nach Ost-Berlin publizierte, ist es geradezu bezeichnend, daß der programmatische Zweck den »erhellenden« Gestaltungsmitteln davonläuft.

Diese Behauptung zielt nicht in erster Linie auf die Tatsache, daß Zweig sich erst nach dem Zweiten Weltkrieg öffentlich zum Marxismus bekennt. Die westliche Kritik hat sich hauptsächlich deshalb für Zweigs späte Romane interessiert, weil sie in ihnen handfeste Belege für die These sah, daß sich bei Zweig kein wirklicher Gesinnungswandel vollzogen habe. Wenn Zweig für die Fortsetzungsbände seines Weltkriegszyklus alte Manuskripte hervorholte und umarbeitete, deutete man den Kontrast zwischen Kommentar und Erzähltem als einen Ausdruck der Zwiespältigkeit in Zweigs Einstellung zum DDR-Kommunismus. Auch in seinem späten Palästina-Roman *Traum ist teuer* (1964), der eine dem Grischa-Stoff sehr ähnliche Fabel als Grundlage nimmt, um scharfe Kritik an der Entwicklung der britischen Weltpolitik in den vierziger Jahren zu üben, sah man vor allem einen unredlichen Selbstrechtfertigungsversuch.[45] Hier ist nicht der Ort, über den genauen ideologischen Standpunkt Arnold Zweigs in der DDR zu richten, aber die Manuskriptforschung von Geoffrey Davis hat jedenfalls gezeigt, daß die Frage des Erzählstils in diesen späten Romanen komplexer gesehen werden muß.[46] Es geht eben nicht nur um einzelne Textstellen, deren Wortlaut möglicherweise durch den Einspruch des Verlagslektorats mit entschieden wurde. Zweig hat offenbar sehr früh nach 1945 eine Akzentverschiebung im Grundprogramm für seinen Weltkriegszyklus verzeichnet, indem er einen neuen Eröffnungsband skizzierte, in dem gezeigt werden sollte, »daß auf der Basis des Kapitalismus keine dauernde Gesittung möglich ist«.[47] Der Zweiklang, den man in seinem Spätwerk häufig vernimmt, geht auf das Bemühen zurück, *sowohl* sein neues Geschichtsverständnis offen zu bekunden, *als auch* die Kulturwerte einer durch zwei Weltkriege und den kollektiven Rückfall in Barbarei zerrütteten Gemeinschaft in eine sozialistische Gesellschaft hinüberzuretten.

Der erste Roman, den Zweig in der DDR publiziert, *Die Feuerpause* (1954), verwendet eine als Ich-Erzählung konzipierte frühe Fassung des Bertin-Romans *Erziehung vor Verdun* und stellt sie in den Rahmen der Verhandlungen in Brest-Litowsk zwischen dem deutschen Kaiserreich und dem jungen Sowjetstaat. Daraus entsteht die Möglichkeit, die Bertin-Gestalt über die eigene frühere politische Naivität kritisch reflektieren zu lassen. (Die Spuren des hier verzeichneten intellektuellen Wandels sind übrigens schon am Roman *Einsetzung eines Königs* von 1937 abzulesen, wo die Verhandlungen von Brest-Litowsk ebenfalls eine wichtige Rolle spielen.) Es mag allerdings zunächst wie ein fadenscheiniger Vorwand klingen, wenn Zweig im Nachwort zu *Die Feuerpause* schreibt: »Einer jungen Schriftstellergeneration mußte der Unterschied zwischen einem autobiographisch erzählten Ablauf von Ereignissen und einem episch gestalteten Roman auf der Basis des gleichen Stoffes vorgeführt werden.«[48]

Andererseits ist die erzieherische Funktion, die er für sich in seinen letzten Jahren beanspruchte, zumindest als Bestimmungsfaktor für Stil und Aufbau seiner späten Romane sehr ernst zu nehmen. Er bietet keine schlichte Umdeutung des früher Erfahrenen, sondern konfrontiert die neu gewonnenen Einsichten direkt mit einem früheren Stadium des eigenen Schaffens. In *Die Zeit ist reif* (1957) nimmt die breite Schilderung einer kulturell sowie emotional aufblühenden Jugend von 1914 ebenso viel Platz ein wie die Aufdeckung der politisch-ökonomischen Hintergründe des Kriegsausbruchs. Diese späten Romane gewinnen auf diese Weise mitunter einen Aspekt der Nostalgie. Was dabei in erzähltechnischer Hinsicht verlorengeht, ist jene einheitlich strukturierende Symbolik, die für seine früheren Romane charakteristisch war. An ihre Stelle tritt eine Motivik, die nicht mehr als konstitutiver Faktor des

Aufbaus, sondern als schlichter Ausdruck der politischen Überzeugung fungiert. Das zeigt sich im *Feuerpause*-Roman schon deutlich im Bild vom Schachspiel, das den historisch-politischen Verlauf untermalt und bei dem letzten Endes »Rot« gewinnen soll. Und in *Traum ist teuer* drückt sich die Vorstellung vom Zusammensturz liberaler Werte bereits im Namen des Ich-Erzählers – Karthaus – aus, obwohl der Inhalt des Erzählten stellenweise wieder eine deutliche Neigung zeigt, einer verlorenen Welt nachzutrauern.

Seine stärksten erzählerischen Wirkungen hatte Arnold Zweig dadurch erzielt, daß die Aufdeckung von psychischen und sozialen Zusammenhängen direkt aus der sachlichen Schilderung einzelner Begegnungen und Episoden erfolgte. Sein leidenschaftliches Engagement für eine aufklärende und zivilisierende Funktion der Literatur bildet seit dem Ersten Weltkrieg wohl das wichtigste Erzählmovens für alle seine Romane. Seine Erzähltechnik unterscheidet sich dabei grundsätzlich von der rein dokumentierenden Tendenz der ›Neuen Sachlichkeit‹, indem sie das Romangeschehen zu einem symbolischen, für wesentliche Aspekte der Epoche charakteristischen Ereignis gestaltet. Die epische Wirkung verblaßt erst an Stellen, wo das strukturierende Bewußtsein nicht mehr aus der konkreten Detailschilderung erhellt und die unverbrämte Leidenschaft gestalterisch überhand nimmt.

Anmerkungen

1 Dieser Ausdruck stammt von Helmut Kreuzer, siehe Zur Periodisierung der modernen deutschen Literatur, in: *Basis* 2 (1971), S. 22.

2 A. Soergel und C. Hohoff, *Dichtung und Dichter der Zeit*, Düsseldorf 1963, S. 423.

3 Ebd., S. 558.

4 Siehe Hans Kaufmann, *Literaturgeschichte, Band 10, Weimarer Beiträge* 15 (1969), S. 453–78; Helmut Kreuzer, a. a. O.; Lothar Köhn, Überwindung des Historismus. Zu Problemen einer Geschichte der deutschen Literatur zwischen 1918 und 1933, in: *Deutsche Vierteljahresschrift* 48 (1974), S. 704–66 und 49 (1975), S. 94–165; Klaus Petersen, Neue Sachlichkeit: Stilbegriff, Epochenbezeichnung oder Gruppenphänomen? in: *Deutsche Vierteljahresschrift* 56 (1982), S. 463–77.

5 Ernst Alker, *Profile und Gestalten der deutschen Literatur nach 1914*, Stuttgart 1977, S. 197.

6 Arnold Zweig, *Söhne. Das zweite Geschichtenbuch*, München 1923, S. 77.

7 Arnold Zweig, *Novellen I*, Berlin 1961, S. 111.

8 *Novellen I*, S. 106 f.

9 Arnold Zweig, *Die Novellen um Claudia*, Berlin 1912, S. 35.

10 Eine Selbstanzeige von Arnold Zweig: Warum ich schwieg, in: *Die literarische Welt*, 25. Dez. 1925.

11 *Die Novellen um Claudia*, S. 245 f.

12 Arnold Zweig, Die Bestie, in: *Die Schaubühne*, Jg. X (1914), Nr. 50, S. 492–501. Siehe ferner: David Midgley, *Arnold Zweig. Eine Einführung in Werk und Leben*, Frankfurt am Main 1987, S. 4 f.

13 Arnold Zweig, Wespen, in: *Simplicissimus*, 2. November 1915, S. 364.

14 Eine Selbstanzeige von Arnold Zweig: Warum ich schwieg, a. a. O.

15 Ebd.

16 Arnold Zweig, *Der Streit um den Sergeanten Grischa*, Potsdam 1927, S. 9 f.

17 Ebd., S. 10.

18 Kurt Tucholsky, Der Streit um den Sergeanten Grischa, in: *Die Weltbühne*, Jg. XXIII (1927), Nr. 50, S. 894.

19 *Der Streit um den Sergeanten Grischa*, S. 517.

20 Buch 6, Kapitel 5: Ein Leutnant und ein Gefreiter.

21 *Der Streit um den Sergeanten Grischa*, S. 230 f.

22 Siehe Midgley, S. 59 f. Der den Verkündern der »konservativen Revolution« nahestehende Kritiker Herbert Cysarz urteilte kühler, der Gri-

scha-Roman sei trotz der »Menschheitsliebe« seiner Charakterschilderung »von äußerst linkischem Verhältnis zum Vater Polemos selbst«: *Zur Geistesgeschichte des Weltkriegs. Die dichterischen Wandlungen des deutschen Kriegsbilds 1910–1930*, Halle/Saale 1931, S. 132 f.

23 *Der Streit um den Sergeanten Grischa*, S. 96 f, 448 f, 332 f.

24 Kurt Tucholsky, a. a. O., S. 897.

25 Buch 5, Kapitel 2: Eine Niederlage

26 Arnold Zweig, *Caliban*, Potsdam 1927, S. 14.

27 Arnold Zweig, *Erziehung vor Verdun*, Amsterdam 1935, S. 81–83.

28 Arnold Zweig, *Junge Frau von 1914*, Potsdam 1931, S. 380.

29 Ebd., S. 345. (Hervorhebung von mir.)

30 Sigmund Freud und Arnold Zweig, *Briefwechsel*, Frankfurt am Main 1968, S. 75, 144. Vgl. Theorie des großen Romans. Aus einem Brief an Alfred Wolffenstein und Die Kunst der Erzählung, in: *Essays I*, Berlin 1959, S. 375–84.

31 Siehe Midgley, a. a. O., S. 159–76 und 181–85.

32 Paul Huys, *Arnold Zweig. Der Mensch, der Jude, der Epiker*, Diss. Gent 1959, S. 278–83.

33 Siehe vor allem Buch 5, Kapitel 1: Ein Sieg.

34 *Der Streit um den Sergeanten Grischa*, S. 484–5.

35 Midgley a. a. O., S. 52–54.

36 *Der Streit um den Sergeanten Grischa*, S. 518.

37 Ernst Jirgal, *Die Wiederkehr des Weltkriegs in der Literatur*, Wien/Leipzig 1931, S. 222.

38 Joseph Roth, *Werke IV*, Köln 1976, S. 257.

39 Auf diesen qualitativen Unterschied nimmt auch Georg Lukács später Bezug in seinem Aufsatz: Arnold Zweigs Romanzyklus über den imperialistischen Krieg 1914 bis 1918, in: *Schicksalswende*, Berlin 1948, S. 275.

40 *Caliban*, S. 269.

41 *Deutsche Volkszeitung* (Prag), 10. April 1937.

42 Inhaltsentwurf zu *Das Beil von Wandsbek*, in: *Arnold Zweig 1887–1968. Werk und Leben in Dokumenten und Bildern*, hrsg. von Georg Wenzel, Berlin und Weimar 1978, S. 272.

43 Daß diese symbolische Dimension des Romans durch die Ausarbeitung von tiefenpsychologischen sowie literarischen (faustischen) Anspielungen weiterentwickelt wird, ist neuerdings in einer ausführlichen Studie von Hans-Albert Walter, *Im Anfang war die Tat. Arnold Zweigs ›Beil von Wandsbek‹*, Frankfurt am Main 1985, nachgewiesen worden.

44 Arnold Zweig, *Über Schriftsteller*, Berlin und Weimar 1967, S. 30.

45 Marcel Reich-Ranicki, *Deutsche Literatur in West und Ost*, München 1963, S. 305–42. Siehe auch Fritz J. Raddatz, *Traditionen und Tendenzen. Materialien zur Literatur der DDR*, Frankfurt am Main 1972, S. 279–300; Jürgen Rühle, *Literatur und Revolution. Der Schriftsteller und der Kommunismus*, Köln/Berlin 1960, S. 263–74.

46 Geoffrey V. Davis, *Arnold Zweig in der DDR. Entstehung und Bear-*

beitung der Romane ›Die Feuerpause‹, ›Das Eis bricht‹ und ›Traum ist teuer‹, Bonn 1977.

47 Arnold Zweig, Vermischte Notizen 1947–1950 (Arnold Zweig-Archiv 2598), S. 7, zitiert bei Geoffrey V. Davis, Wie der Schriftsteller Bertin fürchtete, zu spät zum Weltkrieg zu kommen, in: Arnold Zweig's Novel *Die Zeit ist reif*, in: *Studies in GDR Culture and Society*, hrsg. von Margy Gerber, Washington 1983, S. 170.

48 Arnold Zweig, *Die Feuerpause*, Berlin 1954, S. 427.

Er war ein Wanderer zwischen zwei Welten
Arnold Zweig und das Judentum

Obwohl in fast allen Romanen und Dramen Arnold Zweigs jüdische Thematik und jüdische Personen eine wichtige Rolle spielen, war der Schriftsteller keineswegs, was man einen »gesetzestreuen« Juden nennen würde. Zwar hatte er zu Hause jüdischen Religionsunterricht erhalten und auch die Grundlagen des klassischen Hebräisch erlernt, aber in späteren Jahren gehörte er nicht zu den regelmäßigen Besuchern des jüdischen Gottesdienstes, und man findet auch keinen Hinweis, daß er die jüdischen Feste feierte oder die jüdischen Speisegesetze und Sabbatvorschriften einhielt.

In einem teils ernsten, teils ironischen Artikel, den Zweig 1939 in der Prager *Neuen Weltbühne*[1] schrieb, berichtet er, daß er zu Beginn seiner Gymnasialzeit gelegentlich – ohne Wissen der Eltern – am christlichen Religionsunterricht teilnahm. Das habe dazu geführt, daß er das Volk der Juden zu verabscheuen begann, von denen es im Katechismus heißt: »Da kamen sie mit Fackeln und Stangen und nahmen den Herrn Jesus gefangen ...«
»Als ich später entdeckte, daß ich selber zu den Juden gehörte oder von ihnen abstammen sollte, fand ich diese Katastrophe ungerecht und mich bedauernswert ...«
Eine überzeugendere Erklärung für seine Gleichgültigkeit gegenüber religiösen Dingen liefert Zweig in seinem Spätwerk *Die Feuerpause*. Man schreibt November 1917; der Krieg in Rußland ist so gut wie beendet. Der Soldat Werner Bertin – Zweigs Alter ego – erzählt den Kameraden seine Erlebnisse vor Verdun. Er erwähnt auch einen »Feldgottesdienst für Israeliten« anläßlich des jüdischen Neujahrsfestes, und dabei erinnert er sich an seine Kindheit und Jugendzeit: »Ich hatte keine sehr hohe Meinung von Rabbinern ... In meiner Jugend spielte ein würdiger und hochbetagter Dr. Cohn eine gute, aber ohnmächtige Rolle, immer verkörperte er mir die Schwäche des Bibel-

glaubens gegenüber dem Ansturm des skeptischen und wissenden Geistes unserer Naturkunde. Schon während meiner Universitätsferien hatte ich mich diesen Gottesdiensten immer seltener ausgesetzt und nur meinen Eltern zuliebe, stets gleich unbeteiligt. Gewisse rührende Melodien summten in mir, Stimmungen, Erinnerungen, gemischte Chöre, Soli, die ich als Knabe selbst gesungen, die alten Texte, schwer vom Gram im Kerzenlicht und Sehnsucht nach Erlösung...«[2]

Immerhin erwarb sich Arnold Zweig erstaunliche Kenntnisse in jüdischen Bräuchen und Gesetzen sowie auch in der hebräischen Liturgie, was in den meisten seiner Romane, Erzählungen und Dramen zum Ausdruck kam.

Vielleicht hätte der junge Arnold, dessen Familie zu den »assimilierten« deutschen Juden gehörte, den Kontakt mit dem Judentum ganz verloren, wäre nicht das schlesische Glogau, in dem er am 10. November 1887 geboren wurde, damals in der Nähe der russischen Grenze gelegen. In Rußland lebten zu jener Zeit etwa fünf Millionen Juden in einem Zustand völliger Rechtlosigkeit und waren schlimmsten Verfolgungen ausgesetzt. Die Pogromwelle von 1905 hatte den Tod von über 800 Menschen zur Folge gehabt und Empörung in der ganzen Welt ausgelöst. Gruppen von jungen russischen Juden begannen, ihr Geburtsland zu verlassen, und versuchten, trotz aller Schwierigkeiten, nach Palästina zu gelangen, das unter türkischer Herrschaft stand.

All diese Ereignisse hatten innerhalb der deutschen Judenheit einen starken Widerhall gefunden. Zwar fühlten sich die deutschen Juden in ihrer Mehrheit als »deutsche Staatsbürger jüdischen Glaubens«, aber gegenüber dem Schicksal ihrer Glaubensbrüder im Nachbarland konnten sie nicht gleichgültig bleiben. So entstanden schon 1901 jüdische Hilfskomitees, welche die aus Rußland Geflüchteten unterstützten, wenn sie auf ihrem Weg nach Palästina – oder Amerika – durch Deutschland kamen. Manche von ihnen ließen sich in Deutschland nieder, wo man sie – oft mit einer gewissen Geringschätzung – als »Ostjuden«[3] bezeichnete.

Im oberschlesischen Kattowitz, wo die Familie Zweig seit 1896 wohnte, war die Wirkung der Ereignisse in Rußland schon wegen der nahen Grenze besonders spürbar. Auch Arnold Zweig war von den Berichten über die Pogrome erschüttert. Sie regten ihn zu einer Kurzgeschichte *(Episode)* an, in der auf knapp sieben Seiten ein Pogrom am Vorabend des russischen Osterfestes geschildert wird. Die Helden der Erzählung sind der junge Eli und sein Vater, Fabrikaufseher in einer russischen Kleinstadt, der mit großem Mut versucht, sich dem plündernden Mob entgegenzustellen, aber von einem Polizisten zu Pferde niedergeschossen wird; der Sohn wird durch einen Säbelhieb schwer verwundet. Er wird von christlichen Freunden gerettet, flieht nach Deutschland und erreicht schließlich Palästina.

Dieser Erzählung folgte eine weitere über das gleiche Thema *(Die Krähe)*. Elis Bruder sinnt auf Rache für den Tod des Vaters. Am Ufer eines Flusses ersticht er einen russischen Soldaten, der mit dem Pogrom nichts zu tun hatte, aber für den jungen Rächer das verhaßte zaristische Regime repräsentiert.

So begann Arnold Zweig, sich für das Schicksal des jüdischen Volkes zu interessieren und das Rußland des Zaren zu hassen. Kein Wunder, daß er später die russische Revolution begrüßte und die Entwicklungen in der Sowjetunion mit großer Sympathie verfolgte, ohne allerdings zu glauben, daß der Kommunismus den Antisemitismus beseitigen und das jüdische Problem in seiner Gesamtheit lösen könne.

Die Lösung des jüdischen Problems sah Zweig nun in der Ideologie, mit der er durch seine Begegnung mit den jüdischen Flüchtlingen aus Rußland in Berührung kam. Wie schon erwähnt, hatten mehrere Gruppen jüdischer Jugendlicher als Ziel ihrer Flucht Palästina gewählt, und zwar als Anhänger einer Bewegung, die sich Zionismus nannte und die Errichtung eines jüdischen Staates im »Land der Väter«, auf dem Boden Palästinas forderte.[4] Diese neue Bewegung stieß auf großes Interesse bei den Juden Europas, insbesondere bei den entrechteten und verfolgten jüdischen Massen der osteuropäischen Länder.

Diese Begebenheiten – besonders die Begegnung mit dem Zionismus – fanden ihren Niederschlag in Arnold Zweigs erster größerer Erzählung, *Aufzeichnungen über eine Familie Klopfer*, die 1911 herauskam und stark autobiographische Züge aufweist. Peter Klopfer, in dem man unschwer den Autor selbst erkennt, berichtet am Anfang des Buches über seine Kindheit und den im wilhelminischen Deutschland stets latenten Antisemitismus, den er sehr bald zu spüren bekam: »...Dann erfährst du, daß du ein kleiner Judenjunge bist und was es bedeutet, einer zu sein; die Jungen rufen es dir auf der Straße nach, daß sich dir das Herz umdreht vor Zorn, die Lehrer lassen es dich höhnisch fühlen, und manchmal sondern sich auch die Klassenkameraden von dir...«[5]

Peter wird ein bedeutender Schriftsteller, ganz wie Arnold Zweig. Nachdem er sich mit seiner Familie in Galiläa niedergelassen hat, erwirbt er sich auch einen Namen in der jungen hebräischen Literatur – ein Wunschtraum, der für Zweig nicht in Erfüllung ging. Aber Peter Klopfer leidet an Depressionen und nimmt sich schließlich das Leben; seine Tagebuchaufzeichnungen werden von Heinrich, seinem Sohn, gefunden, der an einer schweren Gehirnkrankheit leidet und in Erwartung seines eigenen Endes lebt. »Das Geschlecht ist müde und wird mit uns aufhören«, sagt er zu seiner Schwester und meditiert über das Schicksal der europäischen Judenheit und über das Land, in dem sein Vater Zuflucht gefunden hatte.

»In diesem Volk beginnender Asiaten sind wir die letzten Europäer... Die Zukunft gehört den Asiaten, die ungeheure Mutter aller Zufälle und Vorgänge, welche wir Kultur und Geschichte nennen... Ich werde das nicht erleben, aber ich glaube daran...« (S. 67.)

Es klingt wie eine Vision des Unheils, das 30 Jahre später über die Juden Europas kommen wird – aber auch wie die feste Hoffnung auf die Geburt eines jüdischen Heimatlandes in Asien.

Von 1907 bis 1915 studierte Arnold Zweig an sieben deutschen Universitäten, ohne sich um einen akademischen Abschluß zu bemühen. Auch eine Dissertation über einen obskuren Schriftsteller der Aufklärung blieb unvollendet. Ein Grund dieser Unentschlossenheit war seine schriftstellerische Tätigkeit, die ihn mehr und mehr in Anspruch nahm.

Sein nächster Roman (*Novellen um Claudia*, erschienen 1912) steht in keinem Zusammenhang mit jüdischer Thematik. Es handelt sich vielmehr um die psychologische Analyse der Hauptfiguren. Dieses Buch, das Zweig berühmt machte, verrät bereits den Einfluß Sigmund Freuds. Aber mit seinen folgenden zwei Werken kehrte er zur jüdischen Problematik zurück. Es waren zwei Dramen – eine Gattung, die er sehr schätzte, in der er jedoch wenig Erfolg hatte. Dies zeigte sich in seinem ersten Stück, *Abigail und Nabal*[6], einer biblischen Tragödie,

die nur schwachen Widerhall fand. Immerhin verriet Zweig hier eine gute Kenntnis der Bibel, vor allem des Buches Samuel. Das angekündigte Drama *Ritualmord in Ungarn*[7] wurde dagegen mit lebhaftem Interesse erwartet. Die Handlung des Stücks geht auf einen berüchtigten Ritualmordprozeß zurück, der im Mai 1882 in der ungarischen Stadt Tisza Eszlar stattfand und weltweit Aufsehen erregte. Nach der Entdeckung der Leiche eines jungen Mädchens hatte man fünfzehn Juden des »Ritualmordes« bezichtigt. Der Sohn des Synagogendieners hatte unter Folter »gestanden«, der »Zeremonie« beigewohnt zu haben. Der Prozeß wurde von antisemitischen Ausschreitungen im ganzen Lande begleitet. Erst drei Jahre später wurde die Unschuld der Angeklagten erwiesen; alle wurden freigesprochen. Arnold Zweig geißelt in seinem Drama die bekannte Methode der Antisemiten, das Volk gegen die Juden aufzuwiegeln, indem man sie der schlimmsten Verbrechen beschuldigt.

Der Schriftsteller gab dem Stück *Ritualmord in Ungarn* einen überraschenden Schluß, der den Einfluß der zionistischen Ideologie bezeugt. Der Sohn des Synagogendieners hat nach dem Prozeß, aus Gram über sein erzwungenes Geständnis, Selbstmord begangen (was übrigens nicht den historischen Tatsachen entspricht) und erscheint in der letzten Szene vor dem göttlichen Tribunal, dessen Vorsitzender dem Jungen verzeiht und ihm voraussagt: »So spreche ich zu dir, du werdest wiedergeboren im Lande der Väter, in Freiheit, in Wissen und Freude. Dort lebe nahe der heiligen Erde, ein Bauer, und erweise dich...«

Kurz vor der Premiere im August 1914 wurde das Stück von der deutschen Militärzensur verboten. Der Krieg war ausgebrochen, und man wollte die Verbündeten des Deutschen Reiches nicht in Verlegenheit bringen. Erst 1918 konnte das Drama unter dem abgeänderten Namen *Die Sendung Semaels*[8] uraufgeführt werden. Trotz des Verbots erhielt Arnold Zweig 1915 für dieses Werk den Kleistpreis.[9]

Am 16. Dezember 1912 schrieb Arnold Zweig einen Brief an den Philosophen Martin Buber, einen der geistigen Führer des Judentums und des Zionismus. Bubers bedeutendste Arbeiten befaßten sich mit der Bibel, der jüdischen Tradition und den Problemen des europäischen Judentums. Zweig teilte ihm mit, daß er mehrere seiner Werke gelesen habe, und bat, seine Bekanntschaft machen zu dürfen.

Zweigs Anfrage war der Beginn eines langandauernden Briefwechsels, der sich über ein halbes Jahrhundert erstreckte.[10] Martin Buber wurde Arnold Zweigs Mentor nicht nur in Fragen des Judentums und des Zionismus, sondern auch für sein gesamtes literarisches Schaffen. Mehrere Jahre lang sandte der Schriftsteller dem Philosophen seine Manuskripte und nahm Bemerkungen und Ratschläge entgegen. Er schrieb auch eine Reihe von Beiträgen zu der von Buber (von 1916 bis 1924) herausgegebenen Zeitschrift *Der Jude,* darunter eine Artikelfolge ›Der heutige deutsche Antisemitismus‹.[11] Nach eingehender Prüfung der Ursachen und Erscheinungsformen des Antisemitismus kommt Zweig zu dem Schluß, daß der deutsche Antisemitismus zur Zeit ein drittrangiges Problem sei; zwei andere Probleme erschienen ihm weit wichtiger: der Aufbau Palästinas und die Rettung des Ostjudentums.

1933 brach der Kontakt zwischen Buber und Zweig ab, als der Schriftsteller Deutschland fluchtartig verlassen mußte und schließlich nach Palästina ging. Als dann Buber 1938 nach Jerusalem kam, um an der Hebräischen Universität zu lehren, waren die Ansichten Zweigs nicht mehr die gleichen – vor allem was den Zionismus anbetraf. Die freundschaftliche Verbindung blieb jedoch bestehen, auch nachdem Zweig seinen Wohnsitz in Ost-Berlin aufgeschlagen hatte, wo ihn Buber einmal besuchte. Die letzten Briefe, die vornehmlich literarische Themen behandelten, wurden im Mai 1962 geschrieben.

Als im August 1914 der Erste Weltkrieg ausbrach, erfüllten die deutschen Juden ihre Pflicht als Patrioten und treue Untertanen des Kaisers. 100000 dienten in der deutschen Armee; 12000 fielen für das deutsche »Vaterland«. Zahlreiche jüdische Freiwillige meldeten sich vorzeitig zu den Fahnen. So zeigten die deutschen Juden ihre Dankbarkeit gegenüber dem Staat, der sie als gleichberechtigte Bürger anerkannt hatte.

Auch Arnold Zweig war von der gerechten Sache Deutschlands überzeugt. Da er wegen starker Kurzsichtigkeit zunächst zurückgestellt wurde, nutzte er die Zeit, um einige Kriegserzählungen voller Hurrapatriotismus zu schreiben. Jüdische Thematik war nicht mehr gefragt.

Dreizehn Monate stand der Soldat Zweig – nach seiner Einberufung – vor Verdun. Seine Abneigung gegen den militärischen Zwang und gegen das deutsche Heer verstärkte sich, als er hin und wieder antisemitischen Diskriminierungen ausgesetzt war. Ein entscheidendes Erlebnis war für ihn eine im Oktober 1916 angeordnete »Judenzählung« in der deutschen Armee. Auf Anordnung des deutschen Kriegsministeriums sollte in jedem Regiment die genaue Zahl der jüdischen Soldaten ermittelt werden, wobei anzugeben war, wie viele von ihnen an der Front waren. Die Zählung wurde offensichtlich unter dem Druck antisemitischer Offiziere und Politiker veranlaßt, die das Gerücht verbreiteten, Juden seien grundsätzlich schlechte Soldaten und sogar »Drückeberger«. Die Ergebnisse der »Judenzählung« wurden nie veröffentlicht, aber die Aktion erregte großes Aufsehen. »Die Judenstatistik war der zweifellos wichtigste, d. h. destruktivste antisemitische Vorgang des Ersten Weltkriegs«, urteilt der Historiker Hermann Greive.[12]

Damals reifte in Arnold Zweig der Plan, über seine Erlebnisse vor Verdun ein Buch zu schreiben. Aber der Roman, der auch eine Anklageschrift gegen den Militarismus und den Krieg sein sollte, kam erst 1935 heraus, als das nationalsozialistische Deutschland im Begriff war, einen neuen Krieg vorzubereiten.[13]

Im Juni 1917 wurde Arnold Zweig an die Ostfront versetzt und aufgrund seiner Vorbildung dem Pressedienst des Hauptquartiers »Ober-Ost« zugeteilt. Nun befand er sich endlich in vertrauter Umgebung. Ein Team von Schriftstellern und Künstlern – darunter mehrere Juden – arbeitete an der Redaktion deutschsprachiger Publikationen für die Bevölkerung des ausgedehnten Gebietes, das dem Kommando »Ober-Ost« unterstand. Dort machte Zweig die Bekanntschaft des jüdischen Schriftstellers Sammy Gronemann und des jüdischen Malers (und Radierers) Hermann Struck, der 1922 nach Palästina übersiedelte und später Zweigs Nachbar auf dem Karmel wurde.

Jedoch das bedeutendste Erlebnis jener Zeit war für Arnold Zweig die Begegnung mit dem osteuropäischen Judentum. Zum ersten Mal kam er in direkten Kontakt mit dem ungeheuren Reservoir des jüdischen Volkes – fünf Millionen Menschen, von denen ein Drittel in Polen (damals »Kongreßpolen« genannt) und in Litauen lebte. Die meisten befanden sich in den von deutschen Truppen besetzten Gebieten, und Zweig hatte Gelegenheit, ihr Leben und ihre Gebräuche zu beobachten, besonders in den beiden Kulturzentren Litauens, Wilna und Kowno. Gelegentlich hielt er Vorträge im jüdischen Gymnasium von Kowno. Er war tief beeindruckt von der Lebenskraft dieses Volkes, das ein unkompliziertes jüdisches Leben führte, frei von Hemmungen und Komplexen, und dessen Jugend offen über Sozialismus und Zionismus diskutierte.

Im übrigen waren die Beziehungen zwischen der jüdischen Bevölkerung und den deutschen Besatzungstruppen nicht schlecht. Den Juden waren die Deutschen weniger verhaßt als die Soldaten des Zaren. Für die Deutschen wiederum war es nützlich, eine Bevölkerung vorzufinden, mit der man sich verständigen konnte, denn fast alle Juden in diesen Gegenden sprachen oder verstanden deutsch – oder zumindest Jiddisch. So gab es zahlreiche offizielle und private Begegnungen. Der Schriftsteller Sammy Gronemann berichtet: »Wenn am Ende eines Festkonzertes im Deutschen Theater von Kowno die jüdische Nationalhymne *Hatikwa* angestimmt wurde, erhoben sich die deutschen Offiziere in den Logen und verharrten entblößten Hauptes bis zum Ende des Gesangs...«[14]

Wer konnte damals ahnen, daß diese deutsche Armee zwei Jahrzehnte später wiederkommen würde, um das osteuropäische Judentum zu vernichten?

Nach dem Krieg setzte Arnold Zweig den Juden Osteuropas ein Denkmal mit dem Buch *Das ostjüdische Antlitz*, das sein Freund Hermann Struck mit 50 Lithographien illustrierte. Es ist ein Loblied auf das osteuropäische Judentum, seinen Lebensstil, seine begeisterungsfähige Jugend und auch auf die ostjüdischen Frauen. Und als überzeugter Zionist sagte Zweig der jüdischen Jugend Osteuropas eine glänzende Zukunft im Gelobten Land voraus.

Arnold Zweig kehrte aus dem Ersten Weltkrieg als Pazifist zurück. Er hoffte, daß die Weimarer Republik in der Lage sein würde, die demokratische Verfassung zu verteidigen und die Aktivitäten ihrer Feinde – insbesondere der Rechtsextremisten und der Antisemiten – zu verhindern. Diese Hoffnung erfüllte sich nicht. Die ersten Nachkriegsjahre wurden überschattet von einer Reihe von Morden, deren Opfer Männer verschiede-

ner politischer Richtungen waren, die sich der nationalistischen Agitation widersetzt hatten.

Arnold Zweig war empört. Ihm war nicht entgangen, daß die
meisten der Opfer Juden waren, und daß die Mörder – Rechtsradikale und ehemalige Offiziere – in der Regel straflos aus-
gingen.[15] Als am 22. Juni 1922 der deutsche Außenminister
Walther Rathenau, der einer alteingesessenen jüdischen Familie entstammte, in Berlin auf offener Straße niedergeschossen
wurde, kannte Zweigs Erregung keine Grenzen. In derselben
Nacht verfaßte er einen überaus scharfen Artikel, der in der
Weltbühne vom 5. August 1922 veröffentlicht wurde. Unter
anderem schrieb er: »Er war nicht der letzte Jude, der dem
Pack die Stirn zeigte. Er hatte den Mut des Juden, einsam zu
sterben und der viehischen Gewalt des Boche nicht zu achten...«

Zweigs Worte – meist aus dem Zusammenhang gerissen – wurden von den Rechtsextremisten als Beweis für seine unpatrioti-
sche Einstellung betrachtet und bei jeder Gelegenheit zitiert.
Der Schriftsteller stand von nun an auf der Liste der »Vater-
landsfeinde«.

Anfang 1924 trat Zweig – er war wegen der antirepublikani-
schen Agitation in Bayern nach Berlin gezogen – in die Redaktion der zionistischen Wochenzeitung *Jüdische Rundschau* ein.
Für dieses Blatt schrieb er ein Jahr lang Artikel über den Zionismus und den Antisemitismus sowie über jüdische Autoren
deutscher Sprache. Im folgenden Jahr wurde er wieder freier
Schriftsteller und schrieb die Abhandlung *Das neue Kanaan*, in
der er mit Begeisterung die Idee einer nationalen jüdischen
Heimstätte in Palästina befürwortete, wie es Theodor Herzl
fast 30 Jahre zuvor in seinem berühmten Buch *Der Judenstaat*
getan hatte. Arnold Zweig tritt hier für die »Remediterranisie-
rung« des Juden ein, nämlich für die Rückkehr des jüdischen
Volkes in die Kultur und das Klima des östlichen Mittelmeers.
Denn für Zweig ist der Jude ein »Mittelmeermensch«; er hat
mehr gemeinsam mit den Arabern, Ägyptern, Spaniern, Pro-
venzalen, Afrikanern und Italienern als mit den »befangenen,
tiefen, verschlossenen und schweigsam-gehemmten Völkern
karger Länder«, unter die sie das Schicksal verschlagen
hat...

Das neue Kanaan ist ein Bekenntnis zum Zionismus. Zweig entwirft ein umfassendes Aktionsprogramm für den Aufbau eines jüdischen Staates, und zwar eines *weltlichen* Staates – trotz aller Achtung, die den orthodoxen Juden gebührt; die Grundlagen dieses Staates sollen der Sozialismus, die Demokratie und die Rückkehr zur körperlichen Arbeit sein (gemäß dem Nietzsche-Wort »der Protest des Leibes gegen den überzüchteten Kopf«)... Die jüdische Jugend solle »die große Kaserne Europa, die Länder, in denen Polizei, Paß und Papiere den Staat ausdrücken«, verlassen und nach der Freiheit drängen, der Freiheit Kanaans: »Nicht mehr gehemmt sein, endlich ungebunden, das Urteilen des Publikums, das Gerede der Alten endlich unter die Füße treten, sein dürfen, was man ist – das macht die Brust sprengen vor Glück...«[16]

Arnold Zweig wandte sich vor allem an die Juden Osteuropas; *Das neue Kanaan* war für ihn die logische Fortsetzung des Buches *Das ostjüdische Antlitz*. Daher wurden beide Abhandlungen zu einem Ganzen vereinigt und 1928 unter dem Titel *Herkunft und Zukunft* herausgegeben.[17]

Nach zwei weiteren »jüdischen« Werken[18], die nur ein schwaches Echo fanden – wohl wegen ihres mythologischen Rahmens –, trat Arnold Zweig mit seinem nächsten Roman in die Reihe der großen Schriftsteller des 20. Jahrhunderts ein. Im November 1927, kurz vor seinem 40. Geburtstag, legte er dem deutschen Publikum sein Meisterwerk vor, den Antikriegsroman *Der Streit um den Sergeanten Grischa*.[19] Dieser Roman beruht auf Zweigs eigenen Erfahrungen während seiner Dienstzeit im Hauptquartier »Ober-Ost«. Es geht um das Schicksal eines russischen Kriegsgefangenen, der zu Unrecht als Spion verhaftet und zum Tode verurteilt wird. Hier treten zum ersten Mal jüdische Personen auf, die auch in den späteren Romanen Zweigs – die meist zu dem Zyklus *Der große Krieg der weißen Männer* gehören – eine wichtige Rolle spielen. Auf deutscher Seite der bereits erwähnte Werner Bertin, Schreiber im Hauptquartier »Ober-Ost«, der auch hier die Rolle des Soldaten Zweig übernimmt, und Dr. Posnanski, deutscher Kriegsgerichtsrat jüdischen Glaubens, der treu und pünktlich seine Pflicht erfüllt und außerdem die mosaischen Speisegesetze und Sabbatgebote genauestens einhält... Juden findet man auch auf der anderen Seite, unter der Zivilbevölkerung: den jungen

Lehrer Sascha, der bereits vom revolutionären Fieber erfaßt ist, und seine Verlobte Debora – in den Augen Saschas »die schönste und klügste Jüdin des besetzten Gebietes«. Und vor allem den alten Täwje Frum, Tischler von Beruf, ein typischer Vertreter des Ostjudentums; »er erfüllt die 613 Gebote des Judentums«, ist Mitglied des »Beth-Hamidrasch«, des jüdischen Lehrhauses für Talmudstudien. »Mit Täwje Frum hat Zweig der versinkenden Welt des Ostjudentums ein bleibendes poetisches Denkmal gesetzt.«[20]

Arnold Zweigs Grischa ist ein pathetisches Plädoyer für den Frieden. Die nationalistische Presse reagierte, wie erwartet, mit Wutausbrüchen. Man beschuldigte ihn, gegen die »Ehre der deutschen Armee« verstoßen zu haben; man erging sich in wüsten Beschimpfungen gegen den »schmutzigen Asiaten«. Arnold Zweig, der inzwischen Präsident des Schutzverbandes deutscher Schriftsteller geworden war, erstattete schließlich Anzeige gegen das Deutsche Adelsblatt wegen Beleidigung. Der Chefredakteur des Blattes wurde zu einer Geldstrafe von 600 Mark verurteilt.

Noch im gleichen Jahr erschien der Essay Caliban oder Politik und Leidenschaft. Der Untertitel erklärt das Thema des Buches: Versuch über die menschlichen Gruppenleidenschaften, dargetan am Antisemitismus.[21] Es handelt sich um eine psychologische Studie, die sich auf die Lehre Sigmund Freuds stützt. »Nicht was der Jude ist, gedenken wir in dieser Untersuchung zu erfahren, sondern was der Antisemitismus ist, woher er kommt, wohin er geht, was er anzeigt…« (S. 41). In diesem Buch analysiert Zweig alle Aspekte des modernen Antisemitismus, den er als »Differenzaffekt« definiert, als die irrationale und aggressive Haltung einer Gruppe gegenüber einer andersartigen. Die Verkörperung dieses Verhaltens findet man, so Zweig, in der Figur des Caliban, jener unheimlichen Gestalt aus Shakespeares Der Sturm, hervorgegangen aus einer Verbindung zwischen einem Dämon und einer Hexe – einer Gestalt, die – ob sie will oder nicht – einer äußeren Macht gehorchen muß. Im Vorwort widerruft Zweig die Ansicht, die er einige Jahre zuvor in der Zeitschrift Der Jude vertreten hatte, nämlich daß der Antisemitismus ein Problem dritten Ranges sei. Damals, erklärt Zweig, habe er es nicht besser gewußt. Aber jetzt (1927) spiele der Antisemitismus im kulturellen, gesellschaftlichen, wirtschaftlichen und politischen Leben der Deutschen eine so zentrale Rolle, daß man ihn ein für allemal so ernst nehmen müsse, wie es seine Träger tun.

Durch das Buch *Caliban* machte Arnold Zweig die Bekanntschaft Sigmund Freuds. Der Schriftsteller hatte dem Psychoanalytiker geschrieben, daß er es den Lehren der Psychoanalyse zu verdanken habe, daß *Caliban* entstanden sei. Freud drückte seine Befriedigung aus, und es folgte ein Briefwechsel, der zwölf Jahre dauerte – bis zum Tode Freuds. Der Gelehrte, der 30 Jahre älter war, gehörte zwar – wie Arnold Zweig – zum liberal-jüdischen Judentum, stand dem Zionismus aber reserviert gegenüber. Trotzdem entwickelte sich zwischen beiden Männern eine aufrichtige Freundschaft. Die französische Psychologin Marthe Robert, Autorin von zwei Büchern über Sigmund Freud und die Psychoanalyse, führt diese Freundschaft darauf zurück, daß beide Männer – mit 30 Jahren Abstand – ähnliche Erfahrungen in ihrer Jugend gemacht hatten: Ihre Väter waren wirtschaftlich ruiniert worden; beide erlebten nicht nur bittere Armut, sondern auch die Verachtung christlicher Mitschüler und antisemitischer Hochschulprofessoren. Schließlich hätten beide von ihren Familien eine solide Grundlage jüdischer Tradition mitbekommen, »losgelöst von aller Religiosität«, was ihnen ermöglichte, sich den kühnsten intellektuellen Abenteuern zu widmen, sie aber gleichzeitig an eine überaus strenge humanistische Moral band. »Dieser Tatsache, die vielen assimilierten deutschen Juden gemein war, waren sich beide vollauf bewußt, was viel zu ihrer Annäherung beitrug.«[22]

1931 erschien das Buch *Junge Frau von 1914*[23], das von der Liebe zwischen dem jungen, mittellosen Schriftsteller Werner Bertin und der Kunststudentin Lenore Wahl aus der wohlhabenden jüdischen Gesellschaft handelt. Lenores Familie hat Bedenken gegen die »ungleiche« Heirat; aber der Krieg bringt tiefgehende Veränderungen in das Leben aller Beteiligten. Am Ende des Romans finden wir den Soldaten Bertin vor Verdun wieder.

Das Erscheinen des Buches wurde bereits von der schweren Wirtschaftskrise und der nationalsozialistischen Bedrohung überschattet. Arnold Zweig, durch eine persönliche Warnung

des französischen Botschafters aufgeschreckt – André Fran-
çois-Poncet hatte ihn zu einem Mittagessen eingeladen –, beschloß, eine Informationsreise in das Land zu unternehmen,
das er seit langem als Lösung der Judenfrage empfohlen hatte.
Im Frühjahr 1932 reiste er über Ägypten nach Palästina und
durchstreifte zwei Monate lang das Land, das sich nach den
blutigen Unruhen des Jahres 1929 wieder der Aufbauarbeit zu-
gewandt hatte. Nach seiner Rückkehr schilderte er seine Eindrücke in dem Buch *De Vriendt kehrt heim.* Hauptfigur der
spannenden Handlung ist der holländische Dichter de Haan,
ein orthodoxer Jude, der 1918 nach Jerusalem gekommen war.
Da er von den führenden Zionisten sehr enttäuscht war, begann er, gegen die Errichtung eines jüdischen Staates zu agitie-
ren und wurde schließlich von den Juden Palästinas als Verräter
betrachtet. 1924 wurde er ermordet; die Täter wurden nie gefaßt.

Der Roman *De Vriendt kehrt heim* kam im November 1932
heraus.[24] Zwei Monate später war Hitler deutscher Reichskanzler. Nach dem Reichstagsbrand am 27. Februar erkannte
Arnold Zweig, daß ein weiteres Verbleiben in Berlin für ihn
und seine Familie höchste Gefahr bedeuten würde. Am 14.
März überschritt er die tschechische Grenze und fuhr nach
Prag, wohin seine Frau bald darauf nachkam. Über Wien und
Basel reisten sie nach Sanary-sur-Mer in Südfrankreich, wo sie
zahlreiche Schriftsteller antrafen, die aus Deutschland geflüchtet waren und sich dort zeitweilig niedergelassen hatten – unter
ihnen auch Zweigs langjähriger Freund Lion Feuchtwanger.

Nach Sanary kamen im Juli 1933 auch die beiden Söhne
Zweigs, und wenig später waren Beatrice Zweig und ihre Söhne
Adam und Michael auf dem Weg nach Palästina. Arnold Zweig
blieb zunächst zurück, denn er glaubte, daß er noch eine »Mission« zu erfüllen hätte: In Vorahnung der Katastrophe, die
über das deutsche Judentum hereinbrechen sollte, wollte er
noch einmal die Leistungen der deutschen Juden und ihren Beitrag zur deutschen Kultur in Erinnerung bringen. Ein bereits
1927 geschriebenes Buch, *Juden auf der deutschen Bühne*,
wurde von ihm beträchtlich erweitert und erhielt nun den Titel
Bilanz der deutschen Judenheit 1933[25]. Das Werk stellt eine
beeindruckende Zahl jüdischer Persönlichkeiten aus allen Bereichen des deutschen Lebens vor. Besondere Kapitel sind den

großen Wissenschaftlern und Philosophen – Sigmund Freud, Albert Einstein, Karl Marx u. a. – gewidmet. Im Kapitel »Das Kleinbürgertum« findet man auch die Kurzbiographie eines gewissen A. Z. Im zweiten Teil werden die Ereignisse seit Hitlers Machtergreifung, die Reaktionen der Masse – mit Zitaten aus *Caliban* – und der Zionismus behandelt. »Im Hauptteil bietet die *Bilanz* eine umfassende jüdische Kulturgeschichte und universale Weltbetrachtung«, urteilt Eberhard Hilscher, Arnold Zweigs ostdeutscher Biograph. Das Buch konnte erst 1934 bei dem Amsterdamer Exilverlag Querido herauskommen, so daß es das deutsche Publikum, für das es in erster Linie bestimmt war, nicht mehr erreichte.

Zur gleichen Zeit beschlossen Arnold Zweig und Lion Feuchtwanger, eine »Streitschrift« unter dem Titel *Die Aufgabe des Judentums*[26] herauszugeben, die von dem Pariser Exilverlag »Europäischer Merkur« gedruckt wurde. Jeder von ihnen war mit einem Artikel vertreten; Arnold Zweig begnügte sich mit einer kurzen historisch-philosophischen Abhandlung von etwa 20 Seiten (›Jüdischer Ausdruckswille‹), die einmal mehr in ein Bekenntnis zum Zionismus mündete, während Feuchtwanger in einem Beitrag von doppeltem Umfang (›Nationalismus und Judentum‹) zu dem Ergebnis kommt, daß das Judentum keine Nation bilden könne, da ihm die vier Grundbedingungen fehlen: gemeinsames Land und Klima, gemeinsame Rasse, gemeinsame Geschichte und gemeinsame Sprache. Zionismus? Ja, aber ein geistiger, sublimierter Zionismus.

Arnold Zweig dagegen glaubte an einen praktischen, wirklichkeitsnahen Zionismus. Am 15. Dezember 1933 bestieg er das Schiff nach Palästina und ließ sich mit seiner Familie in Haifa, auf dem Karmelberg, nieder. Aber schon nach kurzer Zeit stellten sich Enttäuschung und Niedergeschlagenheit ein. Die jüdische Öffentlichkeit in Palästina nahm kaum Notiz von der Ankunft des berühmten Schriftstellers, und die äußeren Lebensbedingungen fand er deprimierend. Dazu kam der Verlust seiner gesamten Bibliothek, die den Nazis in die Hände gefallen war. Glücklicherweise hatte seine Sekretärin in Berlin einige Manuskripte retten können, die sie nach Haifa brachte. Arnold Zweig konnte nun darangehen, zunächst den Roman zu vollenden, den er schon vor fast 20 Jahren konzipiert hatte: *Erziehung vor Verdun*.[27]

Der Roman *Erziehung vor Verdun* ist ein weiteres Glied im Zyklus *Der große Krieg der weißen Männer* und ist als Fortsetzung des Buches *Junge Frau von 1914* zu sehen. Zeitpunkt der Handlung ist die Schlacht um Verdun in den Jahren 1916/1917. Der Roman berichtet über die Erfahrungen, die Werner Bertin – Zweigs Sprachrohr – vor Verdun gemacht hat – die Ungerechtigkeit, die Günstlingswirtschaft und den Antisemitismus. Das Buch ist eine scharfe Anklage nicht nur gegen das deutsche Militär, sondern gegen den Krieg überhaupt. Der Schriftsteller Ben-Chorin nennt *Erziehung vor Verdun* auch einen *jüdischen* Roman, denn außer Werner Bertin, der in der Hölle von Douaumont seine »Umerziehung« zum Pazifisten durchmacht, treten auch andere deutsche Juden auf, die der Leser bereits im *Grischa*-Roman kennengelernt hat. Leider kam auch dieses Buch zu spät für das deutsche Lesepublikum, denn 1935 las man in Deutschland nur noch Bücher, die von der NS-Zensur genehmigt waren. Dagegen hatte die englische Übersetzung großen Erfolg, besonders in den Vereinigten Staaten.

Im Dezember 1935 schrieb Kurt Tucholsky aus seinem schwedischen Exil einen Brief voll Zorn und Verzweiflung. Es war eine heftige Kritik nicht nur der deutschen Sozialisten und Kommunisten, sondern auch der jüdischen Emigranten: Statt sich für das »bessere Deutschland« zu halten, hätten sie im März 1933 in Massen auswandern sollen. In seiner Antwort verteidigte Zweig die jüdischen Emigranten gegen Tucholskys Vorwürfe. Die deutschen Juden, so Zweig, hätten im März 1933 mehr Würde gezeigt als der Marschall von Hindenburg und seine Generäle im November 1918.

»Ihre Heimat hieß Deutschland. Ihre Heimat heißt Deutschland, wo sie seit Jahrhunderten sitzen, arbeiten, in einem genau verfolgbaren Ausmaß schöpferisch werden. Das Buch... *Bilanz der deutschen Judenheit 1933* beschrieb diesen Prozeß...

Daß wir uns so irrten, daß wir die Menschen, mit denen wir aufgewachsen waren, so überschätzten, ehrt uns nicht, aber es schändet uns auch nicht...«

Bevor Arnold Zweig seine Antwort abschicken konnte, erhielt er die tragische Nachricht, daß Kurt Tucholsky am 21. Dezember 1935 Selbstmord begangen hatte. Tief erschüttert beschloß

Zweig, seinen Brief – und den Tucholskys – in der *Neuen Welt-bühne*[28] zu veröffentlichen, und dieser Brief an einen Toten ist eines der bewegendsten Dokumente der Exilliteratur.

Der Selbstmord Tucholskys und der vorausgegangene Brief-wechsel beschäftigten Zweig noch längere Zeit, und er durch-lebte eine schwere Krise. In Palästina fühlte er sich nicht mehr recht am Platz; gegenüber Freud erwähnte er sogar die Mög-lichkeit einer Rückkehr nach Deutschland, nach dem Fall des Hitlerregimes, um beim Wiederaufbau mitzuhelfen. Zwi-schenzeitlich käme auch Amerika in Betracht. Sigmund Freud mahnt zur Geduld, zeigt Verständnis für Zweigs Schwierigkei-ten im »Land der Väter«; die Geschichte habe dem jüdischen Volk keinen Anlaß gegeben, seine Fähigkeiten zur Bildung eines Staates und einer Gesellschaft zu entwickeln. Aber in Pa-lästina habe er wenigstens persönliche Sicherheit und seine Menschenrechte. Überall sonst wäre er ein kaum geduldeter Fremder.[29]

Eines der Hauptprobleme bestand für Arnold Zweig in der Er-lernung der modernen hebräischen Sprache (Iwrith), ohne die eine Integrierung in das Leben der jüdischen Bevölkerung nicht möglich war. Ein ernstes Augenleiden, das noch aus der Zeit des Ersten Weltkriegs stammte, war ein unüberwindliches Hindernis; Briefe und Bücher mußte er sich vorlesen lassen, seine Manuskripte mußte er diktieren. Seit 1936 herrschten Unruhen im Lande, die eine normale Tätigkeit und vor allem Überlandreisen erschwerten. Arnold Zweig begann sich zu fra-gen, warum es den führenden Zionisten nicht gelungen war, einen Modus vivendi mit der eingesessenen arabischen Bevöl-kerung zu finden. Während über hunderttausend jüdische Flüchtlinge aus Europa ins Land kamen, distanzierte sich Zweig immer mehr von seinem zionistischen Ideal.

Gleichzeitig schien auch sein Engagement für das Judentum nachzulassen. Anläßlich seines 50. Geburtstags im November 1937 brachten die großen hebräischen Zeitungen zwar aner-kennende Artikel über den Autor des *Grischa*. Man vernahm aber auch kritische Stimmen, wie z. B. die des Journalisten Ge-org Herlitz im *Ha'aretz:*[30] »Ihren Weg, Arnold Zweig, verfol-gen wir aufmerksam in unserem Lande. Gestatten Sie uns, Ih-nen zu sagen, daß Sie uns ein wenig enttäuscht haben?... Wir hatten gehofft, daß Sie hier, in unserer neuen Heimat, jenes große jüdische Werk schaffen würden, das der gesamten Welt den heldenhaften Kampf unseres Volkes um sein Überleben und seine Zukunft vor Augen führt. Wird dieses Werk eines Tages erscheinen? Wir warten darauf...«

Zweigs nächstes Buch, *Einsetzung eines Königs*[31], das Ende 1937 in Holland erschien, war kaum geeignet, die Erwartungen des Journalisten zu erfüllen. Die Handlung spielt im Jahre 1918 und schildert die Machtkämpfe und Intrigen der deutschen Militärs im besetzten Baltikum – gewissermaßen die Fortsetzung des *Grischa*-Romans. Auch hier begegnen wir Werner Bertin und anderen jüdischen Akteuren, wie dem Leutnant Perl, Verbindungsoffizier zu der jüdischen Bevölkerung im besetzten Gebiet, und – aus dem *Grischa*-Roman – dem Lehrer Sascha, der inzwischen seine Debora geheiratet hat, aber infolge seiner revolutionären Ideen in ein Internierungslager geschickt wurde. Der Autor verrät hier seinen Unmut über die Zionisten, die nur hebräisch sprechen wollen; die junge Debora bedient sich des Jiddischen, ihrer Muttersprache, »im Kampf gegen das Russisch und Polnisch der Assimilanten und das Hebräisch der Zionisten«... Aber auch die deutschen Juden werden nicht verschont. Ein Talmudstudent übt harte Kritik an dem Verbindungsoffizier: »Der Leutnant Perl ist eingesetzt, uns für die Deutschen zu gewinnen. Sie glauben ja alle, daß sie hier bleiben werden – und die deutschen Juden sind genau so dumm wie die Christen!...«[32]

Ansonsten sind Hinweise auf jüdische Probleme weit seltener als in den früheren Werken des Zyklus *Der große Krieg der weißen Männer*.

Vergeblich sucht man nach einer Reaktion Arnold Zweigs auf die dramatischen Ereignisse, die sich am 10. November 1938, seinem 51. Geburtstag, in Deutschland abspielten und unter dem Namen »Kristallnacht« in die Geschichte eingegangen sind. Als die Juden Palästinas sich des Ausmaßes der Katastrophe bewußt wurden, lag der Schriftsteller nach einem schweren Autounfall im Krankenhaus. Erst Ende Dezember erwähnte er in einem Brief an Sigmund Freud zum ersten Mal die »Bartholomäusnacht der deutschen Juden«. Als er wieder voll bei Kräften war, trieb Europa bereits unaufhaltsam dem Krieg zu, so daß er vollauf mit Übersiedlungsproblemen und Reiseplänen beschäftigt war. Es ist bedauerlich, daß der November-Pogrom einen physisch und moralisch geschwächten Arnold Zweig vorfand; vielleicht wäre er sonst – wie die meisten deutschen Juden – zu der Erkenntnis gekommen, daß ein Jude nie mehr nach Deutschland zurückkehren könne.

Im Frühjahr 1939 bemühte sich Zweig angesichts der drohenden Kriegsgefahr, die Möglichkeiten einer Übersiedlung nach Amerika zu erforschen. Zunächst fuhr er als Teilnehmer an einem PEN-Kongreß nach New York, wo er ein letztes Mal mit vielen seiner Freunde zusammentraf, dann nach Washington, wo die exilierten Schriftsteller vom Präsidenten Franklin D. Roosevelt empfangen wurden. Zweig verbrachte mehrere Wochen in den Vereinigten Staaten; sein Sohn Michael, der ihn begleitet hatte, blieb in Los Angeles, um seine Ausbildung als Linienpilot zu beginnen. Aber Zweig selbst konnte sich nicht entschließen, seinen Wohnsitz in Haifa aufzugeben. Ende Mai 1939 reiste er zunächst nach England, wo er noch einmal seinen verehrten Sigmund Freud sah, der wenige Monate später starb. Anfang August war Arnold Zweig wieder in seinem Heim auf dem Karmel, wo ihn seine Frau und sein jüngerer Sohn erwarteten. Einen Monat später war Deutschland – nach dem Überfall auf Polen – im Krieg mit Großbritannien und Frankreich. Die Würfel waren gefallen.

Seit Beginn des Kriegs sah sich Arnold Zweig mehr und mehr isoliert. Er war nun ohne jede Verbindung zu seinen Freunden und Briefpartnern in Europa. Nach der Besetzung Hollands und Frankreichs verlor er auch den Kontakt zu seinen Verlegern. Das bedeutete, daß er nun keine Möglichkeit mehr hatte, ein Buch oder einen Zeitungsartikel in deutscher Sprache zu veröffentlichen. Bis dahin hatte er regelmäßig Artikel für die deutschsprachigen Exilzeitungen in Frankreich (insbesondere für die *Pariser Tageszeitung*) über weltpolitische und jüdische Themen geschrieben. Nun blieben ihm nur noch die englischsprachige *Palestine Post* und die deutschsprachigen Exilzeitungen in – Moskau.

Arnold Zweig hatte seit jeher Sympathien für die Sowjetunion. Er hatte sich aber auch kritisch über das kommunistische System geäußert, besonders während der Schauprozesse im Jahre 1937. Aber jetzt, im Jahr 1940, suchte er zunehmend Kontakt mit jüdisch-kommunistischen Kreisen in Palästina. Er ging zu ihren Versammlungen und machte Bekanntschaft mit emigrierten kommunistischen Schriftstellern und Journalisten, die deutsch sprachen. Aus Moskau ließ er sich deutschsprachige Broschüren schicken, die den Marxismus und die kommunistische Ideologie behandelten. Der Schriftsteller Ben-Chorin schreibt dazu: »Die sprachliche Isolierung wurde zu einer seelischen, und so geriet der alte Zionist mehr und mehr in den Bannkreis der Kommunisten im Lande, die auch deutschsprachige Zirkel... gebildet hatten.«[33]

Aus Moskau erhielt Zweig noch regelmäßig Honorare für Übersetzungen, während die Postverbindungen mit England und den U. S. A. langsam und unsicher waren. Als am 22. Juni 1941 Hitler die Sowjetunion angriff, gründete Zweig mit einigen Freunden – Kommunisten und Nichtkommunisten – eine Hilfsorganisation, um eine Ambulanz und medizinische Ausrüstung nach Moskau zu schicken. Er startete eine große Sammelaktion, die überraschenden Erfolg hatte, da der Eintritt der Sowjetunion in den Krieg gegen Hitler eine Welle der Sympathie bei den Juden Palästinas hervorrief.

Bei all dieser Tätigkeit war es verständlich, daß Zweig nicht viel Zeit blieb, um sich mit jüdischen Problemen zu befassen. Seine Isolation war noch spürbarer geworden, seit die deutsche Sprache immer mehr aus dem öffentlichen Leben Palästinas verbannt wurde und er nun auch noch in den Ruf eines prokommunistischen Schriftstellers geriet.

Im Frühjahr 1942 faßte Arnold Zweig den Plan, eine politisch-literarische Wochenschrift in deutscher Sprache zu gründen, um Einwanderer aus Deutschland, die des Hebräischen nicht mächtig waren, zu informieren und ihre Integration in das Leben des Landes zu erleichtern. Mehrere Schriftsteller und Journalisten boten ihre Mitarbeit an, und so entstand die Zeitschrift *Orient*. Nun konnte man wieder Artikel von Zweig lesen, die jüdische Themen behandelten; allerdings waren manche von ihnen Nachdrucke früherer Veröffentlichungen.

Der erste Beitrag von Arnold Zweig erschien bereits in der ersten Nummer des *Orient*: der zweiteilige Artikel »Ein Sinai-Rätsel«. Er wirft die Frage auf, warum die zehn Gebote, die doch die Grundlage unserer Zivilisation (und der jüdischen Religion) sind, so wenig befolgt werden. Zweig stellt fest, daß die einzigen Gebote, die sich im täglichen Leben behauptet haben, diejenigen sind, die positiv formuliert wurden, wie das vierte und fünfte[34]: »Gedenke des Ruhetages« und »Ehre deinen Vater und deine Mutter«, während die anderen, die als Verbote abgefaßt sind, seit biblischen Zeiten übertreten werden: »Du sollst den Namen des Herrn nicht mißbrauchen«; »Du sollst nicht töten«; »Du sollst nicht stehlen«; »Du sollst nicht ehebrechen«. »Wir mißbrauchen den Namen des Herrn: Die ganze Welt flucht, schwört und scherzt mit ihm. Wir töten. Wir stehlen. Wir ehebrechen. Wir reden falsches Zeugnis. Und wir lassen uns gelüsten nach allem, was unserem Nächsten gehört. All dies tun wir mit schlechtem Gewissen, aber wir tun es ...« Zweig kommt zu dem Schluß, daß man die zehn Gebote wirksamer machen könnte, wenn man sie tatsächlich als *Gebote* darstellen würde und nicht als *Ver*bote: »Gehe sparsam um mit dem Namen Gottes«; »Begnüge dich mit deinem Eigentum«; »Liebe und freue dich deiner Frau«.

Die meisten Artikel Arnold Zweigs im *Orient* betrafen jedoch politische Fragen und Integrationsprobleme der jüdischen Einwanderer, wobei er oft auf heftigen Widerspruch stieß. Im übrigen ging es ihm nicht darum, für die marxistische Ideologie zu werben, sondern den Humanismus zu verteidigen, dem er sich seit jeher verbunden fühlte. Daher auch sein Eintreten für die deutsche Sprache und die deutsche Kultur. Es war schmerzlich für ihn, als eine Kundgebung der Liga V – das war der Name des von ihm gegründeten Hilfskomitees – von jungen Nationalisten gesprengt wurde, weil er deutsch sprach. In einem Artikel im *Orient*[35] verurteilte er diese Aggression aufs schärfste und beschuldigte vor allem die Alteingesessenen aus Osteuropa, ihre deutschen Glaubensgenossen unfreundlich aufgenommen zu haben; er deutete an, daß hinter ihrer angeblichen »Sprachbesorgnis« etwas anderes stecke, nämlich »der Haß gegen die russische Revolution und der Hang zum Faschismus« ... Ein überraschender und ungerechtfertigter Angriff auf die Juden Osteuropas, die er einst verehrte.

Nur ein Jahr lang konnte sich der *Orient* halten. Im April 1943 wurde seine Druckerei durch einen Bombenanschlag zerstört. Für Arnold Zweig bedeutete es fast eine Erlösung, denn die Spannung, die sich Woche um Woche angestaut hatte, war unerträglich geworden. Er nutzte nun die Ruhepause, um letzte Hand an den Roman *Das Beil von Wandsbek*[36] zu legen, an dem er schon seit längerer Zeit arbeitete. Es war das erste Buch, das in hebräischer Übersetzung herauskam; es war auch sein letztes Werk in Palästina.

Thema des Romans ist das Schicksal eines Hamburger Schlächtermeisters, der 1937 gegen gute Entlohnung den Auftrag annimmt, den erkrankten amtlichen Henker zu vertreten und vier wegen »Hochverrats« verurteilte Kommunisten hinzurichten. Die Tat wird in seinem Stadtviertel Wandsbek ruchbar; man beginnt, sein Geschäft zu boykottieren; der »Ersatzhenker« nimmt sich schließlich das Leben.

Obwohl das Hauptinteresse des Romans dem Schlächtermeister, seiner Frau, den Verurteilten und dem umgebenden Personenkreis gilt, spielen auch in diesem Buch jüdische Probleme mit, insbesondere das Schicksal der noch im nationalsozialistischen Deutschland lebenden Juden. Zweig beschreibt die teuflischen Pläne, die gerade in jenem Jahr von den NS-Führern gegen die jüdischen Bürger Deutschlands ausgearbeitet wurden. Gleichzeitig übt er auch Kritik an denjenigen von ihnen, die den Ernst der Lage noch nicht begriffen hatten. Zwar ist einer der vier Verurteilten ein jüdischer Buchhändler, und Zweig bezeigt ihm seine ganze Sympathie. Aber andere, wie der Rabbiner Dr. Plaut und der Arzt Dr. Kley, glauben noch an die »Gesetzlichkeit« des Regimes und wollen ihr »gemütliches, wohlgewärmtes Heim« in Hamburg nicht verlassen: »Auswandern in unseren Jahren – keine Kleinigkeit. Wer reißt sich leicht aus dem Boden, auf dem er gewachsen ist...«

So spricht der Rabbiner Dr. Plaut Ende 1937, ein Jahr vor der »Kristallnacht«, zu seinem Freund Dr. Kley. Im Sommer 1945 treffen beide einander wieder[37] – als Offiziere der britischen Armee, in einem Erholungslager in Haifa, auf dem Karmel. Sie hatten schließlich begriffen, daß ihr Platz nicht mehr in Deutschland war; sie waren – ohne voneinander zu wissen – nach Palästina ausgewandert und hatten sich als Freiwillige zur britischen Armee gemeldet. Dr. Plaut schildert die dramatischen Umstände seiner Abreise im Frühjahr 1939. Er hatte in Hamburg zwei seiner Kollegen zurückgelassen, um die Reste der einst stolzen jüdischen Gemeinde zu betreuen, die sich »Dreigemeinde« nannte (Hamburg, Altona, Wandsbek) und

1933 noch 20000 Mitglieder zählte. Voll Bitternis bemerkt er: »Ich frage mich manchmal, ob wir an all dem Furchtbaren mitschuldig sind, das Drittes Reich heißt, und ob wir durch Widerstand gegen das Hitlerregime etwas hätten ändern können. Waren ja doch bloß eine halbe Million, wir deutschen Juden...«

Das Beil von Wandsbek wurde nach dem Krieg in mehrere Sprachen übersetzt und sowohl in der Bundesrepublik als auch in der DDR verfilmt.

Im Sommer 1944 waren die Armeen Hitlers überall auf dem Rückzug, und das Ende des Krieges schien nahe. Arnold Zweig begann nun ernsthaft, sich auf seine Rückkehr nach Europa vorzubereiten. Er zog sich mehr und mehr zurück und schien sich immer weniger für das allgemeine Geschehen im Lande zu interessieren. Als im September 1944 ein autonomes jüdisches Regiment im Rahmen der britischen Armee formiert wurde, das den Namen »Jewish Brigade« erhielt, kam von Zweig keinerlei Reaktion. Dabei hatte er schon lange vorher diesen Wunschtraum gehabt: Nach den blutigen Pogromen in der Ukraine im Jahre 1921 hatte er in der Zeitschrift *Freie Zionistische Blätter* die Aufstellung einer jüdischen Schutztruppe empfohlen.

»Tausend jüdische Soldaten in deutscher, französischer, russischer, österreichischer, britischer und amerikanischer Uniform, drei leichte Batterien und ein Panzerwagen hätten sich in der ›befreiten‹ weißen Ukraine befinden sollen...«[38]

Aber im September 1944 blieb das historische Ereignis – die Teilnahme einer jüdischen Brigade am Krieg gegen den Faschismus – offensichtlich ohne Wirkung auf Arnold Zweig.

Das Ende des Kriegs bedeutete auch das Ende der Vernichtungslager und der Gaskammern – Zweig beschreibt die Situation in einem Artikel »Wer siegte in diesem Krieg?«[39] –, aber eine Lösung des Flüchtlingsproblems war nicht in Sicht. Da die britische Regierung nicht bereit war, die Tore Palästinas für die jüdischen Überlebenden zu öffnen, begannen erneut Terror und Unruhen im Lande, das während des Krieges relativ ruhig gelebt hatte. Arnold Zweig, der den anti-britischen Terror der jüdischen Extremisten mißbilligte, intensivierte nun seine Vorbereitungen zur Rückkehr nach Europa. Aber er mußte noch drei weitere Jahre in dem von Unruhen aufgewühlten Land zubringen. Sein Freund Louis Fürnberg, ein deutschsprachiger Schriftsteller aus Mähren, und seine Sekretärin Ruth Klinger waren bereits nach Prag übersiedelt und bemühten sich, auch für ihn eine offizielle Einladung dorthin zu bekommen.

Die Proklamation des Staates Israel am 14. Mai 1948, das größte Ereignis in der neueren jüdischen Geschichte, kann den ehemaligen Zionisten nicht mehr zurückhalten. Am 15. Juli, während der Krieg um die Unabhängigkeit des jungen Staates noch in vollem Gange ist, besteigen Arnold Zweig und seine Frau ein tschechoslowakisches Flugzeug, das sie nach Prag bringt. Sie werden nie wieder nach Israel zurückkommen.

Die letzten 20 Jahre seines Lebens verbringt Arnold Zweig mit seiner Frau Beatrice in Ost-Berlin, der Hauptstadt der DDR. Aber für jüdisches Leben und jüdische Kultur war in dem sozialistischen deutschen Staat, wo in den fünfziger Jahren etwa 1500 Juden (0,01 % der Gesamtbevölkerung) lebten, kein Platz mehr. Trotz aller erwiesenen Ehren zog sich Zweig auch hier immer mehr zurück; sein Gesundheitszustand verschlechterte sich, seine Frau litt lange an schweren Depressionen. Auch er fühlte sich immer einsamer, als ein Freund nach dem anderen starb – unter ihnen auch Lion Feuchtwanger, auf dessen Rückkehr aus Amerika er unentwegt gehofft hatte. Heinz Kamnitzer, Zweigs ständiger Begleiter und Gesprächspartner in Berlin, notiert in seinem Buch *Der Tod des Dichters:* »...Er war zurückgekommen aus dem Exil und fand kaum jemand vor, der ihm früher nahe war... Von den Verwandten und Freunden war niemand mehr übrig. Die meisten sind in Auschwitz und anderswo geblieben. Wer sich retten konnte, wollte meist nicht wieder zurück...«[40]

Sowie sich aber eine Gelegenheit bot, zeigte er sich wieder als entschlossener Verteidiger des Judentums. 1958 schrieb er ein Vorwort zu dem Buch *Im Feuer vergangen – Tagebücher aus dem Ghetto.*[41] Anläßlich der Enthüllung eines Mahnmals für die Opfer des Konzentrationslagers Buchenwald, die kurz vorher auf dem Ettersberg stattgefunden hatte, schließt Arnold Zweig sein Vorwort mit einem freimütigen Bekenntnis zum jüdischen Volk: »Unter den 21 Fahnen, welche sich auf dem

Ettersberg zusammenfanden..., fehlte die Fahne mit dem uralten Emblem des Davidsterns, welches die Opfer des faschistischen Terrors vertreten hätte. Hier, in diesem Buche, ist sie neben der roten gehißt...«

Arnold Zweig schien allmählich in Vergessenheit zu geraten. Ein letztes Mal tauchte sein Name in der Weltöffentlichkeit auf, als während des Sechstagekrieges im Juni 1967 die Ostberliner Tageszeitung *Neues Deutschland* eine »Erklärung der jüdischen Bürger der DDR« abdruckte, die die »israelische Aggression« aufs schärfste verurteilte und den »zionistischen Machthabern« vorwarf, mit den »Nazimördern des jüdischen Volkes, den westdeutschen Imperialisten in Bonn«, zusammenzuarbeiten.[42] Zehn Persönlichkeiten hatten dieses »Dokument« unterzeichnet, aber die Unterschrift des berühmtesten jüdischen Bürgers der DDR fehlte. Als Zweig kurz darauf von einem westdeutschen Journalisten gefragt wurde, warum er die antiisraelische Erklärung nicht mitunterzeichnet habe, erwiderte er: »Man muß nicht alles unterschreiben...« Der ehemalige Frontsoldat von Verdun und Kämpfer gegen den Faschismus hatte demonstriert, daß er kein bedingungsloser Jasager war...[43]

Der Schriftsteller Arnold Zweig verteidigte die deutsche Sprache und die deutsche Kultur, weil er sich weigerte, das ganze deutsche Volk mit Hitler zu identifizieren. In Deutschland hatte er Anerkennung für das Judentum gefordert; von den Juden Palästinas verlangte er Verständnis für die Deutschen: »Weder Antisemitismus noch Antigermanismus«.[44] Auch wenn Zweigs Haltung im Laufe seines bewegten Lebens manchmal widersprüchlich war und er schließlich dem Zionismus den Rücken kehrte, so zeigte er sich konsequent und kompromißlos, wenn es darum ging, für das Judentum einzutreten. Vergeblich hatte er versucht, in Ost-Berlin einen Kreis zu finden, in dem er als Jude unbeschwert leben konnte. Zwar hatte er den Mut, seine Unterschrift unter die antiisraelische Erklärung zu verweigern, aber schon lange vorher hatte er sich als loyaler Bürger der Deutschen Demokratischen Republik bekannt, nachdem er triumphal empfangen worden war. Aus diesem Zwiespalt erlöste ihn erst der Tod. Er war wie ein Wanderer zwischen zwei Welten, den weder der Abschied noch die Rückkehr glücklich machten.

Anmerkungen

1 *Neue Weltbühne* vom 2. März 1939.
2 *Die Feuerpause.* Aufbau-Verlag, Berlin (DDR) 1954, S. 250.
3 Die Bezeichnung »Ostjuden« betraf vornehmlich die aus Rußland, Polen und Rumänien stammenden Juden.
4 1896 hatte Theodor Herzl seine Broschüre *Der Judenstaat* veröffentlicht, in der er eine nationale Heimstätte für das jüdische Volk in Palästina befürwortete. Ein Jahr später fand in Basel der erste Zionistische Kongreß statt.
5 *Aufzeichnungen über eine Familie Klopfer,* Langen-Verlag, München 1911, S. 40–41.
6 *Abigail und Nabal.* Tragödie in 3 Akten. Rowohlt, Leipzig 1913.
7 *Ritualmord in Ungarn.* Jüdische Tragödie in 5 Aufzügen. Hyperion-Verlag, Berlin 1914.
8 *Die Sendung Semaels.* Verlag Kurt Wolff, Leipzig 1918.
9 Der Kleistpreis wurde von 1912 bis 1932 jedes Jahr von der Kleist-Stiftung an junge begabte Schriftsteller vergeben. Preisträger waren u. a. Carl Zuckmayer (1925), Anna Seghers (1928), Ödön v. Horváth (1931), Else Lasker-Schüler (1932). 1985 wurde der Preis an Alexander Kluge zum ersten Mal seit 1932 wieder vergeben.
10 Die Korrespondenz zwischen Arnold Zweig und Martin Buber befindet sich in der National- und Universitätsbibliothek in Jerusalem.
11 In: *Der Jude,* 5. Jahrgang 1921–1922 (vier Artikel).
12 Hermann Greive: *Geschichte des modernen Antisemitismus in Deutschland.* Wissenschaftliche Buchgesellschaft, Darmstadt 1983, S. 101–102.
13 Es handelt sich um den Roman *Erziehung vor Verdun.*
14 Sammy Gronemann: *Hawdoloh und Zapfenstreich – Erinnerungen an die ostjüdische Etappe 1916–1918.* Jüdischer Verlag, Berlin 1924.
15 S. Emil J. Gumbel: *Vier Jahre politischer Mord.* Malik-Verlag, Berlin 1922.
16 *Das neue Kanaan. Eine Untersuchung über Land und Geist.* Horodisch & Marz, Berlin 1925, S. 187–188.
17 *Herkunft und Zukunft. Zwei Essays zum Schicksal eines Volkes.* Phaidon-Verlag, Wien 1928.
18 Es handelt sich um das Schauspiel *Die Umkehr des Abtrünnigen.* (Soncino-Verlag. Darmstadt 1925) und die Novelle *Der Spiegel des großen Kaisers.* (Kiepenheuer, Berlin 1926).
19 *Der Streit um den Sergeanten Grischa.* Kiepenheuer, Potsdam 1927.
20 Eva Kaufmann: *Arnold Zweigs Weg zum Roman.* Rütten & Loening, Berlin (DDR) 1967, S. 222.

21 Das Buch *Caliban* erschien 1927 bei Kiepenheuer, Potsdam.

22 Marthe Robert: Vorwort zur französischen Ausgabe des Briefwechsels. *Sigmund Freud/Arnold Zweig – Correspondance 1927–1939*. Gallimard, Paris 1973. Die deutsche Ausgabe des Briefwechsels erschien 1968 beim Fischer-Verlag, Frankfurt am Main.

23 *Junge Frau von 1914*. Kiepenheuer, Berlin 1931.

24 *De Vriendt kehrt heim*. Kiepenheuer, Berlin 1932.

25 *Bilanz der deutschen Judenheit 1933*. Querido, Amsterdam 1934.

26 Arnold Zweig/Lion Feuchtwanger: *Die Aufgabe des Judentums*. Europäischer Merkur, Paris 1933.

27 *Erziehung vor Verdun*. Querido, Amsterdam 1935.

28 Der Briefwechsel zwischen Arnold Zweig und Kurt Tucholsky wurde am 6. Februar 1936 in der *Neuen Weltbühne* (Prag) veröffentlicht.

29 Briefe vom 15. und 21. Februar 1936.

30 Ha'aretz (Tel Aviv) vom 12. November 1937.

31 *Einsetzung eines Königs*. Querido, Amsterdam 1937.

32 *Einsetzung eines Königs*. S. 107–108.

33 Brief an P. Huys vom 28. Oktober 1954.

34 In der christlichen Religion sind es das dritte und vierte Gebot.

35 *Orient* Nr. 13 vom 26. Juni 1942.

36 *Hakardom shel Wandsbek* (Das Beil von Wandsbek). Sifriat Poalim, Merchavia 1943.

37 Das Schlußkapitel, das die Wiederbegegnung der beiden Hamburger Freunde schildert, wurde erst in der deutschen Ausgabe, die 1947 herauskam, hinzugefügt.

38 ›Schweigen‹. In: *Freie Zionistische Blätter*, Heidelberg, Heft 1, Januar 1921, S. 58.

39 Geschrieben 1945 in Haifa, abgedruckt in der *Berliner Zeitung* (DDR) vom 8. Mai 1965.

40 Heinz Kamnitzer: *Der Tod des Dichters*. Buchverlag Der Morgen, Berlin (DDR) 1974.

41 *Im Feuer vergangen – Tagebücher aus dem Ghetto*. (Übersetzt aus dem Polnischen von Viktor Mika). Rütten & Loening, Berlin (DDR) 1959.

42 *Neues Deutschland* vom 9. Juni 1967.

43 Das Interview mit Arnold Zweig wurde im *Spiegel* Nr. 39 vom 18. September 1967 veröffentlicht.

44 S. Artikelserie ›Antigermanismus‹ im *Orient* (vom 23. Oktober bis 25. Dezember 1942).

IV. ANHANG

Vita

1887 Am 10. November wird Arnold Zweig in Glogau (Schlesien) als Sohn des Sattlermeisters Adolf Zweig geboren.

1896 Nach dem Bankrott des Vaters siedelt die Familie nach Kattowitz über. Zehn Jahre Besuch der Oberrealschule.

1907 Studienbeginn. Zunächst in Breslau, dann in München, Berlin, Göttingen und Rostock (ab 1919 in Tübingen). Fächer: Germanistik, moderne Sprachen, Philosophie, Psychologie, Kunstgeschichte und Nationalökonomie.

1912 Nach einigen kleinen Frühveröffentlichungen erscheinen die *Novellen um Claudia*, die den ersten literarischen Erfolg bringen.

1913 *Abigail und Nabal. Tragödie in drei Akten* erscheint in Leipzig.

1914 Die Erzählung *Die Bestie* erscheint in München. Die jüdische Tragödie *Ritualmord in Ungarn* wird in Berlin veröffentlicht.

1915 Kleist-Preis für *Die Sendung Semaels (vormals Ritualmord in Ungarn)*. Arnold Zweig wird als Soldat eingezogen. Bis Mitte 1917 als Armierungssoldat in Belgien, Südungarn, Serbien und vor Verdun.

1916 Heirat mit der Malerin Beatrice Zweig, einer Cousine.

1917 Redaktionsmitglied der Presseabteilung des Oberbefehlshabers Ost in Rußland und Litauen.

1919 Studium in Tübingen.

1920 Der Essay *Das Ostjüdische Antlitz* erscheint in Berlin.

1923 Arnold Zweig verläßt seinen Wohnsitz am Starnberger See und zieht nach Berlin. Mehrere Novellenbände sind inzwischen erschienen.

1924 Redakteur der zionistischen *Jüdischen Rundschau*.

1925 Arnold Zweig wird freier Schriftsteller. Die beiden Essay-Bände *Das neue Kanaan* und *Lessing, Kleist,*

Büchner: Drei Versuche erscheinen. Veröffentlichung des Schauspiels *Die Umkehr des Abtrünnigen*.

1926 Mitglied des PEN-Clubs und der ›Gesellschaft der Freunde des neuen Rußlands‹.

1927 *Caliban oder Politik und Leidenschaft* und *Juden auf der deutschen Bühne* erscheinen. *Der Streit um den Sergeanten Grischa* wird bei Kiepenheuer und Witsch veröffentlicht.

1928 Vorsitzender des Schutzverbandes »Deutscher Schriftsteller«. Der Plan für den Zyklus *Der große Krieg der weißen Männer* wird gefaßt.

1931 Uraufführung des Dramas *Das Spiel vom Sergeanten Grischa*. Der Roman *Junge Frau von 1914* erscheint.

1932 Reise nach Palästina. Die literarische Umsetzung des Palästina-Erlebnisses, der Roman *De Vriendt kehrt heim* wird veröffentlicht.

1933 Am 14. März verläßt Arnold Zweig Berlin und gelangt über Prag, Wien und die Schweiz ins südfranzösische Sanary-sur-Mer, wo er mit Lion Feuchtwanger, Heinrich und Thomas Mann, Bertolt Brecht und Ernst Toller zusammentrifft. Im Dezember reist er nach Palästina, wo er die nächsten 15 Jahre lebt.

1934 Der Essay *Bilanz der deutschen Judenheit 1933* erscheint in Amsterdam.

1935 Der Roman *Erziehung vor Verdun* wird veröffentlicht.

1936 Arnold Zweig wird von den Nationalsozialisten ausgebürgert. Bis zum Kriegsausbruch 1939 reist er jedes Jahr nach Europa. Seine Augentuberkulose nimmt zu, kann aber geheilt werden. Eine starke Minderung des Sehvermögens bleibt. Arnold Zweig kann seine schriftstellerischen Arbeiten nur noch diktierend fortsetzen.

1937 Der Roman *Einsetzung eines Königs* erscheint in Amsterdam.

1938 Der bereits 1908 begonnene Roman *Versunkene Tage* wird veröffentlicht. Im November schwerer Autounfall.

1939 Reise nach Amerika. Teilnahme am PEN-Club-Kongress in New York. Empfang bei Präsident Roosevelt. Treffen mit Thomas Mann und Albert Einstein.

1942   Die erste Nummer der deutschsprachigen Zeitschrift *Orient* erscheint in Jerusalem. Arnold Zweig ist neben Wolfgang Yourgrau Mitarbeiter. Im Frühjahr 1943 wird der *Orient* wieder eingestellt. Mitbegründer der ›Liga V.‹, einer für die gegen den Faschismus kämpfende Sowjetunion.

1943   Die hebräische Ausgabe von *Das Beil von Wandsbek* (*Hakardom shel Wandsbek*) erscheint in Palästina.

1948   Arnold Zweig kehrt nach Europa zurück. Von Prag aus reist er nach Ost-Berlin. Bis zu seinem Tode lebt er in der DDR.

1949   Reise nach Paris. Delegierter des ›Weltfriedenskongresses‹. Abgeordneter der Volkskammer der DDR.

1950   Nationalpreis 1. Klasse der DDR. Als Nachfolger Heinrich Manns Präsident der Akademie der Künste der DDR (bis 1953).

1952   Reise in die Sowjetunion. Ehrendoktorwürde der Universität Leipzig.

1954   Der Roman *Die Feuerpause* erscheint.

1956   Der Band *Soldatenspiele. Drei dramatische Historien*, wird veröffentlicht.

1957   Das deutsche PEN-Zentrum Ost und West wählt Arnold Zweig als Nachfolger Brechts zum Präsidenten. Der Roman *Die Zeit ist reif* erscheint.

1958   Reise nach Moskau. Internationaler Lenin-Friedenspreis.

1962   Arnold Zweig erhält den Vaterländischen Verdienstorden in Gold und den Professoren-Titel. Sein letzter Roman *Traum ist teuer* erscheint.

1968   Am 26. November stirbt Arnold Zweig 81jährig in Berlin.

Auswahlbibliographie

Werke Arnold Zweigs nach Erstausgaben

Romane

Novellen um Claudia (1912)
Der Streit um den Sergeanten Grischa (1927)
Junge Frau von 1914 (1931)
De Vriendt kehrt heim (1932)
Erziehung vor Verdun (1935)
Einsetzung eines Königs (1937)
Versunkene Tage (1938)
Hakardom shel Wandsbek (1943)
Das Beil von Wandsbek (1947)
Die Feuerpause (1954)
Die Zeit ist reif (1957)
Traum ist teuer (1962)

Novellen und Erzählungen
(Einzelpublikationen und Sammlungen)

Vorfrühling (1909)
Aufzeichnung über eine Familie Klopfer (1911)
Die Bestie (1914)
Geschichtenbuch (1916)
Benarône (1918)
Drei Erzählungen (1920)
Das zweite Geschichtenbuch (1923)
Gerufene Schatten (1923)
Frühe Fährten (1925)

Regenbogen (1925)
Der Spiegel des großen Kaisers (1926)
Pont und Anna (1928)
Knaben und Männer (1931)
Mädchen und Frauen (1931)
Spielzeug der Zeit (1934)
Ein starker Esser (1947)
Über den Nebeln (1950)
Allerleirauh (1949)
Abschied vom Frieden (1949)
Fahrt zum Acheron (1951)
Der Elfenbeinfächer (1952)
Westlandsaga (1952)
Der Regenbogen (1955)
Novellen (2 Bände, 1961)
Furchen der Zeit (1973)
Ein bißchen Blut (1987)

Dramen

Abigail und Nabal (1913)
Ritualmord in Ungarn (1914) (Später veränderte Neuauflage
    und umbenannt in: Die Sendung Semaels, 1918)
Die Umkehr des Abtrünnigen (1925)
Bonaparte in Jaffa (1949)
Soldatenspiele. Drei dramatische Historien (Austreibung
    1744; Bonaparte in Jaffa; Das Spiel vom Sergeanten Gri-
    scha) (1956)

Lyrik

Der Englische Garten. Sonette (1910)
Jahresringe. Gedichte (1964)

Essays

Das Ostjüdische Antlitz (1920)
Das neue Kanaan (1925)
Lessing, Kleist, Büchner. Drei Versuche (1925)
Caliban oder Politik und Leidenschaft (1927)
Juden auf der deutschen Bühne (1927)
Die Aufgabe des deutschen Judentums (mit Lion Feuchtwanger) (1933)
Bilanz der deutschen Judenheit, 1933. Ein Versuch (1934)
Früchtekorb, Jüngste Ernte: Aufsätze (1956)
Essays Band 1: Literatur und Theater (1959)
Essays Band 2: Aufsätze zu Krieg und Frieden (1967)
Über Schriftsteller (1967)

Briefe

Sigmund Freud/Arnold Zweig: Briefwechsel (1968)
Louis Fürnberg/Arnold Zweig: Briefwechsel (1978)
Lion Feuchtwanger/Arnold Zweig: Briefwechsel (1984)

Gesamtdarstellungen und Monographien

Arnold Zweig: Ein Almanach. Briefe, Glückwünsche, Aufsätze. Berlin (DDR) 1962.
Arnold Zweig: 1887–1968. Werk und Leben in Dokumenten und Bilder. Herausgegeben von Georg Wenzel. Berlin und Weimar 1978.
Geoffrey V. Davis: Arnold Zweig in der DDR. Entstehung und Bearbeitung der Romane ›Die Feuerpause‹, ›Das Eis bricht‹ und ›Traum ist teuer‹. Bonn 1977.
Eberhard Hilscher: Arnold Zweig. Leben und Werk. Berlin (DDR) 1985.

Heinz Kamnitzer: Der Tod des Dichters. Berlin (DDR) 1967

Heinz Kamnitzer: Arnold Zweig. Biographische Aufsätze in: Neue Deutsche Literatur Nr. 11/67, 11/72, 3/73, 4/74; Sinn und Form Nr. 1/67.

Eva Kaufmann: Arnold Zweigs Weg zum Roman. Vorgeschichte und Analyse des Grischaromans. Berlin (DDR) 1967.

Hans Mayer: Arnold Zweigs Grischa-Zyklus. In: Lutz Winkler (Hrsg.) Antifaschistische Literatur Band 3. Königstein 1980.

David R. Midgley: Arnold Zweig – Zu Werk und Wandlung 1927–1948. Königstein 1980.

Fritz Raddatz: Zwischen Freud und Marx – Arnold Zweig. In: Traditionen und Tendenzen – Materialien zur Literatur der DDR. Frankfurt 1972.

Marcel Reich-Ranicki: Der preußische Jude Arnold Zweig. In: Deutsche Literatur in West und Ost. Hamburg 1970.

Johanna Rudolph: Der Humanist Arnold Zweig. Ein Versuch. Berlin (DDR) 1955.

George Salamon: Arnold Zweig. Boston 1975.

Sinn und Form: Beiträge zur Literatur. Sonderheft Arnold Zweig. Herausgegeben von der Deutschen Akademie der Künste. Berlin (DDR) 1952.

Manuel Wiznitzer: Arnold Zweig. Das Leben eines deutsch-jüdischen Schriftstellers. Königstein 1983.

Rudolf Wolff (Hrsg.): Arnold Zweig. Der Streit um den Sergeanten Grischa. Bonn 1986.

Autorenverzeichnis

JEAN AMÉRY, geb. 1912 in Wien, gest. 1978 in Salzburg; studierte Philosophie in Wien; 1938 Flucht nach Belgien; KZ-Haft in Auschwitz, Buchenwald und Bergen-Belsen; nach 1945 Journalist und Schriftsteller. Veröffentlichungen u. a.: *Über das Altern. Revolte und Resignation* (1968), *Lefeu oder der Aufbruch* (1974), *Hand an sich legen. Diskurs über den Freitod* (1976), *Jenseits von Schuld und Sühne. Bewältigungsversuche eines Überwältigten* (1977).

GEOFFREY V. DAVIS, geb. 1945 in Birmingham; studierte Romanistik und Germanistik; Lektor am Institut für Anglistik an der RWTH – Aachen. Veröffentlichungen u. a.: *Arnold Zweig in der DDR. Entstehung und Bearbeitung der Romane ›Die Feuerpause‹, ›Das Eis bricht‹ und ›Traum ist teuer‹* (1977).

LION FEUCHTWANGER, geb. 1884 in München, gest. 1958 in Los Angeles; studierte Philologie und Philosophie; ab 1910 freier Schriftsteller; 1933 Exil in Südfrankreich, lebte ab 1940 in den USA. Veröffentlichungen u. a.: *Die häßliche Herzogin* (1923). *Jud Süss* (1925), *Erfolg* (1930), *Die Geschwister Oppermann* (1933), *Exil* (1940), *Goya* (1951), *Die Jüdin von Toledo* (1954).

MORITZ GOLDSTEIN, geb. 1880 in Berlin, gest. 1977 in New York; studierte Philosophie, Philologie, Kunstgeschichte; Schriftsteller und Journalist; von 1918–1933 Gerichtsberichterstatter der *Vossischen Zeitung*; 1933 Emigration nach Italien, 1939 über Frankreich nach England, ab 1947 in den USA. Veröffentlichung u. a.: *Deutsch-Jüdischer Parnass* (1912).

WALTER GRAB, geb. 1919 in Wien; 1938 Emigration nach Palästina; studierte Geschichte, Politische Philosophie und Deutsche Literatur in Jerusalem, Tel Aviv und Hamburg; von 1965–1968 Professor für Neue Europäische Geschichte an der

Universität Tel Aviv. Veröffentlichungen u. a.: *Noch ist Deutschland nicht verloren* (1980), *Ein Volk muß seine Freiheit selbst erobern. Zur Geschichte der deutschen Jacobiner* (1985), *Dr. Wilhelm Schulz aus Darmstadt, Inspirator von Karl Marx, Weggefährte von Georg Büchner* (1987).

HEINZ KAMNITZER, geb. 1917 in Berlin; studierte Geschichte; 1933 Emigration nach England; bis 1955 Professor für Neuere Geschichte an der Humboldt-Universität in Ost-Berlin; dann freier Schriftsteller; Präsident des PEN-Zentrums der DDR. Veröffentlichungen u. a.: *Der Tod des Dichters* (1981), *Heimsuchung und Testament. Essays* (1983).

KARL KRÖHNKE, geb. 1956; studierte Germanistik, Geschichte und Griechisch. Veröffentlichte Arbeiten über Elsa Morante und Panait Istrati, arbeitet derzeit an einer Untersuchung über die politische Position Lion Feuchtwangers.

GEORG LUKÁCS, geb. 1885 in Budapest; gest. 1971 in Budapest; studierte Philosophie und Staatswissenschaften; 1919 Volkskommissar in der Räteregierung unter Bela Kun, nach deren Sturz Verhaftung; 1921 Treffen mit Lenin; wurde der angesehenste marxistische Philosoph, dessen Theorien die Entwicklung des europäischen Kommunismus beeinflußten; 1933 Flucht in die Sowjetunion; 1944 Rückkehr nach Ungarn; 1956 während des ungarischen Aufstandes Kulturminister in der Regierung Nagy; 1970 Frankfurter Goethe-Preis. Veröffentlichungen u. a.: *Ästhetik I: Die Eigenart des Ästhetischen* (1964), *Zur Ontologie des gesellschaftlichen Seins* (1965).

HANS MAYER, geb. 1907 in Köln; studierte Jura, Geschichte und Philosophie; 1935 bis 1945 im Exil; 1948 bis 1963 Professor für Literaturgeschichte in Leipzig, dann an der TH Hannover. Veröffentlichungen u. a.: *Richard Wagner* (1959), *Ansichten. Zur Literatur der Zeit* (1962), *Goethe. Drei Versuche* (1973), *Anmerkungen zu Brecht* (1973), *Außenseiter* (1975), *Thomas Mann* (1980), *Ein Deutscher auf Widerruf. Erinnerungen* (1982).

KLAUS-RÜDIGER METZE, geb. 1946 in Werdohl (Westf.); studierte Politische Wissenschaften, Philosophie und Soziologie; seit 1975 Fernsehjournalist. Veröffentlichung u. a.: *Leo von Caprivi. Essay* (1985).

DAVID MIDGLEY, geb. 1948 in London; studierte Germanistik und Romanistik; Dozent an der Universität Cambridge. Veröffentlichung u. a.: *Arnold Zweig. Eine Einführung in Leben und Werk* (1980).

HELMUT RASCHENDORFER, geb. 1947 in Friedberg; studierte Politische Wissenschaften, Philosophie und Germanistik, Ausbildung zum Gymnasiallehrer; lebte sechs Jahre in Frankreich; arbeitete als Taxifahrer und im Touristik-Geschäft, derzeit arbeitslos.

WILHELM VON STERNBURG, geb. 1939 in Stolp, studierte Volkswirtschaft und Geschichte; von 1969 bis 1975 Redakteur an verschiedenen Tageszeitungen, 1975 bis 1979 Leiter eines Hörfunkstudios, ab 1980 Fernsehjournalist. Veröffentlichungen u. a.: *Lion Feuchtwanger. Ein deutsches Schriftstellerleben* (1984), (Hrsg.): *Die deutschen Kanzler. Von Bismarck bis Schmidt* (1985), *Adenauer. Eine deutsche Legende* (1987).

HEINRICH VORMWEG, geboren 1928 in Geisweid (heute Siegen-Hüttental), wohnt und lebt in Köln; Studium der Germanistik, Philosophie und Psychologie; mehrjährige Tätigkeit als Dramaturg, Regisseur und Feuilletonredakteur; seit 1963 freier Publizist, Literatur- und Theaterkritiker.

HANS-ALBERT WALTER, geb. 1935 in Hofheim im Taunus; kaufmännische Ausbildung; seit 1957 freier Schriftsteller und Journalist; 1976 bis 1981 Leiter der Hamburger Arbeitsstelle für Exilliteratur an der Universität Hamburg. Veröffentlichungen u. a.: *Deutsche Exilliteratur 1933–1950* (bisher drei Bände, 1972, 1978, 1984). Hrsg. der Bibliothek Exilliteratur bei der Büchergilde Gutenberg.

MANUEL WIZNITZER, geb. 1919 in Berlin; studierte Germanistik und Romanistik; 1939 Flucht aus Deutschland; im 2. Weltkrieg Soldat in der britischen Armee; lebt heute in Israel und in der Bundesrepublik; 1970 bis 1976 Dozent an der Universität Tel Aviv. Veröffentlichung u. a.: *Arnold Zweig. Das Leben eines deutsch-jüdischen Schriftstellers* (1983).

Quellenverzeichnis

Améry, Jean: *Auch ein »roter Preuße«. Über den deutschen Enzyklopädisten des Ersten Weltkriegs, Arnold Zweig*. Aus: Jean Améry, Bücher aus der Jugend unseres Jahrhunderts, Klett-Cotta, Stuttgart, 1981. © 1981 by Klett-Cotta, Stuttgart.

Davis, Geoffrey V.: *»Lektionen über das Leben«. Die späten Romane Arnold Zweigs*. Erstveröffentlichung 1987. © 1987 by Fischer Taschenbuch Verlag GmbH, Frankfurt am Main.

Feuchtwanger, Lion: *Arnold Zweig. Zum fünfundsechzigsten Geburtstag*. Aus: Centum opuscula. Eine Auswahl. Abdruck mit freundlicher Genehmigung des Aufbau-Verlags, Berlin und Weimar. © Aufbau-Verlag Berlin und Weimar. Greifenverlag zu Rudolstadt.

Goldstein, Moritz: *Arnold Zweig. Frühe Schriften*. Aus: Juden in der deutschen Literatur. Welt-Verlag, Berlin 1922.

Grab, Walter: *Arnold Zweig und der ›Kreis für Fortschrittliche‹. Erinnerungen an die Jahre 1942–1945*. Erstveröffentlichung 1987. © 1987 by Fischer Taschenbuch Verlag GmbH, Frankfurt am Main.

Kamnitzer, Heinz: *Der Tod des Dichters*. Auszug aus dem gleichnamigen Buch (S. 102 ff.). Buchverlag Der Morgen, Berlin 1974. © 1974 by Buchverlag Der Morgen, Berlin.

Kröhnke, Karl: *Arnold Zweigs teurer Traum. Politische Überlegungen zu seinem Leben und zu seinem Werk*. Erstveröffentlichung 1987. © 1987 by Fischer Taschenbuch Verlag GmbH, Frankfurt am Main.

Lukács, Georg: *Arnold Zweigs Romanzyklus über den imperialistischen Krieg 1914 bis 1918*. Erstveröffentlichung in: ›Internationale Literatur‹, Deutsche Blätter, Heft 3, 1939.
Aus: Georg Lukács: Schicksalswende. Beiträge zu einer neuen deutschen Ideologie. Aufbau-Verlag, Berlin und Weimar, 1956. © 1956 Aufbau-Verlag, Berlin und Weimar.

Mayer, Hans: *Meister Arnold, Vater Freud*. Rezension des Briefwechsels Sigmund Freud/Arnold Zweig. In: ›Der Spiegel‹, Hamburg, 23. 9. 1968. Abdruck mit freundlicher Genehmigung des Autors.

Metze, Klaus-Rüdiger: *Arnold Zweig in der DDR. Versuch einer politischen Standortbestimmung.* Erstveröffentlichung 1987. © 1987 by Fischer Taschenbuch Verlag GmbH, Frankfurt am Main.

Midgley, David: *Die leidenschaftliche Sachlichkeit. Zur Herausbildung des großen epischen Stils bei Arnold Zweig.* Erstveröffentlichung 1987. © 1987 Fischer Taschenbuch Verlag GmbH, Frankfurt am Main.

Raschendorfer, Helmut: *Die Zeitschrift ›Orient‹. Ein gescheiterter Diskurs.* Erstveröffentlichung 1987. © 1987 by Fischer Taschenbuch Verlag GmbH, Frankfurt am Main.

Sternburg, Wilhelm von: *Arnold Zweig und die Feuerprobe des Krieges.* Erstveröffentlichung 1987. © 1987 by Fischer Taschenbuch Verlag GmbH, Frankfurt am Main.

Sternburg, Wilhelm von: *›De Vriendt kehrt heim‹ oder Arnold Zweigs langer Abschied vom Zionismus.* Erstveröffentlichung 1987. © 1987 by Fischer Taschenbuch Verlag GmbH, Frankfurt am Main.

Vormweg, Heinrich: *Gerechtigkeit über sich fühlend. Arnold Zweigs Roman ›Das Beil von Wandsbek‹.* Aus: Manfred Durzak (Hrsg.) Die deutsche Exilliteratur 1933–1945. Philipp Reclam Verlag jun., Stuttgart 1973. © 1973 by Philipp Reclam jun., Stuttgart.

Walter, Hans-Albert: *Von der Erbärmlichkeit des Exils.* Aus: Am Anfang war die Tat. Büchergilde Gutenberg, Frankfurt am Main, 1986. Abdruck mit freundlicher Genehmigung der Büchergilde Gutenberg, Frankfurt am Main, Olten, Wien. © 1985 Büchergilde Gutenberg, Frankfurt am Main.

Walter, Hans-Albert: *Vom Elend der Zweig-Rezeption.* Aus: Am Anfang war die Tat. Büchergilde Gutenberg, Frankfurt am Main, 1986. Abdruck mit freundlicher Genehmigung der Büchergilde Gutenberg, Frankfurt am Main, Olten, Wien. © 1985 Büchergilde Gutenberg, Frankfurt am Main.

Wiznitzer, Manuel: *Er war ein Wanderer zwischen zwei Welten. Arnold Zweig und das Judentum.* Erstveröffentlichung 1987. © 1987 by Fischer Taschenbuch Verlag GmbH, Frankfurt am Main.

Arnold Zweig

Das Beil von Wandsbek
Roman
Fischer

Band 2069

Novellen
Erster Band
Fischer

Band 9127

Die Umkehr
Drei jüdische Trauerspiele
Fischer

Band 5915

**Einsetzung
eines Königs**
Roman. Band 5913

**Erziehung
vor Verdun**
Roman. Band 1523

Die Feuerpause
Roman. Band 5912

**Junge Frau
von 1914**
Roman. Band 1335

**Novellen
um Claudia**
Roman. Band 5877

Novellen
2 Bände. 9127 / 9128

Soldatenspiele
*Drei dramatische
Historien*
Band 5914

**Der Streit um
den Sergeanten
Grischa**
Roman. Band 1275

Traum ist teuer
Roman. Band 5876

**De Vriendt
kehrt heim**
Roman. Band 5785

Westlandsaga
Eine Chronik
Band 5835

Die Zeit ist reif
Roman. Band 5827

Essays
Erster Band:
**Literatur
und Theater**
*Mit einem Vorwort
von Wilhelm von
Sternburg*
Band 9129

Zweiter Band:
Krieg und Frieden
*Mit einem Vorwort
von Wilhelm von
Sternburg*
Band 9130

Lion Feuchtwanger
Arnold Zweig
**Briefwechsel
1933–1958**
Band I 1933-1948
Band 5783

Band II 1949-1958
Band 5784

Sigmund Freud
Arnold Zweig
Briefwechsel
Band 5629

Manuel Wiznitzer
Arnold Zweig
*Das Leben eines
deutsch-jüdischen
Schriftstellers*
Band 5665

Wilhelm von
Sternburg (Hg.)
**Materialien zu
Leben und Werk**
Über Arnold Zweig
Band 6876

Fischer Taschenbuch Verlag

fi 122 / 9

Verboten und verbrannt / Exil

Fischer Taschenbuch Verlag

Verboten und verbrannt / Exil

Werner Lansburgh
Strandgut Europa
Erzählungen aus
dem Exil 1933
bis heute
Band 5377

Heinz Liepman
Das Vaterland
Band 5170

Robert Lucas
Teure Amalia,
vielgeliebtes Weib
Briefe des Gefreiten
Adolf Hirnschal
Band 5177

Konrad Merz
Ein Mensch fällt
aus Deutschland
Band 5172

Ernst Erich Noth
Weg ohne Rückkehr
Roman
Band 5952

Rudolf Olden
Hitler
Band 5185

Carl von Ossietzky
Rechenschaft
Publizistik aus den
Jahren 1913–1933
Band 5188

Karl Otten
Torquemadas
Schatten
Band 5137

Theodor Plievier
Der Kaiser ging,
die Generäle
blieben
Roman
Band 5171

Gustav Regler
Im Kreuzfeuer
Band 5181

Nico Rost
Goethe in Dachau
Band 5183

Alice Rühle-Gerstel
Der Umbruch
oder Hanna und
die Freiheit
Roman
Band 5190

Wilhelm Speyer
Das Glück
der Andernachs
Roman
Band 5178

Adrienne Thomas
Die Katrin
wird Soldat
Roman
Band 5265
Reisen Sie ab,
Mademoiselle!
Roman
Band 5956

Paul Zech
Deutschland, dein
Tänzer ist der Tod
Band 5189

Fischer Taschenbuch Verlag

EXIL

Literarische und politische
Texte aus dem deutschen Exil
1933–1945

Herausgegeben von Ernst Loewy
unter Mitarbeit von Brigitte Grimm,
Helga Nagel und Felix Schneider

Diese Dokumentation über das literarische
Exil während der NS-Zeit bringt insgesamt
230 ungekürzte Texte (vom Gedicht zum Ro-
mankapitel, von der politischen Rede zum
Offenen Brief) von hundert verschiedenen
Autoren – von prominenten wie fast vergessenen, auf die sie vor allem aufmerksam
machen möchte.

Band 1
Mit dem Gesicht nach Deutschland
Fischer Taschenbuch Band 6481

Band 2
Erbärmlichkeit und Größe
Fischer Taschenbuch Band 6482

Band 3
Perspektiven
Fischer Taschenbuch Band 6483

Fischer Taschenbuch Verlag